Zur Kritik der exegetischen Vernunft

Beihefte zur Zeitschrift für die alttestamentliche Wissenschaft

Herausgegeben von
John Barton, Reinhard G. Kratz, Nathan MacDonald,
Sara Milstein und Markus Witte

Band 555

Zur Kritik der exegetischen Vernunft

Beiträge zu Theorie und Pragmatik
der alttestamentlichen Wissenschaft

Herausgegeben von
Andrea Beyer und Lars Allolio-Näcke

DE GRUYTER

ISBN 978-3-11-131739-7
e-ISBN (PDF) 978-3-11-131756-4
e-ISBN (EPUB) 978-3-11-131784-7
ISSN 0934-2575

Library of Congress Control Number: 2023943200

Bibliografische Information der Deutschen Nationalbibliothek
Die Deutsche Nationalbibliothek verzeichnet diese Publikation in der Deutschen
Nationalbibliografie; detaillierte bibliografische Daten sind im Internet über
http://dnb.dnb.de.

© 2024 Walter de Gruyter GmbH, Berlin/Boston
Satz: Meta Systems Publishing & Printservices GmbH, Wustermark
Druck und Bindung: CPI books GmbH, Leck

www.degruyter.com

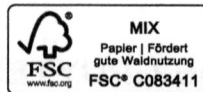

MIX
Papier | Fördert
gute Waldnutzung
FSC
www.fsc.org
FSC® C083411

Inhalt

Methodisch kontrollierter Anachronismus oder methodische Hybridität

Eine hermeneutische Praxistheorie oder die Exegese als durchsichtiges und offenes Spiel

Jürgen van Oorschot

Zur Kritik der exegetischen Vernunft – Schlaglichter auf die alttestamentliche Wissenschaft in den 2020er Jahren

Die kritische Reflexion der Möglichkeiten und Grenzen des eigenen Erkennens erweist eine Erkenntnisbemühung als wissenschaftlich, eine Theologie als Teil einer „denkenden Religion"[1] und einen Menschen als aufgeklärt. Auch die alttestamentliche Wissenschaft begleitet ein solcher Diskurs seit ihren Anfängen bis hinein in unsere Tage. Der Kontext der Thematisierung wandelt sich ebenso wie die vorrangigen Themen.[2] Die in diesem Band dokumentierte Tagung des Jahres 2022 forderte ihre Teilnehmerinnen und Teilnehmer dazu auf, aus ihren jeweiligen Arbeitskontexten einen Blick auf gegenwärtige Chancen und auf den Umgang mit den Grenzen der alttestamentlichen Wissenschaft zu werfen. Zwei Blicke aus systematisch-theologischer Sicht auf Kant und de Wette ergänzen die Perspektiven. Im Ergebnis ergeben sich markante Schlaglichter.

Radikaler historisch und so radikaler kanonisch

„Was immer Sie auch studieren mögen, vernachlässigen sie die Geschichte nicht".[3] Dieses Diktum aus dem Jahr 1900, das der Rektor Adolf von Harnack an die Berliner Studenten des neuen Studienjahrgangs richtete, mag mit Blick auf eine sich historisch und kritisch verstehende alttestamentliche Wissenschaft als geradezu überflüssig erscheinen. Und doch sieht die Exegese des israelitisch-frühjüdischen Schrifttums sich nicht nur Anfragen gegenüber, die für eine Ergänzung des klassischen, nach historischen Kontexten fragenden Instrumentariums votieren, sondern die dies grundsätzlich in Frage stellen. Exemplarisch weist *Markus Saur* dazu für die Prophetenexegese zum Buch Ezechiel etwa auf Moshe Greenberg und Ruth Poser hin und spitzt die Problematik auf die Frage zu, ob „man

---

1 C. H. Ratschow, „Das Christentum als denkende Religion" (1963), in: Ders., *Von den Wandlungen Gottes. Beiträge zur Systematischen Theologie.* Berlin und New York: de Gruyter, 1986, 3–23.
2 Eine Übersicht erlaubt etwa der Artikel „Bibelwissenschaft. Altes Testament I/2. Geschichte und Methoden" von J. W. Rogerson, in: TRE S. 346–375, oder Artikel „Bibelauslegung, Epochen der christlichen" von S. Bitter, Wibilex, https://www.bibelwissenschaft.de/stichwort/10535/ (Zugriff: 4. 4. 2023).
3 A. Harnack, *Reden und Aufsätze I*, 1906², 47 f.

https://doi.org/10.1515/9783111317564-001

hier gewissermaßen methodisch ‚freie Wahl'" habe (S. 15 in diesem Band). Wenn er den Charakter der Texte anspricht, die „Anlass dazu geben, über den vorliegenden Text hinaus bzw. in den vorliegenden Text hin(ein)zufragen, um die Tiefenschärfe der hinter dem Text liegenden Diskussionen und Auseinandersetzungen um die verhandelten Gegenstände in den Blick zu bekommen (ebd.)", dann führt er die Frage nach methodischer Beliebigkeit oder Vorlieben auf diejenige nach der Sachgemäßheit zurück. Am Ende wird es um den „Mehrwert dieses Zugangs für die Erschließung der vielstimmigen theologischen Debatten im antiken Juda" (ebd.) gehen, die Saur eindrücklich in seiner *case study* demonstriert. Dabei wird der Prozess der Buchgenese „als Spiegel einer vielstimmigen theologischen Debatte" (S. 37) erkennbar, den Saur theologisch vertiefend als „Prozess der Selbstschließung Gottes im kommunikativen Handeln des Menschen" versteht (ebd.).

Die dezidierte Verknüpfung von Geschichte und Theologie prägt in gleicher Weise den Beitrag von *Uwe Becker* zur historischen und ‚kanonischen' Exegese. Herausgefordert durch eine kanonorientierte Auslegung, die sich nach ihrem Selbstverständnis mit der Frage nach dem bleibend Gültigem und Verbindlichen erst der eigentlichen theologischen Frage zuwendet, erinnert er die exegetische Wissenschaft an die ganze Breite ihrer Aufgabe: „Die *historische* Exegese hat eine bleibende *theologische* Aufgabe" (S. 41). Die exegetische Bemühung um ein Verstehen der geschichtlichen Kontexte dürfe nicht als eine uneigentliche Vorfeldarbeit verstanden werden, die es gelte, durch eine Dekontextualisierung der Überlieferung hin zum Gültigen und Überzeitlichen zu übersteigen. Wenn dabei nebenher auch von „gewisse(n) Ermüdungserscheinungen gegenüber der Praxis der Exegese" (S. 46) gesprochen wird, die als zu kompliziert und in ihren Ergebnissen als zu disparat erscheine, so sollte dies an anderer Stelle zur selbstkritischen Rückfrage nach den methodischen Grenzen der Ausdifferenzierung und nach den Defiziten in der Vermittlung Anlass bieten. Die hermeneutische und theologische Grundsatzfrage gilt es nichtsdestoweniger im Sinn Beckers zu stellen: Findet sich das Gültige und Bleibende jenseits oder im Zeitlichen? Den Protagonisten einer kanonischen und scheinbar erst so theologischen Exegese hält Becker ebenso wie Jan Assmann entgegen: „Deshalb ist dem Diktum Jan Assmanns: ‚Mit der Endgestalt ist das geschichtliche Werden des Textes vergessen' entschieden zu widersprechen, denn mit der Rezeption eines Textes oder Buches setzt sich seine Wirksamkeit fort, wie man schon an der Septuaginta beobachten kann" (S. 59). In der Konsequenz führt diese Einsicht dazu, gerade auch um der theologischen Aufgabe der Exegese willen die historische Arbeit um so dezidierter zu betreiben, inkl. der Erschließung der literargeschichtlichen Tiefendimension der Texte und Bücher. Ganz im Sinn Harnacks plädiert Becker dabei auch für eine konsequent historische Sicht auf den Kanon, den er mit Ulrich Barth als „symbolisches Gedächtnis einer Religion" (S. 52) bestimmt, das in seiner ganzen Vielfalt und Widersprüchlichkeit „als identitätsbildendes und -bestimmendes Sinnpotential für das Christentum" (ebd.) seine Wirkung entfaltete und entfaltet. Wird dieser schon innerhalb der Schriften des Alten Testament und von ihnen ausgehende theologiegeschichtliche Prozess nachgezeichnet und reflektiert, so erschließt sich Theologie in Geschichte.

Auch die neueren Forschungen zur Textüberlieferung des alttestamentlichen Schrifttums führen zu einer Radikalisierung des historischen Zugriffs, wie er von *Markus Witte* mit seinem Plädoyer für eine kanonsplurale Auslegung vorgetragen wird. Nichts scheint für die philologische Arbeit einer Exegese des Alten Testaments so selbstverständlich wie der biblische Text als ihr Gegenstand und Ausgangspunkt. Und auch die Rolle des Textes als Bezugspunkt der Theologie gehört nicht nur für ihre protestantische Spielart zu deren Grundlagen. Spätestens die Funde vom Toten Meer erweisen zusammen mit den intensivierten Forschungen zu den antiken Übersetzungen der Hebräischen Bibel in den letzten Jahrzehnten den Verweis auf einen scheinbar geklärten Textbegriff als eine Vereinfachung. Es gibt weder den *einen* auszulegenden Text noch den *einen* Kanon. Wenn in der Auslegung der Hebräischen Bibel gewohnheitsmäßig schlicht der *Codex Leningradensis* oder bei der Septuagintaauslegung der *Codex Vaticanus* zugrunde gelegt wird, so handelt es sich um eine „literar- und rezeptionsgeschichtliche Verkürzung" (S. 63). Angesichts dieses Befundes fordert Witte neben der Auslegung des Masoretischen Texts „gleichgewichtig die Auslegung der Septuaginta (LXX), der Vulgata (Vg) und der Peschitta (Syr) sowie der weiteren in einzelnen Kirchen kanonisch gewordenen Corpora" (S. 64). In einer solchen kanonspluralen Auslegung gilt es die literarisch und theologisch relevanten Überlieferungsformen eines Textes und seiner Entstehungs- und Rezeptionsmilieus darzustellen. Diese anspruchsvolle Ausdifferenzierung der verschiedenen Textvarianten erschließt die unterschiedlichen Kultur- und Religionsräume, in denen die biblische Überlieferung als relevante Größe etwa in Liturgie, Fortschreibung, Zitation oder Übersetzung wirkte. Markus Witte bietet in seinem Beitrag in der Analyse von Ps 130,4 ein markantes Beispiel. Der exegetische Zugriff wird als Konsequenz dieser nunmehr sichtbaren Überlieferungssituation der relevanten Texte und Kanones radikaler historisch sein müssen, als die verkürzende Praxis es bislang meist war. Ob und wann man aus arbeitspragmatischen Gründen solche Verkürzungen weiter vornimmt, wird zu bedenken, aber auch zu begründen sein. Gerade die Frage nach dem Kanonischen und Gültigen erlaubt demnach kein Weniger an historischer Tiefe, sondern fordert ein Mehr.[4]

---

4 Hierzu sei verwiesen auf die eben genannten Beiträge von Saur (13–40), Becker (41–62) und Witte (63–86), aber etwa auch auf die Beiträge von Waschke (89–105), Beyer (189–203) und Schellenberg (225–245) in diesem Band.

Mythos, Religion und Vernunft – zum religions-philosophischen Horizont von Exegese

Eine philologisch sowie diachron und synchron arbeitende Exegese vollzieht sich in konkreten Sprach- und Denkhorizonten. Dies gilt sowohl für die Produktions- als auch für die Rezeptionswelten der Texte und Überlieferungen. Ein reflektierter Umgang mit diesen Welten schlägt sich in (religions-)philosophischen Diskursen nieder, die *Ernst-Joachim Waschke* zur Bedeutung des Mythos, *Markus Iff* zum Religiösen bei de Wette und *Michael Moxter* zum Verhältnis von Kant und der Tora exemplarisch durchsichtig machen.

Ernst-Joachim Waschke erinnert in seinem Beitrag zunächst an die grundlegende Bedeutung von Geschichte und Mythos im alttestamentlichen Schrifttum. Geschichte begegnet in der Tora als historisierte Theologie und im sogenannten dtr. Geschichtswerk bzw. erst in den Königebüchern als theologisierte Geschichte. Die Anleihen des Alten Testament bei der altorientalischen Mythologie und deren eigenständige Umformung eröffnen einen breiten Interpretationsraum, was etwa im Bereich der Urgeschichte noch als mythisch oder schon diesem kritisch entwachsen angesehen wird. Da der Konnex zwischen dem alttestamentlichen Gottesglauben und der Geschichte immer als zentral angesehen wurde, zeigte sich protestantische Exegese lange Zeit zurückhaltend in Wahrnehmung und Umgang mit dem Mythischen. Demgegenüber plädiert *Waschke* mit Nachdruck für die Bedeutung des Mythos in Exegese und Theologie. Auf dem Hintergrund der Debatten seit dem Ende des 19. Jhs. erinnert er an seine Bedeutung in der Vermittlung zwischen Vergangenheit und Gegenwart – zeitlich geprägt durch die ewige Wiederkehr des Uranfänglichem in der Gegenwart und personal durch die Erfahrung des Fremden und Andersartigen im Eigenen und Wesensgleichen. In einer abschließenden Reflexion zur exegetischen und theologischen Vernunft votiert er dafür, die exegetische und hermeneutische Herausforderung in der Selbstvergewisserung des christlichen Glaubens nicht unangemessen zu erleichtern. Das Alte Testament, sein Schöpfungsglaube und damit auch der Mythos sei als „ein Stück ‚impliziter‘ Theologie des Neuen Testaments" (S. 100) historisch vorgegeben. Sie gelte es sowohl in ihrer Bedeutung für die Christologie als auch für eine theologische Anthropologie zu entfalten und damit auch der Bedeutung des Mythos neu gerecht zu werden. Dies sei auch gegen Versuche selektiver Bibelapplikation oder selbsterzeugter Aktualität stark zu machen.

In einer theologiegeschichtlichen Skizze zu Wilhelm Martin Leberecht de Wette (1780–1849) greift *Markus Iff* das Verhältnis von Vernunft und Offenbarung und damit von exegetischer und theologischer Vernunft erneut auf. Mit de Wette nimmt er damit einen Theologen in den Blick, der auch mit alttestamentlichen Studien wie etwa der *Dissertatio critica exegetica qua Deuteronomium a prioribus*

Pentateuchi libris diversum, alius cuiusdum recentioris auctoris opus esse monstratur (1805), den *Beiträge[n] zur Einleitung in das Alte Testament* (1806/1807) und dem *Commentar über die Psalmen* (1811, 2. Aufl. 1823) einschlägig wurde. In der Weiterentwicklung von Kants Vernunftreligion bietet de Wette eine religionsphilosophische Grundierung der religionsgeschichtlichen und historischen Untersuchungen zum Alten Testament. Die Vernunft wird dabei nicht allein als konstruierend, sondern auch als vernehmend und vertrauend verstanden. Die historische Dimension verbindet sich mit der symbolisch-poetischen und die religiösen Grundgefühle von Andacht, Begeisterung und Resignation kommen nun mit ins Spiel. Phänomenologisch werden so die menschlichen Überzeugungsweisen von Wissen, Glauben und Ahnen beschrieben und dabei die Übergänge zwischen ihnen erschlossen. Der somit entworfene Vernunftbegriff will Kategorien wie Überzeugung und Offenbarung integrieren. Zu dieser integrativen Leistung gehört es auch, wenn de Wette in seinem exegetischen Spätwerk *Kurze[n] Erklärung des Evangeliums und der Briefe Johannis* (1837) die Grundlagen historisch-kritischer Arbeit als Vollzugsmoment theologischer Vernunft versteht.

Was vermag die Exegese mit ihrer Arbeit an Texten Vernünftiges zu leisten? Dieser Frage geht *Michael Moxter* in der Analyse des spannungsvollen Befunds zu Kants Verhältnis zur Tora werk- und wirkungsgeschichtlich nach. Zwei Pole kommen dabei zum Vorschein. So zählt die Exegese in ihrer Ausrichtung an Text- und Religionsgeschichte unzweifelhaft zur statuarischen Religion, die genauso wie das Judentum eindeutig negativ bewertet wird. In Spannung dazu findet sich bei Kant eine Wertschätzung des jüdischen Bilderverbots der Tora als „sachgemäßen Ausdruck des Unendlichen" (S. 141) und damit in Parallele zur Anlage der Moralität und des moralischen Gesetzes. Neben diesem bei Kant selbst zu findenden Moment verwundert die positive Kant-Rezeption, bedenkt man die negative Einordnung des Judentums als statutarische Religion bei Kant selbst. *Moxter* entfaltet diese jüdische Kantrezeption sowohl in ihrer textgetreuen Art und Weise als auch anhand der inhaltlichen Schwerpunkte zum Freiheitsbegriff, dem Humanen und dem Weltbürgertum sowie dem Exodus (aus der selbstverschuldeten Unmündigkeit) breit und unter Rückgriff auf die unterschiedlichen Stimmen. Entgegen der kantischen Verankerung von Rationalitätsfragen ausschließlich in der Philosophie und vorgeführt anhand dieser Rezeptionsgeschichte kann sich nach der These *Moxters* daran nur etwas ändern,

> wenn Vernunft nicht ausschließlich als oberste und unparteiische Richterin gedacht wäre, sondern jeder ihrer Begründungsschritte von einem unhintergehbaren In- und Miteinander von Rationalität und geschichtlicher Erfahrung, von Genesis und Geltung geprägt wäre. Dann bestätigte sich die Unmöglichkeit, aus ‚reiner Vernunft' inhaltlich relevante Erkenntnisse zu gewinnen, auch noch im Blick der Philosophischen Fakultät auf die anderen Wissenschaften. Erst unter dieser Voraussetzung wäre es nicht unvernünftig, der Arbeit an Texten mehr zuzutrauen (S. 130).

Im Spiegel der jüdischen Wirkungsgeschichte Kants und der Verhältnisbestimmung von Kant und Tora wird entgegen der spannungsreichen Position deutlich, „wieviel Kant dem Alten Testament verdankt" (S. 143) und wieviel ein historisches Verstehen und die (theologische) Vernunft einander verdanken können.

Methodisch kontrollierter Anachronismus oder methodische Hybridität

Interdisziplinäre Forschungskontexte generieren bisweilen Fragestellungen, die sich weit von den Wissenschaftsdiskursen der eigenen alttestamentlichen Disziplin entfernen. Hierhin spiegeln sich häufig auch Gegenwartsinteressen, denen sich der Wissenschaftsbetrieb in seiner Pragmatik stellt. Zugleich haben wir es bei den alttestamentlichen Schriften mit Texten zu tun, die in den meist jüdischen und christlichen Überlieferungsgemeinschaften, die sie bis heute rezipieren, eine Relevanz dieser Texte für die Gegenwart unterstellen und erleben. Hinzu kommt ein Interesse an diesen Texten, das sich aus der kulturgeschichtlichen Bedeutung des Alten Testaments für den europäisch-nordamerikanischen Kulturraum speist. Mit vier Beispielen eines derartigen materialen oder methodischen Cross-Overs zwischen Altem Testament und Gegenwart stehen die Beiträge von *Jan Christian Gertz, Irmtraud Fischer, Andreas Wagner* und *Andrea Beyer* für Diskurse im Bereich der alttestamentlichen Wissenschaft, die sich seit den letzten 30 Jahren international und auch in Deutschland als neue Forschungsfelder etabliert haben.

Nicht ohne Augenzwinkern spricht *Jan Christian Gertz* in seinem Beitrag zur *Phänomenologie der Heimat im Alten Testament* hier von einem notwendigen „methodisch kontrollierten Anachronismus" (S. 147). „Zu dessen besonderen methodischen Herausforderungen gehört, dass unterschiedliche Phänomene unter bestimmte Kategorien und Begriffe subsumiert werden, wie es vielleicht dem modernen Betrachter selbstverständlich ist, während für die Zeitgenossen der untersuchten Texte die unterstellten Gemeinsamkeiten gar nicht gegeben waren oder die gewählten Kategorien als unsachgemäß betrachtet worden wären" (ebd.). Zu welchen Einsichten sowohl im Blick auf das alttestamentliche Schrifttum als auch mit Blick auf das Gegenwartsphänomen ‚Heimat' eine solche Nachfrage führen kann, zeigt *Gertz*. Er erhebt damit in ersten Hinweisen den Beitrag des Alten Testaments zu einer historischen Semantik der Heimat in unserem Kulturraum.

Dabei wird zunächst dem Problem der Übersetzbarkeit des Heimatbegriffs nachgegangen, wie es immer wieder mit dem spezifisch Deutschen von Begriff und Sache in Verbindung gebracht wird. *Gertz* sieht die Problematik jedoch eher durch die uneindeutige semantische Aufladung des Begriffs gegeben, der durch eine präzisere Bestimmung der unterschiedlichen Attribute von Heimat und deren Äquivalenten in anderen Sprach- und Kulturkreisen begegnet werden sollte. Wendet man sich mit *Gertz* dieser Aufgabe entsprechend dem Alten Testament zu, so zeigen sich drei inhaltliche Beiträge des Alten Testaments zu einer historischen Semantik von Heimat. Anders als ein transzendentes Heimatverständnis im Neuen Testament bleibt die althebräische Begrifflichkeit nahe bei den Phänomenen einer räumlichen, sozialen und religiösen Beheimatung. Die lokale Herkunft, der Sippen- und Familienverband und die damit gegebene wirtschaftliche und soziale Verankerung der Existenz gehören zum Phänomen zentral dazu. Prägt dies übergreifend den Kulturraum des Alten Orients im 1. Jt. v. Chr., so zeigt sich im alttestamentlichen Schrifttum Spezifisches und affektiv Aufgeladenes, wenn Heimat unter dem Vorzeichen der Verlusterfahrung und kontrafaktisch zur Existenz einer namhaften Diaspora thematisiert wird. Heimat eignet keine Selbstverständlichkeit. Sie kann verspielt und ersehnt werden. Die unterschiedlichen Lebenswirklichkeiten des frühen Judentums in Juda, babylonischer Diaspora und ägyptischer Gola generieren verschiedene Räume von Heimat und daneben symbolische Beheimatungen eines beheimateten Gottes in Zion/Jerusalem.

Irmtraud Fischer vertieft die These vom methodisch kontrollierten Anachronismus dahingehend, „dass alle nicht zu Zeiten der Textentstehung bereits vorhandenen Zugänge anachronistisch sind" (S. 164). Dies gelte sowohl für ein historisch-kritisches Methodenspektrum als auch für eine feministische Exegese oder eine Traumahermeneutik. Auf diesem auch biografisch durchsichtig gemachten Hintergrund plädiert sie für eine literarhistorisch rückgebundene Philologie, ersteres notwendig schon um der soziokulturellen und (rechts-)historischen Verankerung der Texte willen, ergänzt um die „Lust des ‚Wilderns in Texten'" (S. 165). In einem Fallbeispiel präsentiert sie sich „als methodisch hybrid arbeitende Exegetin" (S. 166) und verknüpft literarkritische und traumahermeneutische Analysen zum Jeremia-, Ezechiel- und Jona-Buch. Partielle oder ein ganzes Buch betreffende Störungen von Geschlossenheit und Einheitlichkeit stehen dabei neben oder gegen Hinweise auf fragmentierte Erinnerungen und Kontrollverlust. Hier fließen Ergebnisse der Arbeiten von Kathleen O'Connor zum Jeremiabuch, von Ruth Poser zum Ezechielbuch und ihre eigenen zum Jonabuch ein. Wenn *Irmtraud Fischer* am Ende ihres Beitrags für eine integrative Nutzung von historisch-kritischer Methodik und neueren Fragestellungen wie etwa der Traumaforschung plädiert, markiert sie auch die Aufgabe, das Miteinander der Fragestellungen präziser zu bestimmen. Die ‚Wilderer' haben zu benennen, was sie erjagen wollen. Ganz im Sinn der von *Fischer* geforderten Offenlegung des eigenen Kontextes und Erkenntnisinteresses gilt es, Interesse und Reichweite der Fragestellungen durchsichtig zu machen, damit auch die wechselseitige methodische Ergänzung und Korrektur von Literarkritik und Traumahermeneutik deutlich werden kann.

An welcher forschungsgeschichtlichen Stelle eine solche anachronistische methodische Befruchtung sich ereignen kann, führt *Andreas Wagner* in seinem Beitrag *Zur Leistungsfähigkeit der Metaphernanalyse nach Lakoff/Johnson bei der Exegese alttestamentlicher Texte und Themen* vor. In seinen anthropologischen Studien zum Alten Testament hat er sich lange Zeit mit der historischen Emotionenforschung beschäftigt und führt aus, welche Impulse er dabei durch die Metaphernanalyse von Lakoff und Johnson erhielt. Deren Frage nach den Strukturen in den sprachlichen Bildern, die Denken und Handeln lenken, inspirierte ihn zur Frage nach den alttestamentlichen metaphorischen Konzepten im Bereich der Emotionen. Exemplarisch führt er Ergebnisse dieser Untersuchungen vor. Ein Blick auf die damit angestoßenen neuen Fragen und Zugänge beschließt den Beitrag.

Ein weiteres Exempel für die potentielle Befruchtung von traditioneller exegetischer Methodik und gegenwärtiger Fragestellung präsentiert *Andrea Beyer*, wenn sie mit *Die Polyvalenz des Motivs. Ein Versuch zur Exegetik der Traditionsgeschichte* einen kulturpsychologischen Diskurs mit der Motiv- und Traditionsgeschichte verknüpft. Ausgangspunkt sind dabei die methodologischen Probleme der Traditionsgeschichte, wie sie in den Reflexionen einer Exegetik markiert worden sind (S. 194–197). In zwei exemplarischen Durchgängen zu Jer 43,7b-13 und Ez 4,9–16 führt sie vor, welche Impulse die traditionsgeschichtliche Untersuchung dieser prophetischen Zeichenhandlungen durch die kulturpsychologische Konzeption der Polyvalenz von Ernst Eduard Boesch erhalten können. „Mit dem Begriff ‚Polyvalenz' unterstreicht Boesch, ‚dass der einem Objekt zugesprochene Wert auf vielfältige Weise determiniert werden kann, er ist also überdeterminiert'" (S. 189). Angewandt auf die prophetischen Beispiele hält sie fest: „Polyvalenz begegnet auf der Ebene der Verfasser und Textentstehung, der Überlieferung und der Rezeption. Sie erschließt auch Neuakzentuierungen im Fortschreibungsprozess. Statt dem Problem einer Unter- oder Überinterpretation eröffnet sich ein produktiver Bereich" (S. 201). „Das Potential des Vergangenen gründet in seiner Polyvalenz" (S. 202). In methodisch veränderter Beschreibung eröffnet sich so ein neuer Blick auf die überkommene Überlieferung.

Eine hermeneutische Praxistheorie oder die Exegese als durchsichtiges und offenes Spiel

Wie steht es um die alttestamentliche Wissenschaft in den 2020er Jahren? *Friedhelm Hartenstein* stellt sich in seinem Beitrag dieser Frage unter dem bezeichnenden Titel *Educated Guessing – zur fruchtbaren Spannung zwischen Philologie und Hermeneutik*. Als Ausgangspunkt seiner Überlegungen dient ihm ein Aufsatz von Otto Kaiser aus dem Jahr 1997, dem er die Spannung zwischen den methodischen Regeln der wissenschaftlichen Interpretation eines Textes und dem irrational intuitiven Moment des Verstehens entnimmt. „Auslegung ist methodisch gezügelter Umgang mit der Einbildungskraft des Lesers" (S. 208) – so zitiert er Kaiser. Die damit angespielte Bedeutung der Intuition, der „Ahndung" (Schleiermacher) oder der Einbildungskraft in ihrem Beitrag zum Gelingen einer Interpretation steht nach *Hartenstein* heute in gegenüber den 1990er Jahren deutlich veränderten Kontexten. Der weiterhin geforderte Praxisbezug von Exegese im Bereich der Lehr- und Pfarramtsausbildung steht in Spannung zu den international ausdifferenzierten Forschungsverbünden und -projekten. Dazu gehört fraglos auch die interdisziplinäre Verbundforschung mit ihren großflächigen Fragestellungen, in denen sich auch die alttestamentliche Wissenschaft immer wieder zu bewegen hat. Neben diesen und anderen Kontextverschiebungen macht *Hartenstein* mit Hösle und Gabriel im Bereich der Geisteswissenschaften eine Wiederkehr der Hermeneutik aus, die sich im Gegenzug zur „neuen Unendlichkeit" der Interpretationen[5] um Kriterien zur Unterscheidung gültiger und ungültiger Interpretationen bemüht: „Mir scheint die Wiederherstellung von Kriterien, die eine gültige von einer ungültigen Interpretation unterscheidet, unabdingbar, wenn die Geisteswissenschaften nicht völlig in die Beliebigkeit individuellen Meinens abgleiten wollen."[6] Jenseits des ehemals vorgebrachten Objektivitätskriteriums einer Autorenintenion gelte es im Sinn einer moderaten Intentionalität, wie sie sich bei Alltagsverständigung und deren Verstehen zeigt, Texte „*auch* als Ausdruck von Ein- und Absichten ihrer Urheber" (S. 213) zu begreifen. *Hartenstein* plädiert für eine hermeneutische Praxistheorie als „Reflexion der unaufhebbaren Wechselwirkung des Objektivierbaren mit der individuellen Einbildungskraft im Verstehen" (ebd.). Für die konkrete Textauslegung resultiert daraus ein *educated guessing*, das sich zwischen den Polen einer regel- und einer intuitionsgeleiteten Zugangsform realisiert. Fruchtbar wird diese Wechselwirkung angesichts eines dem Auslegenden nie umfassend verfügbaren Kontextes von Sprache und Welt der Texte. Die dabei vorhandenen Lücken können durch annäherungsweise (Re-)Konstruktion gefüllt werden, wenn die Einbildungskraft Hypothesen dazu liefert. *Guessing* als vorgreifende Intuition spielt dabei auch in einer Fachexegese mit ihrem gebildeten, informierten Vorverständnis eine entscheidende Rolle.

---

5 Vgl. F. Nietzsche, Die fröhliche Wissenschaft, Buch 5, Aphor. 374 (Unser ‚neues Unendliches'): *Werke II*, 249–250.

6 Hösle, V., *Kritik der verstehenden Vernunft: Eine Grundlegung der Geisteswissenschaften*. München: C. H. Beck, 2018, 238.

Hartenstein rekonstruiert die Bedeutung dieses Spannungsfeldes auf dem Hintergrund der Hermeneutik Schleiermachers und unter Rückgriff auf weitere hermeneutische Debatten (Boeckh, Arndt, Ricœur). Wie fundamental die alttestamentliche Wissenschaft auf das objektiv-subjektive Zusammenspiel der Verfahren und damit auf *educated guessing* angewiesen ist, markiert er am Ende seines Beitrags. Schon die wissenschaftlich begründete Übersetzung eines Bibeltextes kommt nicht ohne die fruchtbare Spannung von Regel und Intuition, von Philologie und Hermeneutik aus.

Wenn er dabei vom „Spielraum von legitimen Möglichkeiten eines methodisch kontrollierten Textverständnisses" (S. 222) spricht, wird damit der Bogen zum eindrücklichen Fallbeispiel geschlagen, das *Annette Schellenberg* mit Blick auf die Auslegung von Hiob 28 vorstellt. Die Vielfalt der exegetischen Fragen und Interpretationskontexte, die sie dabei umsichtig erschließt, können nach *Schellenberg* eben nicht im Sinn eines *anything goes* in einer Beliebigkeit belassen werden. Hier hat vielmehr ein *educated guessing* sich kunstgerecht und Verstehen wagend voran zu bewegen. Unsicherheiten gelte es dabei klarer und durchsichtiger zu kommunizieren, als es die wissenschaftliche Debatte immer wieder tue. Exegese dabei als ein ernstes und sich wagendes Spiel zu verstehen, öffnet dabei vielleicht auch den Blick auf neue Möglichkeiten auch innerhalb der Grenzen des (exegetischen) Verstehens in den 2020er Jahren.

Radikaler historisch und so radikaler kanonisch

Markus Saur

Klagen und Seufzer und Wehe?
Zur Frage nach den ältesten Texten
des Ezechielbuches

1 Aufgaben

Im Jubiläumsjahrgang 125 der *Zeitschrift für die alttestamentliche Wissenschaft* haben Jörg Jeremias und Reinhard Gregor Kratz in zwei instruktiven Beiträgen über *Das Rätsel der Schriftprophetie* nachgedacht und dabei wichtige Diskussionslinien gegenwärtiger Prophetenbuchexegese nachgezeichnet.[1] Nach Jeremias sahen die ‚klassischen Propheten' ihre „Gesellschaft an den Maßstäben von חסד und דעת אלהים (Hosea) bzw. משפט und צדקה (Amos, Micha) scheitern. Das ihnen aufgetragene Gotteswort beinhaltete nahezu ausschließlich Unheil und Untergang für den Staat bzw. das Gottesvolk, und dieses Gotteswort bildete das Maß ihres Urteilens."[2] Die Niederschrift sei eine Folge der Ablehnung des Prophetenwortes gewesen, sie „sollte dessen Wahrheit gegenüber seinen Bestreitern bleibend bezeugen."[3] Kratz zeigt in seinen Analysen, auf die er in seiner Replik auf Jeremias' Beitrag verweist, etwa im Blick auf *Die Worte des Amos von Tekoa*,[4] dass zwischen dem historischen und dem literarischen Amos ein gewichtiger Unterschied liegt:

> Anders als der literarische hält der rekonstruierte historische Amos dem religionsgeschichtlichen Vergleich mit den einschlägigen altorientalischen Analogien stand. Der Amos der Bildworte und Partizipien lässt sich mühelos in die vorderorientalische Welt und die ihr artverwandte vorexilische Religionsgeschichte Israels einordnen. Unter dem Eindruck der von Norden her anrollenden assyrischen Walze sieht der Prophet eine große Katastrophe kommen und verleiht ihr in eindrücklichen Bildern Ausdruck.[5]

Diese Sicht auf die Ereignisse werde vom historischen Amos aber nicht als ein Strafgericht Jhwhs gedeutet: „Der historische Amos war demnach kein Gerichts-

---

1 Vgl. J. Jeremias, Rätsel der Schriftprophetie, 93–117, und dazu R. G. Kratz, Rätsel der Schriftprophetie. Eine Replik, 635–639.
2 Jeremias, Rätsel der Schriftprophetie, 105–106.
3 Jeremias, Rätsel der Schriftprophetie, 106.
4 Vgl. R. G. Kratz, Worte des Amos, 54–89.
5 Kratz, Worte des Amos, 86.

https://doi.org/10.1515/9783111317564-002

prophet. Ob er überhaupt ein Prophet war und nicht eher ein Klagepriester oder etwas Derartiges war, kann man fragen."[6]

Ob ein Prophet als Verkünder von Unheil und Gericht oder aber als öffentlich oder literarisch Klagender zu sehen ist, macht für das Verständnis von Prophetie durchaus einen Unterschied aus. Die Differenzen sind aber nicht unüberbrückbar, denn dass Amos und Hosea aufgrund ihrer Bewertung der gesellschaftlichen Verhältnisse eine große Gefahr heraufziehen sahen, schließen sowohl Kratz als auch Jeremias aus den prophetischen Texten. Dass diese Gefahrenlage und ihre Deutung zum einen Anlass zur prophetischen Klage und zum anderen Auslöser einer prophetischen Unheilsbotschaft werden konnten, liegt durchaus nahe, wenn man nicht davon ausgehen möchte, dass die prophetischen Kreise, auf die die vorliegenden Texte zurückzuführen sind, die Ereignisse kalt und teilnahmslos verfolgt hätten.

In ihrer Methodik stimmen Jeremias und Kratz darin überein, das Prophetenbuch zum Ausgangspunkt der Analyse zu machen, dabei aber nicht stehenzubleiben, sondern textarchäologisch zurückzufragen nach den der vorliegenden Gestalt des Buches vorausliegenden Traditionen. Sowohl Jeremias als auch Kratz arbeiten redaktionsgeschichtlich, rechnen also mit längeren Wachstumsprozessen innerhalb der prophetischen Literatur, die sich anhand bestimmter Kriterien annäherungsweise rekonstruieren lassen.[7]

Neben der diachron orientierten Methodik hat sich innerhalb der Prophetenbuchexegese ein synchroner Zugang zu den Texten etabliert. Die Rekonstruktion von Wachstumsprozessen innerhalb der prophetischen Literatur wird hier für letztlich nicht möglich gehalten und die Arbeit daher auf den vorliegenden Text, welcher auch immer das sei, beschränkt. Das hat in der jüngeren Forschung, etwa bei der Auslegung des Ezechielbuches, dessen Anfänge zwei Jahrhunderte nach den Anfängen des Hosea-, Amos- und Michabuches zu suchen sind, zu neuen Perspektiven auf das Buch und seine historischen Hintergründe geführt, dabei aber auch gerade vor dem Hintergrund der komplexen Textgeschichte des Ezechielbuches neue Fragen hinsichtlich einer sachgemäßen Methodik der Ezechielbuchexegese aufgeworfen.[8]

---

6 Kratz, Worte des Amos, 87.

7 Zur redaktionsgeschichtlichen Methodik vgl. U. Becker, Exegese des Alten Testaments, 90–113.

8 Vgl. im Blick auf das Ezechielbuch den einflussreichen Kommentar von Moshe Greenberg, Ezechiel 1–20, der vor dem Hintergrund eines konsequent synchronen bzw. ‚holistischen‘ Ansatzes davon ausgeht, „that the present Book of Ezekiel is the product of art and intelligent design" (Greenberg, Ezechiel 1–20, 26). Exemplarisch sei aus der neueren Forschung die in ihrer thematischen Fokussierung bemerkenswerte Studie von Ruth Poser, *Das Ezechielbuch als Trauma-Literatur*, genannt, die die textgeschichtlichen Probleme des Ezechielbuches ausblendet (vgl. Poser, Ezechielbuch, 8) und im Blick auf literar- und redaktionsgeschichtliche Zugänge zum Ezechiel-

Häufig wird im Kontext synchroner Auslegungen die Möglichkeit älterer Textstufen zugestanden, aufgrund der Hypothetizität von Rekonstruktionsvorschlägen
aber auf entsprechende Textanalysen verzichtet.[9] Ein auf den ersten Blick besonders hohes wissenschaftliches Ethos verbindet sich hier bei genauerem Hinsehen
häufig mit einem besonders niedrigen Interesse an historischen Hintergründen.

Handelt es sich nun bei der methodischen Alternative zwischen diachroner
und synchroner Prophetenbuchexegese um eine Frage moderner Auslegerinnen
und Ausleger, die ihre eigenen Perspektiven an einen antiken Text herantragen?
Hat man hier gewissermaßen methodisch ‚freie Wahl'? Oder werfen die Prophetenbücher selber Fragen nach ihrer Entstehung auf, sodass nicht der Ausleger
oder die Auslegerin, sondern das Buch bzw. die Buchgestalten selber Anlass dazu
geben, über den vorliegenden Text hinaus- bzw. in den vorliegenden Text hinein-
zufragen, um die Tiefenschärfe der hinter dem Text liegenden Diskussionen und
Auseinandersetzungen um die verhandelten Gegenstände in den Blick zu bekommen? Synchrone Exegese beschränkt sich auf die eine Stimme des auszulegenden
Textes; diachrone Exegese versucht dagegen, die Vielstimmigkeit des Textes wahrzunehmen und als einen fortlaufenden theologischen Diskussions- und Erkennt-
nisprozess zu beschreiben. Dem Mehrwert dieses Zugangs für die Erschließung
der vielstimmigen theologischen Debatten im antiken Juda soll im Folgenden am
Beispiel des Ezechielbuches an einigen Beispielen nachgegangen werden.

Die eingangs genannten Arbeiten von Jeremias und Kratz beziehen sich auf
prophetische Literatur, deren Anfänge im 8. Jahrhundert v. Chr. liegen. Auch wenn
es im 8. Jahrhundert v. Chr. erste Verschriftlichungen prophetischer Traditionen

---

buch ausgeführt: „[D]as Textmaterial ist zu einheitlich, der Stil des gesamten Buches so typisch
‚ezechielisch', als dass sich (hierüber) Kriterien für eine Schichtung finden ließen" (Poser, Ezechielbuch, 42–43). – Zu den hermeneutischen und methodologischen Problemen in diesem Bereich vgl. W. A. Tooman, Literary Unity, 497–512, der am Beispiel von Ez 36,16–38 zeigt, „that the
literary unity of 36.16–38 and its integration with the arguments and themes of the book demon-
strably are products of expansion and rewriting. Literary unity and compositional unity, it ap-
pears, are not correlates" (Tooman, Literary Unity, 507). Kompositionelle Strukturen innerhalb
eines Textes sind demnach kein Argument gegen literargeschichtliche Entwicklungen im Verlauf
seiner Entstehung – Fortschreibungen eines Textes durchbrechen nicht notwendigerweise eine
geschlossene literarische Komposition, sondern stellen eine solche in manchen Fällen erst her.
Ein solcher Befund, der sich im Blick auf Ez 36,16–38 auch an Textzeugen belegen lässt (zu der
hier einschlägigen Passage Ez 36,23bβ–38 vgl. Tooman, Literary Unity, 506–507), erleichtert die
exegetische Arbeit zwar nicht, kann aber gerade aufgrund der empirischen Evidenz nicht über-
gangen werden. Das ist – gerade aufgrund seiner Detailschärfe – für die Frage nach einer sachgemäßen Methodik der Prophetenbuchexegese unhintergehbar.
9 Kratz spricht im Blick darauf von einem „Lippenbekenntnis zur Vorgeschichte" des Prophetenbuches, auf dessen Grundlage man dann „mehr oder weniger offen die kanonische Endgestalt
mit der Botschaft des namengebenden Propheten gleichsetzt" (Kratz, Worte des Amos, 55).

gegeben haben könnte, finden sich eigene Thematisierungen des Phänomens Schriftlichkeit hier nur in einem sehr begrenzten Umfang, möglicherweise in Jes 8,1, wo der Prophet aufgefordert wird, auf eine große Tafel zu schreiben.[10] In späteren Prophetenbüchern werden solche Hinweise dichter. So wird etwa in Hab 2,2 der Prophet dazu angehalten, seine Vision auf Tafeln niederzuschreiben, um diese für die kommende Zeit lesbar und rezipierbar zu halten.[11] Und in Jer 36 erscheinen der Prophet Jeremia und sein Mitarbeiter Baruch inmitten einer regelrechten Schreibwerkstatt, in der sie die Produktion prophetischer Buchrollen betreiben. Diese Darstellungen sagen wohl wenig über die historischen Prophetengestalten aus, sie zeigen aber, wie man sich das Wirken eines Propheten vorstellen konnte. Der erzählte Jeremia repräsentiert das Bild eines Propheten der Erzählzeit von Jer 36.[12]

Das Ezechielbuch, das durch ein verzweigtes Datierungssystem im 6. Jahrhundert v. Chr. verortet wird, gehört zu den prophetischen Büchern, die die Schriftlichkeit bzw. das Verschriftetsein von Prophetie explizit zum Thema machen. Die Schriftlichkeit der Prophetie wird dabei ganz an den Anfang gestellt: Im großen Berufungsbericht des Buches in Ez 1–3 wird in Ez 2,8–3,3 davon berichtet, wie dem Propheten von Jhwh her eine Buchrolle dargeboten wird, mit der er sein Inneres anfüllen soll, indem er sie verschlinge. In Ez 2,10 ist über diese Schriftrolle zu lesen:

ויפרש אותה לפני והיא כתובה פנים ואחור וכתוב אליה קנים והגה והי

Und er breitete sie vor mir aus, und sie war beschrieben vorderseitig und rückseitig, und geschrieben waren auf ihr Klagen und Seufzer und Wehe.

Eine vorder- und rückseitig beschriebene Schriftrolle, auf der sich Klagen und Seufzer und Wehe finden, wird dem Propheten eröffnet und Ez 3,3 zufolge beim Verzehr in seinem Mund süß wie Honig (ואכלה ותהי בפי כדבש למתוק).

Eine sach- und das heißt: eine textgemäße Auslegung des Ezechielbuches wird diese Passage nicht übersehen können, wenn es um die Frage nach den ältesten Texten des Buches geht. Dabei sollte es weniger um das Verschlingen der Buchrolle und deren Verzehr gehen, denn dieses Motiv fügt sich in die Berichte von Zeichenhandlungen des Propheten ein, mit denen das Buch die prophetische Botschaft bildhaft ausgestaltet. Von größerer Bedeutung ist Ez 2,10, wo die auf der Buchrolle verzeichnete Botschaft durch die drei profilierten Termini קנים והגה

---

10 Vgl. dazu W. A. M. Beuken, Jesaja 1–12, 220.
11 Vgl. dazu K. Seybold, Nahum Habakuk Zephanja, 63–65.
12 Vgl. dazu J. D. Moore, Literary Depictions, 84–134.

וְהִי gekennzeichnet wird.[13] Mit ihnen wird auf einen bestimmten Sprachmodus und einen bestimmten „Schatz von Gedanken und Stimmungen"[14] verwiesen, der in den Bereich der Klage führt. Buchkompositionell wird damit die Klage der folgenden Gerichtsbotschaft Ezechiels vorangestellt – der Prophet erscheint damit zuerst als ein von der Klage durchdrungener Adressat und Rezipient der Botschaft Jhwhs, deren Unheils- und Gerichtsaspekte grundlegend aus der Klage heraus erwachsen. Die Klage wird in Ez 2,10 mit dem *terminus technicus* קִנָה bezeichnet, der in der Hebräischen Bibel 18 Mal auftaucht und für den allein das Ezechielbuch 10 Belege aufweist, was die Bedeutung des Lexems קִנָה für die Trägergruppen des Ezechielbuches erkennen lässt. Wie auch immer dieser Befund auszuwerten sein sollte – hier stellt sich in jedem Fall eine Aufgabe für die Auslegung des Ezechielbuches, dessen Klagetexte Ez 2,10 zufolge eine Grundlage der ezechielischen Botschaft bilden.

Geht eine solche Beschreibung der Aufgabenstellung der Ezechielexegese von einer unreflektierten, biblizistischen Lesart von Ez 2,8–3,3 aus? Hat die buchkompositionelle Position von Ez 2,8–3,3 innerhalb der Berufungsvision in Ez 1–3 und vor den großen Unheils- und Gerichtspartien des Buches in Ez 4–24 eine Bedeutung für die Frage nach den Anfängen des Buches? Das ist genau dann der Fall, wenn man davon ausgeht, dass die Verfasser- und Trägerkreise des Ezechielbuches ihre Leserinnen und Leser über die Anfänge des Buches nicht im Unklaren lassen wollten. Nimmt man an, dass diese Kreise Informationen über die Buchentstehung nicht unterdrückten, sondern gezielt in ihre Gestaltung des Ezechielbuches einbrachten, wird man eine Passage wie Ez 2,8–3,3 bei der Bestimmung dessen, was das Ezechielbuch seinem Selbstverständnis und seiner Pragmatik nach ausmacht, nicht unterbestimmen dürfen.

2 Auslegungswege

Die Geschichte der Auslegung des Ezechielbuches spiegelt das Bemühen um eine dem Buch angemessene Methodik wider, wobei die Frage, was als text- und sachgemäß gelten kann, umstritten bleibt. Die auf den ersten Blick hohe stilistische und formale Kohärenz des Ezechielbuches legt es zunächst durchaus nahe, von einer einheitlichen Prophetenschrift auszugehen, entsprechend nach Struktur und Form einzelner Texte, nach buchübergreifenden Kompositionsbögen und

---

13 Vgl. dazu Poser, Ezechielbuch, 350: „Was dem Propheten hier mit der Buchrolle von Jhwh eingegeben wird, sind wort-lose (*sic!*) Äußerungen der Angst, des Schreckens, des Entsetzens!"
14 Vgl. H. Gunkel, Einleitung, 22.

nach thematischen Schwerpunkten zu fragen, die exegetische Arbeit also auf eine synchrone Auslegung zu konzentrieren. Der erste Eindruck hoher Kohärenz wird allerdings durch eine Reihe wichtiger Beobachtungen an den Texten, an ihren unterschiedlichen sachlichen Profilierungen und an den material vorfindlichen, unterschiedlichen Buchgestalten des Ezechielbuches so erheblich gestört, dass der erste Eindruck bei genauerer Betrachtung der Frage weicht, ob das Ezechielbuch wirklich als literarisch einheitliche Schrift interpretiert werden kann oder ob der Textbefund nicht vielmehr zu literar- und redaktionsgeschichtlichen Differenzierungen zwingt.

Schon sehr früh wurde in diesem Zusammenhang das auffällige Nebeneinander von hebräischer und griechischer Textüberlieferung in den Blick genommen. Bereits 1905 weist Gustav Jahn in seinem Werk *Das Buch Ezechiel. Auf Grund der Septuaginta hergestellt* auf ein Problem hin, das schon Ferdinand Hitzig in seinem Kommentar zum Ezechielbuch von 1847 deutlich vor Augen stand:[15] Das Buch Ezechiel liegt in der Septuaginta zwar in einer übersetzten, aber im Blick auf Form und Inhalt dennoch älteren Buchgestalt als derjenigen der masoretischen Tradition vor. Jahn rekonstruiert in seiner Studie diese ältere hebräische Buchgestalt und führt aus:

> Ich fand, daß das Buch von den Soferim einer vollständigen, bis in das Einzelne gehenden Umarbeitung unterzogen worden ist, welche den ursprünglichen Text dergestalt entstellt hat, daß es unmöglich ist, denselben verbotenus wiederherzustellen. Nur annäherungsweise ist diese Aufgabe zu lösen. Die Soferim haben diesem vielleicht leidenschaftlichsten aller Propheten sozusagen die Giftzähne ausgezogen und ihn zu einem senilen Kanzelredner herabgesetzt.[16]

Jahns Arbeit zeigt deutlich, dass die textgeschichtlichen Probleme, die in den letzten Jahrzehnten wieder in den Vordergrund der Debatte gerückt sind,[17] keineswegs auf ganz neuen Erkenntnissen fußen, sondern bereits um die Wende vom 19. zum 20. Jahrhundert in Teilen bekannt waren und bearbeitet wurden.

Von großer Bedeutung für die Ezechielforschung sind in den ersten Jahrzehnten des 20. Jahrhunderts die Arbeiten von Johannes Herrmann und Gustav Hölscher. Herrmann geht in seinen *Ezechielstudien* von 1908 davon aus, „daß Ezechiel das Buch nach und nach zusammengestellt und längere Zeit redigierend und korrigierend an seinem Werke gearbeitet hat. Wer dies nicht annehmen will, muß m. E. eine ganze Anzahl Abschnitte des Buches als nichtezechielisch preisge-

---

15 Vgl. F. Hitzig, Ezechiel, XVI *et passim*.
16 G. Jahn, Ezechiel, III.
17 Vgl. dazu unten Abschnitt 3.1.

ben."[18] Dieses Modell erklärt unterschiedliche Akzentuierungen innerhalb des Ezechielbuches mit einer Entwicklung im Denken Ezechiels, der damit trotz aller Unterschiede in den einzelnen Texten als Verfasser seiner Schrift gelten kann. Hölscher dagegen differenziert in seiner Studie *Hesekiel. Der Dichter und das Buch. Eine literarkritische Untersuchung* von 1924 zwischen Prophet und Prophetenbuch und geht davon aus, dass im Verlauf der Buchentstehung der prophetische Dichter und seine Dichtungen von literarischer Prosa übermalt wurden: „Ein ungesuchtes Ergebnis dieser Analyse ist, daß die ältesten, hesekielischen Stücke bis auf die erzählenden Visionspartien durchweg dichterische Form zeigen, während die Ergänzungen stets rein prosaisch sind."[19] Hölscher hält Ezechiel selber für die „Kassandra des untergehenden Jerusalems",[20] unterscheidet den Propheten aber von einem ersten Redaktor und meint, „daß, wo die hesekielischen Texte sukzessiv ergänzt worden sind, die älteste Ergänzung dem eigentlichen Redaktor des Buches angehören wird."[21]

Volkmar Herntrich wirft 1933 in seiner Studie *Ezechielprobleme* die Frage nach dem Entstehungsort des Ezechielbuches auf. Er kommt aufgrund der Adressierung zahlreicher Passagen des Ezechielbuches an die Jerusalemer Bevölkerung zu dem Schluss, dass Ezechiel ein Jerusalemer Prophet gewesen sei: „Die Drohweissagungen in Kap. 1–24 stammen in ihren Kernstücken, soweit sich die Situation aus den Einzelabschnitten heraus feststellen läßt, von einem Propheten der letzten Jahre Jerusalems."[22] Nach 587 v. Chr. sei das Buch durch einen Repräsentanten der Gola überarbeitet worden, um auf diese Weise zu zeigen, dass es – neben Jeremia in Jerusalem – auch einen Propheten in der Gola gab. Was hier greifbar werde, sei die

> Welt des exilischen Redaktors, der die echte Prophetie umrahmt und durch theosophische Spekulationen, durch einen umfangreichen Offenbarungsapparat, die Einzigkeit seines Gottes gegenüber der babylonischen Götterwelt zu erweisen sucht. Auf der einen Seite Erzeugnisse echter, unmittelbarer prophetischer Kraft, Reflexe echtprophetischen Erlebens und Wirkens, auf der anderen Seite Literatur, Berechnung und Phantastik.[23]

Herntrich ist sich der Problematik seiner Rekonstruktion aber wohl bewusst:

> Es ist zunächst sicher, daß das Buch des Propheten in Babylonien seine jetzige Form empfing; es bleibt nur die Schwierigkeit zu erklären, wie die Fragmente des jerusalemer Pro-

---

18 J. Herrmann, Ezechielstudien, 6.
19 G. Hölscher, Hesekiel, 26.
20 Hölscher, Hesekiel, 15.
21 Hölscher, Hesekiel, 27.
22 V. Herntrich, Ezechielprobleme, 124.
23 Herntrich, Ezechielprobleme, 125.

pheten in die Hände des babylonischen Redaktors gekommen sind. Am einfachsten ist es zweifellos zu verstehen, wenn Ezechiel selbst auf einem der späteren Exulantenzüge nach Babylonien gekommen ist. Doch muß das Vermutung bleiben.[24]

Georg Fohrer unterscheidet ebenfalls zwischen dem Propheten und den Redaktoren des Buches. Er nimmt in seinem Kommentar von 1955 an,

> daß Ez seine Worte und Berichte selbst vor oder nach ihrer mündlichen Verkündigung schriftlich niedergelegt und in dieser Form einzeln hinterlassen hat, jedoch weder an ihrer Ordnung und Zusammenfassung noch an der Gliederung des gesamten Stoffes beteiligt gewesen ist. Später haben andere Hände diese Einzelaufzeichnungen zu kleineren oder größeren Sammlungen zusammengefaßt.[25]

Einen entscheidenden Neuaufbruch der Ezechielexegese markiert der zwischen 1955 und 1969 erschienene Ezechielkommentar von Walther Zimmerli. Dieser Kommentar stellt der literarkritischen Analyse eine konsequent redaktionsgeschichtlich orientierte Auslegung an die Seite. Nach Zimmerli ist „mit Sicherheit zu urteilen, daß sich im Buche Ez Elemente finden, welche direkter Niederschlag mündlicher Rede sind."[26] Andererseits seien

> aber in diesem Buche die Elemente nicht zu übersehen, die keinesfalls gesprochene Rede sein können. [...] Man kann danach mit der einfachen Erklärung des Buches als einer reinen Sammlung mündlicher Redeeinheiten Ezechiels nicht durchkommen. Man hat mit einem Vorgang literarischer Bearbeitung zu rechnen.[27]

Diese literarischen Bearbeitungen beschreibt Zimmerli als einen „Vorgang der ‚Fortschreibung' einer Einheit",[28] wobei die Fortschreibung nicht als ein „Prozeß der ‚Sammlung'"[29] beschrieben werden könne. Literarische Erweiterungen zeichnen sich im Ezechielbuch vielmehr dadurch aus, dass sie „unverkennbar das im Grundwort angeschlagene Thema nach neuen Richtungen hin verfolgen. Darin zeichnet sich ein Prozeß der sukzessiven Anreicherung eines Kernelementes ab, das in neuen Ansätzen [...] weiter ausgesponnen wird."[30] Mit Zimmerlis Kommentar liegt eine Auslegung des Ezechielbuches vor, die dessen Redaktionsprozeß als einen wesentlichen Bestandteil der Ezechieltradition (an-)erkennt. Zimmerli lehnt vor diesem Hintergrund synchrone Interpretationen des Ezechielbuches ab: „Die

---

24 Herntrich, Ezechielprobleme, 125–126.
25 G. Fohrer, Ezechiel, XI.
26 W. Zimmerli, Ezechiel 1–24, 105*.
27 Zimmerli, Ezechiel 1–24, 105*.
28 Zimmerli, Ezechiel 1–24, 106*.
29 Zimmerli, Ezechiel 1–24, 106*.
30 Zimmerli, Ezechiel 1–24, 106*.

These vom Propheten als dem ein Gesamtbuch komponierenden Buchschreiber [...] wird von diesen Wahrnehmungen her ebenso unmöglich wie die Auffassung des Buches als eines Pseudepigraphs eines späten Tendenzschriftstellers."[31]

Einen ersten Versuch weitergehender redaktionsgeschichtlicher Differenzierung hat 1974 Jörg Garscha mit seinen *Studien zum Ezechielbuch. Eine redaktionskritische Untersuchung von Ez 1–39* vorgelegt. Garscha unterscheidet vor allem drei Stufen der Textentstehung: (1) Ein um 485/460 v. Chr. konzipiertes Prophetenbuch, (2) eine deuteroezechielische Bearbeitung zwischen 400 und 350 v. Chr. und (3) eine sakralrechtliche Bearbeitung um 300 v. Chr.[32] Garscha geht es in seinem Zugang vor allem um eine theologische Profilierung und soziohistorische Einordnung der literarischen Schichten innerhalb des Ezechielbuches.

Mit einer noch späteren Entstehung des Ezechielbuches rechnet dagegen Joachim Becker, der nicht an den redaktionsgeschichtlich orientierten Stand der Forschung seiner Zeit anschließt. Sein Aufsatz *Erwägungen zur ezechielischen Frage* von 1982 hat programmatischen Charakter: Das Ezechielbuch sei als ‚pseudepigraphische' Propheteninterpretation[33] zu verstehen, als „Prophetenbuch aus der Retorte"[34] – hier sei das „Ideal eines Prophetenbuches chemisch rein verwirklicht".[35] Beckers Aufsatz liegt damit auf einer bereits von Leopold Zunz im 19. Jahrhundert begründeten[36] und bis in neuere Arbeiten reichenden Linie der Ezechielexegese, die hinter dem Buch keinen Propheten Ezechiel mehr erkennt und das Buch als nachexilisches Pseudepigraphon interpretiert.[37]

Dass das Ezechielbuch auf den Propheten Ezechiel selber zurückzuführen sei, meint dagegen Moshe Greenberg in seinem Kommentar von 1983. Greenberg hält das Ezechielbuch für ein kunstvoll gestaltetes literarisches Produkt[38] und führt im Blick auf das Verhältnis der Worte Ezechiels zur Textgeschichte des Buches aus: „But the received Hebrew is the only Hebrew version of his words extant; it

---

31 Zimmerli, Ezechiel 1–24, 114*.
32 Vgl. J. Garscha, Studien, 283–311.
33 Vgl. J. Becker, Erwägungen, 146.
34 J. Becker, Erwägungen, 138.
35 J. Becker, Erwägungen, 146.
36 Vgl. L. Zunz, Vorträge, 157–162, demzufolge „Ezechiel und seine Vision der Persischen Epoche und Cultur näher stehen, als gemeiniglich geglaubt wird" (Zunz, Vorträge, 162).
37 Vgl. dazu aus der neueren Forschung exemplarisch die Studie von Karin Schöpflin, Theologie als Biographie, besonders 345: „Zum einen, um Hypothesen zu vermeiden, zum anderen wegen der Gestaltung des Buches und der darin erkennbaren theologischen Aussageabsicht empfiehlt es sich, von einer autobiographischen Fiktion auszugehen, mithin also von ‚Pseudepigraphie' in dem Sinne, daß nicht die Person, die innerhalb des Textes als Sprecher/Verfasser in Erscheinung tritt, für das Buch verantwortlich zeichnet, sondern ein anonymer Autor."
38 Vgl. Greenberg, Ezekiel 1–20, 26.

must ultimately go back to him and therefore must serve as the main – often the sole – primary source for the study of his message."[39] Mit Greenbergs Kommentar liegt eine holistisch-kanonische Interpretation des Ezechielbuches vor. Redaktions-geschichtliche Rekonstruktionen werden von Greenberg in deutlicher Schärfe abgelehnt als „an array of unproved (and unprovable) modern assumptions and conventions that confirm themselves through the results obtained by forcing them on the text and altering, reducing, and reordering it accordingly".[40]

Demgegenüber hat im Anschluss an die redaktionsgeschichtlich ausgerichtete Exegese Karl-Friedrich Pohlmann in seinem Kommentar zum Ezechielbuch von 1996 und 2001 ein diachrones Entstehungsmodell des Ezechielbuches vorgelegt. Nach Pohlmann bildet die „Ausgangsbasis [...] ein älteres Prophetenbuch, das wahrscheinlich noch in exilischer Zeit in Palästina konzipiert worden war."[41] Pohlmann sucht die ältesten Texte des Ezechielbuches im Bereich der Klagen und meint,

> daß es in den klageähnlichen Gedichten 19,1–9*; 19,10–14*; Ez 31* ursprünglich lediglich darum ging, analog zur Totenklage Artikulationsmöglichkeiten zu schaffen für diejenigen, die im Lande die Katastrophe und damit den Verlust des bisherigen theologischen Ordnungshorizontes erfahren hatten. [...] Die wahrscheinlich in einer Sammlung aufgereihten Klagen gehören zum ältesten Textgut, das im Ezechielbuch enthalten ist.[42]

Pohlmann unterscheidet in seinen Analysen eine golaorientierte Redaktion von diasporaorientierten Redaktionen:

> Das golaorientierte Ezechielbuch sollte sicherstellen, daß allein die erste Gola das wahre Israel und damit auch den Adressaten der Heilsworte des Propheten bildet.[43]

Diese besondere Bedeutung der ersten Gola aber

> wird in dem Buch mehrfach dadurch relativiert, daß umfassend und allgemein von der Zerstreuung und in Korrespondenz dazu von der Sammlung Israels die Rede ist. [...] Das von der Golarezension bestimmte Ezechielbuch ist auf diese Weise von den Fragen nach Bedeutung und Zukunft der Diaspora her aktualisiert worden.[44]

Pohlmanns Kommentierung fasst die diachron ausgerichtete Ezechielforschung des 20. Jahrhunderts zusammen und führt sie aufgrund seiner soziohistorischen

---

39 Greenberg, Ezekiel 1–20, 19.
40 Greenberg, Ezekiel 1–20, 20.
41 K.-F. Pohlmann, Hesekiel 1–19, 33.
42 Pohlmann, Hesekiel 1–19, 38.
43 Pohlmann, Hesekiel 1–19, 28.
44 Pohlmann, Hesekiel 1–19, 31–32.

Profilierung der redaktionellen Bearbeitungen einen entscheidenden Schritt weiter.[45]

Die knappe – und verkürzende – Skizze zeigt, dass die Auslegung des Ezechielbuches sich zwischen diachronen und synchronen Zugängen bewegt.[46] Eine
synchron orientierte Interpretation des Ezechielbuches geht von einem als literarisch einheitlich betrachteten Text aus und kann zu zwei unterschiedlichen Ergebnissen kommen, nämlich entweder zu der Annahme, das Ezechielbuch sei
vom Propheten Ezechiel selber im 6. Jahrhundert v. Chr. verfasst worden, oder
aber zu der These, das Ezechielbuch sei eine pseudepigraphe Prophetenschrift
aus späterer Zeit. Eine diachron vorgehende Auslegung sieht das Ezechielbuch
dagegen als Ergebnis eines differenzierten Redaktionsprozesses, der sich vom
6. Jahrhundert v. Chr. bis in die hellenistische Zeit hinein erstreckte. Dass die
vorliegenden Gestalten des Ezechielbuches text- und sachgemäß zu literar- und
redaktionsgeschichtlichen Differenzierungen führen müssen, sollen im Folgenden
drei unterschiedliche Blicke in das Ezechielbuch zeigen.

3 Textbefunde

3.1 Das Ezechielbuch in griechischer und hebräischer Textgestalt

Die genannten Grundmodelle zur Entstehung des Ezechielbuches haben eine
scheinbare Gemeinsamkeit: Alle stützen sich bei ihrer Arbeit am Ezechielbuch
auf den Text. Doch ist das keine belastbare Gemeinsamkeit, da es *den* Text des
Ezechielbuches nicht gibt. Bereits im 19. Jahrhundert hat Ferdinand Hitzig die
Bedeutung der Septuaginta für die Auslegung des Ezechielbuches erkannt und
ihr Textzeugnis in seinem Kommentar durchgehend berücksichtigt[47] und Ludwig
Jahn sah bereits zu Beginn des 20. Jahrhunderts im vorliegenden Ezechielbuch in
masoretischer Tradition eine deutlich jüngere Buchfassung, die den historischen

---

45 Auf die zahlreichen Beiträge aus den letzten beiden Jahrzehnten kann im Rahmen dieser
knappen Skizze nicht weiter eingegangen werden. Einen Überblick über die Entwicklung bieten
zum einen der (etwas ältere) Forschungsüberblick von K.-F. Pohlmann, *Ezechiel. Der Stand der
theologischen Diskussion*, und zum anderen zwei neuere Sammelbände zum Ezechielbuch: *Ezekiel. Current Debates and Future Directions*, hg. v. W. A. Tooman und P. Barter, sowie: *Das Buch
Ezechiel. Komposition, Redaktion und Rezeption*, hg. v. J. C. Gertz, C. Körting und M. Witte. 2023
wird zudem das *Oxford Handbook of Ezekiel*, hg. v. C. Carvalho, erscheinen.
46 Zum Forschungsstand vgl. K.-F. Pohlmann, Ezekiel, 3–17, und T. Krüger, Ezekiel, 18–27.
47 Vgl. dazu oben Anm. 15.

Ezechiel, der in der griechischen Tradition noch erkennbar sei, verzeichne. Aufgrund des in den letzten Jahrzehnten deutlich gestiegenen Interesses an der griechischen Übersetzung der Hebräischen Bibel und der fortlaufenden Differenzierung der Betrachtung dessen, was unter dem Sammelbegriff Septuaginta zusammengefasst wird, hat innerhalb der Ezechielexegese vor allem ein griechischer Textzeuge große Aufmerksamkeit auf sich gezogen, nämlich der 1931 aufgefundene Papyrus p967. Dieser Papyrus überliefert den Ezechieltext ab Ez 11,25 und weist im dritten Teil des Ezechielbuches eine signifikante Abweichung zur bekannten masoretischen Tradition auf: Die masoretisch überlieferte Kapitelabfolge Ez 36–39.40–48^{MT} erscheint in p967 in der Anordnung Ez 36$^{(ohne\ V.\ 23b\beta–38)}$ – Ez 38–39 – Ez 37 – Ez 40–48^{p967}. Sollte den Übersetzern ins Griechische eine praemasoretische Texttradition vorgelegen haben, müssten sie zum einen die Kapitel Ez 38–39 dem Kapitel Ez 37 vorangestellt und zudem in ihrer Übersetzung Ez 36,23bβ–38 gezielt ausgelassen haben. Hier ist nun aber zum einen zu beachten, dass der in p967 vorliegende Übergang von Ez 37,28 zu Ez 40,1 auch in dem von p967 unabhängigen *Codex Wirceburgensis* der *Vetus Latina* bezeugt wird; zum anderen ist aber zugleich zu bedenken, dass die in masoretischer Tradition überlieferte Kapitelabfolge Ez 35–38* von einer – wenn auch sehr fragmentarisch überlieferten – in Masada entdeckten Ezechielrolle (MasEz) gestützt wird.[48]

Damit ergibt sich eine ausgesprochen komplexe Konstellation im Blick auf den Text bzw. die Texte des Ezechielbuches, die Peter Schwagmeier in seinen *Untersuchungen zu Textgeschichte und Entstehung des Ezechielbuches in masoretischer und griechischer Überlieferung* von 2004 dazu führt, hinter p967 eine ältere hebräische Textfassung zu vermuten, die zu einer älteren Buchfassung des Ezechielbuches als der der masoretischen Tradition führt.[49] Diese ältere Buchfassung belegt mit der Anordnung von Ez 38–39 vor Ez 37 eine Schwerpunktsetzung, die das Heilskapitel Ez 37 an das Ende einer Sequenz Ez 33–36.38–39.37 setzt und an dieser Stelle unmittelbar in die auf den Tempel bezogenen Kapitel Ez 40–48 überleitet. Dass hier aber keineswegs nur mit *einer* älteren Buchfassung und dann folgenden späteren Bearbeitungen gerechnet werden kann, zeigt der Befund in Masada, wo MasEz die masoretisch bekannte Kapitelfolge Ez 35–38* bereits um die Zeitenwende herum zu kennen scheint. Es spricht daher viel dafür, mit unterschiedlichen, gleichzeitig umlaufenden Buchgestalten des hebräischen Ezechiel-

---

48 Die Fragmente aus Masada dürften zwischen 50 v. Chr. und 50 n. Chr. entstanden sein; vgl. dazu insgesamt H.-J. Fabry, Ezechiel, 14–16.

49 Vgl. P. Schwagmeier, Untersuchungen, insbesondere 366–368, und – mit einem exemplarischen Blick auf Ez 34 – M. Konkel, Ezechiel-Septuaginta, 43–62. Hinsichtlich der soziohistorischen Hintergründe der unterschiedlichen Buchfassungen vgl. die weiterführenden Überlegungen von M. Konkel, Ezechielbuch, 59–78.

buches in hellenistischer Zeit zu rechnen.[50] Diese Buchgestalten stehen für inhaltlich signifikant abweichende Ezechieltraditionen, die nicht nur textkritische bzw.
textgeschichtliche Bedeutung haben, sondern aufgrund der sachlichen Differenzen zwischen der Kapitelfolge Ez 36–39.40–48[MT] (die fast schon apokalyptischen
Kapitel Ez 38–39 schließen an die Totenfeldvision und die Wiederzusammenfüh-
rung von Juda und Israel in Ez 37 an und leiten zur Tempelvision in Ez 40–48
über) und der Kapitelfolge Ez 36[(ohne V. 23bβ–38)] – Ez 38–39 – Ez 37 – Ez 40–48[p967]
(die Kapitel Ez 38–39 markieren nicht den Schlusspunkt vor der Tempelvision,
sondern das Scharnier zwischen dem Gog-Magog-Abschnitt und der Tempelvision
bildet die Totenfeldvision in Ez 37 mit der Hoffnung auf ein Wiedererstehen eines
vereinten Königreiches unter einem König David, auf einen ewigen Friedensbund
und auf die Präsenz des Heiligtums Jhwhs inmitten Israels) deutlich machen, wie
eng hier text-, literar- und redaktionsgeschichtliche Fragestellungen und Methoden ineinandergreifen (müssen).[51]

Ohne die komplexe Problemstellung und die Forschungsdebatten hier weiter
ausführen und verfolgen zu können, zeigt sich an diesem Befund zum Text des
Ezechielbuches, dass die Annahme von Wachstums- und Transformationsprozes-
sen innerhalb der Entstehungsgeschichte der Prophetenbücher keinen sachfrem-
den Blick auf die Texte wirft, sondern dass diese Annahme auf eine materiale
Problemkonstellation in der textgeschichtlichen Bezeugung zu antworten ver-
sucht.[52] Für die Methodik der Ezechielexegese ist damit die genaue Reflexion des
Zusammenhangs von Textbezeugung und literar- und redaktionsgeschichtlicher
Analyse – auch der unterschiedlichen Buchgestalten – eine der grundlegenden
Aufgaben.[53]

---

50 Vgl. dazu H. M. Patmore, Ezekiel, 231–242, und I. E. Lilly, Ezekiel.
51 Vgl. dazu A. Klein, Schriftauslegung, 15–16, und Konkel, Ezechiel-Septuaginta, 59–60.
52 Vgl. dazu grundlegend T. P. Mackie, Expanding Ezekiel, der im Blick auf die Erweiterungen
in den unterschiedlichen Ezechielbuchgestalten folgert: „These intersecting dynamics of textual
interpretation and production mean that studying the involved and often complex phenomenon
of scribal expansion in Ezekiel places us deep into the seedbed of what will later become the
large and variegated tradition of Jewish scriptural interpretation" (Mackie, Expanding Ezekiel,
218).
53 Vgl. dazu im Blick auf Ez 34–39 die sehr genauen Analysen von Klein, Schriftauslegung, 24–
348, und – aufgrund seiner exemplarischen Analyse von Ez 34 – die Folgerungen von Konkel,
Ezechiel-Septuaginta, 60: „Die Analyse der Textüberlieferung zeigt, dass das Ezechielbuch nicht
aus einem Guss ist, und dass in später Zeit – also bis ins 2. Jahrhundert v. Chr. – teilweise
noch umfangreich am Buch gearbeitet wurde. Es bleibt weiterhin Aufgabe der Exegese, diese
Redaktionsprozesse so gut wie möglich nachzuzeichnen. Allerdings sollte man sich bewusst machen, dass redaktionskritische Modelle eher funktionalen und konstruktiven Charakter haben.
Es geht in diesen Modellen darum, die Genese des Buches verständlich zu machen, nicht darum
die historische Genese des Buches definitiv zu entschlüsseln. Schichten sollten als hermeneutisches Instrument verstanden werden."

3.2 Das Ezechielbuch im 6. Jahrhundert v. Chr.

Dass die Anfänge des Ezechielbuches im 6. Jahrhundert v. Chr. zu suchen sind, wird grundsätzlich nur von denjenigen bestritten, die das Buch als eine pseudepigraphe Schrift aus der fortgeschrittenen nachexilischen Zeit verstehen.[54] Während Greenberg das gesamte Buch auf den Propheten Ezechiel zurückführt, hat sich Karl-Friedrich Pohlmann in seinen *Ezechielstudien* von 1992 in einer redaktionsgeschichtlichen Detailanalyse mit der Frage nach den ältesten Texten des Buches befasst. Er kommt zu dem Ergebnis, dass die Anfänge des Buches in Texten wie Ez 19* und Ez 31* zu suchen sind: „Alle Texte tragen deutlich Klagecharakter. Es sind daher echte Klagen analog zu Totenklagen, die auf beklagenswerte und völlig uneinsichtige Geschicke zurückblicken. Sie spiegeln die Irritationen derer wider, deren bisher geltende Vorstellungen vom Stellenwert Jerusalems, des Königtums, des Tempels, kurz deren religiöse Mitte und Ordnungshorizont durch die Katastrophe von 587 hinfällig geworden waren."[55] Die Nähe von Ez 28,11/12–19 zu den genannten Klagetexten vermerkt Pohlmann ausdrücklich.[56] Die Klage über den Untergang des Königtums wird in Ez 19 auf das Jerusalemer Königshaus bezogen, in Ez 28,11–19 mit dem König von Tyros verbunden und in Ez 31–32 auf den Pharao ausgerichtet, wobei im Blick auf Ez 28,11–19 und Ez 31–32 durchaus gefragt werden kann, ob nicht auch hier ältere Textstufen zunächst auf das Jerusalemer Königshaus bezogen gewesen sein könnten[57] und erst sekundär zur literarischen Ausgestaltung des Untergangs des Königs von Tyros und des Pharao verwendet wurden. Pohlmanns Annahme, dass man mit diesen Klagen zu den ältesten Texten des Ezechielbuches vorstoße, lässt sich mit seinem Argument einer in diesen Klagen vollkommen fehlenden Interpretation der Ereignisse plausibilisieren: In unmittelbarem Anschluss an die Zerstörung Jerusalems durch die Babylonier sind pure Fassungslosigkeit, Bestürzung und Trauer vorherrschend. Erst allmählich weicht diese Fassungslosigkeit einem einsetzenden Prozess der Deutung des Untergangs als eines Gerichtshandelns Jhwhs. Folgt man Pohlmann, liegt der *terminus a quo* der Entstehung der ältesten Texte nach 587/586 v. Chr.

Lassen sich innerhalb des Ezechielbuches weitere Indizien dafür finden, dass älteste Texte des Buches bis in die ersten Jahrzehnte des 6. Jahrhunderts v. Chr. zu-

---

54 Vgl. dazu neben J. Becker, Erwägungen, 142–146, auch Schöpflin, Theologie als Biographie, 345.

55 K.-F. Pohlmann, Ezechielstudien, 217.

56 Vgl. Pohlmann, Ezechielstudien, 191.

57 Mit Blick auf Ez 28,11/12–19 vgl. Pohlmann, Ezechielstudien, 192: „Es ist durchaus zu erwägen, ob nicht auch der Vergleich mit einem kostbaren Siegelring ursprünglich auf den besonderen Stellenwert Jerusalems bzw. seines Königtums zielte."

rückreichen? Eng verknüpft mit der Klage über den König von Tyros in Ez 28,11–19 sind zwei Texte, die auf eine konkrete historische Konstellation verweisen, nämlich Ez 26,7–14 und Ez 29,17–20.

In Ez 26,7–14 wird die Vernichtung der phönizischen Metropole Tyros durch Nebukadnezzar angekündigt. Nebukadnezzar II., König von Babylon, regierte von 605–562 v. Chr. – in diesem Zeitraum hätte sich die in Ez 26,7–14 angesagte Belagerung und Zerstörung ereignen müssen, also in der ersten Hälfte des 6. Jahrhunderts v. Chr., in die auch die Anfänge der Ezechieltradition gehören. Offenkundig kam es aber nicht zu einer Einnahme von Tyros durch die Babylonier.[58]

Darauf reagieren die Trägergruppen des Ezechielbuches in Ez 29,17–20:

17 Und es geschah im 27. Jahr, im ersten (Monat), am Ersten des Monats, da erging das Wort Jhwhs an mich folgendermaßen: 18 Menschensohn, Nebukadrezzar, der König von Babel, hat sein Heer schwere Arbeit tun lassen um Tyros' willen. Jeder Kopf ist kahl und jede Schulter ist aufgerieben – aber Lohn wurde ihm und seinem Heer nicht von Tyros für die Arbeit zuteil, die er seinetwegen verrichtete. 19 Daher, so spricht der Herr, Jhwh: Siehe, ich gebe Nedukadrezzar, dem König von Babel, das Land Ägypten. Und er wird sein Gepränge davontragen und ausbeuten sein Beutegut und ausrauben sein Raubgut. Und das wird Lohn sein für sein Heer. 20 Als seinen Sold, um den er gearbeitet hat, habe ich ihm das Land Ägypten gegeben, weil sie für mich gehandelt haben. Spruch des Herrn, Jhwhs.

Die Datierung in Ez 29,17 führt in das Jahr 572 v. Chr., das aber nicht zwingend mit dem Zeitpunkt der Ereignisse gleichgesetzt werden muss. Was hier thematisiert wird, ist das Scheitern der Versuche der Babylonier, Tyros einzunehmen.[59] Was in Ez 26,7–14 als Erwartung formuliert wird, erfüllt sich nicht und bedarf der Erläuterung. Diese Erläuterung erfolgt als Fortschreibung, die mit Rückbezug auf den Tyroszyklus in Ez 26–28 in den Ägyptenzyklus in Ez 29–32 eingebaut wird.[60] Mit dieser Erläuterung soll die Geltung von Ez 26,7–14 in gewisser Weise sichergestellt werden, indem den Babyloniern als Lohn für die Mühen vor Tyros nun Ägypten zugesagt wird – und zwar von Jhwh, der als eigentlicher Souverän die Weltgeschichte zu lenken scheint.[61] Ez 26,7–14 ist offensichtlich älter als

---

58 Die Quellenlage ist divergent. Josephus berichtet von einer 13-jährigen Belagerung, altorientalische Quellen zeigen, dass Tyros unter babylonischem Einfluss stand, eine Einnahme der Stadt wird aber nicht bezeugt (zu den Details vgl. M. Saur, Tyroszyklus, 153–161).

59 Vgl. dazu auch Poser, Ezechielbuch, 496–497.

60 Zu den beiden Textkomplexen vgl. Saur, Tyroszyklus, 29–106.315–336, und M. Saur, Vom Untergang Ägyptens, 151–174.

61 Diese Facette der Inanspruchnahme der Babylonier durch Jhwh wird besonders anschaulich durch ein Plus des masoretischen Textes gegenüber der griechischen Überlieferung in Ez 29,20bα unterstrichen: Der Hinweis אֲשֶׁר עָשׂוּ לִי, der keine Entsprechung in der griechischen Version hat, bezieht den Einsatz der Babylonier direkt auf Jhwh, für den diese gehandelt haben sollen (vgl. dazu Mackie, Expanding Ezekiel, 114–115).

Ez 29,17–20. Der eine Text kommentiert den anderen Text und setzt ihn gerade damit gegen die historischen Abläufe ins Recht.[62] Diese Textkonstellation ist nicht damit zu erklären, dass das Ezechielbuch auf einen Verfasser zurückgeht. Warum hätte ein und derselbe Verfasser Ez 26,7–14 nach dem Scheitern der Babylonier vor Tyros nicht aus seinem Buchentwurf herausnehmen oder modifizieren sollen? Die späteren Fortschreiber, die sich in Ez 29,17–20 zu Wort melden, können diesen Weg nicht wählen, weil sie das ältere Material treu überliefern möchten – sie können dieses ältere Material aber kommentieren und damit in ein neues Licht rücken. Dieses ganze Textarrangement als Ergebnis einer pseudepigraphen Schriftstellerei aus späteren Jahrhunderten zu verstehen, erscheint ebenfalls als wenig plausibel – wer sollte in der fortgeschrittenen Perserzeit oder noch später Interesse an der Ausarbeitung eines Gerichtswortes gehabt haben, innerhalb dessen ein babylonischer König aus dem 6. Jahrhundert v. Chr. eine gewichtige Rolle spielt? In Ez 26,7–14 schreiben vielmehr Zeitgenossen das fest und das fort, was sich ihnen im Blick auf Tyros und Nebukadnezzar erschlossen hat. Und damit steht man in den ersten Jahrzehnten des 6. Jahrhunderts v. Chr., in die auch die Klagen über den König von Tyros in Ez 28,11–19, über den Pharao in Ez 31* und vor allem über das Jerusalemer Königshaus in Ez 19 führen. Ob dahinter ein Prophet als Verfasser oder eine Gruppe von *literati* steht, die – den Klageliedern (Threni) ähnlich – ihre Erfahrungen in Form von Klagen verdichtet, lässt sich nicht mehr klären. Es ist aber kaum wahrscheinlich, dass solche *literati* einen Propheten Ezechiel aus dem Nichts heraus entworfen hätten. Es spricht vielmehr einiges dafür, ein prophetisches Auftreten Ezechiels als Ausgangspunkt der Buchentstehung zu verstehen, ohne dass dabei die ältesten Texte des Buches mit der mündlichen Verkündigung eines Propheten gleichgesetzt werden könnten. Die ältesten Texte des Ezechielbuches bleiben Texte – und sind als literarische Zeugnisse auszulegen.

3.3 Das Ezechielbuch in sachlicher Mehrstimmigkeit

Der Blick auf Ez 26,7–14 und Ez 29,17–20 zeigt bereits, dass der textgeschichtlichen Vielfalt des Ezechielbuches inhaltliche Perspektivwechsel entsprechen. Dem fast durchgehenden Ich-Bericht des Ezechielbuches, der eine formale Geschlossenheit erzeugt, korrespondiert eine sachliche Heterogenität, die bei Annahme ezechieli-

---

62 Nach Poser, Ezechielbuch, 497, dienen die Völkersprüche „im Wesentlichen dem *empowerment* Israels, wie Ez 29,21 zeigt [...]. Ziel des Geschriebenen, das im Moment des Sich-Einlassens auf die Erzählung in den Imaginationen der Hörenden bzw. Lesenden Gestalt gewinnt, ist es dementsprechend, dass Israel Kraft [...] und seinem Propheten Sprache erwachse."

scher Verfasserschaft nur damit erklärt werden könnte, dass der Prophet seine Meinungen und Sichtweisen modifiziere und diese Meinungsänderungen in seinem Buch dokumentiere. Demgegenüber ist wohl eher von unterschiedlichen Perspektiven der Trägergruppen des Ezechielbuches auszugehen, die innerhalb des Buches ihren Platz finden und die damit zugleich eine Spannung erzeugen, die Leserinnen und Leser des Buches in die theologische Auseinandersetzung, die das Buch dokumentiert, hineinnimmt. Das soll an vier Beispielen erläutert werden.

3.3.1 Transformationen des Verständnisses vom Gericht

Zwischen Ez 22 und Ez 24 scheint sich ein Transformationsprozess im Blick auf das Gerichtsverständnis zu vollziehen, innerhalb dessen aus der Erwartung eines Vernichtungsgerichts immer stärker die Vorstellung eines läuternden Gerichts wird, was für das Selbstverständnis der Trägergruppen des Buches eine hohe Relevanz hat.

Zunächst ein Blick auf Ez 22,17–22:

> 17 Und es erging das Wort Jhwhs an mich folgendermaßen: 18 Menschensohn, das Haus Israel, sie sind mir zu Schlacke geworden! Sie alle sind Bronze und Zinn und Eisen und Blei mitten in einem Schmelzofen – Schlacken, Silber sind sie geworden. 19 Daher, so spricht der Herr, Jhwh: Weil ihr alle zu Schlacken geworden seid, daher, siehe, sammle ich euch mitten in Jerusalem: 20 Ein Sammeln von Silber und Bronze und Eisen und Blei und Zinn mitten in einem Schmelzofen, um zu entfachen darin ein Feuer, um zu schmelzen. So werde ich sammeln in meinem Zorn und in meinem Grimm und hineinlegen und schmelzen euch. 21 Und ich werde euch zusammentun und entfachen über euch das Feuer meines Unmuts, und ihr werdet geschmolzen mitten darin. 22 Wie geschmolzen wird Silber mitten in einem Schmelzofen, so werdet ihr geschmolzen werden mitten darin, und ihr werdet erkennen, dass ich, Jhwh, ausgegossen habe meinen Grimm über euch.

Hier wird die Vorstellung eines Schmelzofens entwickelt, in dem sich aufgrund des Zornes Jhwhs die Vernichtung Israels vollziehen wird.[63] Die Erkenntnisformel in V. 22 weist zwar darauf hin, dass es auch noch nach der Schmelze jemanden geben wird, der etwas aus dem Geschehenen erkennen kann, das lässt sich in diesem Kontext aber kaum als Hoffnung oder Perspektive interpretieren.[64] In

---

63 Vgl. dazu Poser, Ezechielbuch, 434: „Beide Seiten des Vergleichs (Metalllegierungen auf der einen, die Angehörigen des Hauses Israel auf der anderen Seite) werden dabei voll ausgeführt (vgl. V 20–22), wodurch der vernichtende Aspekt der Jerusalem überrollenden traumatischen Gewalt besonders intensiv zur Geltung kommt."
64 Nach Zimmerli, Ezechiel 1–24, 518, wird das Bild des Schmelzofens „hier lediglich nach der Gerichtsseite hin verwendet" bzw. „nur der Vorgang des richtenden Brandes herausgehoben";

Ez 23 folgt der dritte große Rückblick auf die Geschichte der Verschuldung und Sünden Israels am Beispiel von Ohola und Oholiba,[65] die für Samaria und Jerusalem stehen und nach Ez 23,47 umgebracht werden. Das bestätigt die Deutung des Feuerofens aus Ez 22,17–22 als eines Ofens der endgültigen Vernichtung. In Ez 24 findet sich nun allerdings inmitten der fürchterlichen Bildsprache eine signifikante Modifikation der Gerichtsdeutung aus Ez 22–23. In Ez 24,1–14 ist zu lesen:

> 1 Und es erging das Wort Jhwhs an mich im neunten Jahr, im zehnten Monat, am Zehnten des Monats folgendermaßen: 2 Menschensohn, schreibe dir den Namen des Tages auf, genau dieses Tages: Gekommen ist der König von Babel über Jerusalem an genau diesem Tag! 3 Und lege dem Haus der Widerspenstigkeit einen Gleichspruch vor und sprich zu ihnen: So spricht der Herr, Jhwh: Setze den Kessel auf, setze auf, und gieße auch Wasser hinein! 4 Lege seine Fleischstücke in ihn hinein, jedes Stück ein gutes, Schenkel und Schulter, vom Erlesenen an Knochen fülle ihn. 5 Vom Erlesenen des Kleinviehs nimm, und auch schichte die Knochen unter ihm auf, bringe zum Sieden seinen Sud, auch kochen seine Knochen in seiner Mitte. 6 Daher, so spricht der Herr, Jhwh: Wehe, Stadt der Blutmengen, Kessel, an dem sein Rost ist und dessen Rost sich nicht von ihm gelöst hat! Fleischstück für Fleischstück hole es heraus, nicht gefallen ist darüber das Los. 7 Denn ihr Blut war in ihrer Mitte, auf kahlen Felsen hat sie es geschüttet, nicht gegossen auf die Erde hat sie es, dass es bedecke der Staub. 8 Um Grimm heraufzuführen, um Rache zu nehmen, habe ich ihr Blut auf kahlen Felsen gegeben, ohne bedeckt zu werden. 9 Daher, so spricht der Herr, Jhwh: Wehe, Stadt der Blutmengen – auch mache ich den Holzstoß groß! 10 Anhäufen die Holzstücke, entzünden das Feuer, fertig machen das Fleisch und verbrühen die Brühe – und die Knochen sollen verbrannt werden! 11 Man stelle ihn leer auf seine Kohlen, damit heiß werde und glühe seine Bronze und schmelze in seiner Mitte seine Unreinheit, sich verzehre sein Rost. 12 Bemühungen – ermüdend! Aber nicht löst sich ab davon die Menge seines Rosts – im Feuer bleibt sein Rost. 13 Um deiner schändlichen Unreinheit willen, weil ich dich reinigen wollte und du nicht rein geworden bist von deiner Unreinheit, wirst du nicht mehr rein werden, bis ich gestillt habe[66] meinen Grimm an dir! 14 Ich, Jhwh, habe geredet. Es kommt – und ich handle: Nicht lasse ich los und nicht schone ich und nicht bereue ich! Deinen Wegen und deinen Taten entsprechend wird man dich richten! Spruch des Herrn, Jhwhs.

Der Abschnitt wendet das Bild vom Ofen aus Ez 22 hin zum Bild eines Kessels, verknüpft aber über eine Reihe von Stichworten, vor allem das Feuer[67] und

---

anders dagegen K.-F. Pohlmann, Hesekiel 20–48, 335: „Mit dem Bild selbst ist bereits angedeutet, daß diese (*sc.* die Katastrophe von 587 v. Chr., MS) als ein von Jahwe initiiertes Läuterungsgericht gilt."

65 Zu Ez 23 vgl. die eindrucksvoll dichte Auslegung von Poser, Ezechielbuch, 435–467.

66 Der suffigierte Infinitiv הניחי ist in seinem temporalen Bezug offener als die vorgeschlagene Übersetzung mit einer Perfektform; wörtlich müsste man übersetzen: ‚bis zu meinem Stillen meines Grimms an dir.'

67 Vgl. אש in Ez 22,20.21(.31) und Ez 24,10.12.

das Schmelzen,[68] die Vorgänge miteinander. Entscheidend in dieser Passage ist Ez 24,13:

בטמאתך זמה יען טהרתיך ולא טהרת מטמאתך לא תטהרי עוד עד הניחי את חמתי בך

Um deiner schändlichen Unreinheit willen, weil ich dich reinigen wollte und du nicht rein geworden bist von deiner Unreinheit, wirst du nicht mehr rein werden, bis ich gestillt habe meinen Grimm an dir!

Die Schlusswendung עד הניחי את חמתי בך begrenzt das Gericht offensichtlich: Aus dem Ofen der Vernichtung wird der Kessel als ein Ort der grausamen Läuterung, deren Verlauf bis zu dem Zeitpunkt reicht, an dem Jhwh seinen Grimm und seine Zornesglut gestillt haben wird.[69]

Hinter der Textsequenz Ez 22–24 stehen wohl Diskussionsprozesse um das Verständnis des Gerichtshandelns Jhwhs innerhalb der Trägerkreise des Ezechielbuches: Setzt Jhwh mit seinem Gericht dem Volk Israel ein endgültiges Ende oder gibt es in der Vernichtung Hoffnung darauf, dass Jhwhs Glutzorn sich beruhigen wird und das Gericht ein Ende findet? Das Ezechielbuch gibt hier einen Einblick in die theologiegeschichtlichen Hintergründe seiner Entstehung.

3.3.2 Erweiterungen des Verständnisses vom Bund

Eine Ausweitung einer dem Ezechielbuch bereits vorliegenden Tradition lässt sich in Ez 16, Ez 34 und Ez 37 beobachten. In allen Texten ist vom Bund die Rede. Bemerkenswert ist aber, wie aus der Vorstellung eines ,ewigen Bundes', die in Ez 16,60 zu greifen ist:

וזכרתי אני את בריתי אותך בימי נעוריך והקמותי לך ברית עולם

Ich werde gedenken meines Bundes mit dir aus den Tagen deiner Jugend und ich werde aufrichten für dich einen ewigen Bund.

und aus der Vorstellung eines Friedensbundes, die Ez 34,25 entwickelt:

וכרתי להם ברית שלום והשבתי חיה רעה מן הארץ וישבו במדבר לבטח וישנו ביערים

Ich werde für sie einen Bund des Friedens schließen und ich werde tilgen böses Wild aus dem Land, und sie werden wohnen in der Wüste in Sicherheit und schlafen in den Wäldern.

---

68 Vgl. נתך in Ez 22,20.21.22 und Ez 24,11.
69 Vgl. dazu die Ez 24,13bδ entsprechende Wendung והנחתי חמתי בך in Ez 16,42aα und die in Ez 16,42aβ.b mit וסרה קנאתי ממך ושקטתי ולא אכעס עוד deutlich weiter ausgeführte Vorstellung einer Begrenzung von Jhwhs Grimm.

in Ez 37,26 – gewissermaßen in einem Additionsverfahren – die Konzeption eines ewigen Friedensbundes wird:

וכרתי להם ברית שלום ברית עולם יהיה אותם ונתתים והרביתי אותם ונתתי את מקדשי בתוכם לעולם

> Ich werde für sie schließen einen Bund des Friedens, ein ewiger Bund wird es mit ihnen sein. Und ich setze sie ein und mache sie zahlreich. Und ich setze mein Heiligtum in ihre Mitte – für immer.

Die Texte haben unterschiedliche Schwerpunkte.[70] Während in Ez 16 in der Form eines Geschichtsrückblicks noch ganz auf die Verfehlungen Jerusalems und den Bundesbruch zurückgeblickt wird, entwickelt Ez 34 die Hoffnung auf Jhwh als den Hirten seines Volkes, an dessen Seite sein Knecht David steht, und erwartet in diesem Kontext einen Bund des Friedens. Ez 37 hat das Wiedererstehen von Nord- und Südreich unter einem König David im Blick und verknüpft mit dieser Hoffnung die Zusage eines ewig währenden Friedensbundes. Die Bundesvorstellungen aus Ez 16,60 und Ez 34,25 werden hier rezipiert und miteinander verbunden.[71] Das lässt sich durchaus synchron verstehen als eine Ausweitung der Bundesvorstellungen innerhalb der Textdynamik des Buches. Damit bleibt aber unterbestimmt, was soziohistorisch hinter dieser Ausweitung steht, nämlich ein Diskussionsprozess um die Frage, welchen Bund Jhwh mit seinem Volk schließen wird – und welche Rolle David in diesem Zusammenhang spielt. In der Kapitelfolge von p967 stehen diese großen Themen am Ende des dritten Buchteils und leiten über in die Vision vom neuen Tempel, was der Rede vom ewigen Friedensbund in dieser von der praemasoretischen Buchfassung abweichenden Buchgestalt ein noch größeres Gewicht gibt.

3.3.3 David – Knecht, Fürst und König

Auch im Blick auf David setzt das Ezechielbuch unterschiedliche Akzente, die darauf hinweisen, dass die nachexilischen Debatten um das Königtum Davids in den Trägerkreisen des Ezechielbuches intensiv geführt wurden und im Buch ihre Spuren hinterlassen haben.

In Ez 34,23–24 ist zunächst von David als dem Knecht Jhwhs, als einem Hirten für das Volk und als einem Fürsten die Rede:

---

70 Vgl. dazu Klein, Schriftauslegung, 169–210.
71 Zu Ez 37,26 vgl. Klein, Schriftauslegung, 184: „In der auffälligen Formulierung ברית שלום ברית עולם werden die beiden Bundesschlüsse aus Ez 16,60 und Ez 34,25 miteinander verbunden und legen sich wechselseitig aus."

23 Und ich werde einsetzen über sie einen einzigen Hirten – und er wird sie weiden –, meinen Knecht David, er wird sie weiden, und er wird für sie zu einem Hirten werden. 24 Und ich, Jhwh, werde für sie Gott sein – und mein Knecht David Fürst (נשיא) in ihrer Mitte.[72] Ich, Jhwh, habe geredet.

Der Verweis auf David ist in diesem Kapitel insofern erstaunlich, als in der vorangehenden Abrechnung mit den schlechten Hirten des Volkes in Ez 34,15 Jhwh selber ansagt, dass er sein Volk weiden werde und demnach also der eigentliche Hirte sei. Ez 34,23–24 erwartet die Umsetzung dieses Weidens Jhwhs offenkundig durch Jhwhs Knecht, den Fürst und Hirten David.[73]

In Ez 37,24–25 findet sich die Vorstellung von David als einem Knecht und Fürsten ebenfalls:

24 Und mein Knecht David wird König (מלך) sein über sie, und ein Hirte wird für sie alle sein. Und in meinen Rechtssätzen werden sie wandeln und meine Satzungen werden sie wahren und sie tun. 25 Und sie werden wohnen in dem Land, das ich meinem Knecht, Jakob, gegeben habe, in dem gewohnt haben eure Väter. Und sie werden darin wohnen, sie und ihre Söhne und die Söhne ihrer Söhne – für immer. Und David, mein Knecht, wird Fürst (נשיא) für sie sein – für immer!

In Ez 37,24 begegnet allerdings der entscheidende Begriff, den die Verfasser von Ez 34,23–24 nicht verwenden: David wird nicht nur Knecht und Fürst, sondern auch König sein: ועבדי דוד מלך עליהם. Damit wird eine deutlich weitergehende Hoffnung auf den kommenden David verbunden, als sie in Ez 34 artikuliert wird, wo vor allem die Herrschaft Jhwhs über sein Volk im Blick ist.[74] Auch das ließe sich synchron als jeweils eigene Profilierung innerhalb der Texte lesen, die ihre jeweiligen Schwerpunkte setzten. Doch auch hier stehen hinter den Texten Aus-

---

72 Die griechische Textversion bietet hier nur: καὶ Δαυιδ ἐν μέσῳ αὐτῶν ἄρχων – für das hebräische ועבדי findet sich in Ez 34,24 keine Entsprechung (vgl. dazu Mackie, Expanding Ezekiel, 139: „The mention of David in the previous verse [34:23], described him as עבדי דויד, ‚my servant David,‘ and so the phrase in 34:24 has been assimilated to what came before.").
73 Zu diesem komplexen Ineinander vgl. F. Sedlmeier, Figure of David, 100: „Yhwh alone causes and brings the coming salvation. However, part of this divine saving action is the appointment of the shepherd David, who plays the role of the servant of Yhwh." Anja Klein meint im Blick auf die beiden Verse: „Here, the idea of a human shepherd figure next to the divine shepherd betrays clearly the secondary character of the verses" (Klein, Salvation, 182).
74 Im Blick auf den נשיא vermutet Klein, Salvation, 187, allerdings, dass mit der Verwendung dieses Begriffs eine Unterordnung zum Ausdruck gebracht werden soll: „Apparently, the redactor at work is concerned to allocate the Davidic ruler a position subordinate to the divine ruler Yhwh." – Im Blick auf das Verhältnis von Ez 34 zu Ez 37 spricht viel für die Deutung von C. L. Nihan, Ezekiel, 174: „In short, there is cumulative evidence corroborating the view that Ezek 34 is a reworking of Ezek 37, and that the material preserved in 37.24–28 was reused when the corresponding passage in 34.23–24, 25–30 was composed."

einandersetzungen um diese Kernfrage im nachexilischen Juda: Sollen wir noch
auf einen kommenden König in der Linie Davids hoffen oder ist allein Jhwh unser
König? Ez 34 setzt auf David, sieht seine Bedeutung aber deutlich niedriger als
die Verfasser von Ez 37,[75] dessen Gewicht in der von p967 bezeugten Kapitelfolge
der Königserwartung noch einen besonderen Akzent gibt. Dass diese profilierte
Königserwartung aus Ez 37 in der Folge wieder relativiert wird, zeigt die vor
allem in Ez 45–46 dokumentierte Erwartung eines Fürsten (נשיא), von dem ja
auch schon in Ez 34,24; 37,25 im Blick auf David die Rede war. Von David ist in
Ez 40–48 nun allerdings nicht mehr die Rede. Hier lässt sich beobachten, wie
Vorstellungen von David und vom Königtum im Verlauf der Fortschreibung des
Ezechielbuches in ein Verständnis des נשיא überführt werden, dessen Ort nicht
mehr ein Palast, sondern der Tempel und der Heiligtumsbezirk ist.[76] Wer das
Nebeneinander von David, König und Fürst nur synchron als Ausgestaltung der
letztlich auf einer Ebene liegenden Vorstellungen interpretiert, bekommt die Tiefenschärfe der hinter den Texten stehenden Debatten um die Frage nach David,
Königtum und Führungsamt im Tempelbereich nicht in den Blick – und unterbestimmt damit auch die entsprechenden Positionen innerhalb des Ezechielbuches in Ez 34,23–24, 37,24–25 und Ez 45–46.

3.3.4 Neues Herz und neuer Geist

Ein bemerkenswertes Spannungsfeld eröffnet sich im Blick auf die Frage nach
dem Menschen im Ezechielbuch. In Ez 11,17–21 ist zu lesen:

> 17 Daher, sprich: So spricht der Herr, Jhwh: Ich werde euch sammeln aus den Völkern und
> euch zusammenbringen aus den Ländern, in die ihr zerstreut worden seid, und ich werde
> euch geben den Boden Israels. 18 Und sie werden dorthin kommen und sie werden entfer-
> nen alle seine Scheusale und alle seine Abscheulichkeiten von ihm. 19 Und ich werde ihnen
> geben *ein* Herz (לב אחד) und einen neuen Geist (רוח חדשה) werde ich geben in ihr Inneres.
> Und ich werde entfernen das Herz aus Stein aus ihrem Fleisch und ich werde ihnen geben
> ein Herz aus Fleisch, 20 damit sie in meinen Satzungen wandeln und meine Rechtssätze
> wahren und sie tun. Und sie werden mir zum Volk werden, und ich werde für sie Gott sein.
> 21 Dem Herzen aber ihrer Scheusale und ihrer Abscheulichkeiten wandelt ihr Herz nach.
> Ihren Wandel lasse ich zurückfallen auf ihr Haupt! Spruch des Herrn, Jhwhs.

---

75 Vgl. Nihan, Ezekiel, 172: „Whereas Ezek 37 (in the MT) refers to David both as נשיא ‚prince‘
and as ‚king‘ (מלך), Ezek 34 only describes him as ‚prince‘ (נשיא). Additionally, while 37.24
describes him as ‚king over‘ the Israelites (מלך עליהם), 34.24 mentions instead that he will be
prince ‚in their midst‘ (נשיא בתוכם).“
76 Vgl. Klein, Salvation, 187, derzufolge der Redaktor „tries to balance the promise of a new
ruler in Ezek 34 and 37 with the idea of the prince (נשיא) as cultic head in Ezek 40–48*.“

Jhwh sagt seinem Volk zu, ihnen *ein* Herz und einen neuen Geist zu geben. Subjekt dieser Handlung ist Jhwh selber, der den Menschen hier in einem Akt der Neuschöpfung neu ausrichtet. Das entspricht dem, was in Ez 36,26–27 zu lesen ist:

26 Und ich werde euch geben ein neues Herz (לֵב חָדָשׁ) und einen neuen Geist (רוּחַ חֲדָשָׁה) gebe ich in euer Inneres. Und ich entferne das Herz aus Stein aus eurem Fleisch und ich gebe euch ein Herz aus Fleisch. 27 Und meinen Geist gebe ich in euer Inneres und ich werde bewirken, dass ihr in meinen Satzungen wandelt und meine Rechtssätze wahrt und tut.

Hier ist in Erweiterung von Ez 11,19 in Ez 36,26 nicht nur von *einem* Herzen, sondern von einem *neuen* Herzen die Rede. Auch hier ist Jhwh der Handelnde, der die Neuschöpfung des Menschen bewirkt.

Das Motiv vom neuen Herzen und neuen Geist findet sich aber noch an einer dritten Stelle im Ezechielbuch. In Ez 18,30–32 ist zu lesen:

30 Daher werde ich euch einen jeden nach seinen Wegen richten, Haus Israel! Spruch des Herrn, Jhwhs. Kehrt um und wendet euch ab von allen euren Vergehen, damit sie euch nicht zum Anstoß zur Verschuldung werden! 31 Werft von euch alle eure Vergehen, mit denen ihr euch vergangen habt, und macht euch ein neues Herz (לֵב חָדָשׁ) und einen neuen Geist (רוּחַ חֲדָשָׁה). Wozu denn wollt ihr sterben, Haus Israel? 32 Denn ich habe kein Gefallen am Tod des Sterbenden! Spruch des Herrn, Jhwhs. Kehrt um und bleibt am Leben!

Eng verknüpft mit der Umkehrforderung, die offenkundig damit rechnet, dass der Mensch von sich aus zur Umkehr fähig ist, findet sich hier die Adressatengruppe als das Subjekt, das sich ein neues Herz und einen neuen Geist machen soll.

Wie stellt sich das Ezechielbuch diesen zentralen Neuanfang für den Menschen vor? Kann der Mensch seine Neuausrichtung selber erreichen und in Gang setzen? Oder bedarf es eines Eingreifens von göttlicher Seite, eines Eingreifens von außen, weil der Mensch sich nicht selber neu schaffen kann? Franz Sedlmeier führt dazu aus:

In der Tat sind hier verschiedene Theologien wirksam. [...] Inhaltlich muss hier jedoch nicht notwendig ein Widerspruch angenommen werden. Während Ez 36,26 ff. den Indikativ betont, das Heil, das Gott wirkt und schenkt, zielt die Aussage von Ez 18,31 auf den Imperativ: Das Heil, das Gott schenkt, will vom Menschen auch angenommen werden.[77]

Von der Annahme des Heils durch den Menschen ist in Ez 18,31 allerdings nicht die Rede. Wohl aber findet sich hier der Imperativ, sich das neue Herz und den

---

77 F. Sedlmeier, Ezechiel 1–24, 254.

neuen Geist zu machen. Ez 18 rechnet damit, dass der Mensch dazu in der Lage ist, sich aus eigener Einsicht neu auszurichten. Ez 11,17–21 am Ende der Tempelvision in Ez 8–11 ist dagegen stark von der Überzeugung getragen, dass der Mensch sich in seine Abscheulichkeiten verstrickt hat und des Handelns von außen bedarf, wie auch Ez 36,26–27 im Kontext von Ez 33–39 auf das Handeln Jhwhs setzt, das menschlichem Handeln grundlegend vorgeordnet wird. Ez 18 dürfte zu einer älteren Textschicht gehören, deren anthropologischem Optimismus Ez 11 und Ez 36 in ihren Kontexten einen grundsätzlichen Zweifel an der menschlichen Möglichkeit, sich selber neu zu machen, entgegenstellen und ihre Hoffnung auf eine Neuschaffung des Menschen theologisch auf Jhwh ausrichten.[78] Auch bei diesem Thema gibt das Ezechielbuch den Blick auf die hinter seiner Entstehung liegenden theologischen Debatten frei.

4 Orientierungen

Die im vorangehenden Abschnitt verhandelten Textbefunde werden in synchroner Perspektive durchaus wahrgenommen. Sie werden aber nicht hinreichend erschlossen. Die Oberflächenanalyse des Ezechielbuches bildet natürlich die Grundlage jeder weiteren exegetischen Arbeit am Prophetenbuch. Doch schon im Verlauf der Oberflächenanalyse führt das Ezechielbuch seine Auslegerinnen und Ausleger in die Problemkonstellation einer mehrschichtigen Entstehung des Buches hinein, wie das Beispiel der Textgeschichte zeigt. Historische Konstellationen, auf die das Ezechielbuch verweist – wie die Belagerung von Tyros durch Nebukadnezzar –, helfen bei der Suche nach ältesten Haftpunkten, zeigen aber, wie am Beispiel des Nebeneinanders von Ez 26,7–14 und Ez 29,17–20 deutlich wurde, dass auch hier die Annahme gestufter Entstehungsprozesse den Textbefund besser erklären kann als die These eines literarisch einheitlichen Textes, der auf einen Verfasser zurückgehe. Vor allem aber zeigen die thematischen Profilierungen der Themenfelder Gericht, Bund, Königtum und Menschenbild, wie die Trägerkreise des Ezechielbuches mit mehrstimmigen Profilierungen Leserinnen und Leser in einen produktiven Prozess der Sinnkonstitution einbinden. Das Verständnis von Gericht, Bund, Königtum und Mensch wird dabei aber nicht durch die spätesten Fortschreibungen gewissermaßen wie durch ein letztes Wort auf *einen* Punkt gebracht, der alle anderen, älteren

---

78 Vgl. dazu Klein, Schriftauslegung, 97–98, und M. Saur, Verantwortung, 205–207. Nach Konkel, Ezechielbuch, 74, ist Ez 36,24–28 insgesamt „als Radikalisierung sowohl von Dtn 30,1–10 wie auch von Jer 31,31–34 und Ps 51 einzustufen. Der Text ist Zeugnis einer hoch reflektierten Gnadentheologie, die letztlich auf einer pessimistischen Anthropologie fußt, wie sie strukturell vergleichbar auch den Geschichtsentwürfen des Ezechielbuches (Ez 16; 20; 23) zugrunde liegt."

Positionen ausschließen würde. Es zeigt sich vielmehr, wie die Trägerkreise des Ezechielbuches der Vielstimmigkeit auf der Textfläche des Buches Raum geben, um Leserinnen und Lesern auch nach Abschluss der Buchformation einen Weg in die im Buch verhandelten Themen und die Diskussionen um diese Themen zu weisen. Während die ältere Prophetenexegese nach der *ipsissima vox* der historischen Prophetengestalten suchte und deren Botschaft für das Eigentliche hielt, ist diese Position zu Recht problematisiert worden. Eine redaktionsgeschichtlich sachgemäße Erschließung eines Prophetenbuches kann nun nicht in das andere Extrem verfallen und nur in den letzten Stimmen, die in den Büchern Niederschlag gefunden haben, das Proprium des Prophetenbuches suchen. Es ist vielmehr der gesamte Prozess der Buchgenese, der als Spiegel einer vielstimmigen theologischen Debatte wahrgenommen werden muss. Als solcher ist er, ganz im Sinne eines formal verstandenen *sola scriptura*, maßgebend dafür, wie ein theologischer Diskurs gestaltet und geführt werden sollte: Altes wird bewahrt, Neues wird ergänzt – und dieses fortgesetzte Bewahren und Ergänzen wird als ein Prozess der Selbsterschließung Gottes im kommunikativen Handeln des Menschen verstanden. Eine diachrone Betrachtung der Prophetenbücher führt in diese Kommunikationsprozesse hinein – und zwar tiefer, als es eine Oberflächenanalyse leisten kann.

Die Klagen und Seufzer und Wehe der Schriftrolle aus Ez 2,8–3,3 verdichten ein bestimmtes Profil der Botschaft des Ezechielbuches und weisen den Weg zu den Anfängen der Buchgenese, deren Anlass möglicherweise die fassungslose Klage war. Dabei bleibt das Buch aber nicht stehen, sondern entwickelt aus der Klage eine Theologie des Gerichts, die die Erfahrung des Untergangs als ein Läuterungshandeln Jhwhs zu deuten beginnt, das dann neue Anfänge ermöglicht – auf der Grundlage eines ewigen Friedensbundes zwischen Jhwh und seinem Volk, vermittelt durch einen Knecht, König und Fürsten David, durch den sich die Herrschaft Jhwhs über sein Volk realisiert, was dann letztlich nicht nur zum Wiedererstehen ganz Israels führt, sondern auch zu einer Neubefähigung des Menschen, der mit neuem Herz und neuem Geist überhaupt erst in den Stand versetzt wird, neue Anfänge wahrzunehmen und zu gestalten. Das alles verdichtet sich im Ezechielbuch, das aber eben nicht im theologisch luftleeren Raum entsteht und schon gar kein ‚Prophetenbuch aus der Retorte'[79] ist. Das Ezechielbuch dokumentiert vielmehr die Auseinandersetzungen seiner Trägergruppen mit den Herausforderungen ihrer Zeit. Das sollte für eine Theologie, die auch im 21. Jahrhundert ihrer Zeit gemäß sein will, leitend sein und bleiben.[*]

---

79 Zu dieser Formulierung vgl. J. Becker, Erwägungen, 138.

[*] In diesem Anliegen, Theologie immer auch als engagierte Zeitgenossenschaft zu verstehen und zu betreiben, weiß ich mich mit Jürgen van Oorschot verbunden, den ich mit diesen Überlegungen zum Ezechielbuch sehr herzlich grüße.

Bibliographie

Becker, Joachim. „Erwägungen zur ezechielischen Frage." In *Künder des Wortes. Beiträge zur Theologie der Propheten*, hg. v. Lothar Ruppert, Peter Weimar und Erich Zenger, 137–149. Würzburg: Echter, 1982.

Becker, Uwe. *Exegese des Alten Testaments. Ein Methoden- und Arbeitsbuch.* Uni-Taschenbücher 2664. Tübingen: Mohr Siebeck, [5]2021.

Beuken, Willem A. M. *Jesaja 1–12.* Herders Theologischer Kommentar zum Alten Testament. Freiburg im Breisgau/Basel/Wien: Herder, 2003.

Fabry, Heinz-Josef. „Ezechiel in Qumran und Masada – Bezeugung und Rezeption." In *Das Buch Ezechiel. Komposition, Redaktion und Rezeption*, hg. v. Jan Christian Gertz, Corinna Körting und Markus Witte. Beihefte zur Zeitschrift für die alttestamentliche Wissenschaft 516, 1–41. Berlin/ Boston: Walter de Gruyter, 2020.

Fohrer, Georg. *Ezechiel.* Handbuch zum Alten Testament I/13. Tübingen: J. C. B. Mohr, 1955.

Garscha, Jörg. *Studien zum Ezechielbuch. Eine redaktionskritische Untersuchung von Ez 1–39.* Europäische Hochschulschriften XXIII/23. Bern/Frankfurt am Main: Herbert Lang/Peter Lang, 1974.

Gertz, Jan Christian, Corinna Körting und Markus Witte, Hg. *Das Buch Ezechiel. Komposition, Redaktion und Rezeption.* Beihefte zur Zeitschrift für die alttestamentliche Wissenschaft 516. Berlin/Boston: Walter de Gruyter, 2020.

Greenberg, Moshe. *Ezekiel 1–20.* Anchor Bible 22. Garden City, NY: Doubleday & Company, 1983.

Gunkel, Hermann. *Einleitung in die Psalmen. Die Gattungen der religiösen Lyrik Israels.* Göttingen: Vandenhoeck & Ruprecht, [2]1966.

Herntrich, Volkmar. *Ezechielprobleme.* Beihefte zur Zeitschrift für die alttestamentliche Wissenschaft 61. Giessen: Alfred Töpelmann, 1933.

Herrmann, Johannes. *Ezechielstudien.* Beiträge zur Wissenschaft vom Alten Testament 2. Leipzig: J. C. Hinrich, 1908.

Hitzig, Ferdinand. *Der Prophet Ezechiel.* Kurzgefaßtes exegetisches Handbuch 8. Leipzig: Weidmann, 1847.

Hölscher, Gustav. *Hesekiel. Der Dichter und das Buch. Eine literarkritische Untersuchung.* Beihefte zur Zeitschrift für die alttestamentliche Wissenschaft 39. Giessen: Alfred Töpelmann, 1924.

Jahn, Gustav. *Das Buch Ezechiel. Auf Grund der Septuaginta hergestellt.* Leipzig: Eduard Pfeiffer, 1905.

Jeremias, Jörg. „Das Rätsel der Schriftprophetie." *Zeitschrift für die alttestamentliche Wissenschaft* 125 (2013): 93–117.

Klein, Anja. „Salvation for Sheep and Bones: Ezek 34 and 37 as Corner Pillars of Ezekiel's Prophecy of Salvation." In *Ezekiel. Current Debates and Future Directions*, hg. v. William A. Tooman und Penelope Barter. Forschungen zum Alten Testament 112, 179–193. Tübingen: Mohr Siebeck, 2017.

Klein, Anja. *Schriftauslegung im Ezechielbuch. Redaktionsgeschichtliche Untersuchungen zu Ez 34–39.* Beihefte zur Zeitschrift für die alttestamentliche Wissenschaft 391. Berlin/New York: Walter de Gruyter, 2008.

Konkel, Michael. „Das Ezechielbuch zwischen Hasmonäern und Zadokiden." In *Juda und Jerusalem in der Seleukidenzeit. Herrschaft – Widerstand – Identität. Festschrift für Heinz-Josef Fabry*, hg. v. Ulrich Dahmen und Johannes Schnocks. Bonner Biblische Beiträge 159, 59–78. Göttingen: Vandenhoeck & Ruprecht, 2010.

Konkel, Michael. „Die Ezechiel-Septuaginta, Papyrus 967 und die Redaktionsgeschichte des Ezechielbuches – Probleme und Perspektiven am Beispiel von Ez 34." In *Das Buch Ezechiel. Komposition, Redaktion und Rezeption*, hg. v. Jan Christian Gertz, Corinna Körting und Markus

Witte. Beihefte zur Zeitschrift für die alttestamentliche Wissenschaft 516, 43–62. Berlin/
Boston: Walter de Gruyter, 2020.

Kratz, Reinhard Gregor. „Das Rätsel der Schriftprophetie. Eine Replik." *Zeitschrift für die alttestamentliche Wissenschaft* 125 (2013): 635–639.

Kratz, Reinhard Gregor. „Die Worte des Amos von Tekoa." In *Propheten in Mari, Assyrien und Israel*, hg. v. Matthias Köckert und Martti Nissinen. Forschungen zur Religion und Literatur des Alten und Neuen Testaments 201, 54–89. Göttingen: Vandenhoeck & Ruprecht, 2003.

Krüger, Thomas. „Ezekiel Studies: Present State and Future Outlook." In *Ezekiel. Current Debates and Future Directions*, hg. v. William A. Tooman und Penelope Barter. Forschungen zum Alten Testament 112, 18–27. Tübingen: Mohr Siebeck, 2017.

Lilly, Ingrid E. *Two Books of Ezekiel. Papyrus 967 and the Masoretic Text as Variant Literary Editions.* Vetus Testamentum Supplements 150. Leiden/Boston: Brill, 2012.

Mackie, Timothy P. *Expanding Ezekiel. The Hermeneutics of Scribal Addition in the Ancient Text Witnesses of the Book of Ezekiel.* Forschungen zur Religion und Literatur des Alten und Neuen Testaments 257. Göttingen: Vandenhoeck & Ruprecht 2015.

Moore, James D. *Literary Depictions of the Scribal Profession in the Story of Ahiqar and Jeremiah 36.* Beihefte zur Zeitschrift für die alttestamentliche Wissenschaft 541. Berlin/Boston: Walter de Gruyter, 2021.

Nihan, Christophe L. „Ezekiel 34–37 and Leviticus 26: A Reevaluation." In *Ezekiel. Current Debates and Future Directions*, hg. v. William A. Tooman und Penelope Barter. Forschungen zum Alten Testament 112, 153–178. Tübingen: Mohr Siebeck, 2017.

Patmore, Hector M. „The Shorter and Longer Texts of Ezekiel: The Implications of the Manuscript Finds from Masada and Qumran." *Journal for the study of the Old Testament* 32 (2007): 231–242.

Pohlmann, Karl-Friedrich. *Das Buch des Propheten Hesekiel (Ezechiel). Kapitel 1–19.* Altes Testament Deutsch 22/1. Göttingen: Vandenhoeck & Ruprecht, 1996.

Pohlmann, Karl-Friedrich. *Das Buch des Propheten Hesekiel (Ezechiel). Kapitel 20–48.* Altes Testament Deutsch 22/2. Göttingen: Vandenhoeck & Ruprecht, 2001.

Pohlmann, Karl-Friedrich. *Ezechiel. Der Stand der theologischen Diskussion.* Darmstadt: Wissenschaftliche Buchgesellschaft, 2008.

Pohlmann, Karl-Friedrich. *Ezechielstudien. Zur Redaktionsgeschichte des Buches und zur Frage nach den ältesten Texten.* Beihefte zur Zeitschrift für die alttestamentliche Wissenschaft 202. Berlin/New York: Walter de Gruyter, 1992.

Pohlmann, Karl-Friedrich. „Ezekiel: New Directions and Current Debates." In *Ezekiel. Current Debates and Future Directions*, hg. v. William A. Tooman und Penelope Barter. Forschungen zum Alten Testament 112, 3–17. Tübingen: Mohr Siebeck, 2017.

Poser, Ruth. *Das Ezechielbuch als Trauma-Literatur.* Vetus Testamentum Supplements 154. Leiden/Boston: Brill, 2012.

Saur, Markus. *Der Tyroszyklus des Ezechielbuches.* Beihefte zur Zeitschrift für die alttestamentliche Wissenschaft 386. Berlin/New York: Walter de Gruyter, 2008.

Saur, Markus. „Verantwortung: Zum Verhältnis von Individuum und Kollektiv im Ezechielbuch." In *Individualität und Selbstreflexion in den Literaturen des Alten Testaments*, hg. v. Andreas Wagner und Jürgen van Oorschot. Veröffentlichungen der Wissenschaftlichen Gesellschaft für Theologie 48, 199–209. Leipzig: Evangelische Verlagsanstalt, 2017.

Saur, Markus. „Vom Untergang Ägyptens – Ez 29–32 im Kontext des Ezechielbuches." In *Das Buch Ezechiel. Komposition, Redaktion und Rezeption*, hg. v. Jan Christian Gertz, Corinna Körting und Markus Witte. Beihefte zur Zeitschrift für die alttestamentliche Wissenschaft 516, 151–174. Berlin/Boston: Walter de Gruyter, 2020.

Schöpflin, Karin. *Theologie als Biographie im Ezechielbuch. Ein Beitrag zur Konzeption alttestamentlicher Prophetie*. Forschungen zum Alten Testament 36. Tübingen: Mohr Siebeck, 2002.

Schwagmeier, Peter. *Untersuchungen zu Textgeschichte und Entstehung des Ezechielbuches in masoretischer und griechischer Überlieferung*. Unveröffentlichtes Manuskript. Dissertation. Zürich, 2004.

Sedlmeier, Franz. *Das Buch Ezechiel. Kapitel 1–24*. Neuer Stuttgarter Kommentar – Altes Testament 21/1. Stuttgart: Katholisches Bibelwerk, 2002.

Sedlmeier, Franz. „The Figure of David and His Importance in Ezekiel 34–37." In *Ezekiel. Current Debates and Future Directions*, hg. v. William A. Tooman und Penelope Barter. Forschungen zum Alten Testament 112, 92–106. Tübingen: Mohr Siebeck, 2017.

Seybold, Klaus. *Nahum Habakuk Zephanja*. Zürcher Bibelkommentare – Altes Testament 24.2. Zürich: Theologischer Verlag, 1991.

Tooman, William A., und Penelope Barter, Hg. *Ezekiel. Current Debates and Future Directions*. Forschungen zum Alten Testament 112. Tübingen: Mohr Siebeck, 2017.

Tooman, William A. „Literary Unity, Empirical Models, and the Compatibility of Synchronic and Diachronic Reading." In *Ezekiel. Current Debates and Future Directions*, hg. v. William A. Tooman und Penelope Barter. Forschungen zum Alten Testament 112, 497–512. Tübingen: Mohr Siebeck, 2017.

Zimmerli, Walther. *Ezechiel. I. Teilband. Ezechiel 1–24*. Biblischer Kommentar – Altes Testament XIII/1. Neukirchen-Vluyn: Neukirchener Verlag, 1969.

Zunz, Leopold. *Die gottesdienstlichen Vorträge der Juden, historisch entwickelt. Ein Beitrag zur Alterthumskunde und biblischen Kritik, zur Literatur- und Religionsgeschichte*. Berlin: Asher, 1832.

Uwe Becker

Historische und ‚kanonische' Exegese im Widerstreit. Alttestamentliche Wissenschaft zwischen (Re-)Konstruktion und Gegenwartsverantwortung

Gegenstand des vorliegenden Beitrags ist – in etwas umständlicher Diktion ausgedrückt – eine Defiziterfahrung: Stößt die (scheinbar) immer komplizierter gewordene literargeschichtliche Arbeit am Alten Testament, gelegentlich mit polemischem Unterton als „Vorstufenrekonstruktion" tituliert, zum Eigentlichen, zur Theologie vor, oder bleibt sie ganz in der Vergangenheit stehen? Ist sie ein bloßes Glasperlenspiel, oder leistet sie einen substantiellen Beitrag zur Theologie insgesamt? Die Antwort der folgenden Überlegungen ist ein entschiedenes: Ja! Die *historische* Exegese hat eine bleibende *theologische* Aufgabe. Inwiefern, ist Gegenstand der folgenden Skizze, die sich mit gegenwärtigen Trends in der alttestamentlichen Wissenschaft befasst und sie kritisch beleuchtet.

1 Die Sehnsucht nach Verbindlichkeit

In der gegenwärtigen exegetischen Methodendiskussion spielt die kanonische Bibelauslegung eine nicht unbeträchtliche Rolle. Sie wird verstanden als eine ‚theologische' Alternative zur bloß ‚historischen' Auslegung der Bibeltexte, die sich – so der Vorwurf – vornehmlich mit der Rekonstruktion der *Vor*geschichte der Texte befasse, aber nicht zu ihrem eigentlichen, theologischen Sinn vorstoße.[1] Dieser eigentliche Sinn aber wird mit der kanonischen Endgestalt der Bibel verbunden, weil sie allein in den Kirchen und Glaubensgemeinschaften in Geltung stehe. Oder kurz gesagt: Nicht dem rekonstruierten und insoweit hypothetischen ‚Jahwisten', einem vermutlich ‚echten' prophetischen Logion oder einer alten Sage aus der Frühzeit Israels eignet ‚Verbindlichkeit', sondern der kirchlich approbierten Endgestalt der Bücher *respective* dem Kanon selbst. Und dabei ist es kein Zufall, dass die kanonische Auslegung vor allem am Alten Testament erprobt wurde, an einem Textcorpus also, das nicht nur seinem Ursprung nach *vorchrist-*

---

1 Eine sehr gute Orientierung über die neueren Kanontheologien bieten J. Barthel, Kanonhermeneutische Debatte, J. van Oorschot, Erinnerung, und F. Hartenstein, Kanongeschichte(n).

https://doi.org/10.1515/9783111317564-003

lich ist und deshalb im Horizont christlicher Theologie einer besonderen Legitimierung bedarf, sondern sich im Unterschied zum Neuen Testament durch eine
ungleich längere Entstehungszeit und eine weit größere theologische Vielfalt aus-
zeichnet. Ein kanonorientierter Zugang – der Begriff bleibe zunächst bewusst
vage – bietet eine Möglichkeit, die Vielgestaltigkeit des Alten Testaments und die
prinzipielle Unmöglichkeit, eine ‚Mitte' zu benennen, aufzunehmen und dem
Buch ‚trotz alledem' eine Verbindlichkeit für die christliche Theologie zuzuspre-
chen. Mit anderen Worten: Die Etablierung eines kanonorientierten Zugangs –
sei es als ein hermeneutischer Hintergrund (vgl. Brevard S. Childs[2] oder auch
mit einem dezidiert anderen Akzent, der die historische Pluriformität des Alten
Testaments stärker in Betracht zieht, James A. Sanders[3]) oder gar als Teil des
exegetischen Methodenkanons (vgl. Georg Steins[4]) – schlägt zugleich eine stabile
Brücke zwischen der Exegese und der Systematischen Theologie, wie man sie
lange Jahrzehnte offenbar vermisst hatte. Die Zeiten, als ein Gerhard von Rad
mit seiner alttestamentlichen Theologie die Systematiker und die Praktischen
Theologen in Staunen versetzen und zum Nachdenken anregen konnte, gehören
der Vergangenheit an. Die ‚goldenen Jahre' des Alten Testaments und der Biblischen Theologie, die 1950er bis 1970er Jahre, sind vorüber und einer Fachdifferen-
zierung gewichen, in der das Gespräch zwischen der alttestamentlichen Wissenschaft und der Systematischen Theologie weitgehend verstummt ist. Nicht nur
die Vielfalt der Fragestellungen und Horizonte, zu der eine konsequent religionsgeschichtliche Verortung der alttestamentlichen Überlieferungen gehört, sondern
auch die kaum noch zu überschauende Vielzahl von Positionen in exegetischen
Sachfragen stellt das Fach vor ein Legitimationsproblem innerhalb der Theologie.
Die Sehnsucht nach der Einheit in der Vielfalt, ja nach Verbindlichkeit jenseits
des exegetischen Relativismus ist allerorten spürbar und hat den Boden für mancherlei kanonische Zugänge bereitet. Im Folgenden soll – ausgehend von einem
pointierten Beitrag, der nicht zufällig aus dem katholischen Bereich kommt – ein
Blick auf Entwicklungen der neueren Kanontheologie geworfen werden, die sich
als eine Alternative zur klassischen historisch-kritischen Exegese versteht. Da die
Kanontheologie, ihre Herkunft und Kritik bereits Gegenstand mehrerer substanti-
eller Darstellungen aus jüngerer Zeit gewesen sind,[5] können sich die folgenden

---

2 Vgl. B. S. Childs, Old Testament Theology; ders., Biblical Theology (deutsch: Theologie der einen Bibel).
3 Vgl. J. A. Sanders, Torah; ders., Canonical Context; ferner die in ders., Scripture I, versammelten Beiträge. Zu den Unterschieden zwischen Childs und Sanders vgl. knapp J. Barthel, Kanonherme-neutische Debatte, 11 f.
4 Vgl. die in G. Steins, Kanonisch-intertextuelle Studien, versammelten Aufsätze.
5 Vgl. die in Anm. 1 genannten Beiträge von J. Barthel, J. van Oorschot und F. Hartenstein.

Überlegungen auf die eher praktischen Aspekte der Exegese im deutschsprachigen Kontext beschränken.

2 Das neue kanonische Paradigma in der Exegese

In einem 2007 erschienenen Sammelband mit dem Titel *Der Bibelkanon in der Bibelauslegung*[6] haben es sich die beiden Herausgeber Egbert Ballhorn und Georg Steins, beide katholische Alttestamentler, zum Ziel gesetzt, das sogenannte historische Paradigma durch das kanonische zu ersetzen. In seinem Eingangsbeitrag *Das historische und das kanonische Paradigma in der Exegese* rechnet E. Ballhorn mit der Dominanz der historisch-kritischen Methode ab und wirft ihr erhebliche methodische und theologische Defizite vor, die – so die These – in einem „kanonischen Paradigma" gleichsam aufgehoben würden. Der Beitrag führt die Aporien in der gegenwärtigen Methodendiskussion eindrücklich vor Augen, so dass es sich lohnt, einen näheren Blick auf den Begründungszusammenhang zu werfen. Zugleich fördert der Aufsatz in geradezu beispielhafter Weise Missverständnisse der historischen Kritik ans Tageslicht, die symptomatisch erscheinen und eine Stellungnahme herausfordern.

Das große Stichwort, das Ballhorn mit dem Kanonbegriff verbindet, lautet: *Dekontextualisierung.*[7] Anders als die historische Erschließung alttestamentlicher Texte und Phänomene – Prophetie, Geschichtsschreibung u. a. – äußere sich die „theologische Deutung" nach Ballhorn „im Phänomen der Kanonisierung und des Kanongebrauchs: Die Texte der Bibel zielen von ihrer Zusammenstellung und ihrem Gebrauch als ‚Wort Gottes' auf überzeitliche Bedeutung und auf fortwährende Brauchbarkeit im Rahmen sich wandelnder Kontexte."[8] Aus historischer Bedingtheit wird im Kanon eine Deuteeinheit höherer Ordnung: „Die durch die Kanonwerdung geschehende Dekontextualisierung bedeutet zugleich eine Rekontextualisierung: Herausnahme aus dem Entstehungskontext und Hineinnahme in den Deutekontext ‚Zeichenuniversum Bibel'."[9] Und dann die etwas steile These: „Der Text wird kanonisch, die Entstehungssituation nicht."[10]

---

6 E. Ballhorn/G. Steins (Hg.), Bibelkanon.
7 E. Ballhorn, Paradigma, 13.
8 E. Ballhorn, Paradigma, 13.
9 E. Ballhorn, Paradigma, 13.
10 E. Ballhorn, Paradigma, 13. Vgl. auch Georg Steins: „In den biblischen Texten ist [...] das Historische schon längst auf das Überzeitlich-Grundsätzliche hin überschritten, weil nur so die Bedeutung dieser ‚alten' Texte für je neue Gegenwarten möglich wird." (G. Steins, Kanon, 118).

Hier liegt, um gleich einige Anfragen anzuschließen, ein zweifaches Missverständnis vor, das die Kanon-Debatte insgesamt prägt: ein historisches und ein theologisches.

(1) Die historische Entwicklung auf dem Wege zum Kanon war kein einliniger Vorgang, noch nicht einmal ein bewusst geplanter. Der Kanon – man kann eigentlich erst seit dem 4. Jh. n. Chr. von einem solchen sprechen – war im Wesentlichen das Ergebnis dreier Faktoren: (a) So kam es in hellenistischer Zeit zu einem allmählichen Auslaufen der Fortschreibungsprozesse. Am Handschriften-Befund in Qumran kann man sehen, dass es noch im 1. Jh. v. Chr. für manche Bücher keine feste Textgestalt gab (vgl. Jeremia), also mehrere, konkurrierende Versionen eines Buches umliefen, für andere (z. B. Jesaja) aber bereits Versionen vorlagen, die sich später durchgesetzt haben. (b) Seit dem 3. Jh. v. Chr. gewann langsam ein neues Verständnis von ‚Autorschaft‘ die Oberhand. Es genüge an dieser Stelle, auf die hellenistischen Lehrerzählungen im Alten Testament (vgl. Jona, Ester, Tobit, Judit) hinzuweisen, aber auch auf das Buch Kohelet, das wie ein philosophischer Traktat in hebräischem Gewande wirkt. Die genannten Bücher gehen zwar nicht auf einen namentlich bekannten Autor im modernen Sinne zurück; auch sind Fortschreibungsvorgänge nicht einfach außer Kraft gesetzt, wie z. B. die komplizierte Text- und Literargeschichte des Tobit-Buches zeigt.[11] Doch nun gab es gestaltende Hände, erzählerische Plots und Spannungsbögen, wie man sie in der älteren Literatur – man denke an die prophetischen Bücher – noch nicht oder in ganz anderer Weise findet. (c) Schließlich kam es – und das dürfte der entscheidende Faktor gewesen sein – durch das immer größer werdende Diaspora-Judentum zu einem äußeren Anstoß, die wichtigsten Schriften, die sich im Kult und in der Lehre bewährt haben, nicht mehr zu verändern, sie gleichsam festzuschreiben und als solche zu bewahren. Die Entstehung der Septuaginta und die Begründungsnotwendigkeiten, die sich im Aristeas-Brief widerspiegeln, illustrieren diesen Vorgang der Vereinheitlichung und Synchronisierung.[12] Aber auch hier gilt: Selbst die Entstehung der Septuaginta, deren Bücher ja nach der Legende des Aristeas-Briefes ebenfalls von höchsten staatlichen und geistlichen Stellen als Heilige Schriften legitimiert waren, hat (noch) nicht zu einem abrupten Ende der produktiven Textfortschreibung der hebräischen Bücher geführt. Man hat es hier also mit einer flexiblen Vorstellung von Kanonizität zu tun, die der moderne Begriff, wie man ihn in den kanontheologischen Entwürfen der Gegenwart findet, nicht einfangen kann.

---

11 Vgl. etwa B. Ego, Tobit.

12 Vgl. zum Aristeas-Brief und seiner ‚Theologie‘ (samt einer forschungsgeschichtlichen Bestandsaufnahme) M. Sokolskaya, Griechische Bibel, 5–119.

(2) Auch das Exegese-Verständnis, das Ballhorn voraussetzt, ist zumindest fragwürdig. Denn die Praxis der Auslegung zeigt, dass dem Fortschreibungsprozess als solchem, der mit immer neuen Aktualisierungen vorgegebener Texte rechnet, ein gewisser Hang zur ‚Überzeitlichkeit' eignet.[13] Texte werden weitergegeben, aktualisiert, auch korrigiert, weil man in ihnen etwas Grundlegendes ausgesprochen fand;[14] allzu ‚Zeitgebundenes' ist diesem Selektionsprozess nicht selten zum Opfer gefallen. So geht der Vorwurf, das gegenwärtige „historisch-kritische Paradigma", wie Ballhorn es etwas abschätzig nennt,[15] lasse die Texte nur ihre vergangene Sache sagen, der Text verbleibe im „‚Drüben' seines Entstehungszusammenhangs",[16] am Befund im Alten Testament und an der gegenwärtigen Forschung, die gerade die Reaktualisierungsvorgänge erhellt hat, vorbei. Wer behauptet heute noch ernsthaft, das Ziel der Exegese bestehe in der Rekonstruktion eines ‚echten' Prophetenwortes oder in der ‚Freilegung' einer zeitnahen Quelle in den Geschichtsbüchern? Man schaue nur auf den Paradigmenwechsel, der sich in der Prophetenforschung seit den 1970er Jahren durchgesetzt hat.[17] Hier geht es längst um den *gesamten* Prozess der Entstehung vom Propheten zum Buch und um die Frage, welche Motive die jeweiligen *relectures* bis hin zur Endgestalt des Buches geleitet haben. Auch dass sich die Bibel-Exegese nicht mit gegenwärtigem Verstehen befasse und auf „das historische Modell der Ursprungsweltkonzentration und Produktionsästhetik"[18] fixiert sei, mag der Praxis hier und da entsprechen. Jedoch ist Text-Exegese von ihrem Anspruch und ihrer Aufgabe her mehr als die Inventarisierung des Vergangenen: Exegese ist der Versuch eines umfassenden Text-Verstehens unter Einbeziehung der hermeneutischen Diskussion.[19] Man gewinnt den Eindruck, dass Ballhorn ein altes Paradigma, das seine Wurzeln im 19. Jahrhundert hat, als Beleg für den theologischen Mangel der Exegese *heute* ausgewählt hat.

Diese beiden grundsätzlichen Anfragen an Ballhorn könnten ebenso an verschiedenen Beiträgen von *Georg Steins*, wohl dem bekanntesten Vertreter der kanonischen Bibelauslegung im deutschen Sprachraum, verdeutlicht werden. Sie zielen in der exegetischen Praxis auf eine weitgehende Distanzierung von be-

---

13 Vgl. U. Becker, Exegese, 98–101.

14 Dass Texten eine gewisse ‚überzeitliche' Bedeutung beigemessen wurde, ist auch der altorientalischen Literatur nicht fremd: vgl. etwa die Sammeltafeln mit neuassyrischen Prophetentexten. Sie fassen die Verkündigung der Prophet(inn)en kaum nur aus archivarischen Gründen für die Nachwelt zusammen.

15 E. Ballhorn, Paradigma, 15.

16 E. Ballhorn, Paradigma, 16.

17 Dazu vgl. U. Becker, Wiederentdeckung.

18 E. Ballhorn, Paradigma, 17.

19 Vgl. U. Becker, Exegese, 149–168. Ein gutes Beispiel bietet T. Veijola, Text.

stimmten methodischen Schritten, die a) als zu kompliziert erscheinen, b) als zu wenig konsensfähig gelten und c) den antiken Lesegewohnheiten angeblich nicht entsprechen. Es geht näherhin um die methodischen Schritte der Literarkritik und der Redaktionsgeschichte, die Ballhorn, wie er in aller Offenheit bekennt, aus dem Methodenkanon ausscheiden möchte:

> Literarkritik ist im Rahmen des kanonischen Paradigmas nicht leistbar, ebenso wenig Redaktionskritik. An deren Stelle tritt vielmehr als Schwerpunkt die syntaktische, semantische und pragmatische Untersuchung des Textes. In dieser Analyseform äußert sich die Frage, wie der konkret auszulegende Text als Sinngewebe zu verstehen ist.[20]

Auch wenn die Kritik an der kanonischen Exegese hier nur an einem Beispiel vorgeführt wurde und mancherlei Differenzierungen – vor allem im Blick auf die amerikanischen Ursprünge des *canonical approach* (bei Brevard S. Childs und James A. Sanders) – hervorzuheben wären, erscheinen sie doch symptomatisch für die gegenwärtige Debatte. Sie lässt gewisse Ermüdungserscheinungen gegenüber der Praxis der Exegese erkennen, die – vor allem für Nicht-Eingeweihte – als zu kompliziert und wenig konsensfähig gilt. Gleichwohl ist es notwendig, die Debatte über praktische Defizienzerfahrungen hinaus auf eine prinzipielle Ebene zu heben.

3 Kritik des Kanons

Es ist kein Zufall, dass die Vertreter einer kanonischen Exegese im deutschsprachigen Raum weit überwiegend aus der katholischen Theologie kommen. Dieser Umstand hängt gewiss mit einem ekklesiologischen Hintergrund zusammen. Dass „der Kirche in ihren amtlichen Organen das entscheidende Wort in der Schriftauslegung zukommt" – so Joseph Ratzinger in Auslegung von *Verbum Dei* 11 und 12,[21] gepaart mit deutlichen Vorbehalten gegenüber einer immer stärker hervortretenden Verselbständigung der historischen Kritik[22] –, ist keineswegs nur ein formaler Einwand. Hingewiesen werden kann auch auf *Die Interpretation der Bibel in der Kirche* von 1993 – eine Studie der Päpstlichen Bibelkommission –, in der unter Abschnitt C ausdrücklich der „Kanonische Zugang", die „Kanonkritik" mit Hinweis auf Brevard S. Childs (1923–2007) und James A. Sanders (1927–2020) genannt wird. Dieser Verweis ist insofern interessant, als es sich bei beiden Theo-

---

20 E. Ballhorn, Paradigma, 27.
21 J. Ratzinger, Schriftauslegung, 88. Zu den Hintergründen vgl. E. D. Schmidt, Wort Gottes, 109 f.
22 Vgl. J. Ratzinger, Schriftauslegung, 87–89.

logen um Protestanten handelt, die von einem anderen Kirchen- und Amtsverständnis herkommen. Im Fall von Brevard S. Childs, der u. a. bei Karl Barth in Basel studiert hat und sich als dezidiert *reformierter* Theologe verstand, lässt sich wohl eine gewisse Affinität zur ‚Kirche' im katholischen Verständnis kaum leugnen, die nicht nur *communio sanctorum* ist, sondern auch Auslegungsgemeinschaft. Karl Barths Programm einer „nachkritischen Schriftauslegung" gehört in diesen Zusammenhang.[23]

Im Bereich der protestantischen Theologie hat sich der formale Kanonbegriff längst zugunsten einer flexibleren, inhaltlich geprägten Bestimmung verändert.[24] So hat die lutherische Theologie durch die Formel vom ‚Kanon im Kanon' immer schon eine Möglichkeit gefunden, die Kanonizität an einem *inhaltlichen* Kriterium zu messen und ihn von einer ‚Mitte', von einer *regula fidei* her zu definieren. Man spricht von dem, „was Christum treibet"; mit den Lutherischen Bekenntnisschriften ist eine Lesehilfe, ein ‚Schlüssel' gegeben, mit dem die biblische Überlieferung erschlossen wird, auch wenn die Bekenntnisschriften keine zeitlose Gültigkeit beanspruchen, sondern ihrerseits der Auslegung bedürfen. Prägnant hat die Modifizierung des Kanonbegriffs Gerhard Ebeling auf den Begriff gebracht; für ihn ist der Kanon „in entscheidender Hinsicht nicht ein Textabgrenzungsprinzip, sondern ein hermeneutisches Prinzip".[25] Gleichwohl bleibt der Kanon – in Gestalt der ‚Heiligen Schrift' – im allgemeinen Bewusstsein (und besonders in kirchlichen Kreisen) die *norma normans*, während sich die nachbiblischen Bekenntnisse als *norma normata* darstellen.

Die folgenden skizzenhaften Überlegungen verstehen sich als eine kleine Kritik am Kanon und an der Praxis der kanonischen Exegese, die – so die These – das hermeneutische Problem des Alten Testaments nicht löst, sondern verschärft.

1) Es wurde schon darauf hingewiesen: *Die Endgestalt der Bibel, die* Endredaktion einer alttestamentlichen Schrift gab es nicht. Erhard Blum hat die Argumente einmal für den Pentateuch herausgearbeitet: „Auch die Endgestalt ist keine gegebene Entität, sondern existiert nur als Hypothese (und das heißt de facto: in der Pluralität vieler Hypothesen)."[26] Diese These kann auf das gesamte Alte Testament ausgedehnt werden.

2) Kanon bedeutet nach einer auch bei Exegeten gern zitierten Ansicht *Jan Assmanns*, „daß der Text weder fortgeschrieben noch um weitere Texte ergänzt werden kann, sondern daß fortan aller weiterer Sinn aus dem Text selbst gewon-

---

23 Vgl. R. Smend, Nachkritische Schriftauslegung; ders., Karl Barth. Dazu ausführlich M. Büttner, Altes Testament.
24 Vgl. die instruktive Darstellung bei C. Schröder-Field, Kanonbegriff.
25 So G. Ebeling, Dogmatik I, 34. Ihm folgt etwa U. Körtner, Arbeit am Kanon, 101.
26 E. Blum, Endgestalt, 207.

nen werden muß."[27] Indes ist damit der Geltungszusammenhang im Judentum wie Christentum nicht annähernd angemessen beschrieben. Denn der so definierte „zeitlose" Kanon steht nicht in sich selbst, sondern bedarf eines hermeneutischen Kontextes, in dem er „gelesen" wird: Die nachbiblische Überlieferung in Gestalt von Talmud und Midrasch fungiert ebenso wie das Neue Testament (unter Einschluss der kirchlichen Tradition) als Auslegungsrahmen und -kriterium. Der Kanon steht und wirkt nur in einem Kontext. Für B. S. Childs war ja gerade der Rekurs auf die unterschiedlichen Konfessionen bzw. Denominationen entscheidend, nicht der bloße Kanon, den es nach seiner Ansicht als losgelöste, objektive Größe gerade nicht gibt.

3) Der wohl gewichtigste Einwand gegen die „kanonische Exegese" lässt sich in einem kurzen Satz zusammenfassen: Man redet zwar unentwegt vom Kanon, benutzt ihn aber gar nicht. Was ist damit gemeint? Der hebräisch-aramäische – auch der griechische – Kanon spielt *als Kanon* in den Entwürfen zur kanonischen Exegese faktisch keine tragende Rolle. Große Textteile, ja ganze Bücher werden stillschweigend ausgeklammert, kommen nicht vor. Die Auswahlkriterien bleiben unklar. Sperrige Texte wie die Gesetzesüberlieferungen – sieht man einmal vom Dekalog ab – werden ebenso wenig behandelt wie beträchtliche Teile der erzählenden und prophetischen Literatur. Die Kanontheologie wird wie eine Monstranz vor der Gemeinde der Gläubigen hergetragen; in Wahrheit ist diese leer.

4) Nun ein gewichtiger theologischer Einwand. Kanon wird gewöhnlich mit *Normativität* und *Verbindlichkeit* verbunden,[28] obwohl man spätestens seit Johann Salomo Semler und seiner *Abhandlung von freier Untersuchung des Canons* (1771) um die Geschichtlichkeit des Kanons weiß. Abgesehen von diesen grundsätzlichen systematisch-theologischen Einsichten stellt sich die praktische Frage, wie sich Normativität im Alten Testament eigentlich erreichen lässt. Es gibt weder eine halbwegs einheitliche Theologie des Alten Testaments – von einer ‚Mitte' ganz zu schweigen – noch eine Ethik, die in irgendeiner Weise als ‚verbindlich' gelten kann. Der Bereich der alttestamentlichen Ethik ist dazu geeignet, auf die Schwierigkeiten eines kanonischen Gebrauchs hinzuweisen. Ein kurzer Blick in drei wichtige ethische Entwürfe aus der letzten Zeit mag illustrieren, vor welchen substantiellen Schwierigkeiten eine ‚kanonische' Lesung steht:

a) In seiner theologiegeschichtlich konzipierten *Theologischen Ethik des Alten Testaments* (1994) stellt sich für Eckart Otto die Ethik faktisch als eine *Rechtsgeschichte* dar. Der Schwerpunkt liegt also auf den gesetzlichen Überlieferungen, der theonomen Ethik, die im Rahmen der altorientalischen Gesetzesüberlieferung profiliert wird. Dieser Entwurf klammert die Frage nach der

---

27 J Assmann, Fünf Stufen, 82.
28 Vgl. bes. J. van Oorschot, Erinnerung.

Gegenwartsbedeutung der alttestamentlichen Ethik aus: „Die historische Distanz verbietet eine unmittelbare Applikation alttestamentlicher Normen auf die Gegenwart. In der Konsequenz kann eine Ethik des AT nur deskriptiv, nicht aber präskriptiv sein."[29]

b) Ganz anders setzt John Barton in seiner *Ethics in Ancient Israel* (2014) an: Er nimmt gerade die von Otto vernachlässigten Zeugnisse etwa aus der erzählenden Literatur zum Ausgangspunkt einer eher impliziten Ethik, eines Ethos, das die Texte prägt und die Leser zu einer eigenen Entscheidung motiviert. Diese ‚Ethik von unten', vom Besonderen zum Allgemeinen habe, so Barton, viel mit der Konzeption des Aristoteles zu tun.[30] Sie ist nicht präskriptiv zu verstehen, sondern ist dazu geeignet, das Ethos, die ethische Haltung der Leser zu beeinflussen.

c) Wieder anders setzt Rainer Kessler in seinem neuen Entwurf einer Ethik des Alten Testaments an: *Der Weg zum Leben. Ethik des Alten Testaments* (2017).[31] Im Geleitwort zu diesem Entwurf schreibt der damalige Ratsvorsitzende der EKD, Heinrich Bedford-Strohm, zwar: „Die Grundlage für die christliche Ethik ist und bleibt die Bibel."[32] Was aber dann in der Ethik selbst entfaltet wird, ist eine – nach biblischen Büchern geordnete – Darstellung der höchst unterschiedlichen ethischen Maßstäbe und Entwürfe der hebräischen Bibel. Die Ethik soll die „Relevanz der Texte für heutige Fragestellungen"[33] erweisen, zeigt aber nur, wie schwierig dieses Unterfangen angesichts des beträchtlichen zeitlichen Abstands und der Diversität der Entwürfe ist. Die thematischen Exkurse, die Kessler in seine Darstellung einfügt – *Wie kommunistisch ist die biblische Wirtschaftsethik?* oder *Herrenmoral und Frauenfeindlichkeit in alttestamentlichen Texten* –, sind von gegenwärtigen Fragestellungen geprägt und belegen, dass die alttestamentlichen Texte eben nicht hinreichen. Ohne gegenwärtige ethische Urteilsbildungen und -kriterien lässt sich offenbar keine alttestamentliche Ethik entwerfen, wenn sie über die bloße historische Rekonstruktion hinausgehen möchte.

Allen drei Positionen gemeinsam ist die Einsicht, dass es vom Alten Testament her keine ‚normative' Ethik geben kann. Lediglich J. Barton gibt zu erkennen, wie ein vom Alten Testament geprägtes Ethos aussehen könnte und an welchen Texten es sich zu orientieren hätte. Es sind nicht die gesetzlichen Überlieferungen,

---

29 E. Otto, Ethik, 10.
30 Vgl. auch U. Becker, Ethik.
31 R. Kessler, Weg.
32 R. Kessler, Weg, 14.
33 R. Kessler, Ethik, 18.

die das Konzept einer theonomen Ethik widerspiegeln, sondern eher die erzählende und weisheitliche Literatur, die bestimmte Lebenshaltungen und -einstellungen evoziert, sich aber konkreter Ratschläge und Anweisungen klug enthält. Wer also auf dem Feld der Ethik vom ‚Kanon' eine eindeutige Auskunft erhalten möchte, kann nur enttäuscht werden. Mit den Aussagen über Gott und sein Wirken, dem klassischen Feld der Dogmatik, verhält es sich nicht anders. Aber was kann dann ‚Normativität' überhaupt bedeuten? Denn der Kanon, wie er überliefert ist, stellt ja gerade eine beinahe unerschöpfliche Vielfalt von Gottesvorstellungen, auch problematischen, vor Augen, die man nicht in ein systematisches Korsett pressen kann. Der Kanon ist, so könnte man formulieren, nicht die Lösung, sondern das Problem.

Fragt man, was angesichts der Vielfalt theologischer und ethischer Überlieferungen und Konzepte unter ‚Normativität' verstanden werden könnte, muss man diesen strapazierten und aufgeladenen Begriff wohl ein wenig relativieren. So hat etwa Elisabeth Gräb-Schmidt im Anschluss an Schleiermacher den Begriff mit der geschichtlichen Bedingtheit zu verknüpfen und gleichsam existentiell neu zu fassen versucht: „Durch die Einbindung der Normativität in die Geschichte gewinnt Normativität selbst ein modernes Gesicht. Sie wird sozusagen entessentialisiert, prozeduralisiert [...] Theologie ist nicht einfach eine begriffliche Beschreibung der Glaubenswahrheit, sondern sie reflektiert das Wirksamwerden des Glaubens." Darin liegt die „unhintergehbare Kulturbezogenheit der Theologie".[34]

Normativität ist demnach keine überzeitliche, ‚objektive' Größe, sondern unterliegt selbst einem ständigen Wandel. Die Rede von ‚Verbindlichkeit' gewinnt nur dann einen Sinn, wenn sie nicht mit scheinbar objektiven Heilstatsachen (wie etwa dem kirchlich approbierten Kanon) begründet wird, sondern auf Glaubensgewissheit zielt.

5) Mit der Frage der Verbindlichkeit hängt ein weiteres Problemfeld zusammen. Denn ‚Kanon' und ‚Schrift' werden in der Systematischen Theologie nicht selten *promiscue* gebraucht,[35] um den spezifisch *theologischen* Charakter der Bibel hervorzuheben, der sie von anderer Literatur unterscheidet. Und damit kommen wir zu den eigentlichen Hintergründen der Kanontheologie: Es geht Childs und vielen anderen darum, dass im Kanon die *Wirklichkeit Gottes* bezeugt wird.[36] Die (historisch verstandene) Bibel wird dadurch allererst zur (heiligen) Schrift. Damit ist zweifellos eine *metabasis eis allo genos* angezeigt. Ist sie hilfreich, gar notwendig? Haben wir im Alten Testament ‚Selbstbezeugungen Gottes' vor uns oder Zeugnisse von Gotteserfahrungen im weitesten Sinne? Dazu gehören neben

---

34 E. Gräb-Schmidt, Verhältnis, 150.
35 Vgl. J. Barthel, Kanonhermeneutische Debatte, 4 f.
36 Vgl. J. Barthel, Kanonhermeneutische Debatte, 7.

Gebeten, die unmittelbar ansprechen und nachsprechbar sind, auch nationale Gründungsgeschichten und Jahwekriegserzählungen; neben weisheitlicher Lebensdeutung und Krisenliteratur auch ein höchst exklusives Verständnis vom wahren Israel/Judentum (Esr-Neh). Bedarf es zur Erschließung dieser Literatur der theologischen Kategorie ‚Schrift' oder ‚Wort Gottes'? Wie werden diese – teils höchst befremdlichen Vorstellungen – zum ‚Wort Gottes'?

In seinem 2018 erschienenen und sehr lesenswerten Buch *Wirkendes Wort. Bibel, Schrift und Evangelium im Leben der Kirche und im Denken der Theologie* hat Ingolf U. Dalferth den Wandel von der Bibel zur Schrift als theologisch notwendig und unhintergehbar bezeichnet. Aus dem inhaltsreichen Buch seien nur einige wenige Gedanken knapp hervorgehoben:

> Als Texte des Kanons kommen die biblischen Texte in den Blick, wenn man sie vor ihrer kanonischen Funktion her auslegt, also im Hinblick darauf, wie sie auf die eine alleinige Norm und Autorität der Kirche, auf den auferweckten Gekreuzigten hinweisen. Genau so befasste sich die frühe Christenheit mit den alttestamentlichen Schriften. Das bedeutete gerade nicht eine gleichmäßige Rezeption aller alttestamentlichen Texte und Traditionen, sondern im Gegenteil ein sehr selektives Herausgreifen christologisch maßgeblicher Stränge.[37]

Hier werden mit dem Kanon (speziell des Alten Testaments) zwei Gedanken verknüpft: zum einen sein normativ-christologischer Charakter, zum andern die Selektivität im Umgang mit dem Alten Testament. Folgerichtig reiche es nach Dalferth nicht, einfach die „kanonische Form der biblischen Texte zum Gegenstand der Interpretation zu machen",[38] vielmehr bedarf es eines außerhalb des Kanons liegenden „Interpretationsprinzip[s], um zu wissen, was im Lichte wovon zu lesen und zu verstehen ist. Die Texte selbst sagen es nicht, auch nicht im kanonischen Kontext der Bibel."[39] Und hier kommt wieder die Kirche ins Spiel, mit den Worten Dalferths: die „Kommunikation des Evangeliums".[40]

Das klingt ganz anders als bei Ballhorn, der den Kanon als eine mehr oder weniger statische Größe versteht. Jedoch: So sympathisch das Grundanliegen dieses Ansatzes auch ist und so gewiss man Dalferth darin zustimmen möchte, dass die Kriterien einer nach christlicher Relevanz und ‚Gültigkeit' fragenden Auslegung *außerhalb* des Alten Testaments liegen (müssen), so stellt sich doch eine einfache Frage: Welche Rolle spielt das Alte Testament *konkret*? Das Fehlen jeglicher Aussagen über die Inhalte des Alten Testaments macht hellhörig. Genügt es tatsächlich, das *Dass* des Alten Testament für seine kanonische Gültigkeit zu

---

37 I. U. Dalferth, Wirkendes Wort, 226.
38 I. U. Dalferth, Wirkendes Wort, 238.
39 I. U. Dalferth, Wirkendes Wort, 238.
40 I. U. Dalferth, Wirkendes Wort, 238 u. ö.

reklamieren oder gibt es auch *inhaltliche* Gründe, die es als unverzichtbaren Teil
der christlichen Bibel erweisen? Und wie stellt sich dann das Messen der alttestamentlichen Texte am „auferweckten Gekreuzigten" in der Praxis der Bibelauslegung dar? Wird man noch den Texten selbst gerecht?

Es ist Zeit, den Kanonbegriff – nicht nur für das AT, sondern auch das NT –
gleichsam abzurüsten, ebenso wie den Begriff der ‚Normativität'. Dies soll mit
Hilfe einer schönen und treffenden Charakterisierung von Ulrich Barth geschehen, die er zuerst in der Zeitschrift *Zeitzeichen* unter dem Titel *Symbolisches
Kapital* (2015)[41] geäußert und nun in seiner Dogmatik *Symbole des Christentums*
(2021) aufgegriffen hat. So sieht U. Barth den Kanonbegriff gründlich missverstan-
den, wenn man ihm „primär die Funktion einer autoritativen Lehrnorm"[42] zuschreibt, und deutet ihn umfassend (und von Jan Assmann inspiriert) als „symbolisches Gedächtnis einer Religion".[43] Dabei kommt eine „fünffache[ ] Gestalt des
Bibelgebrauchs"[44] zum Tragen. Die Bibel ist „Grundlage und Gegenstand des öffentlichen Kults", sie ist „privates Erbauungsbuch", auch „Lehrquelle von Kate-
chese, Dogmatik und Ethik", dann ist sie „historisches Quellendokument für die
wissenschaftliche Erforschung der Anfänge des Christentums" und schließlich
„Motivsammlung, Sujetkomplex oder Textvorlage der schönen Künste".[45] Die Bibel beider Testamente kann man somit als das „symbolische Kapital" des Christentums betrachten.[46] Es ist nicht der Kanon *als kanonische Größe*, wie ihn
U. Barth vor Augen hat, sondern als identitätsbildendes und -bestimmendes Sinnpotential für das Christentum, wie es durch *maßgebliche, zentrale Texte und Themen* konstituiert wird. Der von Dalferth angemahnte Auswahlcharakter – es geht
ihm nicht um das Alte Testament als Ganzes, sondern um „christologisch maßgebliche Stränge"[47] – kommt insofern bei U. Barth zur Geltung, wird aber noch einmal kulturtheoretisch erheblich ausgeweitet, wie es im Übrigen dem *faktischen*
Gebrauch des ersten Bibelteils im Leben der Kirche und der Gläubigen entspricht.

Die damit angezeigte ‚entspannte' Sicht auf das Alte Testament führt auch
zu einer *inhaltlich* bestimmten Inbeziehungsetzung der beiden Testamente. Noch
einmal Barth: „Ich kann mir keine christliche Schöpfungslehre, Anthropologie
oder Gerechtigkeitsethik – von Liturgie und Frömmigkeitspraxis ganz abgese-

---

41 Der Beitrag in Zeitzeichen war eine Reaktion auf die von Notger Slenczka ausgelöste Debatte
um die ‚kanonische' Geltung des Alten Testaments in den christlichen Kirchen (vgl. N. Slenczka,
Kirche; mit weiteren Materialien zur Sache wieder abgedruckt in ders., Vom Alten Testament).
42 U. Barth, Symbole, 51.
43 U. Barth, Symbole, 47.
44 U. Barth, Symbole, 47.
45 U. Barth, Symbole, 47.
46 U. Barth, Symbole, 52.
47 I. U. Dalferth, Wirkendes Wort, 226.

hen – unter Ausschluss des alttestamentlichen Symbolpotentials denken."[48] Dies sind beileibe keine „bloß" historischen Argumente, sondern sie zielen auf *Kernthemen* des Alten Testaments, ohne die das Neue Testament inhaltsleer, sprachlos und ohne Resonanz bliebe.

Vor dem Hintergrund dieser Neubestimmung des Kanonbegriffs im Sinne eines identitätsbildenden Schriftenkorpus ist es möglich, die alttestamentlichen Texte in ihrer Vielfalt, auch Widersprüchlichkeit wahrzunehmen und als Ringen um das rechte Verständnis Gottes im Wandel der Zeit zu lesen. Dass der Kanon des *Neuen Testaments* noch einmal spezifische Probleme mit sich bringt, weil er das Ursprungszeugnis des Christentums enthält und entfaltet und sich gerade darin vom Alten Testament unterscheidet, kann hier nur angedeutet werden. Immerhin stellen sich bei der Konzeption einer Theologie des Neuen Testaments ähnliche Fragen wie im Alten Testament: Soll man – vom Kanon ausgehend – eine systematisch orientierte *Theologie des Neuen Testaments* entwerfen oder erscheint eine historisch ansetzende *Geschichte des Urchristentums* angemessener? Die sachliche Problematik ist beispielhaft ablesbar an der zweiteiligen Theologie des Neuen Testaments von Ferdinand Hahn, der in seinem ersten Band die Vielfalt des NT anhand seiner einzelnen Schriften und theologischen Konzepte vorstellt, um dann im zweiten Band das einheitliche, „theologische" Zeugnis herauszuarbeiten.[49] Die Aporie eines rein kanonorientierten Ansatzes zeigt sich hier in aller Deutlichkeit.

Ein weiteres Problemfeld, das mit der ‚kanonischen Exegese' aufs engste zusammengehört, ist mit den beiden Stichworten ‚Synchronie' und ‚Intertextualität' angesprochen.

4 Synchronie *versus* Diachronie und das Phänomen der ‚Intertextualität'

Die kanonische Lektüre des Alten Testaments manifestiert sich in der gegenwärtigen Debatte vor allem in zwei methodischen Bereichen: zum einen in der prinzipiellen Bevorzugung der sog. *synchronen* Lektüre der biblischen Texte gegenüber der *diachronen* und zum andern in der *intertextuellen* Auslegung, die unabhängig von der Autorintention (!) nach literarischen Vernetzungen und Bezügen auf der Endtextebene fragt.

---

48 U. Barth, Symbole, 52.
49 F. Hahn, Theologie; vgl. dazu den von C. Breytenbach und J. Frei herausgegebenen Sammelband *Aufgabe und Durchführung einer Theologie des Neuen Testaments.*

Beide Fragestellungen kann man durchaus als Töchter – oder besser: Stief-töchter – der kanonischen Schriftauslegung betrachten. Als ein ‚profaner‘, aus der Literaturwissenschaft hervorgegangener Zugang teilen sie mit der kanonischen Exegese den prinzipiellen Primat der Letzt- oder Endgestalt des Textes. Natürlich gibt es hier mannigfache Ausprägungen und Modelle, aber ein Buchtitel wie *Kanonisch-intertextuelle Studien zum Alten Testament* (so G. Steins) zeigt doch, in welchem hermeneutischen Kontext hier gedacht wird. Ohne die Thematik syn-chron *contra* diachron vertiefen zu können – es geht hier abermals um eine Kritik an der Literarkritik –, sollen doch einige wesentliche Aspekte aus der Praxis der Exegese in Erinnerung gerufen werden:

1) Widmet man sich der intensiven Lektüre oder der Exegese eines Textes oder Textkomplexes, ist es selbstverständlich notwendig und sinnvoll, vom *gege-benen* Text auszugehen und nach möglichen Vorstufen zurückzufragen. Dieser Maxime ist man in der älteren Forschung – und hier kann die Prophetenfor-schung wiederum als Beispiel dienen – nicht immer gefolgt. So bestand das Ziel der Exegese primär darin, die ‚echten‘ prophetischen Worte von ihrer redaktio-nellen Einbettung, den ‚unechten‘ Worten zu befreien, sie aus den Büchern zu extrahieren, um ihnen im Kontext der rekonstruierten zeitgeschichtlichen Lage neues Leben einzuhauchen, sie gleichsam wieder hörbar zu machen. Seit dem Paradigmenwechsel in der Prophetenforschung seit den 1970er Jahren ist man indes zu der Einsicht gelangt, dass die Bücher nicht einfach nur die Behältnisse der echten prophetischen Logien sind, sondern eine Größe *sui generis*, deren entstehungsgeschichtliche Rekonstruktion von den Anfängen bis zum ‚fertigen‘ Buch als eine notwendige Aufgabe betrachtet wird. Ja, das Werden der propheti-schen Bücher, um bei diesem Beispiel zu bleiben, spiegelt ein Jahrhunderte wäh-rendes theologisches Ringen um die Zukunft des Gottesvolkes wider, das *in seinem geschichtlichen Wandel* bedenkenswert ist. Ausgangspunkt einer solchen literar-historischen Rückfrage ist dabei selbstverständlich das abgeschlossene Buch – etwa das Jesajabuch – als eine feste Größe. Freilich ist die synchrone Auslegung, also die Fixierung auf die Endgestalt, längst zu einem Methodenschritt geworden, der sich in Konkurrenz zur sog. Diachronie, also der Rekonstruktion der Vorge-schichte eines Textes, bewegt. Sie ist damit weit mehr als nur eine bestimmte Fragehinsicht. So verbirgt sich hinter dem Programm der synchronen Auslegung zumeist ein anti-literarkritischer Impetus, der bis zu einer Kritik an der sog. Vor-stufenrekonstruktion im Allgemeinen gehen kann.

2) Es ist unklar, worauf sich die synchrone Betrachtung bezieht. Im täglichen exegetischen Geschäft scheint sie vom *ganzen gegebenen Text* auszugehen. Aber welcher Text bildet die Grundlage? Ist es eine kleine Texteinheit, die etwa in dem neuen *Internationalen Exegetischen Kommentar zum Alten Testament*, der bei W. Kohlhammer erscheint, zum Ausgangspunkt genommen wird? Oder müsste es

nicht vielmehr das Buch, ja ein Geschichtswerk bzw. das Corpus Propheticum insgesamt sein? Oder gar der Kanon? Es bleibt erklärungsbedürftig, auf welche Größe sich die synchrone Lektüre eigentlich bezieht.

In einem kleinen, aber feinen Beitrag stellt John Barton die scheinbar einfache Frage: „What is a Book?"[50] Sein überraschendes Ergebnis, das er im Anschluss an hermeneutische Überlegungen Benjamin Sommers formuliert, lautet: „while the diachronic division has some anticipations in Judaism, notably in the comments of ibn Ezra and in the use of material only from Deutero- and Trito-Isaiah for haphtarot, the synchronic approach of recent literary interpreters finds little support in traditional Jewish commentaries."[51] Deshalb kommt Barton zu dem Schluss: „So long as a holistic approach makes no historical claims about how the text was read in the past, it is impregnable."[52] Und schließlich: „On the whole the model of composition implied by the rabbinic preference for small units, verses and paragraphs over whole books is highly compatible with a historical-critical atomization of the existing biblical books into smaller units put together secondarily."[53]

Für die These Bartons spricht auch die exegetische Erfahrung. Neben buchübergreifenden Redaktionen, die man früher wohl zu hoch veranschlagt hat, stößt man in vielen Büchern auf zahlreiche kleinräumige Fortschreibungen, die sich zu ganzen Fortschreibungsketten ausdehnen können und nicht selten auf einen Nahkontext begrenzt bleiben. *Diese* Art der Literatur und Literaturproduktion ist ganz und gar unmodern; wer sie verstehen will, muss sich auf die antiken Bedingungen einlassen.[54]

Der wohl gewichtigste Einwand gegen die synchrone Lektüre als einem eigenständigen und primären Methodenschritt ergibt sich aus der grundsätzlichen Unklarheit des Begriffs. Während man in der deutschen oder englischen Literaturgeschichte von ‚Werken' und ihren ‚Schöpfern' wie Shakespeare und Goethe sprechen kann, verhält es sich im Alten Testament ganz anders: Es gibt keinen Autor und es gibt kein fertiges Werk.

Beispiel 1:
Die sog. Jesaja-Apokalypse Jes 24–27 wird oft ‚synchron' auslegt, und zwar als eine Einheit für sich.[55] Dies setzt freilich literargeschichtliche Hypothesen zur

---

50 J. Barton, Book.
51 J. Barton, Book, 138 f.
52 J. Barton, Book, 140.
53 J. Barton, Book, 140.
54 Zur Thematik vgl. auch W. Oswald, Literarkritik.
55 Vgl. mit Beispielen aus der rezenten Forschungsliteratur U. Becker, Isaiah 24–27.

Entstehung des Jesajabuches voraus, die sich keineswegs von selbst verstehen. Sie rühren aus einer Zeit, in der man die ‚Apokalypse' ganz selbstverständlich als etwas ‚ganz Spätes' aussondern konnte. Aber im Lichte der neueren Jesajaforschung stellt sich die Sache anders dar; plötzlich hat man im Buch (sogar in Jes 1–39) sehr späte Texte freigelegt, die zeitlich an die traditionellen Datierungen von Jes 24–27 heranreichen. Es gibt also keinen Grund, die Kapitel Jes 24–27 als eine Einheit für sich zu betrachten; vielmehr sind sie in ihrer Entstehung mit dem gesamten Jesajabuch vielfältig verwoben. Aber kann man dann noch von einer separaten Einheit für sich sprechen, die nur mit einer ‚synchronen' Lektüre angemessen ausgelegt werden kann? Die Frage stellen heißt, sie zu verneinen.

Beispiel 2:
Die neueren Forschungen zum Dodekapropheton haben eine Fülle von Querverbindungen und intendierten Verknüpfungen offengelegt, die eines in aller Deutlichkeit zeigen: Es gab Kreise, die das Dodekapropheton bzw. seine Vorstufen als *ein* Buch aufgefasst, gelesen und mit verknüpfenden Elementen versehen haben, so dass man die Einzelbücher nicht mehr ohne das Ganze wahrnehmen und lesen kann.

Beide Beispiele, die sich mühelos vermehren ließen, zeigen in aller Deutlichkeit, wie unklar der Begriff ‚synchron' in Wahrheit ist. In beiden Fällen werden literar*geschichtliche*, also diachrone Thesen vorausgesetzt, die einer näheren Nachprüfung nicht standhalten. Insofern wirft der Begriff der ‚synchronen' Lektüre grundsätzliche methodische Fragen auf. Als Ersatz für die komplizierte literarkritische Analyse und redaktionsgeschichtliche Rekonstruktion taugt er nicht.

Auch gegenüber dem modisch gewordenen und aus der Literaturwissenschaft stammenden Begriff ‚Intertextualität'[56] lassen sich gewichtige Einwände erheben. Der Begriff kann einerseits *deskriptiv* verstanden werden und besagt dann, dass ein Text nur im Kon-Text anderer Texte sinnvoll gelesen und verstanden werden kann, weil er bewusst – direkt oder indirekt – auf diese rekurriert, auf sie anspielt oder sie zumindest ‚mitdenkt'. Dies kann man etwa bei Gen 22 annehmen, denn dieser Glaubenstext greift mit Bedacht auf die Berufung Abrahams in Gen 12,1–5 zurück und eröffnet neue Deutungsmöglichkeiten für die überaus dichte Erzählung.[57] Diese Deutungen entsprächen dann der Autorintention. Intertextualität kann aber auch in einem *normativen* Sinne verwendet und mit der Kanon-Frage verknüpft werden. Ein Einzeltext wird dann – unabhängig von literarisch feststellbaren und intendierten Bezügen! – im gegebenen Sinnge-

---

56 Vgl. zu ihm S. Seiler, Intertextualität.
57 Vgl. C. Levin, Prüfung.

füge des Kanons neu gelesen.[58] Dabei ist es gleichgültig, ob ein literarischer Bezug bewusst hergestellt wurde oder ob er lediglich zufällig auf der Endtextebene sichtbar wird. Damit gewinnt der Kanon den Charakter eines literarischen Werkes höherer Ordnung, in dem Widersprüche gleichsam aufgehoben werden. Aber wird man auf diesem Wege den je eigenen Intentionen der einzelnen Schriften noch gerecht, oder nivelliert man nicht gerade die theologisch pointierten Aussagen etwa des Hiobbuches oder der skeptischen Weisheit eines Kohelet? Und wer entscheidet, welche Stimme am Ende gehört wird? Auch hier wird die literargeschichtliche Tiefendimension der Bücher wie der einzelnen Texte nicht mehr wahrgenommen, obwohl in ihr der große Reichtum des Alten Testaments liegt.

5 Das theologiegeschichtliche Paradigma

Ausgangspunkt unserer Überlegungen waren die kanonorientierten Auslegungen, die sich als eine ,bessere', ,theologischere' Alternative zum historisch-kritischen Zugang verstehen. Hinter ihnen steht gewiss eine wichtige und entscheidende bibelhermeneutische Frage: Welches ist der ,maßgebliche', der ,verbindliche' Text? Worin liegt der Ausgangspunkt einer ,angemessenen' Bibellektüre? Im Einzeltext? Im Buch? Im Kanon? Und wie verhalten sich diese Größen zueinander? Liegt dieser Text – dem kirchlichen Gebrauch entsprechend (vgl. Predigt) – im Einzeltext? Oder muss das gesamte Buch gleichsam ,mitgelesen' werden? Oder ist der erste Kontext gar der gesamte Kanon, der bei jeder Auslegung eines Einzeltextes mit anklingen muss?

Es ist nicht leicht, eine einfache Antwort auf diese vielschichtigen Fragen zu geben. Aufgabe der Exegese bleibt – man kann es kaum schlichter sagen – die Erklärung des Textes: eines Einzeltextes (etwa als Grundlage für eine Predigt), einer größeren Texteinheit, eines ganzen Buches und – natürlich – auch des kanonischen Gesamtgefüges. Dass die ,traditionelle' Exegese sich nur dem Ursprungssinn eines Textes – was auch immer das sei – verpflichtet sähe, ist längst überholt. Es gab in der Tat Zeiten, in denen man sich damit zufriedengab, die ältesten Prophetenworte und ihren einmaligen historischen Hintergrund rekonstruiert zu haben; in denen man voller Stolz auf eine komplexe Textschichtung mit vielen Händen und ebenso vielen Schichten verwies. Auch hier freilich darf man die Kärrnerarbeit nicht geringschätzen: Wir haben es nun einmal mit antiken Texten zu tun, mit einer Textüberlieferung, die uns fremd ist, und vor allem: mit Mechanismen der Textproduktion, die sich grundlegend von unserem Verständnis un-

---

58 Vgl. G. Steins und seine „kanonisch-intertextuellen Studien".

terscheiden. Man braucht nur einmal das Phänomen der ‚Fortschreibung' zu nennen, um die Unterschiede zu markieren. Was sich in der Exegese aber längst etabliert hat, ist die Wahrnehmung des *gesamten* Prozesses der Textentstehung – von den Anfängen bis zur Endgestalt, auch bis zur Endgestalt des Kanons. Es geht um die *Nachzeichnung* dieses vielgestaltigen Prozesses, der zugleich einen *Reflexions*prozess abbildet, in dem man, um es ein wenig pathetisch, aber nicht unangemessen zu sagen, um das rechte Verständnis Gottes gerungen hat. Gewiss nicht in allen Texten gleichermaßen, aber doch im Großen und Ganzen. In den Schriften des Alten Testaments spiegelt sich also ein *theologiegeschichtlicher* Prozess wider, der als solcher erfasst und gewürdigt werden muss. Das ist eine historische Aufgabe, aber es ist zugleich eine theologische Herausforderung.

Eine Beschränkung des exegetischen Horizonts auf die kanonische Endgestalt bedeutet zudem eine entscheidende Reduktion. Aus dem höchst lebendigen Dialog theologischer und religiöser Lebensfragen, die sich in der Fortschreibungsgeschichte der Texte, Bücher und Buchkomplexe selbst widerspiegelt und in der kanonischen Fassung zu einem ‚gefrorenen Dialog' geworden ist, würde eine Verabsolutierung der ‚endredaktionellen Komposition' (wenn es diese überhaupt gibt) und ihrer theologischen Interessen. Diese Interessen können aber ganz unterschiedlich sein: Sie können ökumenisch-vermittelnden Charakter haben, indem sie verschiedenen Auffassungen Raum geben. Sie können aber auch dem Willen entspringen, die Stromschnellen unkonventioneller Gedanken (man führe sich nur einmal das Koheletbuch vor Augen!) wieder in den ruhigen Bach ‚orthodoxer' Theologie fließen zu lassen. Kanonische Theologie heißt, aus dem lebendigen Dialog, der sich in den Texten niedergeschlagen hat und mit (literarkritisch geschulten) Händen zu greifen ist, eine einzige Stimme (aber welche?) als legitim herauszugreifen. Aber wer will und soll bestimmen, ob diese Stimme für uns heute die alleinige und maßgebende ist? Der faktische Umgang der biblischen Texte – mehr noch der Texte des Alten Testaments – beruht auf Selektion: Die Predigtreihen, die Lesungen, auch die Behandlung bestimmter Texte im Religionsunterricht nehmen nie das Ganze des Alten Testaments in den Blick, sondern wählen aus, was man für wichtig, für angemessen, ja für ‚christlich' hält. Daran wird auch deutlich, dass die Frage der *Geltung* des Alten Testaments in der christlichen Kirche und Theologie immer nur – oder vorsichtiger gesagt: primär – über die Texte beantwortet werden kann, die nicht nur in einem kanonischen, gesamtbiblischen Kontext stehen, sondern auch Teil von Auslegungstraditionen sind, die sich in Kirchen und Konfessionen niedergeschlagen haben.

So entspricht ein ‚theologiegeschichtlicher Ansatz' (um das gewaltige Wort Paradigma zu vermeiden) der Eigenart des Alten Testaments ebenso wie dem hermeneutischen Problem, das diese *vorchristliche* Schriftensammlung für die christliche Theologie aufwirft. Eine kleine Thesenreihe soll diesen Ansatz abschließend veranschaulichen:

1) An der *historischen Bedingtheit* der atl. Texte kommt niemand vorbei. Nur wer sich auf sie einlässt, nimmt das Alte Testament ernst. Eine ‚Dekontextualisierung' ist keine Lösung: Sie steht den Verstehensbedingungen alter, antiker Texte entgegen, die gerade in ihrer scheinbaren Zeitlosigkeit dennoch in der Zeit und für die Zeit entstanden sind, und sie ist Ausdruck einer vorneuzeitlichen Hermeneutik, in die manche gern zurückkehren würden, aber nicht zurückkehren können. Deshalb ist dem Diktum Jan Assmanns: „Mit der Endgestalt ist das geschichtliche Werden des Textes vergessen"[59] entschieden zu widersprechen, denn mit der Rezeption eines Textes oder Buches setzt sich seine Wirksamkeit fort, wie man schon an der Septuaginta beobachten kann.

2) Die *Aufgabe der Exegese* besteht nicht in der Inventarisierung des Vergangenen. Sie ist – als eine hermeneutische Bemühung – letztlich auf das Verstehen in der heutigen Zeit ausgerichtet, auch wenn das Schwergewicht in der exegetischen Praxis natürlich auf der gelegentlich mühsamen, ‚handwerklichen' Erschließung der vergangenen Texte liegt. Schon die Auslegung selbst ist auch von gegenwärtigen Fragestellungen geprägt. Zudem haben uns die rezeptionsästhetischen Zugänge gelehrt, dass ‚Sinnkonstitution' immer ein dialogischer Vorgang ist, der sich zwischen damals und heute, zwischen Text und Ausleger vollzieht: „Spielte der Leser nicht eine aktive Rolle bei der Lektüre der Bibel, hätte man ihren endgültigen und für immer wahren Sinn schon längst festgelegt."[60] Dabei dürfen weder die *intentio auctoris* noch die heutige Sinnbestimmung verabsolutiert werden. Eine Exegese, die allein beim ‚Damaligen' verbleibt, ist faktisch unmöglich; eine Exegese, die nur die gegenwärtige Sinnbestimmung im Blick hat, vergisst den Text.

3) *Selektion* prägt den (faktischen) Umgang mit dem Alten Testament von Anbeginn. Wer das AT im Raum christlicher Theologie bzw. in der Kirche benutzt, greift nicht auf das gesamte Corpus zurück, sondern auf Teile, Texte, Traditionen.

4) *Texte und nicht die ‚Schrift'!* Die scharfe Trennungslinie, die zwischen der ‚Bibel' als einem Dokument der Antike und der ‚Heiligen Schrift' als einem auf Verbindlichkeit zielenden Buch der Gegenwart gezogen wird (vgl. I. U. Dalferth), sollte zwar nicht aufgelöst, aber doch durchlässiger gemacht werden. Auf der einen Seite ist den Aussagen der *Texte* des Alten Testaments Rechnung zu tragen – es kann ja nicht ‚egal' sein, was in ihnen steht! –, auf der anderen Seite ist ebenso deutlich, dass eine ‚Geltung' nicht ohne Einbezug dessen behauptet und beschrieben werden kann, was im Neuen Testament zur Sprache kommt.

5) Der Begriff der *Normativität*, der *Geltung* von Texten, sollte revidiert werden. Man kann stattdessen von *autoritativen Texten* sprechen, die sich aufgrund

---

59 J. Assmann, Fünf Stufen, 82.
60 T. Veijola, Text, 45.

ihres praktischen Gebrauchs (in einer bestimmten Glaubensgemeinschaft) bewährt und faktisch durchgesetzt haben. Dieser Vorgang bedeutet aber alles andere als Einheit und Einheitlichkeit, wie das Alte Testament in vielfältiger Weise belegt. Schon die kaum zu bestreitende Tatsache, dass manche Bücher aus den ‚Apokryphen' – zu denken ist etwa an die beiden Weisheitsbücher Jesus Sirach und Weisheit Salomos – theologisch gewichtiger sind als etwa das Josuabuch, zeigt, wie problematisch der formale Kanonbegriff ist.

6) Ein theologiegeschichtlicher Ansatz bietet zugleich die Basis für eine ‚Theologie des Alten Testaments'. Egal wie man diese formal ansetzen möchte, eher in systematischer oder historischer Anordnung: Ohne einen prinzipiell *historischen* Ansatz wird man die Schriftensammlung des Alten Testaments nicht erschließen können. Ebensowenig wird man einem Auswahlprinzip ausweichen können, das nicht allein durch das Alte Testament selbst gegeben ist, sondern ‚von außen' kommt. In einem christlichen Kontext spielt das Einspielen der ‚externen Mitte' eine Schlüsselrolle.

Bibliographie

Assmann, Jan. „Fünf Stufen auf dem Weg zum Kanon. Tradition und Schriftkultur im alten Israel und im frühen Judentum [1999]." In Id., *Religion und kulturelles Gedächtnis. Zehn Studien*, 81–100. München: C. H. Beck 2000.

Ballhorn, Egbert, und Georg Steins, Hg. *Der Bibelkanon in der Bibelauslegung*, Stuttgart: W. Kohlhammer, 2007.

Ballhorn, Egbert. „Das historische und das kanonische Paradigma in der Exegese. Ein Essay." In *Der Bibelkanon in der Bibelauslegung*, 9–30. Stuttgart: W. Kohlhammer, 2007.

Barth, Ulrich. „Symbolisches Kapital. Gegen eine christliche Relativierung des Alten Testaments." Zeitzeichen 10 (2015): 12–15.

Barth, Ulrich. *Symbole des Christentums. Berliner Dogmatikvorlesung*, hg. v. Friedemann Steck. Tübingen: Mohr Siebeck, 2021.

Barthel, Jörg. „Die kanonhermeneutische Debatte seit Gerhard von Rad. Anmerkungen zu neueren Entwürfen." In *Kanonhermeneutik. Vom Lesen und Verstehen der christlichen Bibel*, hg. v. Bernd Janowski, 1–26. Theologie interdisziplinär 1. Neukirchen-Vluyn: Neukirchener Verlag, 2007.

Barton, John. „What is a Book? [1998]." In Id., *The Old Testament: Canon, Literature and Theology*, 137–147. SOTSMS. Aldershot: Ashate, 2007.

Barton, John. *Ethics in Ancient Israel*. Oxford: Oxford University Press, 2014.

Becker, Uwe. „Die Wiederentdeckung des Prophetenbuches. Tendenzen und Aufgaben der gegenwärtigen Prophetenforschung." *BThZ* 21 (2004): 30–60.

Becker, Uwe. „Eine kleine alttestamentliche Ethik des ‚Alltäglichen'." *BThZ* 24 (2007): 227–240.

Becker, Uwe. „Isaiah 24–27 and Intertextuality." In *Imperial Visions. The Prophet and the Book of Isaiah in an Age of Empires*, hg. v. Reinhard G. Kratz und Joachim Schaper, 129–140. FRLANT 277. Göttingen: Vandenhoeck & Ruprecht, 2020.

Becker, Uwe. *Exegese des Alten Testaments: Ein Methoden- und Arbeitsbuch*. UTB 2664. Tübingen: Mohr Siebeck, [5]2021.

Blum, Erhard. „Gibt es die Endgestalt des Pentateuch? [1991]." In Id., *Textgestalt und Komposition. Exegetische Beiträge zu Tora und Vordere Propheten*, hg. v. Wolfgang Oswald, 207–217. FAT 69. Tübingen: Mohr Siebeck, 2010.

Breytenbach, Cilliers, und Jörg Frey, Hg. *Aufgabe und Durchführung einer Theologie des Neuen Testaments*. WUNT 205. Tübingen: Mohr Siebeck, 2007.

Büttner, Matthias. *Das Alte Testament als erster Teil der christlichen Bibel. Zur Frage nach theologischer Auslegung und „Mitte" im Kontext der Theologie Karl Barths*. BEvTh 120. Gütersloh: Gütersloher Verlagshaus, 2002.

Childs, Brevard S. *Old Testament Theology in a Canonical Context*. Philadelphia, PA: Fortress Press, 1986.

Childs, Brevard S. *Biblical Theology of the Old and New Testaments. Theological Reflection on the Christian Bible*. Minneapolis, MN: Fortress Press, 1993.

Childs, Brevard S. *Die Theologie der einen Bibel*. 2 Bände. Freiburg i. Br.: Herder, 1994/1995.

Dalferth, Ingolf U. *Wirkendes Wort: Bibel, Schrift und Evangelium im Leben der Kirche und im Denken der Theologie*. Leipzig: Evangelische Verlagsanstalt, 2018.

Dogmatische Konstitution über die göttliche Offenbarung „Dei Verbum" (1965). Latein-deutsch, hg. v. Joseph Ratzinger, Aloys Grillmeier und Béda Rigaux. In *Lexikon für Theologie und Kirche Ergänzungsband 2*, 497–583. Freiburg i. Br.: Herder [2]1967.

Ego, Beate. *Tobit*. Internationaler Exegetischer Kommentar zum Alten Testament, Stuttgart: W. Kohlhammer, 2022.

Gräb-Schmidt, Elisabeth. „Das Verhältnis von Religion, Theologie und Kultur," In *Evangelische Theologie an Staatlichen Hochschulen. Konzepte und Konstellationen Evangelischer Theologie und Religionsforschung*, hg. v. Stefan Alkier und Hans-Günter Heimbrock, 135–153. Göttingen: Vandenhoeck & Ruprecht, 2011.

Hahn, Ferdinand. *Theologie des Neuen Testaments. I. Die Vielfalt des Neuen Testaments. Theologiegeschichte des Urchristentums; II. Die Einheit des Neuen Testaments. Thematische Darstellung*. Tübingen: Mohr Siebeck [2]2005.

Hartenstein, Friedhelm. „Kanongeschichte(n) und Geltungsfragen. Ein alttestamentlicher Beitrag zum ‚Primat der Praxis' für eine Theologie der Schrift." In *Kanon*, hg. v. Elisabeth Gräb-Schmidt und Volker Leppin, 1–35. MJTh 31 = MThS 131. Leipzig: Evangelische Verlagsanstalt, 2019.

Die Interpretation der Bibel in der Kirche (1993). Deutscher Text mit der Ansprache von Papst Johannes Paul II. vom 23. April 1993 und mit dem Geleitwort von Joseph Kardinal Ratzinger vom 21. September 1993, hg. v. der Deutschen Bischofskonferenz. Verlautbarungen des Apostolischen Stuhls 115, Bonn: Deutsche Bischofskonferenz, [2]1996.

Kessler, Rainer. *Der Weg zum Leben: Ethik des Alten Testaments*. Gütersloh: Gütersloher Verlagshaus, 2017.

Körtner, Ulrich H. J. „Arbeit am Kanon. Der Beitrag Bultmanns und seiner Schüler uur Diskussion über die hermeneutische Bedeutung des biblischen Kanons." In Id., *Arbeit am Kanon. Studien zur Bibelhermeneutik*, 59–101. Leipzig: Evangelische Verlagsanstalt, 2015.

Levin, Christoph. „Die Prüfung Abrahams (Gen 22) und ihre innerbiblischen Bezüge." *ZThK* 118 (2021): 397–421.

van Oorschot, Jürgen. „Kann Erinnerung normativ sein? Orientierungen eines Alttestamentlers in der Debatte zum biblischen Kanon." In *Normative Erinnerung. Der biblische Kanon zwischen Tradition und Konstruktion*, hg. v. Christof Landmesser und Andreas Klein, 71–87. Veröffentlichungen der Rudolf-Bultmann-Gesellschaft für Hermeneutische Theologie e. V. Leipzig: Evangelische Verlagsanstalt, 2014.

Oswald, Wolfgang. „Moderne Literarkritik und antike Rezeption biblischer Texte." In *Lesarten der Bibel. Untersuchungen zu einer Theorie der Exegese des Alten Testaments*, hg. v. Helmut Utzschneider und Erhard Blum, 199–214. Stuttgart: W. Kohlhammer, 2006.

Otto, Eckart. *Theologische Ethik des Alten Testaments*. ThW 3/2. Stuttgart: W. Kohlhammer, 1994.

Ratzinger, Joseph. „Schriftauslegung im Widerstreit. Zur Frage nach Grundlagen und Weg der Exegese heute [1989]." In Id., *Wort Gottes. Schrift – Tradition – Amt*, 83–116. 130–135. QD. Freiburg i. Br.: Herder, 2005.

Sanders, James A. *Torah and Canon*. Philadelphia, PA: Fortress Press, 1972; 2nd ed. Eugene, OR: Cascade, 2005.

Sanders, James A. *Canon and Community. A Guide to Canonical Criticism*. Philadelphia, PA: Fortress Press, 1984.

Sanders, James A. *Scripture in Its Historical Contexts: Volume I: Text, Canon, and Qumran*, hg. v. Craig A. Evans. FAT 118, Tübingen: Mohr Siebeck, 2018.

Schmidt, Eckart D. „... das Wort Gottes immer mehr zu lieben: Joseph Ratzingers Bibelhermeneutik im Kontext der Exegesegeschichte der römisch-katholischen Kirche*. SBS 233. Stuttgart: Verlag Katholisches Bibelwerk, 2015.

Schröder-Field, Caroline. „Der Kanonbegriff in Biblischer Theologie und evangelischer Dogmatik." In *Die Einheit der Schrift und die Vielfalt des Kanons The Unity of Scripture and the Diversity of the Canon*, hg. v. John Barton und Michael Wolter, 195–238. BZNW 118. Berlin/New York: De Gruyter, 2003.

Seiler, Stefan. „Intertextualität." In *Lesarten der Bibel. Untersuchungen zu einer Theorie der Exegese des Alten Testaments*, hg. v. Helmut Utzschneider und Erhard Blum, 275–293. Stuttgart: W. Kohlhammer, 2006.

Slenczka, Notger. „Die Kirche und das Alte Testament," In *Das Alte Testament in der Theologie*, hg. v. Elisabeth Gräb-Schmidt und Reiner Preul, 83–119. MJTh 25 = MThS 119. Leipzig: Evangelische Verlagsanstalt, 2013.

Slenczka, Notger. *Vom Alten Testament und vom Neuen: Beiträge zur Neuvermessung ihres Verhältnisses*. Leipzig: Evangelische Verlagsanstalt, 2017.

Smend, Rudolf. „Nachkritische Schriftauslegung [1966]." In Id., *Bibel und Wissenschaft. Historische Aufsätze*, 230–250. Tübingen: Mohr Siebeck, 2004.

Smend, Rudolf. „Karl Barth als Ausleger der Heiligen Schrift [1988]." In Id., *Bibel und Wissenschaft. Historische Aufsätze*, 199–229, Tübingen: Mohr Siebeck, 2004.

Sokolskaya, Maria. *Die griechische Bibel in Alexandrien. Ihre Legende und die exegetische Praxis im hellenistischen Judentum*. JSJ.S 207. Leiden: Brill, 2022.

Steins, Georg. „Der Kanon ist der erste Kontext. Oder: Zurück an den Anfang." *BiKi* 62/2 (2007): 116–121.

Steins, Georg. *Kanonisch-intertextuelle Studien zum Alten Testament*. SBAB 48. Stuttgart: Verlag Katholisches Bibelwerk, 2009.

Utzschneider, Helmut, und Erhard Blum, Hg. *Lesarten der Bibel. Untersuchungen zu einer Theorie der Exegese des Alten Testaments*. Stuttgart: W. Kohlhammer, 2006.

Veijola, Timo. „Text, Wissenschaft und Glaube. Überlegungen eines Alttestamentlers zur Lösung des Grundproblems der biblischen Hermeneutik [2000]." In Id., *Offenbarung und Anfechtung. Hermeneutisch-theologische Studien zum Alten Testament*, hg. v. Walter Dietrich und Marko Marttila, 34–67. BThSt 89. Neukirchen-Vluyn 2007.

Markus Witte

„Allein der Text! Doch welcher Text?" – Eine exegetisch-hermeneutische Problemanzeige am Beispiel von Psalm 130,4

1 Definitionen

Es gehört zur exegetischen Vernunft, beständig Rechenschaft abzulegen über den in der Exegese behandelten Gegenstand, über Wege seiner Erschließung und, sofern man wie der Jubilar, dem die folgenden Überlegungen gewidmet sind, auch Hermeneutik als eine wesentliche Aufgabe der Exegese betrachtet, über Schritte seiner Vermittlung an die Gegenwart. Dass der biblische Text *der* Gegenstand der Exegese ist, dürfte unbestritten sein – auch im Rahmen von Zugängen, die rezeptions-, sach- oder problemorientiert sind: Am Text führt kein Weg vorbei. Doch mit dieser Bestimmung des Gegenstands der Exegese fangen die Fragen an.

Spätestens die Funde vom Toten Meer und die in ihrem Schatten aufblühende Forschung an den antiken Übersetzungen der Hebräischen Bibel haben neu ins Bewusstsein gebracht, dass es den *einen* biblischen Text nicht gibt – ebenso wenig wie den *einen* biblischen Kanon. Die Konzentration auf *die* Endgestalt des Textes, die faktisch dazu führt, dass nur *ein* bestimmter Codex ausgelegt wird, sei es im Bereich der Hebräischen Bibel der Codex Leningradensis oder im Bereich der Septuaginta der Codex Vaticanus, ist eine literar- und rezeptionsgeschichtliche Verkürzung. Die bis in das zweite Jahrhundert n. Chr. anhaltende Fluidität des Textes der Schriften, welche die Hebräische Bibel bilden, und die Pluralität von Textformen, die in einzelnen Überlieferungsgemeinschaften eine autoritative Bedeutung hatten oder noch haben, erfordert vielmehr eine *kanonsplurale Auslegung*.[1]

Unter einem *kanonischen Text* verstehe ich in einem weiten Sinn einen Text, der für eine bestimmte Gruppe eine besondere Bedeutung für deren Selbstverständnis und Lebensgestaltung besaß oder noch besitzt. Indizien für die autoritative Geltung eines Textes sind die *Tatsache seiner Überlieferung*, also seine physische Erhaltung, die *aktive Verwendung*, z. B. in einem liturgischen Zusammenhang, die

---

[1] Die Vorstellung eines Kanonspluralismus wurde vor allem in der neueren römisch-katholischen Exegese, ausgehend vom Buch Jesus Sirach, geprägt, vgl. Gilbert, „L'Ecclésiastique", 233–250; Böhmisch, „Textformen", 87–122; Marböck, „Fragen", 77–88.

https://doi.org/10.1515/9783111317564-004

binnentextliche Fortschreibung, die *Zitation* in anderen Texten einer Überlieferungsgemeinschaft, die in einem unmittelbaren oder mittelbaren Verhältnis zur ursprünglichen Verfasserschaft bzw. Trägergruppe dieses Textes steht, die *Übersetzung in eine andere Sprache* sowie die *paratextliche und außertextliche Auslegung*. Nicht alle diese Indizien müssen gleichermaßen zusammenkommen, um einen Text als kanonisch zu bezeichnen; je mehr Indizien sich allerdings finden, um so überzeugender kann ein Text als kanonisch klassifiziert werden. Mit der Rezeption dieses Textes durch *andere* Überlieferungsgemeinschaften und mit seiner Einbettung in *andere* autoritative Textcorpora verändern sich der literarische und der soziokulturelle Referenzrahmen. Bezogen auf die alttestamentliche Exegese meint dies: Neben die Auslegung des Masoretischen Textes (MT) muss gleichgewichtig die Auslegung der Septuaginta (LXX), der Vulgata (Vg) und der Peschitta (Syr) sowie der weiteren in einzelnen Kirchen kanonisch gewordenen Corpora zur Seite treten. Auch wenn der MT aus entstehungs- und überlieferungsgeschichtlichen Gründen den Ausgangspunkt und den Referenztext für die griechischen, lateinischen und syrischen Übersetzungen darstellt, so ist nicht nur die *Übersetzungstechnik* der Versionen zu beschreiben, sondern auch deren literarische, theologische und rezeptionsgeschichtliche *Eigenbedeutung*. Die Varianten, die im Apparat der textkritischen Ausgaben genannt werden, sind nicht nur text- und literargeschichtlich von Bedeutung, sondern auch kanons- und rezeptionsgeschichtlich. Sie sind dementsprechend als je eigene autoritative Textverständnisse in ihren jeweiligen literarischen und geschichtlichen Kontexten zu interpretieren sowie theologiegeschichtlich und systematisch-theologisch auszuwerten.

Eine kanonsplurale Exegese des Alten Testaments, wie ich sie verstehe, umfasst *zwei Dimensionen*: zum einen die *historisch-kritische Auslegung des jeweiligen Überlieferungsstromes* eines Textes, wie er durch den MT, die LXX, die Vg und die Syr – ich muss mich hier auf diese beschränken – repräsentiert wird und wie er in seinen mutmaßlichen *Entstehungsmilieus* traditions- und literaturgeschichtlich kontextualisiert werden kann; zum anderen die *kanonische* oder *kanonsorientierte Auslegung der jeweiligen Überlieferungsarme* in den literarischen Kontexten, innerhalb derer sie als autoritative Texte weitergegeben, angeeignet und ausgelegt wurden und werden. Im Rahmen einer kanonspluralen Auslegung gehören 1) eine historisch-kritische Auslegung, insbesondere dann, wenn diese redaktionsgeschichtlich angelegt ist, 2) die Bestimmung des Entstehungsmilieus und 3) eine kanonische oder kanonsorientierte Auslegung samt der Bestimmung des Rezeptionsmilieus eng zusammen. Strikt betrachtet kann eine kanonsorientierte Auslegung jeweils nur an *einer* konkreten autoritativen Textsammlung durchgeführt werden. Diese Forderung mag makrotextlich im Blick auf die unterschiedliche Anordnung von Buchgruppen in der Biblia Hebraica einerseits und der Septuaginta andererseits – hier jeweils verstanden im Sinn eines Überlieferungsstromes – unmittelbar einsichtig sein, sie gilt aber auch im Blick auf die einzelnen Überlieferungsarme, wenn sich die Anordnung bestimmter Texte in masoretischen Handschriften unterscheidet, diese in Lesarten differieren oder in der graphischen Gestaltung oder Textsegmentierung variieren. So grenzt z. B. der Codex von Aleppo gegenüber dem Codex Leningradensis die einzelnen Psalmen durch Setzung einer Leerzeile voneinander ab und weist für Ps 130 eine deutlichere poetische Gliederung nach Halbversen auf, insofern mit Ausnahme von V. 2 jeder Vers in einer neuen Zeile beginnt.

Ein in der Biblia Hebraica tradierter Text ist historisch-kritisch als ein israelitisch-jüdischer (Einzel-)Text im Kontext der pluralen Religionskultur des Vorderen Orients, der südlichen Levante und des griechisch-ägäischen Raums zu würdigen. Kanonsorientiert bildet die Hebräische Bibel, genauer ein konkreter Codex, *das* Corpus, innerhalb dessen intertextuelle Bezüge freizulegen und zu interpretieren sind. Der in der Septuaginta tradierte griechische Text ist historisch-kritisch als ein zunächst jüdischer Text der hellenistischen Zeit im Kontext einer räumlich stark ausgedehnten und insbesondere durch griechische Traditionen und Texte geprägten Religionskultur zu betrachten. Kanonsorientiert ist die Septuaginta, auch hier genauer ein konkreter Codex, einschließlich der Apokryphen und des Neuen Testaments das intertextuelle Beziehungsgefüge, in dem der jüdische Text nun ein christlicher Text wird und als solcher lesbar ist. Der in der Vetus Latina und in der Vulgata tradierte Text ist historisch-kritisch als ein christlicher Text im Kontext einer von römischen Vorstellungen sowie zunehmend durch das Christentum gekennzeichneten Religionskultur zu analysieren und kanonsorientiert im Raum der christlichen lateinischen Bibeln (bzw. Codices) zu interpretieren. Eine solche Perspektive gilt analog für die Auslegung des Textes, der in der Peschitta und in den jüngeren, genuin aus einem christlichen Hintergrund stammenden Übersetzungen (koptisch, arabisch, äthiopisch usw.) tradiert ist. Dabei zählt zum religiösen Kontext der Übersetzungen, die im Raum der Ostkirchen in der Zeit des 7./8. Jahrhunderts entstanden sind, natürlich auch der Islam.

Textliche Basis einer kanonspluralen Exegese ist keine auf die Biblia Hebraica und das Novum Testamentum Graece begrenzte Ausgabe der Bibel, wie im Schatten von Humanismus und Reformation über Jahrhunderte mindestens innerhalb der protestantischen Exegese üblich, sondern die *Polyglotte*, welche die Überlieferungsströme synoptisch bietet. Dass eine solche gegenüber den Polyglotten des 16. und 17. Jahrhunderts textkritisch aufbereitet sein und die Qumrantexte enthalten muss, versteht sich von selbst, ist aber im digitalen Zeitalter kein Problem.

Im Folgenden skizziere ich Grundzüge einer kanonspluralen Auslegung am Beispiel von Ps 130. Dabei konzentriere ich mich auf V. 4, bei dem der MT, die LXX, die Vg und die Syr besonders markante Unterschiede aufweisen.

2 Kanonisch gewordene Textgestalten von Ps 130,4

2.1 Nach der *masoretischen Fassung* von Ps 130,4 bekennt ein Beter die Fähigkeit und Bereitschaft Gottes, Sünden zu vergeben, und leitet aus dieser ab, dass Gott zu fürchten sei.[2]

כִּי־עִמְּךָ הַסְּלִיחֶה לְמַעַן תִּוָּרֵא

Ja,[3] bei dir ist die Vergebung, / auf dass du gefürchtet wirst.

Die Formulierung ist einmalig in der Hebräischen Bibel.[4] Sie beschließt ein zwei-teiliges Bittgebet (V. 1b–4.5–8) mit einer individuellen und einer kollektiven Aus-richtung sowie einer vertikalen und horizontalen Dimension. Dieses ist stark von Vertrauensaussagen und Bekenntnissen zu Jahwe geprägt. Die mehrfache Wieder-holung desselben Wortes oder von Wörtern,[5] die auf dieselbe Wurzel zurückgehen, und die hohe Anzahl von wechselnden Gottesbezeichnungen (הוא, יה, יי, אדני, יהוה) unterstreichen den Bekenntnischarakter. Der erste Teil (V. 1b–4) redet im Du zu Gott. Der sich aus der Tiefe des Leidens und des gefühlten Abstandes zu Gott erhebende eindringliche Appell des Beters an Gott (V. 1b–2 vgl. Ps 69,3.15),[6] gipfelt in der Erkenntnis der menschlichen Sünden (עונות) als grundsätzlichem Unter-schied zwischen Gott und Mensch (V. 3) und in dem Bekenntnis der Vergebungs-bereitschaft als Wesensmerkmal Gottes, aus der die Furcht vor Gott fließt (V. 4).

---

2 Zum konsekutiven Verständnis von למען mit Präformativkonjugation siehe Michel, *Tempora*, 173 f., und Sedlmeier, „Vergebung", 488, der aber auch ausführlich die Möglichkeit eines finalen Verständnisses diskutiert.

3 Das einleitende כי wird häufig auch mit „doch/aber" übersetzt, um den Gegensatz zu der in V. 3 vorangehenden Frage zu verdeutlichen.

4 Die von Ms[K268] gebotene Lesart תִּירָא / תירא ist innerhalb der masoretischen Überlieferung singulär. Sie lässt sich, wenn es sich nicht um einen Schreibfehler handelt, sinnvoll nur als Umschreibung des Passivs verstehen („auf dass man sich fürchte"). Der sich auf eine Vermutung von Hieronymus (vgl. Field, *Hexapla*, Bd. 2, 286) beziehende Vorschlag von Haupt, „Psalm", 101 f., תירא als תִּירָאָה zu lesen und dies als ein seltenes Synonym zu יְרָאָה „Furcht" (vgl. Ps 19,10; Hi 4,6) anzusehen, wurde in der Forschung (zu Recht) nicht rezipiert.

5 Vgl. קוֹל (V. 2); עוֹן (V. 3a.8b); קוה (V. 5); נפש (V. 5a.6a); יחל (V. 5b.7a); שמר (V. 6b); בקר (V. 6b); פדה / פדות (V. 7b.8a); ישראל (V. 7a.8a).

6 קראתיך wird gelegentlich mit einem Vergangenheitstempus übersetzt, V. 2(–4) dann als Zitat des Gebets verstanden und Ps 130 insgesamt als Dankgebet klassifiziert (vgl. z. B. Volz, „Verständ-nis", 292 f.; Weiser, *Psalmen*, 533). Der Parallelismus von V. 1b/2a spricht für eine präsentische (stativische) Übersetzung (vgl. Ps 17,6; 88,10; 119,145 f.; 141,1 und dazu Baethgen, *Psalmen*, 388; Gunkel, *Psalmen*, 560 f.; Zenger, in: Hossfeld/Zenger, *Psalmen 101–150*, 566 f. sowie ausführlich Michel, *Tempora*, 80). Dasselbe gilt für die Perfekta in V. 5–6.

Diese lässt sich sowohl im Sinn des Erschreckens vor der Hoheit Gottes verstehen[7] als auch im Sinn der frommen Ehrfurcht und des Vertrauens.[8] Der zweite Teil (V. 5–8) entfaltet die Furcht vor Gott, zunächst mit dem Bekenntnis des beständigen Vertrauens des einzelnen Beters auf Jahwe (V. 5–6), sodann mit dem Aufruf an die betende Gemeinschaft, ebenfalls auf Jahwe und seine Huld zu vertrauen und auf diese Weise die Befreiung von den Sünden bzw. von deren Folgen durch Jahwe zu erfahren (V. 7–8).[9] An die Stelle der Rede zu Gott im ersten Teil tritt im zweiten die Rede über Gott. Auch den zweiten Teil kennzeichnen Bekenntnisaussagen: Der Vergebungsbereitschaft werden die Huld und Erlösungsfähigkeit Gottes als weitere Beschreibungen seines grundsätzlichen Wesens zur Seite gestellt. Beide Teile sind durch begriffliche und motivische Korrespondenzen miteinander verklammert (vgl. besonders V. 7aβ.b mit V. 4 und V. 8 mit V. 3). Beide Abschnitte enthalten jeweils vier ausdrückliche Gottesbezeichnungen. Genau in der Mitte des Psalms steht die Aussage des vertrauensvollen Ausharrens der נפש des Beters (V. 5aβ).[10] Die Häufung theologischer *termini technici* (עון, סליחה, דבר, חסד, פדה \ פדות) und die Vielfalt von Gottesbezeichnungen verleihen dem Psalm den Charakter ‚gebeteter Dogmatik'.

2.2 Die paläographisch aus dem ersten Jahrhundert n. Chr. stammenden Fragmente zu Ps 130 aus Höhle 4 und Höhle 11 in *Qumran* stellen gegenwärtig die ältesten empirischen Belege für einen (gemäß der oben formulierten Definition) kanonischen Status dieses Textes dar (4QPs[e]/4Q87; 11QPs[a]/11Q5). Der hier besonders interessierende V. 4 ist nur in der nicht stichometrisch geschriebenen Handschrift 11QPs[a] in Kol. V erhalten und erstreckt sich über die Zeilen 12–13, wobei der Anfang von Z. 13 fehlt. Das vorhandene Äquivalent zu V. 4a, das ohne eine besondere Markierung auf V. 3(b) folgt, weist abgesehen von einer Plene-Schreibung keine Unterschiede zum MT auf:

[...........] מֹור יה אדוני מי יעמוד כי עמכה הסליחה		12
[..............] קותה נפשי לדברו הוחלתי הוחילי		13

12	[...........] wahren willst, Jah, Herr, wer wird bestehen? Ja, bei dir ist die Vergebung
13	[................] meine Seele hofft, auf sein Wort ich harre, harre

Im Äquivalent zu V. 5 fehlt wie in einer masoretischen Handschrift (Ms[K43]), in der LXX, der VL und den Psalmen *iuxta Graecos* sowie der Syr die Kopula vor לדבר;

---

7 So besonders dezidiert Volz, „Verständnis", 295.

8 Dementsprechend Schmidt, „Gott", 248; ähnlich z. B. auch Westermann, *Psalmen*, 89 f.; Sedlmeier, „Vergebung", 486–488; Jeremias, „Psalm 130", 290; Fiß, „Lobe", 231 f.

9 Zum modalen Verständnis der Präformativkonjugation in V. 8a (יפדה) siehe Michel, *Tempora*, 115.

10 Der Wendung קותה נפשי gehen 25 Wörter voraus, 25 Wörter folgen ihr.

die syntaktische Struktur scheint aber – anders als in der LXX, der VL, den Psalmen *iuxta Graecos* und der Syr – der des MT zu entsprechen, insofern auch
11QPs^a הוחלתי „ich harre" liest. Allerdings bietet 11QPs^a noch über den MT hinaus
den Imperativ הוחילי „es harre" zu dem (in der Handschrift nicht erhaltenen)
Wort נפשי, das der MT in V. 6 führt. Dies lässt eine andere Segmentierung als der
MT erkennen, entspricht nun grundsätzlich der LXX (ἤλπισεν ἡ ψυχή μου ἐπὶ τὸν
κύριον), der VL und den Psalmen *iuxta Graecos* (jeweils *speravit anima mea in
Domini*) sowie Tg (נפשי אוריכא ליהוה) und besitzt eine Parallele in Ps 42,6.12;
43,5, könnte aber das Ergebnis einer Kompilation von zwei unterschiedlichen
Lesarten sein.

2.3 Mit der *Septuaginta* begegnen die ältesten kanonisch gewordenen Fassungen
von Ps 130,4, die sich vom MT unterscheiden. Die Differenz zeigt sich syntaktisch
und semantisch. So erscheinen in der LXX die masoretischen Stichen 4b und 5aα,
5aβ und 5bα sowie 5bβ und 6a jeweils als eine syntaktische Einheit.[11] V. 5a (LXX)
benennt nun *nicht* die Folge der in V. 4(a) vom Beter bekannten Vergebungsbereitschaft Gottes, die eher als eine absolute Größe erscheint, sondern setzt neu mit
der Angabe des Grundes des Gottvertrauens ein. Als diesen Grund nennt der
Codex Veronensis (R), ein lateinisch-griechischer Psalter aus dem 6. Jahrhundert,
bei dem der griechische Text in lateinischer Umschrift geboten wird[12] und den
Rahlfs in diesem Fall in den Obertext seiner LXX-Ausgabe (LXX^Ra) übernommen
hat, den göttlichen νόμος: *Wegen des göttlichen Gesetzes* wartet der Beter geduldig
auf den Herrn (κύριος).

(4) ὅτι παρὰ σοὶ ὁ ἱλασμός ἐστιν.
(5) ἕνεκεν τοῦ νόμου σου ὑπέμεινά σε, κύριε,
     ὑπέμεινεν ἡ ψυχή μου εἰς τὸν λόγον σου.

(4) Denn bei dir ist die Vergebung.
(5) Wegen deines Gesetzes harre ich auf dich, Herr,
     harrt meine Seele auf dein Wort.[13]

Die Lesart νόμος in V. 5a(α) wird durch die Übersetzungen des Theodotion und
des Symmachus, die Syrohexapla (ܢܡܘܣܟ) sowie die VL und Hieronymus' Übersetzung des Psalters *iuxta Graecos* (jeweils *propter legem tuam sustinui*) bestätigt,

---

11 Dementsprechend bietet Rahlfs, *Psalmi*, V. 4b und 5aα als V. 5a, V. 5aβ und 5bα als V. 5bα
sowie V. 5bβ und 6a als V. 6a jeweils in einer Verszeile.
12 Siehe dazu Bons/Brucker, „Psalmoi", 339.
13 Die Aoriste in V. 5(–6) müssen nicht als Vergangenheitstempus verstanden werden (so aber
LXX.D, NETS oder Zenger, in: Zenger/Hossfeld, *Psalmen* 101–150, 591), sondern können auch prä-
sentisch aufgefasst werden (vgl. BDR § 333,1b [S. 272 f. mit FN 5]); dasselbe gilt für die Perfekta
in den lateinischen Versionen (vgl. Kaulen, *Handbuch*, § 113b [S. 226 f.]).

von Johannes Chrysostomus in seiner Auslegung von Ps 130 als eine Lesart erwähnt[14] und durch den Parallelismus mit λόγος in V. 5b (LXX) unterstützt.[15] Sie
kann leicht auf einen Konsonantentext zurückgeführt werden, der sich graphisch
stark mit dem des MT berührt: תורא (MT) gegen תורה bzw. תורתך. Insofern im
LXX-Psalter fast alle Belege für νόμος dem Wort תּוֹרָה im masoretischen Psalter
entsprechen, dürfte die Lesart von LXX[Ra] auf eine hebräische Vorlage zurückgehen
und keine eigenständige Bildung des griechischen Übersetzers sein. Dies könnte
höchstens für das Possessivpronomen σου angenommen werden. Die von vielen
anderen griechischen Handschriften, u. a. dem Codex Alexandrinus und dem Codex
Sinaiticus, gebotene Lesart ὀνόματός (σου), die Swete im Obertext seiner LXX-
Ausgabe (LXX[Sw]) führt, ist gegenüber der Lesart νόμου mit hoher Wahrscheinlich-
keit sekundär; sie entspricht der häufig im MT belegten Wendung למען שמך /
ἕνεκα (ἕνεκεν) τοῦ ὀνόματός σου (vgl. Ps 25,11)[16] und begründet das beharrliche
Vertrauen auf Gott mit dessen eigentlichem Wesen.

2.4 Das disparate Bild der Textüberlieferung, das sich im Gegenüber der Lesarten
des MT und der LXX zeigt, spiegelt sich auch *in den lateinischen Versionen*. Ich
beschränke mich hier auf die drei wichtigsten spätantiken Überlieferungsströme
des bzw. eines lateinischen Psalters und eine moderne lateinische Übersetzung:
1) auf die altlateinische Überlieferung bzw. die Vetus Latina nach der Ausgabe
von Petrus Sabatier aus dem Jahr 1743,[17] die in der dritten Spalte des Psaltertextes
die *Versio Antiqua*[18] aus dem Codex Sangermanensis, einer im 9. Jh. erstellten
Handschrift, bietet; 2) die von Hieronymus auf der Basis der LXX angefertigte
bzw. rezensierte Übersetzung, die bei Sabatier, in der Waltonschen Polyglotte und
in der Römischen Vulgata als *die* Vulgatafassung (*Vulgata hod.[ierna]*[19]) erscheint,

---

14 Johannes Chrysostomus, *Expositiones*, 375. Als eine weitere Lesart erwähnt Chrysostomus
ἕνεκεν τοῦ γνωσθῆναι τὸν λόγον σου, in der offenbar V. 5a und 5b verschmolzen sind. Field,
Hexapla, Bd. 2, 287, führte diese Lesart auf die *Sexta* zurück; Graetz, *Psalmen*, Bd. 2, 650 f., erwog
vor diesem Hintergrund für den MT die Konjektur תִּיָּדַע (תודע) anstelle von תורה): „Damit Du
erkannt (?) werdest." Dabei ist aber zu bedenken, dass γινώσκειν in der LXX gelegentlich auch
als Äquivalent zu ראה erscheint (vgl. Gen 39,23; Ex 22,9; 33,13; Num 11,23; Jdc 2,7).
15 Hier nun bietet z. B. der Codex Sinaiticus seinerseits den Hinweis auf das Gesetz (εἰς τὸν
νόμον αὐτοῦ), was Swete im Obertext bietet. Die Varianz von λόγος und νόμος findet sich auch
anderweitig in den Handschriften, vgl. z. B. Ps[LXX] 118,105.
16 Vgl. weiterhin insbesondere Ps 25(24),11 und 79(78),9, aber auch Ps 23(22),3; 31(30),4; 106(105),8;
109(108),21; 143(142),11.
17 Eine kritische Ausgabe der VL für die Psalmen liegt bis heute nicht vor.
18 *Versio Latina Antiqua sec. LXX. usu recepta ante Hieronymum.*
19 *Vulgata Hodierna seu Versio Latina sec. LXX. secundis curis emendata à S. Hieronymo.* Die
Fassung stellt letztlich die *Versio Gallicana*, Hieronymus' zweite lateinische Übersetzung der griechischen Psalmen nach der *Versio Romana*, dar.

während sie in der Stuttgarter Ausgabe von Weber und Gryson als *Psalmi iuxta Graecos* geboten wird; 3) auf die von Hieronymus auf der Basis des MT bzw. eines hebräischen Textes erstellte Übersetzung, die bei Sabatier einfach unter dem Kürzel *Hebr.*[20] und bei Weber und Gryson als *Psalmi iuxta Hebraeos* erscheint; 4) auf die auf der Basis des MT erstellte, wie ihr Vorläufer, die *Versio Piana*, am klassischen Latein orientierte Übersetzung der *Nova Vulgata*, deren Übersetzung aus dem Jahr 1969 den Psalter im röm.-kath. Stundengebet darstellt.[21] Im Blick auf Ps 130(129),4 stimmen alle lateinischen Versionen darin überein, dass sie konstatieren, bei Gott sei Vergebung bzw. Versöhnung (*propitiatio*). Entscheidende sachliche Unterschiede bestehen in der Fortsetzung in V. 4b(–5). So nennen die VL und die Psalmen *iuxta Graecos*, beide wie in der LXX syntaktisch neu einsetzend, das göttliche Gesetz als Grund des Aushaltens und Beständigseins des Beters (*propter legem tuam*). Hingegen verweisen die Psalmen *iuxta Hebraeos* mit der Formulierung *cum terribilis sis* wie der MT, Aquila (ἕνεκεν φόβου) und die fünfte Spalte in Origenes Hexapla (*Quinta*) (ὅπως ἐπίφοβος ἔσῃ) auf die Wurzel ירא ("fürchten"). Dabei betonen die Psalmen *iuxta Hebraeos* und die *Quinta* wohl etwas stärker als der MT den Aspekt des existentiellen Erschreckens vor Gott.[22] Je nach Verständnis der Konjunktion *cum* erscheint das fortwährende Erwarten Gottes als Folge seines Schrecken bzw. Ehrfurcht hervorrufenden Wesens oder als Kontrast zu diesem; so versteht *Vulgata Deutsch* den Text, wenn sie mit „..., auch wenn du furchterregend bist" übersetzt, wobei sie den Versteil entsprechend dem MT mit V. 4a verbindet.[23] Die Segmentierung von Sabatier sowie von Weber und Gryson legt eher (wie in der LXX) eine Verbindung mit V. 5 und eine kausale Übersetzung nahe: „Weil du furchterregend bist, ...". Die *Nova Vulgata* folgt lexikalisch und syntaktisch dem MT, modifiziert aber zu einer aktiven und pluralischen Aussage: *ut timeamus te* (vgl. Dtn^Vg 6,24).[24]

2.5 In der *Peschitta* erscheint Ps 130(129),4 in einer stark verkürzten Form:

ܡܛܠ ܕܡܢ ܠܘܬܟ ܗܘ ܫܘܒܩܢܐ.

Denn bei dir ist die Vergebung.

Dass hier ein Äquivalent zu V. 4b (MT) bzw. V. 5a (LXX) fehlt, mag überlieferungs- oder übersetzungstechnische Gründe haben, entspricht aber einer Tendenz von Syr, die sich z. B. im Sirachbuch zeigt, Bezüge auf die Torah bzw. das Gesetz zu

---

20 *Versio Latina S. Hieronymi ex Hebraeo.*
21 Die *Versio Ambrosiana* und die *Mozarabica* lasse ich unberücksichtigt.
22 Siehe dazu auch die unter Anm. 4 diskutierte Lesart von Ms^K268.
23 Beriger et al., *Vulgata*, 693.
24 Ähnlich bereits Johannes Reuchlin (*propterea timeberis*), zitiert bei Luther, *Dictata*, WA 4, 419.

minimieren – dies unter der Annahme, in der Vorlage von Syr habe תורה bzw.
תורתך (s. o.) gestanden. Das Bekenntnis zur Vergebungsbereitschaft Gottes ist
durch das „Fehlen" von V. 4b (MT) / V. 5a (LXX) nochmals stärker betont als in
der LXX und den lateinischen Bibeln: Das Harren auf Gott ist in Syr weder von
seinem Gesetz (LXX[Ra], VL, Vg *iuxta Greacos*) oder seinem Namen (LXX[Sw]) noch
von seiner Schrecken verbreitenden Hoheit (Vg *iuxta Hebraeos*) abhängig, sondern gilt unbedingt.

2.6 Im Rahmen einer kanonspluralen Auslegung hat das *Targum* einen semikano-
nischen Status. Es ist kanonisch, insofern es sich im Rahmen der jüdischen Überlieferungsgemeinschaft als die autoritative Übersetzung durchgesetzt hat und als
solche tradiert, fortgeschrieben und kommentiert wurde. Andererseits steht Tg
hinsichtlich seiner autoritativen Geltung eindeutig hinter dem MT. Für eine Berücksichtigung im Rahmen einer kanonspluralen Auslegung spricht, dass mindestens die Anfänge von TgPs im zeitlichen Umfeld der lateinischen Übersetzung
des Hieronymus und der Peschitta liegen. In seiner entwickelten Gestalt ist es
zeitgenössisch zu den großen altkirchlichen Kommentaren und ein zentraler Text
für den Vergleich zwischen rabbinischer und patristischer Exegese. In V. 4b bietet
Tg eine echte Variante, die gleichgewichtig neben den Lesarten des MT, der LXX,
der VL und der Vg steht:

אֲרוֹם גבך שביקותא מן בגלל דתתחמי:

Denn bei dir ist die Vergebung, auf dass du gesehen wirst (oder: auf dass du dich zeigst).

Sprachlich lässt sich diese Lesart leicht auf einen Konsonantentext תראה (anstelle
תורא oder תורה) zurückführen, der als תֵּרָאֶה vokalisiert wurde. Sachlich erscheint im Tg die Vergebung nun als der Ausgangspunkt, Gott wahrzunehmen,
bzw. als ein Modus der Offenbarung Gottes. Dies kommt tendenziell der Aussage
des MT nahe, artikuliert aber deutlich, dass Vergebung bzw. die Erfahrung von
Vergebung Gott (als Gott) sichtbar werden lässt: In der Vergebung zeigt sich Gott.

2.7 Die starken Differenzen zwischen den antiken Textformen provozieren die
Frage nach einem möglichen *Ausgangstext*. Auch wenn sich diese Frage nur hypo-
thetisch und nicht eindeutig beantworten lässt, so halte ich sie für historisch und
philologisch geboten. Unter Berücksichtigung des Wortgebrauchs in der Hebräischen Bibel, der kolometrischen und syntaktischen Struktur von Ps 130 insgesamt
sowie der Lesart von LXX[Ra] schlage ich für V. 4–6a folgende Rekonstruktion eines
vormasoretischen, den Versionen vorangehenden Ausgangstextes vor:

(4–5aα1)   כי עמך הסליחה   למען תורה (5aα1) קויתי
(5aα2–6a)   יהוה קותה נפשי לדברו   הוחלה (6a) נפשי לאדני

(4–5aα1)   Denn bei dir ist die Vergebung, / wegen der Torah (5aα1) harre ich aus
(5aα2–6a)   Jahwe, meine Seele harrt auf sein Wort, / meine Seele (6a) hofft auf den Herrn.

Nach dieser Rekonstruktion ist, wie in LXX[Ra], Sym, Th, VL und Vg (*iuxta Graecos*), die Torah der Grund des Gottvertrauens des Beters. Diese Aussage bildet aber, nun anders als in der LXX, zusammen mit V. 4a ein Bikolon mit einem synthetischen Parallelismus, innerhalb dessen die Größen סליחה und תורה ein Wortpaar darstellen. Beide, die Vergebung und die Torah, haben bei Gott (עמך) ihren Ursprung (vgl. V. 7aβ *par.* V. 7b) und veranlassen das Ausharren (קוה, V. 5aα1) des Beters. Abweichend von der Segmentierung im MT und in der LXX beginnt nach meiner Rekonstruktion mit dem Tetragramm in V. 5aα2 eine neue poetische Einheit, die strukturell dem Auftakt des ersten Teils von Ps 130 (V. 1b–5aα1) in seiner mutmaßlich ursprünglichen Form entspricht und in der V. 5aα2–6a ein Bikolon mit einem synonymen Parallelismus bilden.[25] Dabei nimmt das erste Kolon des zweiten Teils das Schlusskolon des ersten Teils in chiastischer Stellung begrifflich auf: Dem Ausharren um der Torah willen entspricht das Harren auf das Wort Gottes, der דבר ist die תורה.[26]

3 Ps 130,4 in seinen kanonischen Kontexten

3.1 Ps 130 zeigt in seiner in der *Biblia Hebraica* überlieferten Fassung, die auf einen vormasoretischen Einzeltext zurückgeht, traditionsgeschichtlich eine originelle Verknüpfung von Elementen, die für ein vorderorientalisches Klage- und Bittgebet typisch sind (so der Höraufruf an die Gottheit, das Sündenbekenntnis des Beters, das Hoffen auf die Vergebung der Gottheit, die Erwartung der Barmherzigkeit der Gottheit, der Ausdruck des Vertrauens auf die Gottheit),[27] mit Be-

---

25 Zur Annahme, die Lesart תורה (oder תורתך) sei ursprünglich, vgl. auch Marrs, „Cry", 83. Zur angenommenen Voranstellung des Tetragramms in V. 1 vgl. 11QPs[a] V,10; Ps 141,1; 143,1 (weiterhin Ps 3,2; 6,2; 7,2; 8,2; 38,2; 88,2; 102,2; 131,1; 139,1). Zur Streichung der Kopula vor לדברו vgl. Ms[K43]; 11QPs[a] V,13; LXX; Syr[Ms]. Zur Änderung von הוחלתי in הוחלה vgl. 11QPs[a] V,13 (הוחילה) und LXX (ἤλπισεν). Weiterhin dürfte שמרים לבקר in V. 6bβ eine Dittographie sein (vgl. Apparat BHS) und V. 6bα zusammen mit V. 7a ein Bikolon bilden.
26 Nicht der Zuspruch der erfolgten Vergebung; so aber Volz, „Verständnis", 293, und Gunkel, *Psalmen*, 562, die im דבר eine Analogie zum Gnadenzuspruch (*aḫulap*) in akkadischen Gebeten sahen (ähnlich Kraus, *Psalmen*, Bd. 2, 1050: „das Heilsorakel"), vgl. z. B. das Gebet *Ištar 24*, Z. 27 (Lenzi, *Prayers*, 176 f.). In eine ähnliche Richtung wie die hier vorgeschlagene Deutung geht Schmidt, „Gott", 249, wenn er den דבר als auf dem Weg zu einer Hypostase deutet. Eine vermittelnde Position nimmt Jeremias, „Psalm 130", 291, ein, indem er den דבר als ein die Vergebung zusagendes Wort, „auf das der Beter *ständig* angewiesen ist", versteht (so auch Fiß, *„Lobe",* 232).
27 Vgl. z. B. die Gebete *Ištar 2* (Lenzi, *Prayers*, 257–290); *Ištar 24* (Lenzi, *Prayers*, 169–178); *Marduk 4* (Lenzi, *Prayers*, 291–311); *Marduk 2* (Lenzi, *Prayers*, 313–324); ein *Eršaḫunga an eine nicht namentlich gekennzeichnete Gottheit* (Lenzi, *Prayers*, 447–461); vgl. dazu auch Hossfeld/Zenger, *Psalmen 101–150*, 578–583.

griffen und Motiven, die in den Schriften Israels und Judas erst relativ spät und selten belegt sind, so die Begriffe סליחה und פדות, die starke Betonung des wesenhaften Unterschieds zwischen Gott und Mensch mittels der Gegenüberstellung menschlicher Vergehen und göttlicher Erlösung aus diesen sowie die kontrastive Darstellung grundsätzlicher Wesenszüge Gottes einerseits und des idealen Frommen andererseits. Besonders motiv- und traditionsgeschichtliche Parallelen bestehen zu Ps 25; 86; 103; 111 und 143, zur Hiobdichtung, zu den (Buß-)Gebeten in Dan 9; Esr 9; Neh 1 und 9 sowie zu Sir 51,1–12 und zu einzelnen Gebeten in den Hodayot (1QHᵃ). Vergleichbare Anspielungen auf Ex 34,6 f. und die sogenannte ‚Gnadenformel' sowie analoge Bekenntnisaussagen finden sich in Sir 5,5; 16,11 und in CD 2,4. Legt man für den vormasoretischen Einzelpsalm die rekonstruierte Lesart למען תורה / תורתך / תורה קויתי („wegen der / deiner Torah harre ich aus") zugrunde, so kommt Ps 130 neben Bekenntnissen zur Torah als Grundlage des Gottvertrauens zu stehen, wie sie besonders in Ps 119 artikuliert werden.[28] Die enge motivische Verknüpfung von Sünde, Vergebung und Torah hat aber auch ein Pendant in 11QPsᵃ XXIV (Ps 155),8. Hält man hingegen die Lesart des MT (תִּוָּרֵא) für ursprünglich, bieten auf der einen Seite Texte, die den (Ehr-)Furcht gebietenden Charakter Jahwes betonen, Parallelen,[29] auf der anderen Seite Texte, die aktiv zur Gottesfurcht ermahnen.[30] Beide Lesarten (תורה / תורתך bzw. תורא / תירא) und die jeweils damit verbundenen Vorstellungen von Torahfrömmigkeit und Gottesfurcht passen in das traditionsgeschichtliche Gesamtbild von Ps 130 als einem durch die Verbindung priesterlicher, spätdeuteronomistischer und weisheitlicher Elemente geprägten Text aus persischer oder frühhellenistischer Zeit. Die häufig vorgeschlagene redaktionsgeschichtliche Schichtung in einen individuell ausgerichteten Grundpsalm (V. 1b–6) mit einer sekundären Kollektivierung seitens der „Wallfahrtspsalterredaktion" (V. 1a.7–8) ist erwägenswert.[31] Denkbar ist aber auch die bewusste kompositionelle Verbindung einer individuell-generellen und einer kollektiv-speziellen Perspektive durch *eine* Hand.[32]

---

28 Vgl. besonders Ps 119,1.72.77.81.97.113 f.142–144.172–174, aber auch Ps 37,31–34; 40,2.9.

29 Vgl. Dtn 7,21; Ps 76,8; 119,120; Dan 9,4; Neh 1,5.

30 Vgl. Dtn 6,2 [למען תירא].13.24; 10,12; 13,5; 28,58; Ps 25,12; 33,18; 103,13.17; 128,1.4; Prov 14,2; Hi 1,1. Levin, „Edition", 389, weist V. 3–4.5b(in der Lesart der LXX).6a* einer späteren Gerechtigkeitsredaktion der „Wallfahrtspsalmen" zu, die sich auch in Ps 125,3–5a; 128,1.4; 129,4 bemerkbar mache, doch nimmt ein solcher literarkritischer Eingriff Ps 130 gerade seine Besonderheit.

31 Schmidt, „Gott", 251–253; Westermann, *Psalmen*, 88–92; Sedlmeier, „Vergebung", 479 f.; Seybold, *Psalmen*, 492–494; Zenger, in: Hossfeld/Zenger, *Psalmen 101–150*, 572. Levin, „Edition", 388, hält nur V. 8 (wie auch dessen Seitenstück in Ps 25,22) für sekundär.

32 Die Überschrift in V. 1a dürfte aber auch bei der Annahme einer literarisch einheitlichen Komposition von V. 1b–8 sekundär sein. Cheyne, *Psalms*, 337, und Allen, *Psalms 101–150*, 194, erklären den Perspektivwechsel mit unterschiedlichen Sprechergruppen.

Betrachtet man Ps 130 im literarischen Kontext der Hebräischen Bibel, unterzieht ihn also einer kanonischen oder kanonsorientierten Auslegung, so ist zunächst seine Einbettung in die Sammlung der „Wallfahrtslieder" (Ps 120–134) und dabei die besondere Nähe zu den ihn rahmenden Ps 129 und 131 zu bedenken.[33] Sodann sind seine intertextuellen Bezüge zu weiterer Psalmen, hier vor allem zu Ps 25; 69; 86; 103[34] und 111, sowie zu einzelnen Texten in der *Torah*, den *Neviim* und den *Ketuvim* auszuwerten.[35] Das heißt: Die oben genannten Parallelen, die entstehungsgeschichtlich zur Verortung von Ps 130 im perserzeitlichen oder frühhellenistischen Judentum beitragen, sind nun kanonsorientiert daraufhin zu befragen, inwieweit sie sich bei einer gemeinsamen Lektüre innerhalb des Corpus der Biblia Hebraica (bzw. eines bestimmten Codex) gegenseitig auslegen, erhellen und ergänzen. Versteht man die V. 4 vorbereitende Frage, wer vor Gott (im Gericht) bestehen könne, wenn er auf die Sünden des Menschen achten würde (vgl. Ps 143,2; 4Q417 frgm. 2 I,15f), in einem eschatologischen Sinn,[36] so ergeben sich besondere Korrespondenzen mit Ps 76,8–10 und mit Ps 111,9. Auslegungsgeschichtlich ist die kultisch-liturgische Interpretation der masoretischen Lesart von V. 4 im *Midrasch Tehillim* bemerkenswert, wenn es dort heißt, dass Gott die Vergebung für Neujahr aufbewahre, auf dass er gefürchtet werde.[37]

3.2 Die kompositionelle und inhaltliche Stellung von V. 4 innerhalb von Ps 130 entspricht in der *qumranischen Fassung* in 11QPs[a] grundsätzlich der des MT, auch wenn die qumranische Fassung kleinere Unterschiede und damit eigene Akzentuierungen aufweist. So beginnt Ps 130 in 11QPs[a] nach der auch vom MT gebotenen Überschrift שיר המעלות mit der Gottesbezeichnung אדוני, was sachlich dem Auftakt in Ps 131 im MT entspricht und textgeschichtlich ursprünglich sein kann. Durch den betonten Beginn mit der Gottesbezeichnung אדוני ist die unmittelbare Gegenüberstellung von „Aufstieg" und „Tiefe", die sich im MT zeigt, nicht vorhanden. Andererseits wird die Verbindung zwischen dem Beter und Gott durch ein

---

33 Vgl. dazu exemplarisch die redaktionsgeschichtlich- und kanonsorientierten Überlegungen von Levin, „Edition", 382–400, sowie die sich rein auf die „Endgestalt" des MT konzentrierende Studie von Meynet, *psaumes*.

34 Vgl. dazu besonders Fiß, „*Lobe*", 230–234.

35 Zu solchen Bezügen siehe schon knapp Delitzsch, *Psalmen*, 804–806, und dann ausführlich und programmatisch Zenger, in: Hossfeld/Zenger, *Psalmen 101–150*, 574–590.

36 Schmidt, „Gott", 253.

37 Wünsche, *Midrasch Tehillim*, Bd. 2, 213 f. Vergleichbare kultische Verortungen von Ps 130 bieten auch Syr in der Überschrift zu Ps 130 (s. u. S. 80) und Tg in V. 6b (s. u. S. 81). Zu einem späten Nachklang einer originären kultgeschichtlichen Verortung von Ps 130 im Rahmen des Herbstfestes (des „Jahwe-Jahresfestes") siehe Volz, „Verständnis", 296. Den nachkultischen Charakter betonen zu Recht Schmidt, „Gott", 242, und Sedlmeier, „Vergebung", 482.

gegenüber dem MT zusätzliches לִי („auf mich") am Ende von V. 2a besonders betont.[38]

In redaktionsgeschichtlicher Hinsicht entspricht die Position von Ps 130 in 11QPsᵃ der Stellung im MT, was insofern hervorzuheben ist, als dass in 11QPsᵃ einzelne Psalmen an anderer Stelle erscheinen als im MT.[39] Ob in 11QPsᵃ eine intertextuelle und dann im Sinn einer kanonsorientierten Auslegung relevante Beziehung zu Ps 42–43 bestand, ist nicht zu entscheiden, da in 11QPsᵃ nur Fragmente zu Psalmen aus dem Bereich von Ps 90–150 erhalten sind. Mit welchem Psalm die große Psalmenrolle aus Qumran ursprünglich begonnen hat, ist umstritten.[40]

In eine kanonische Auslegung von Ps 130 innerhalb von 11QPsᵃ sind aber auch *die* Texte einzubeziehen, die 11QPsᵃ in den Kolumnen XVIII–XXVIII im Gegensatz zum masoretischen Psalter als Teil des Psalters enthält. Näherhin sind dies Ps 154 (syrPs II / Kol. XVIII), die „Plea for Deliverance" (Kol. XIX), Sir (G) 51,13–19.30 (Kol. XXI,11–17; XXII,1), die „Apostrophe to Zion" (Kol. XXII,1–15), Ps 155 (syrPs III / Kol. XXIV,3–17), der „Hymn to the Creator" (Kol. XXVI,9–15), die „David's Composition" (Kol. XXVII,2–11), Ps 151A (Kol. XXVIII,3–12) und Ps 151B (Kol. XXVIII,13–14). Hier fallen insbesondere die Bezüge von 11QPsᵃ V,12 bzw. Ps 130,3–4 zur „Plea for Deliverance" (11QPsᵃ XIX, 5.8–14)[41] und zu Ps 155 (11QPsᵃ XXIV,7–8)[42] auf: Diese auf dem Bekenntnis der menschlichen Sünde und der göttlichen Barmherzigkeit basierende redaktionsgeschichtliche Beziehung entspricht dem religionsgeschichtlichen Ort, den Ps 130 als Teil einer im ersten Jahrhundert n. Chr. zu verortenden Psalmenhandschrift besitzt. So spielt gerade in jüdischen Gebeten der hellenistischen und römischen Zeit die Vorstellung einer grundsätzlichen Sündhaftigkeit, angesichts derer der Mensch nur auf die göttliche Vergebung (סליחה), Huld (חסד) und Erlösung (פדות) hoffen kann, eine wichtige Rolle. Auch wenn Ps 130 wohl noch vorqumranischen Ursprungs ist, so dürfte er in Kreisen der Qumrangemeinschaft als Ausdruck des eigenen Selbstverständnisses[43] und der Hoffnung auf eine endzeitliche Erlösung (פדות) des wahren Israel gebetet worden sein.[44]

---

38 Darüber hinaus bietet 11QPsᵃ אזן im Singular und konstruiert das dazu gehörige Verb im Singular mit der Verstärkungspartikel נא.

39 Ulrich, *Scrolls*, Bd. 3, 694–726; Lange, *Handbuch*, 395–400.

40 Zur Diskussion siehe Lange, *Handbuch*, 397.

41 Vgl. auch Z. 16 mit Ps 130,5–6.

42 Vgl. auch Z. 3 und 16 mit Ps 130,1b.

43 Vgl. 1QHᵃ XIII,14; XIV,12; XV,21.31–33.38; XVII,13.34; XVIII,23 f.; XIX,34; 4Q417 frgm. 2 I,15 f.

44 Vgl. 1QM I,12; XI,9; XIV,5.10; XV,1. פדות erscheint in Texten aus Qumran nach gegenwärtigem Stand (einschließlich [teil-]rekonstruierter Wörter) 19-mal (Zählung nach Accordance 13.3.3), vgl. auch die (teilrekonstruierte) Wendung אלוהי פדותי („Gott meiner Erlösung") in 4Q511 frgm. 63– 64 II,1.

3.3 In der Septuaginta (gemäß LXX^Ra) zeigt sich zunächst auf struktureller und tendenzieller Ebene aufgrund der Erwähnung des νόμος als Grund des Vertrauens des Beters eine besondere Kontrastierung von menschlicher „Gesetzlosigkeit" (ἀνομία), dem zweifach gebrauchten Äquivalent zu dem vom MT und von 11QPs^a V gebotenen עָוֹן (V. 3.8), und göttlichem „Gesetz".[45] Traditionsgeschichtlich weist die griechische Fassung von Ps 130, auch wenn sie global betrachtet in die griechische Literaturgeschichte der hellenistischen Zeit gehört und dementsprechend an die Seite paganer griechischer Gebete gestellt werden könnte,[46] keine besondere Prägung durch zeitgenössische pagane Sprache, Motive oder Traditionen auf. Der Psalm ist auch in seinem griechischen Gewand ein originelles jüdisches Gebet, das übersetzungstechnisch die Phänomene des LXX-Psalters teilt. Die im paganen Raum selten oder nicht in diesem Sinn bzw. sprachgeschichtlich nicht vor der LXX gebrauchten Begriffe[47] zeigen, dass die griechische Übersetzung des Psalms genuin für jüdische Beter oder griechischsprachige jüdische Leser gedacht ist, also wie der hebräische Ausgangstext in einem religiösen Binnenmilieu beheimatet ist.[48] Insofern bilden die israelitisch-jüdischen Schriften in griechischer Sprache sowie das griechische Neue Testament den wesentlichen Referenzrahmen für eine kanonsorientierte Auslegung. Ich will dies für V. 4 in der mutmaßlich ursprünglichen griechischen Fassung gemäß LXX^Ra exemplarisch an vier Punkten andeuten:

---

45 Vgl. Ps^LXX 36,1.31; 39,9.13; 93,12.16; 118,150. Siehe zu diesem Grundzug im LXX-Psalter auch Bons/Brucker, „Psalmoi", 349.

46 Vgl. dazu Pulleyn, *Prayer*, 16–69.132–155.

47 κράζω (V. 1) wird im paganen Raum nicht für die Anrufung der Götter verwendet, könnte aber von der LXX aufgrund des phonetischen Anklangs an קָרָא als Übersetzungsbegriff gewählt sein. Die Verwendung des Wortes ψυχή als Subjekt (V. 5 f.) spiegelt die Verwendung von נֶפֶשׁ und ist typisch für die LXX. Das Wort ἱλασμός (V. 4) findet sich nach dem TLG vor der LXX nur einmal bei Epimenides (6./5. Jh. v. Chr.) in einem Zitat bei Plutarch, *Solon*, 12,9, und wird in der späteren Gräzität (häufiger bei Plutarch) zumeist im Plural gebraucht. λύτρωσις (V. 7) ist ein LXX-Neologismus.

48 Gleichwohl könnte Ps 130 in seiner griechischen Form auch von einem paganen Griechisch sprechenden Beter verstanden werden. Elemente, die Gebete strukturell und überzeitlich prägen, wie die Anrufung einer Gottheit aus der Not oder der Appell an das Erbarmen einer Gottheit, finden sich natürlich auch in paganen griechischen Gebeten. Die einheitliche Anrede Gottes als κύριος im griechischen Psalm, die sich von dem möglicherweise bewussten Wechsel der Gottesbezeichnungen im hebräischen Text unterscheidet, aber mit der einheitlichen Rede von Gott als „Herr" in Syr und den lateinischen Versionen konvergiert, könnte das Nachsprechen des Psalms durch Verehrer anderer Gottheiten als Jahwe erleichtern. Auch der Verweis auf das göttliche Gesetz als Basis für das Vertrauen auf Gott könnte von paganer Seite verstanden werden, wenn es nun nicht mit der jüdischen Torah, sondern mit dem stoischen Weltgesetz in Verbindung gebracht würde (vgl. den *Zeus-Hymnus* des Kleanthes, Z. 2.39 [Thom, *Cleanthes' Hymn*, 34.39]).

1) Das absolute Bekenntnis des Beters, dass bei Gott (die) Versöhnung bzw. Vergebung (ἱλασμός) sei (V. 4), korrespondiert mit einer entsprechenden Aussage in Sir 17,29: ὡς μεγάλη ἡ ἐλεημοσύνη τοῦ κυρίου / καὶ ἐξιλασμὸς τοῖς ἐπιστρέφουσιν ἐπ' αὐτόν.[49] Abgesehen davon, dass dieser Sirachtext bisher nicht auf Hebräisch belegt ist (was allerdings überlieferungsgeschichtlicher Zufall sein dürfte), besteht ein kanonischer Bezug zu Ps 130 nur auf der Ebene der LXX, da Sirach bekanntlich keinen Eingang in die Hebräische Bibel gefunden hat.[50] Zu diesem Bezug kommen die neutestamentlichen Prädikationen Jesu Christi als ἱλασμός περὶ τῶν ἁμαρτιῶν ἡμῶν in 1Joh 2,2 und 4,10: Erscheint diese neutestamentliche Prädikation in traditionsgeschichtlicher Hinsicht als eine christologische Transformation israelitisch-jüdischer Sühnevorstellungen[51] und der Vergebungsvorstellung von Ps 130, so bildet sie in kanonsorientierter und rezeptionsgeschichtlicher Hinsicht die Grundlage für die Interpretation von Ps 130,4 in einzelnen altkirchlichen Auslegungen, wenn in diesen Jesus Christus als der ἱλασμός τῶν ἀνομιῶν bezeichnet wird.[52] In der Fluchtlinie dieser Auslegungstradition steht Hans-Joachim Kraus' Bemerkung zu V. 5, dass aus der Perspektive des Neuen Testaments Jesus Christus der דבר sei, „in dem der Gott Israels seine freie Gnade erfüllt".[53]

2) Die sich so stark vom MT unterscheidende Fassung von V. 4b (MT) bzw. V. 5a (LXX), die wie erwähnt auf eine hebräische Vorlage zurückgehen dürfte, erscheint in kanonischer Perspektive zunächst als eine Parallele zu den oben genannten Bekenntnissen zum göttlichen „Gesetz" als Basis des Vertrauens in Ps 119(118), dann aber vor allem als Pendant zu 2Makk 7,11 und 7,23: So findet die innerhalb der LXX einmalige Wendung ἕνεκεν τοῦ νόμου σου ihre nächste Parallele in der Wendung διὰ τοὺς αὐτοῦ νόμους, mittels derer das jüdische Martyrium in der Religionsverfolgung unter Antiochus IV. Epiphanes begründet wird. Ps 130 erscheint aus dieser Perspektive als ein (proto-)kanonischer Martyriumstext. Bezieht man das häufig in moderne LXX-Ausgaben[54] aufgenommene, aber nicht in allen Handschriften enthaltene und nach dem Kanonsverständnis des Tridentinum nicht kanonische Vierte Makkabäerbuch in eine kanonsorientierte Auslegung ein (z. B. auf der Basis des Codex Alexandrinus oder des Codex Sinaiticus),

---

49 Vgl. auch Sir 18,12(11).20 sowie Ps 49(48),8 f., zu dem die Beziehung von Ps 130 in den Fassungen von LXX und Vg (*iuxta Hebraeos*) deutlicher ist als im MT.

50 Vgl. vor diesem Hintergrund auch die Parallele zwischen Ps 129(130),7 und Sir (G) 5,6; 16,11.

51 Auch hier spielt die LXX eine entscheidende Rolle bei der traditionsgeschichtlichen Transformation, insofern sie die Wendung יום הכפרים („Versöhnungstag") mit ἡμέρα τοῦ ἱλασμοῦ übersetzt (Lev 25,9).

52 Vgl. z. B. Origenes, *Selecta*, 1648.

53 Kraus, *Psalmen*, Bd. 2, 1051.

54 Vgl. z. B. die Ausgaben von Rahlfs/Hanhart oder Swete.

so wird der Charakter von Ps 130 als Martyriumstext noch deutlicher (vgl. 4Makk 6,27.30).

3) Auf dieser Linie stehen auch die kanonischen Bezüge, die sich über den doppelten Gebrauch des Verbs ὑπομένω in Ps 130,5 zu entsprechenden Aussagen in der griechischen Gestalt des Hiobbuches (vgl. Hi^{LXX} 6,11; 9,4; 14,14), zu Jak 5,11 und erneut zum Vierten Makkabäerbuch ergeben; in letzterem ist ὑπομένω ein Zentralbegriff zur Beschreibung der Gottesbeziehung der leidenden Gerechten (vgl. 4Makk 6,9; 7,22; 9,6; 13,12 u. ö.).

4) Die vom Codex Veronensis gebotene und mutmaßlich ursprüngliche griechische Übersetzung ἕνεκεν τοῦ νόμου σου steht rezeptionsgeschichtlich im Schatten der vom Codex Alexandrinus und vom Codex Sinaiticus gebotenen Lesart ἕνεκεν τοῦ ὀνόματος σου. Bei einer kanonsorientierten, z. B. auf den Codex Sinaiticus konzentrierten, Auslegung wäre dann diese Lesart zugrunde zu legen – so wie dies beispielsweise Origenes, Athanasius oder Johannes Chrysostomus machen.[55] Allerdings hat auch der Codex Sinaiticus einen Hinweis auf den göttlichen νόμος in V. 5b, wo der Codex Veronensis analog zum MT λόγος bietet.

3.4 Der lateinische Text entspringt entstehungsgeschichtlich noch stärker als der griechische einem religiösen Binnenmilieu, nun nicht mehr einem jüdischen wie im Fall der LXX, sondern einem christlichen. Gleichwohl gehört er literaturgeschichtlich in den Raum lateinischer Texte, so dass er auch mit paganen lateinischen Gebeten der (Spät-)Antike zusammenzustellen wäre.[56] In kanonsorientierter Hinsicht bestehen für die Fassung von V. 4b in der *Vetus Latina* und in den *Psalmen iuxta Graecos* die schon bei der Auslegung der von Ps 130 in der mutmaßlichen vormasoretischen hebräischen Fassung und in LXX genannten Bezüge zum Motiv der Gesetzestreue zu Ps 119(118) und zum Martyrium in 2Makk 7, während sich für V. 4b in den Psalmen *iuxta Hebraeos* (*cum terribilis sis*) zahlreiche kanonische Bezüge zu entsprechenden Wesensaussagen Gottes ergeben:

> *et dixi quaeso Domine Deus caeli fortis magne atque terribilis qui custodis pactum et misericordiam cum his qui te diligunt et custodiunt mandata tua* (Neh 1,5).

> *terribilis Dominus et magnus vehementer* (Sir [La] 43,31).[57]

---

[55] Origenes, *Selecta*, 1648; Athanasius, *Expositiones*, 520; Johannes Chrysostomus, *Expositiones*, 375.

[56] Vgl. dazu die immer noch wichtige Sammlung von Appel, *De Romanorum precationibus*, sowie Laing, „Prayer", 180–196, und die religionstheoretische Studie von Patzelt, *Über das Beten*.

[57] Vgl. weiterhin Dtn^{Vg} 7,21; 10,17; Neh^{Vg} 4,14; 9,32; Ps^{Vg} 46,3; 67,36 (*iuxta Hebraeos*); 75,8; 88,8 (*iuxta Hebraeos*); 95,4; Sir (La) 43,31; Dan^{Vg} 9,4; 2Makk 1,24. Der MT bietet an den entsprechenden Stellen נוֹרָא, die LXX zumeist φοβερός.

Die kanonsorientierten Bezüge, die Ps 130,4–5 in der griechischen Fassung über das Verb ὑπομένω zu den Dulderaussagen in Hi 6,11 (*par.*) und in 4Makk sowie ins Neue Testament hinein hat (vgl. Jak 5,11), sind auch in den lateinischen Bibeln, nun über das Verb *sustineo*, gegeben.[58] Dasselbe gilt für das lateinische Äquivalent für ἱλασμός *propitiatio* (vgl. V. 4 mit Sir [La] 17,28; 18,11.20).[59] Dabei ist in den lateinischen Bibeln das Beziehungsnetz von Ps 130 zu neutestamentlichen Texten noch dichter, weil *propitiatio* im Neuen Testament nicht nur Äquivalent für ἱλασμός (1Joh 2,2; 4,10) ist, sondern auch für ἱλαστήριον (Röm 3,25),[60] und die in Ps 130,7 f. verwendeten Begriffe *redemptio* (MT: פְדוּת) und *redimo* (MT: פדה) zur Wiedergabe für λύτρωσις (Lk 1,68), ἀπολύτρωσις (Lk 21,28) und für λύτρον (Mk 10,45; Mt 20,28) bzw. für λυτρόω (Lk 24,21; Tit 2,14) und für ἐξαγοράζω (Gal 3,13) gebraucht werden. Damit rückt Ps 130 kanonsorientiert nun noch über die LXX hinaus in eine begriffliche Beziehung zu den Versöhnungs- und Erlösungsaussagen in Röm[Vg] 3,24–25:

> (24) *iustificati gratis per gratiam ipsius per redemptionem quae est in Christo Iesu* (25) *quem proposuit Deus propitiationem per fidem in sanguine ipsius ad ostensionem iustitiae suae propter remissionem praecedentium delictorum.*[61]

Dieses lateinische Verweissystem ist z. B. im Blick auf Augustins Auslegung von Ps 130 zu beachten, in der die Bestimmung von Gesetz und Gnade eine zentrale Rolle spielt.[62]

---

58 Dabei sind auch hier intertextuelle Unterschiede zwischen den lateinischen Versionen zu beachten, z. B. korrespondieren Ps 130,4 und Ps 32,20 auf der Ebene der VL und der *Psalmi iuxta Graecos* mittels des Verbs *sustineo*, während sie auf der Ebene der *Psalmi iuxta Hebraeos* mittels des Verbs *exspecto* in Beziehung stehen. Auf der Ebene der Vg ergibt sich über *sustineo* noch ein besonderer Bezug von Ps 130 zu 2Tim 3,11.

59 Vgl. auch Jes 43,3; Dan 9,9, zu denen Ps 130 auf der Ebene der Vg in einer engeren Beziehung steht als im MT und in der LXX.

60 *propitiatio* ist in der Vg *terminus technicus* für die allein von Gott gewährte Versöhnung (vgl. Kaulen, *Handbuch*, 76). Es scheint eine christliche Neubildung zu sein. In paganen Texten erscheint für die Besänftigung oder das sich geneigt Machen der Götter oder der Manen das Wort *propitio*; entsprechend wird auch in paganen Texten aus vorchristlicher Zeit das Adjektiv *propitius* („geneigt, gewogen, günstig") im Gegensatz zu *iratus* („erzürnt") für das Verhalten einer Gottheit gebraucht.

61 Vgl. Gal 3,13; 4,5, aber auch Apk 5,9; Röm 8,23; 1Kor 1,30; Eph 1,7.14; Kol 1,14; Hebr 9,15; 11,35; 1Tim 2,6.

62 So kommt Augustin, *Enarrationes*, 1697–1700, bei der Auslegung von V. 4 ausdrücklich u. a. auf Röm 7,21; Gal 3,21; 6,2 zu sprechen. Dabei interpretiert er das Gesetz in Ps 130 als das Gesetz der Barmherzigkeit Gottes und die Versöhnung als das Opfer, welches durch das unschuldig vergossene, alle Sünden tilgende Blut dargebracht wurde.

3.5 Die für die *Peschitta* festgestellte Fokussierung auf die Vergebung Gottes, die sich aus der Verkürzung von V. 4 ergibt, wird bei einer kanonsorientierten *Lektüre* verstärkt. So verwendet Syr den Begriff ܫܘܒܩܢܐ auch zur Wiedergabe des hebräischen Begriffs שְׁמִטָּה, der im MT im Rahmen der Gesetze für das Erlassjahr verwendet wird (vgl. Dtn^Syr 15,1 f.9; 31,10).[63] Dadurch erscheint die von Gott und die von Menschen gewährte Vergebung in einem besonderen Kontrast. Dieser wird noch deutlicher, wenn man die syrische Fassung des Neuen Testaments berücksichtigt, in der ܫܘܒܩܢܐ *terminus technicus* für die „Vergebung der Sünden" ist.[64]

Eine weitere Besonderheit der Fassung von Ps 130 in Syr, die nun nicht unmittelbar mit dem hier im Mittelpunkt meiner Skizze stehenden V. 4 zusammenhängt, auf die ich aber im Blick auf eine kanonsorientierte Auslegung exemplarisch hinweisen möchte, ergibt sich aus der Überschrift, die dieser Psalm in einigen Handschriften (mit Varianten) aufweist. So bieten z. B. die Waltonsche Polyglotte und die Edition von Samuel Lee als V. 1(a) den Paratext: „Aus (den Psalmen) für den Aufstieg, gesagt von Nehemia dem Priester. Und er zeigt in ihm (mit ihm) an ein Gebet der Zeugen, 16 (Halb-)Verse."[65] Tendenziell entspricht dies den Überschriften, die der LXX-Psalter gegenüber dem MT zusätzlich hat. Die historisierende Verbindung mit Nehemia, der im MT und in der LXX nie als Priester bezeichnet wird, könnte in dem Gebet Nehemias in Neh 1,5–11 einen Anhaltspunkt haben, insofern auch dort die Aufmerksamkeit Gottes erbeten (Ps 130,2 *par.* Neh 1,6.11), von der Huld Gottes gesprochen (Ps 130,7 *par.* Neh 1,5), ein Sündenbekenntnis abgelegt (Ps 130,3 *par.* Neh 1,6 f.), die Gottesfurcht (Ps^MT 130,4 *par.* Neh 1,11) und die Erlösung (פדה bzw. ܦܘܩ) Israels erwähnt wird (Ps 130,7 f. *par.* Neh 1,10). Funktional entspricht die Klassifikation von Ps 130 als Gebet für die Märtyrer der Intention von Ps 130, zum Ausharren auf Gott aufzurufen (V. 5 f.). Dass Ps 130 als ein Martyriumstext gelesen werden kann, war schon bei der Auslegung seiner griechischen und lateinischen Gestalt deutlich geworden, in einzelnen Handschriften der syrischen Version ist dieser Charakter auch paratextlich festgehalten.

---

63 Vgl. auch Esr^Syr 8,35; Neh^Syr 10,34.

64 Vgl. in der syrischen Bibel Mt 26,28; Mk 1,4; 3,29; Lk 24,47; Act 2,28; Eph 1,7; Kol 1,14; Hebr 10,18 u. a.

65 Ähnlich die Ausgabe in Accordance 13.3.3., die auf dem Codex Ambrosianus basiert: „Gesagt für/von David über Nehemia den Priester, 11 (Halb-)Verse". Insgesamt zeigen die syrischen Handschriften eine große Vielfalt an (sekundären) Psalmen-Überschriften, in denen die Überschrift des hebräischen Psalms übersetzt ist sowie Angaben zum vermeintlichen Verfasser, zur geschichtlichen Situation sowie zum Inhalt erfolgen (vgl. Oppenheim, *Übersetzung*, 30 f.; Barnes, *Psalter*, lii–liii). Barnes, a. a. O., 203, und die von Walter, Vogel und Ebied bearbeitete Ausgabe der Leidener Peschitta bieten den Text von Ps 130 ohne jede Überschrift, beginnend mit dem Äquivalent zum masoretischen V. 1b.

Wie für Ps 130 in seinen hebräischen, griechischen und lateinischen Fassungen müssten nun 1) eine historisch-kritische Verortung der syrischen Version folgen, d. h. die sprach- und formgeschichtliche Kontextualisierung des Psalms in einem syrisch-(aramäischen), mutmaßlich christlichen Umfeld des 2./3. Jh. n. Chr., sowie 2) eine kanonsorientierte Auslegung, d. h. die Nachzeichnung der Bezüge, die Ps 130 innerhalb der syrischen Bibel (einschließlich der Apokryphen [Sir!] und des Neuen Testaments) und innerhalb einzelner Codices hat.[66]

3.6 Die Lesart von V. 4 im *Targum*, der zufolge sich in der Gewährung von Vergebung Gott zeigt und in der Vergebung Gottes Wesen sichtbar wird (חמא, *Itpeel*), wirkt sich sachlich auch auf V. 5 aus, wenn dort anstelle des Wartens des Beters auf das Wort Gottes das Warten auf „die Herrlichkeit (איקרא)" Gottes steht.[67] Innerhalb von TgPs ergeben sich über diese spezifische Fassung von V. 4(–5) beispielhaft Bezüge von Ps 130 zu Ps 4,7; 21,6; 79,9; 85,8 oder zu 90,16.[68] Im weiteren Horizont des Tanachs wird durch die Wendung der Erscheinung Gottes in Ps 130,4 der Bezug zu Ex 34,5–7 noch verstärkt, wobei das Tg in Ex 34,5 das masoretische ראה *Nifal* – wie in den anderen Offenbarungstexten des Tanachs – mit גלא *Itpeel* übersetzt.[69]

4 Zusammenfassung

Kanonsplurale Exegese meint eine parallele Auslegung aller kanonisch gewordenen Überlieferungsformen eines Textes hinsichtlich seiner Entstehungs- und seiner Rezeptionsmilieus. Sie zielt nicht auf eine materiale Erweiterung eines bestimmten Kanons, sondern auf eine literarisch und theologisch gleichgewichtige

---

66 Wichtige Vorarbeiten dazu bieten u. a. die alte Dissertation von Oppenheim, *Übersetzung*, der umfangreiche Aufsatz von Vogel, „Studien", sowie die Monographie von Carbajosa, *Character*, der allerdings die besonders problematischen V. 4–5 gar nicht diskutiert.
67 Einzelne Tg-Handschriften entsprechen dem MT. Die Problematik der Wiedergabe des Perfekts in V. 5–6 (vgl. auch V. 1b) als Gegenwartstempus oder als Vergangenheitstempus ist dieselbe wie in LXX und VL/Vg, da auch in Tg das aramäische Perfekt als Versuch der eins-zu-eins-Wiedergabe des hebräischen Textes verstanden werden kann (so Stec, *Targum*, 226, im Gegensatz zu E. M. Cook in Accordance).
68 Die im Begriff der „Herrlichkeit" anklingende kultische Dimension wird in V. 6b expliziert: So erfolgt in Tg in V. 6b eine Näherbestimmung der Wächter als *Hüter über das Morgenopfer*, was einer auch an anderen Stellen von TgPs zu beobachtenden Tendenz der kultischen Konkretion entspricht (vgl. TgPs 43,4; 50,12; 87,7; 132,9 und dazu Stec, *Targum*, 9); vgl. dazu auch S. 74 mit Anm. 37.
69 Vgl. z. B. Gen 17,1; Ex 3,16; Lev 9,4; 1Kön 9,2; Jes 60,2; Mal 3,2; Ps 102,17.

Interpretation der in der Ökumene vorhandenen und gebrauchten Kanones. Kanonsplurale Exegese umfasst historisch-kritische, rezeptionsgeschichtliche und kanonische Aspekte. In letzter Konsequenz läuft sie auf die Auslegung jeweils eines Codex hinaus, der jeweils die Auslegung anderer Codices zur Seite zu stellen ist. Modellhaft sollte eine kanonsplurale Auslegung synoptisch sein, faktisch kann sie nur in einem Nacheinander präsentiert werden.

Eine kanonsplurale Auslegung zeigt die Zunahme an binnentextlicher Homogenität und Intertextualität in den einzelnen kanonischen Fassungen, insofern verschiedene Wörter des Ausgangstextes jeweils nur ein Übersetzungsäquivalent haben. Unter den hier vorgestellten Versionen trifft dies am stärksten auf die Vulgata zu. Dadurch rücken einzelne Teile der Bibel, zumal Altes und Neues Testament, noch enger zusammen als dies schon auf traditions- und redaktionsgeschichtlicher Ebene der Fall ist.

Die systematisch-theologische Relevanz einer kanonspluralen Auslegung zeigt sich daran, dass diese die Vielfalt von Gottesaussagen freilegt, die ein Text in seinen Entstehungs- und Rezeptionsmilieus besitzt. Die unterschiedlichen kanonischen Fassungen eines Textes sind gleichberechtigte Versuche von Menschen, sich selbst in ihrer Beziehung zu Gott und der sie umgebenden Welt zu verstehen und sich in dieser zurechtzufinden.

Ich komme abschließend auf die eingangs formulierte Selbstreflexion des exegetischen Geschäfts zurück und beantworte die im Titel dieses Beitrags genannte Frage nach meinem skizzenhaften und mehr Probleme als Lösungen aufzeigenden Durchgang durch Ps 130,4 nochmals leicht modifiziert: Ausgangspunkt und Gegenstand der Exegese ist der biblische Text in der diachronen und synchronen Vielfalt seiner kanonischen Überlieferungen. In diesem Sinn dient eine kanonsplurale Auslegung auch dazu, gemäß den Worten des Königsberger Philosophen, der beim Titel dieses Bandes Pate stand, „den Bibelglauben aufrecht zu erhalten ... [und] ... ihn jederzeit der Kritik der Vernunft zu unterwerfen."[70]

---

70 Kant, *Fakultäten*, 338.

Die Abbildung aus dem Stuttgarter Psalter, einer im 9. Jahrhundert angefertigten Handschrift mit dem Text der Vulgata (*iuxta Graecos*), zeigt, wie Jona aus dem „großen Fisch" ausgespien wird (Jon 2,10).[71] Als Beigabe zu Ps 130 ist die ottonische Miniatur ein bedeutendes kunst- und auslegungsgeschichtliches Zeugnis für die in diesem Aufsatz am Beispiel von Ps 130,4 gezeigte Intensivierung intertextueller Bezüge, die sich im Laufe der jüngeren Bibelübersetzungen vollzieht. Im Stuttgarter Psalter ist das ins Bild gesetzt, was in den Fassungen von Ps 130 in Syr, Vg und Tg im Text ablesbar ist, wenn dort die Beziehungen, die im MT und in der LXX zwischen Ps 130 und Jon 2 auf motivischer Ebene bestehen, lexikalisch hervorgehoben sind. So erscheint Ps 130 beispielsweise in Syr aufgrund der vom MT abweichenden Formulierung von V. 2 („du hast auf meine Stimme gehört") eindeutig wie Jon 2 als ein Dankgebet, das auf einen vergangenen Notschrei und die darauf folgende Erhörung zurückblickt (Jon 2,3). Auf derselben Linie liegt es, wenn Tg in der gegenüber dem MT erweiterten Überschrift vermerkt, dass Ps 130 beim „Aufstieg *aus dem tiefsten Abgrund* (תהומא)" gesprochen wurde (V. 1a), was begrifflich der Klage Jonas entspricht, er sei vom tiefsten Abgrund (תהום) umschlossen (Jon 2,6). In den lateinischen Versionen spiegelt sich die ‚Jonaisierung' z. B. auch in V. 1b, wenn der Ruf des Beters „aus den Tiefen" (*de profundis*) mit den Worten des betenden Jona korrespondiert, „in die Tiefe" (*in profundum*) geworfen zu sein (V. 4, vgl. Ps^*Vg* 67,23). In Weiterführung dieser binnentextlichen Bezüge kann dann eine lateinische Psalterhandschrift zu Ps 130 paratextlich vermerken, dieser sei bei der Lesung des Propheten Jona zu lesen.[72]

---

71 Stuttgarter Psalter, Württembergische Landesbibliothek Cod.bibl.fol.23, S. [302] – 147v.
72 Die Handschrift wird ohne weitere Klassifikation bei Baethgen, *Psalmen*, 388 f., erwähnt.

Bibliographie

Allen, Leslie C. *Psalms 101–150*. WBC 21. Waco: Word Books, 1983.
Appel, Georg. *De Romanorum precationibus*. RVV 7/2. Gießen: A. Töpelmann, 1909.
Athanasius. *Expositiones in Psalmos*. PG 27 (1857–1866): 517–520.
Augustin. *Enarrationes in Psalmos*. PL 37 (1841): 1696–1703.
Baethgen, Friedrich. *Die Psalmen*. HK II/2. Göttingen: Vandenhoeck & Ruprecht, ³1904.
Barnes, William Emery, Hg. *The Peshitta Psalter According to the West Syrian Text*. Cambridge: University Press, 1904.
BDR: Blass, Friedrich und Albert Debrunner. *Grammatik des neutestamentlichen Griechisch*, bearb. v. Friedrich Rehkopf. Göttingen: Vandenhoeck & Ruprecht, ¹⁸2001.
Beriger, Andreas, Widu-Wolfgang Ehlers und Michael Fieger, Hg. *Biblia Sacra Vulgata. Lateinisch-deutsch*. Bd. 3. Sammlung Tusculum. Berlin/Boston: de Gruyter, 2018.
BHS: *Biblia Hebraica Stuttgartensia*, hg. v. Karl Elliger, Wilhelm Rudolph und Adrian Schenker. Stuttgart: Deutsche Bibelgesellschaft, ⁵1997.
Biblia Sacra Iuxta Vulgatam Versionem ad codicum fidem iussu Pii PP. XII cura et studio monachorum abbatiae pontificiae sancti Hieronymi in urbe ordinis sancti Benedicti edita. Bd. 10, Liber Psalmorum. Rom: Typis Polyglottis Vaticanis, 1953.
Böhmisch, Franz. „Die *Textformen* des Sirachbuches und ihre Zielgruppen." *PzB* 6 (1997): 87–122.
Bons, Eberhard und Ralph Brucker. „Psalmoi/Das Buch der Psalmen." In *Einleitung in die Septuaginta*, hg. v. Siegfried Kreuzer. LXX.H 1, 333–353. Gütersloh: Gütersloher Verlagshaus, 2016.
Carbajosa, Ignacio. *The Character of the Syriac Version of Psalms. A Study of Psalms 90–150 in the Peshitta*. MPIL 17. Leiden: Brill, 2008.
Ceriani, Antonio Maria, Hg. *Translatio syra pescitto Veteris Testamenti ex Codice Ambrosiano sec. fere VI photolithographice edita curante et adnotante*. London: Williams and Norgate, 1876–1883.
Cheyne, Thomas K. *The Book of Psalms, or The Praises of Israel. A New Translation, with Commentary*. London: Kegan Paul, Trench & Co., 1888.
Delitzsch, Franz. *Die Psalmen*. BC IV/1. Leipzig: Dörffling und Franke, ⁵1883.
Field, Fridericus. *Origenis Hexaplorum quae supersunt sive Veterum interpretum Graecorum in totum Vetus Testamentum Fragmenta*. Bd. 2, Oxford: Clarendon, 1875 (Nachdr. 1964).
Fiß, Ann-Cathrin. „*Lobe den Herrn, meine Seele!*" *Psalm 103 in seinen Kontexten*. WMANT 156. Göttingen: Vandenhoeck & Ruprecht, 2019.
Furley, William D. und Jan Maarten Bremer. *Greek Hymns*. Bd. 1–2, STAC 9–10. Tübingen: Mohr Siebeck, 2001.
García Martínez, Florentino und Eibert J. C. Tigchelaar, Hg. *The Dead Sea Scrolls*. Study Edition. Bd. 1–2, Leiden u. a.: Brill, ³2005.
Gilbert, Maurice. „L'Ecclésiastique: Quel texte? Quelle autorité?". *RB* 94 (1987): 233–250.
Graetz, Heinrich. *Die Psalmen. Kritischer Kommentar nebst Text und Übersetzung*. Bd. 2, Breslau: S. Schottländer, 1883.
Gunkel, Hermann. *Die Psalmen*. HK II/2. Göttingen: Vandenhoeck & Ruprecht, ⁴1929 (⁵1968).
Haupt, Paul. „On the Penitential Psalm ‚De Profundis.'" *Hebraica* 2/2 (1886): 98–106.
Hossfeld, Frank-Lothar und Erich Zenger. *Psalmen 101–150*. HThK.AT. Freiburg i. Br.: Herder, 2008.
Jeremias, Jörg. „Psalm 130 und Luthers Nachdichtung." *Theologische Beiträge* 20 (1989): 284–297.
Johannes Chrysostomus. *Expositiones in Psalmos*. PG 55 (1857–1866): 373–377.
Kant, Immanuel. „Der Streit der Fakultäten" (1798). In *Werke in zehn Bänden*, hg. v. Wilhelm Weischedel. Bd. 9, 261–393. Sonderausgabe, Darmstadt: Wissenschaftliche Buchgesellschaft, 1983.

Kaulen, Franz. *Sprachliches Handbuch zur biblischen Vulgata. Eine systematische Darstellung ihres lateinischen Sprachcharakters.* Freiburg i. Br.: Herder, ²1904.

Kertelge, Karl. „λύτρον κτλ." In *EWNT* 2 (²1992): 901–905.

Kraus, Hans-Joachim. *Psalmen.* BK XV/1–2. Neukirchen-Vluyn: Neukirchener, ⁷2003 (⁶1989).

Laing, Gordon J. „Roman Prayer and Its Relation to Ethics." *Classical Philology* 6 (1911): 180–196.

Lange, Armin. *Handbuch der Textfunde vom Toten Meer.* Bd. 1, Tübingen: Mohr Siebeck, 2009.

Lee, Samuel, Hg. *Vetus Testamentum Syriace*, London: Bible Society, 1823.

Lenzi, Alan, Hg. *Reading Akkadian Prayers and Hymns. An Introduction.* SBL Ancient Near East Monographs 3. Atlanta: SBL, 2011.

Levin, Christoph, „The Edition of the Psalms of Ascents." In *Centres and Peripheries in the Early Second Temple Period*, hg. v. Ehud Ben Zvi und Christoph Levin, 381–300. FAT 108. Tübingen: Mohr Siebeck, 2016.

Luther, Martin. *Dictata super Psalterium.* 1513–1516. WA 55 (1886): 418–420.

LXX.D: *Septuaginta Deutsch. Das griechische Alte Testament in deutscher Übersetzung*, hg. v. Martin Karrer und Wolfgang Kraus, Stuttgart: Deutsche Bibelgesellschaft, ²2010.

Marböck, Johannes. „Fragen und Impulse eines Buches an einer Wende." *PzB* 19 (2010): 77–88.

Marrs, Rick R. „A Cry from the Depths (Ps 130)." *ZAW* 100 (1988): 81–90.

Meynet, Roland. *Les psaumes de montées.* Rhetorica Biblica et Semitica IX. Leuven u. a.: Peeters, 2017.

Michel, Diethelm. *Tempora und Satzstellung in den Psalmen.* Diss. theol. Bonn, 1960.

NETS: *A New English Translation of the Septuagint and the Other Greek Translations Traditionally Included under That Title*, hg. v. Albert Pietersma und Benjamin G. Wright. New York/Oxford: Oxford University Press, 2007.

NTG: *Novum Testamentum Graece.* Begründet v. Eberhard Nestle und Erwin Nestle, hg. v. Barbara und Kurt Aland u. a., 28. revidierte Auflage, hg. v. Institut für Neutestamentliche Textforschung Münster/Westfalen unter der Leitung von Holger Strutwolf, Stuttgart: Deutsche Bibelgesellschaft, 2012.

Oppenheim, Berthold. *Die syrische Übersetzung des fünften Buches der Psalmen (Psalm 107–150) und ihr Verhältnis zu dem massoretischen Texte und den älteren Übersetzungen, namentlich den LXX, Targ.* Diss. phil. Königsberg, 1891.

Origenes. *Selecta in Psalmos.* PG 12 (1857–1866): 1648 f.

Patzelt, Maik. *Über das Beten der Römer. Gebete im spätrepublikanischen und frühkaiserzeitlichen Rom als Ausdruck gelebter Religion.* RVV 73. Berlin/Boston: de Gruyter, 2018.

Pulleyn, Simon. *Prayer in Greek Religion.* Oxford: Clarendon, 1997.

Rahlfs, Alfred und Robert Hanhart, Hg. *Septuaginta. Id est Vetus Testamentum graece iuxta LXX interpretes. Duo volumina in uno.* Stuttgart: Deutsche Bibelgesellschaft, ²2006.

Rahlfs, Alfred, Hg. *Psalmi cum Odis.* Septuaginta Societatis Scientiarum Gottingensis auctoritate. Bd. 10, Göttingen: Vandenhoeck & Ruprecht, 1931.

Sabatier, Petrus. *Bibliorum Sacrorum Latinae Versiones Antiquae seu Vetus Italica.* Bd. 1–2, Reims: R. Florentain, 1743.

Schmidt, Werner H. „Gott und Mensch in Ps. 130. Formgeschichtliche Erwägungen". *ThZ* 22 (1966): 241–253.

Sedlmeier, Franz. „'Bei dir, da ist die Vergebung, damit du gefürchtet werdest'. Überlegungen zu Psalm 130." *Bib.* 73 (1992): 473–495.

Seybold, Klaus. *Die Psalmen.* HAT I/15. Tübingen: Mohr Siebeck, 1996.

Stec, David M. *The Targum of Psalms. Translated, with a Critical Introduction, Apparatus, and Notes.* ArBib 16. Collegeville: Liturgical Press, 2004.

Swete, Henry Barclay, Hg. *The Old Testament in Greek according to the Septuagint.* Bd. 1–3, Cambridge: Cambridge University Press, ²1895–1899.

Thom, Johan C. *Cleanthes' Hymn to Zeus. Text, Translation, and Commentary.* STAC 33. Tübingen: Mohr Siebeck, 2005.

Totti, Maria. *Ausgewählte Texte der Isis- und Sarapis-Religion.* SubEpi 12. Hildesheim u. a.: Georg Olms, 1985.

Ulrich, Eugene, Hg. *The Biblical Qumran Scrolls. Transcriptions and Textual Variants.* Bd. 1–3, Leiden/Boston: Brill, 2013.

Vogel, A. „Studien zum Pešiṭta-Psalter. Besonders im Hinblick auf sein Verhältnis zu Septuaginta." *Bib.* 32 (1951): 32–56; 198–231; 336–363; 481–502.

Volz, Paul. „Zum Verständnis von Psalm 16 und Psalm 130." In *Vom Alten Testament* (FS Karl Marti), hg. v. Karl Budde, 287–296. BZAW 41. Gießen: Töpelmann, 1925.

Walter, D. M., A. Vogel und R. Y. Ebied, Hg. *The Book of Psalms.* The Old Testament in Syriac according to the Peshiṭta Version edited on behalf of the International Organization for the Study of the Old Testament by the Peshiṭta Institute Leiden. Bd. II/3, Leiden: Brill, 1980.

Walton, Brian. *Biblia Sacra Polyglotta.* Bd. 3, Graz: Akademische Druck- und Verlagsanstalt, 1964 (Nachdr. der Originalausgabe von 1657).

Weber, Robert und Robert Gryson, Hg. *Biblia Sacra iuxta vulgatam versionem.* Bd. 1–2, Stuttgart: Deutsche Bibelgesellschaft, ⁵2007.

Weiser, Artur. *Die Psalmen.* ATD 14.15. Göttingen: Vandenhoeck & Ruprecht, ⁸1973 (¹⁰1987).

Westermann, Claus. *Ausgewählte Psalmen.* Göttingen: Vandenhoeck & Ruprecht, 1984.

Wünsche, August. *Midrasch Tehillim oder Haggadische Erklärung der Psalmen nach der Textausgabe von Salomon Buber zum ersten Male ins Deutsche übersetzt und mit Noten und Quellenangaben versehen.* Bd 2, Trier: Sigmund Mayer, 1893.

Digitale und elektronische Ausgaben

Accordance Bible Software. Version 13.3.3. Oak Tree Software, Inc., 2022.

Codex Leningradensis: https://archive.org/details/Leningrad_Codex

Codex von Aleppo (Codex Aleppensis): https://barhama.com/ajaxzoom/viewer/viewer.php?zoom Dir=/pic/AleppoWM/&example=viewer5

Nova Vulgata. Bibliorum Sacrorum Editio. Sacrosancti oecumenici concilii Vaticani II ratione habita iussu Pauli PP. VI regonita auctoritate Ioannis Pauli PP. II promulgata. Editio typica altera: https://www.vatican.va/archive/bible/nova_vulgata/documents/nova-vulgata_index_lt.html

Perseus Digital Library: https://www.perseus.tufts.edu/hopper/

Stuttgarter Psalter: https://archive.org/details/StuttgarterPsalter_966

The Leon Levy Dead Sea Scrolls Digital Library: https://www.deadseascrolls.org.il

The Soncino Babylonian Talmud, includes Soncino English Text, Talmud Hebrew Aramaic Texts, Rashi's Commentary on the Talmud. The CD-Rom Judaic Classics Library™. CD-Rom 1991–1993 (2005).

Thesaurus Linguae Graecae: http://stephanus.tlg.uci.edu/inst/fontsel

Thesaurus Linguae Latinae: https://tll.degruyter.com/

Abbildung: Stuttgarter Psalter (820/830)
    Württembergische Landesbibliothek Cod.bibl.fol.23
    https://digital.wlb-stuttgart.de/sammlungen/sammlungsliste/werksansicht?id=6&tx_dlf%5Border%5D=title&tx_dlf%5Bid%5D=8680&tx_dlf%5Bpage%5D=302
    https://archive.org/details/StuttgarterPsalter_966
    S. [302] – 147v: Ps 130

Mythos, Religion und Vernunft –
zum religionsphilosophischen Horizont
von Exegese

Ernst-Joachim Waschke
Mythos und Geschichte. Zum Verhältnis exegetischer und theologischer Vernunft

1 Vorbemerkung

Dass das Alte Testament Geschichte und Mythos enthält, wird keiner ernsthaft
bestreiten können. Aber was ist Mythos und wie ist das Verhältnis zwischen beiden, Mythos und Geschichte, zu bestimmen? Ebenso schwierig scheint es um das
Verhältnis von Exegese und Theologie bestellt zu sein. Der vierfache Schriftsinn,
wie er in der Antike bis zur Reformation gelehrt wurde, wird heute meines Wissens auf kaum einem exegetischen Lehrstuhl mehr vertreten.[1] Auch die Ausle-
gungsmethoden eines Hillel oder Schammai,[2] die Jesus in der Bergpredigt verwendet hat, spielen in der Auslegung biblischer Texte keine Rolle. Seit der Aufklärung
beherrscht die historisch-kritische Forschung das Feld der Exegese. Vernünftige
Theologie bzw. an die Vernunft gebundene Theologie lässt sich nur in diesem
methodischen Rahmen bewerkstelligen, wobei man stets bemüht sein wird, theologische Aussagen zu entmythologisieren. Wenn ich an dieser Stelle dennoch eine
Lanze für den Mythos brechen will, so gibt es dafür mehrere Gründe:

1) Die historisch-kritische Exegese steht nicht nur ständig in Gefahr, sondern
hat sich schon teilweise selbst *ad absurdum* geführt, was an vielen Beispielen gut
zu belegen ist. Ich wähle als ein Beispiel nur den Streit um Dtn 4. Dieses Kapitel,
das den ‚historischen' Rückblick der Moserede (Dtn 1–3) vom Dekalog (Dtn 5)
trennt, gehört sicher zu den jüngsten Stücken des Buches. Während etwa Siegfried
Mittmann[3] auf Grund des Numeruswechsels in diesem Kapitel glaubt, mehrere
Redaktionsschichten voneinander unterscheiden und damit einen Wachstumspro-
zess am Text erkennen zu können, meint Georg Braulik, dass der Numeruswechsel
nicht gegen die Einheitlichkeit des Textes spricht, sondern vom Verfasser so gewählt worden ist, weil sich der Wechsel von Plural und Singular in dieser Zeit

---

1 Eine Ausnahme bildet vielleicht Rolf Rendtorff, der mit seiner kanonischen Exegese offensichtlich hinter die Zeit der Aufklärung zurückwill, vgl. ders., Theologie des Alten Testaments. Ein
kanonischer Entwurf. Band 1: Kanonische Grundlegung, Neukirchen-Vluyn: Neukirchener 1999,
1–9.
2 Vgl. hierzu Johann Maier, Geschichte der jüdischen Religion, Berlin: Walter de Gruyter 1972,
66–79.
3 Siegfried Mittmann, Deuteronomium 1,1–6,3 literarkritisch und traditionsgeschichtlich untersucht (BZAW 139), Berlin/New York: Walter de Gruyter 1975, 115–128.

https://doi.org/10.1515/9783111317564-005

schon längst als deuteronomistischer Stil verfestigt hat.[4] Hier gilt das ansonsten in der historisch-kritischen Exegese weithin tragfähige Axiom nicht, nach dem in Dtn 12–26 die im Singular formulierten Gesetze das ursprüngliche deuteronomische Gesetzeskorpus bilden, während alles Nachfolgende und Spätere im Plural formuliert worden sei.[5] Die Beispiele ließen sich leicht mehren. Auch das Wachstumsmodell, das unser redaktionskritisches Denken vom letzten Jahrhundert bis heute bestimmt, ist so nicht mehr haltbar. Zum einen war das Schreibmaterial, Leder- oder Papyrusrolle, viel zu teuer und wertvoll, als dass man annehmen könnte, ein Buch oder eine der Schriften des Alten Testaments sei in einer Generation mehrfach oder in jeder Generation neu abgeschrieben worden, um die Spannungen einzutragen, die es heutigen Exegeten ermöglichen, von selbständigen Quellen, Redaktionen oder Wachstum zu sprechen. Aber dies ist keinesfalls das Hauptargument gegen die moderne Literarkritik. Vielmehr hat Benjamin Ziemer in seiner Habilitationsschrift[6] aufgezeigt, dass unsere noch so feinsinnigen und -gliedrigen redaktionsgeschichtlichen Beobachtungen in der Regel daran scheitern, dass es für sie keine empirische Evidenz gibt.

2) Mythos ist auch im 21. Jahrhundert immer noch ein erschreckendes Wort. Jedoch Mythen sind keine Märchen, auch mit irgendeiner Art *fake news* haben sie nichts zu tun. Mythen sind auch nicht, wie Hermann Gunkel noch glaubte,[7] einfach nur Göttergeschichten, denn dann gäbe es im Alten Testament kaum Mythen. Allenfalls der Vorspann zur Sintflutgeschichte, die kurze Erzählung über die ›Engelehen‹ (Gen 6,1–4), könnten der Gattung ‚Mythos‘ zugerechnet werden, alles andere der ‚Urgeschichte‘ (Gen 1–11) nicht mehr.

Ich werde deshalb versuchen, in zwei Hauptpunkten das Thema zu vertiefen: Geschichte und Mythos in der Hebräischen Bibel (2.) sowie das Verhältnis von exegetischer und theologischer Vernunft im Blick auf die Bibel als Ganzes (3.). Am Ende steht dann ein Ausblick (4.), in dem gezeigt werden soll, worauf es heute im Umgang mit der Bibel ankommt.

---

4 Georg Braulik, Theorien über das Deuteronomistische Geschichtswerk (DtrG) im Wandel der Forschung, in: Einleitung in das Alte Testament, hg. v. E. Zenger u. a. (Studienbücher Theologie 1,1) Stuttgart: Kohlhammer [5]2004, 191–202.
5 Vgl. nur Reinhard G. Kraatz, Die Komposition der erzählenden Bücher des Alten Testaments, Göttingen: Vandenhoeck & Ruprecht 2000, 138.
6 Benjamin Ziemer, Kritik des Wachstumsmodells. Die Grenzen alttestamentlicher Redaktionsgeschichte im Lichte empirischer Evidenz (VTS 182), Leiden/Boston: Brill 2020.
7 Hermann Gunkel, Genesis (HK), Göttingen: Vandenhoeck & Ruprecht [3]1910, XIV. Natürlich könnte man bei Gen 1 von einem „geläuterten, nämlich monotheistisch gefilterten Mythos" sprechen, so Ulrich Barth, Symbole des Christentums, hg. v. F. Steck, Tübingen: Mohr Siebeck 2021, 119, aber die Frage, ob eine solche Differenzierung wirklich hilfreich ist, kann offenbleiben.

2 Geschichte und Mythos im Alten Testament

2.1 Zum Begriff ‚Geschichte'

Der Begriff im Hebräischen lautet דבר ‚Wort, Ereignis, Geschehen', ohne zu unterscheiden, ob es sich um ein fiktives oder historisch nachweisbares Geschehen handelt. Letzteres, im Sinne eines modernen historischen Nachweises, nachdem sich ein Ereignis in der Antike nur dann historisch verifizieren lässt, wenn es in zwei voneinander unabhängigen Quellen belegt ist, ist selten. Mir fällt in diesem Zusammenhang für das Alte Testament nur der Siloah-Tunnel sowie allenfalls die Existenz der davidischen Dynastie und die des Königs Mescha von Moab ein. Der Bericht über den Tunnelbau findet sich in II Reg 20,20 (parallel, mit anderem Akzent in II Chr 32,30) und außerbiblisch in einer – Ende des 19. Jh. n. Chr. gefundenen – Bauinschrift des Tunnels.[8]

Leider sind uns die ‚Tagebücher' der Könige von Israel und Juda, auf die sich hier immer wieder bezogen wird (zwischen I Reg 14,19–II Reg 24,5 rund 32-mal) und denen wir vielleicht die synchrone Datierung der Könige des Nord- und Südreichs u. a. verdanken, nicht erhalten geblieben. Wahrscheinlich gehen einige Informationen, die in den beiden Königsbüchern überliefert sind, auf diese zurück. Aber rekonstruieren lassen sie sich nicht. Natürlich sollte man an der Historizität der Dynastie Davids nicht zweifeln, auch wenn trotz der Inschrift von Tell Dan nicht alle Zweifel ausgeräumt sind.[9] In jedem Fall sind die Namen der ersten drei israelitischen Könige, Saul, David und Salomo, keine gewöhnlichen, sondern sie funktionieren ähnlich der Namengebung in der Chronik nach dem Muster *nomen est omen*: Hölle/Totenreich (שאול), Liebling (דוד) und Frieden (שלמה). Natürlich gibt es auch keinen Beweis für Israels Aufenthalt in Ägypten. So ehrenvoll und verständlich es ist, analoge Beispiele dafür zu suchen, es lassen sich aus diesen noch keine Rückschlüsse auf eine Historie des Exodus Israels erzielen. Allenfalls Hypothesen lassen sich formulieren, wie auch zur Historizität der Person Moses;[10] aber einen historischen Beweis für seine geschichtliche Existenz gibt es nicht. Dennoch muss an seiner Geschichtlichkeit ebenso wenig gezweifelt werden, wie an der Existenz Jesus von Nazareths oder der Stadt Troja. In jedem Fall gilt, dass wir in den Mosebüchern kein sicheres Wort finden, das auf Moses zurückgeführt

---

8 Zur Übersetzung und Problematik der Inschrift vgl. Manfred Weippert, Historisches Textbuch zum Alten Testament (ATD Ergänzungsreihe 10), Göttingen: Vandenhoeck & Ruprecht 2010, 328 f.
9 Vgl. auch hierzu Manfred Weippert, a. a. O., 267–269.
10 Herbert Donner, Geschichte des Volkes Israel und seiner Nachbarn in Grundzügen, Bd. 1 (ATD Ergänzungsreihe 4/1) Göttingen: Vandenhoeck & Ruprecht 1984, 107–115.

werden könnte.[11] Wir haben es in den fünf Mosebüchern mit theologischen Aussagen zu tun, die historisiert, mit einer Geschichte versehen worden sind. Ähnliches gilt wohl auch für die Bücher Josua bis II Samuel. Falls wir davon ausgehen dürfen, in den Königebüchern verifizierbare Geschichte zu finden, so ist auch diese stets in einen theologischen Mantel eingehüllt. Es gilt deshalb im Grundsatz, dass es sich bei der Torah um historisierte Theologie handelt, während im sog. deuteronomistischen Geschichtswerk, vermutlich aber erst in den Königebüchern, theologisierte Geschichte beginnt.

2.2 Zum Begriff ‚Mythos'

Ich beginne mit der biblischen Urgeschichte und beziehe mich im Folgenden auf schon früher Gesagtes.[12] Das Thema Mythos und biblische Urgeschichte ist schon oft in verschiedener Weise behandelt worden.[13] Vorrangig galt dabei das Interesse dem Vergleich der biblischen Erzählungen mit den Mythologien der altorientalischen Umwelt. Einerseits wurde versucht zu erhellen, welche mythologischen Stoffe den Erzählungen der Urgeschichte zugrunde gelegen haben, um dann andererseits Veränderung, Umgestaltung und Neuinterpretation der übernommenen Mythen würdigen zu können. Diese Untersuchungen dürften als sicher erwiesen haben, dass das Alte Testament und in besonderer Weise die biblische Urgeschichte Anleihen aus der altorientalischen Mythologie genommen hat.

Unzweifelhaft ist auch, dass diese Mythen in der Art verändert wurden, dass ihre ursprüngliche Form höchst selten noch klar erkennbar und in den wenigsten Fällen noch sicher rekonstruierbar ist. Diese Tatsache aber, dass sich einerseits eine Verhaftung in der altorientalischen Mythologie und andererseits völlig eigenständige Umformungen der übernommenen Mythen nachweisen lassen, schuf ei-

---

11 Eduard Nielsen, Die Zehn Gebote. Eine traditionsgeschichtliche Skizze, Kopenhagen: Prostant Apud Munsgaard 1965, war noch der Überzeugung, dass ein Vergleich der beiden Dekalogfassungen mit dem Papyrus Nash auf eine ursprüngliche Kurzfassung verweisen könnte, die er in die Zeit Moses datiert (68–74. 106–107).
12 Ernst-Joachim Waschke, Mythos als Strukturelement und Denkkategorie biblischer Urgeschichte, ThV 16, 1986, 9–22 [= ders., Der Gesalbte. Studien zur alttestamentlichen Theologie (BZAW 306), Berlin/New York: Walter de Gruyter 2001, 189–205.]
13 Vgl. nur: Hermann Gunkel, Schöpfung und Chaos in Urzeit und Endzeit. Eine religionsgeschichtliche Untersuchung über Gen. 1 und Apk. Joh. 12, Göttingen: Vandenhoeck & Ruprecht 1895; Hans-Peter Müller, Mythische Elemente in der jahwistischen Schöpfungserzählung, ZThK 69, 1972, 259–289; ders., Mythos und Transzendenz. Paradigmen aus dem Alten Testament, EvTh 32, 1972, 97–118; Claus Westermann, Genesis 1–11 (BK I/1), Neukirchen-Vluyn: Neukirchener 1974, dort die Einleitung, bes. 30–36. 79–83.

nen verhältnismäßig großen Raum an Interpretationsmöglichkeiten hinsichtlich dessen, was noch als mythisch und was schon als dem Mythos enthoben erscheint.

Für die Bestimmung des Mythos ist die Untersuchung der altorientalischen Mythologie unerlässlich, denn das Alte Testament hat auf diesem Gebiet nichts Eigenes geschaffen. Der Grund dafür ist vornehmlich der alttestamentliche Gottesglaube, der von Anbeginn an an die Geschichte Jhwhs mit seinem Volk Israel gebunden war. Als Urdatum für eine Geschichte gilt im Alten Testament die Befreiung Israels aus der Knechtschaft Ägyptens. Aber handelt es sich bei dem Exodus um Geschichte im historischen Sinne oder doch eher um einen ‚Gründungsmythos‘? Gründet der Glaube Israels in einer Geschichte oder basiert er auf einem Mythos? Immerhin bekennt der fromme Israelit noch heute in der Haggadah zu Pessach:

> Sklaven waren wir einst dem Pharao in Ägypten. [...] Und hätte der Heilige, gelobt sei Er, unsere Väter nicht aus Ägypten geführt, wären wir und unsere Kinder und alle unsere Nachfahren Sklaven dem Pharao in Ägypten geblieben.

Sicher ist damit der Glaube losgelöst von jenem vorweltlichen Drama, das dem Werden und den Wirkungen der Götter und der Welt in Formen nachdenkt wie Geburt und Kampf, Götterinthronisation und Göttersturz. Oder historisch richtiger ausgedrückt, Israel hat auf Grund seines Gottesglaubens nur sehr schwer zu dieser Weltsicht seiner Umwelt einen Zugang gefunden. Wenn es sich trotzdem mythologischer Stoffe bemächtigt, so doch nur in der Art, dass sein Gottesglaube unangetastet blieb.

Innerhalb dieses aufzeigbaren Sachverhaltes steht dann die viel schwierigere Frage, was Israel letztlich dennoch bewogen hat, am Mythos zu partizipieren, das heißt, zwischen der Frage nach dem ursprünglichen Mythos und der Frage nach dem Spezifikum israelitischer Verarbeitung steht als drittes die Frage nach der Notwendigkeit mythologischer Rede und Sprachform in dem angezeigten Umfeld. Um diese Frage soll es hier in Sonderheit gehen.

Wer sich mit dem Mythos beschäftigt, sollte mitbedenken, dass dieser Begriff auch heute noch oft einen negativ gefärbten Unterton besitzt, und das ganz sicher nicht nur im Bereich von Theologie und Kirche. Häufig ihm zugeordnete Adjektive sind solche wie unglaubwürdig, phantastisch, kindlich-naiv und primitiv. Theologiegeschichtlich ist ein Grund vielleicht darin zu sehen, dass sich der Streit um Mythos und Offenbarung immer an der Frage nach dem Wahrheitsgehalt der biblischen Überlieferungen entzündete. Wo aber dem Mythos jegliches Wahrheitsmoment abgesprochen wurde, musste die Verwendung dieses Begriffes auf biblische Erzählungen ‚erschreckend‘ sein, wie entsprechend Hermann Gunkel in seine Definition des Mythos einfügt: „man erschrecke nicht vor diesem Worte".[14] Hermeneutisch indessen erwächst jener Unterton aus der Forderung der ‚Entmythologisierung' des Neuen Testaments und im Weiteren der ganzen Bibel, wie sie Rudolf Bultmann bahnbrechend für die moderne Theologie erhoben hat.

Ohne das Problem hier annähernd behandeln zu können, sei nur soviel gesagt, Bultmann selbst ging es nicht um das Mythos-Problem im engeren Sinne, sondern um die existentiale Interpretation des Christuskerygma. Dies sei heute in einer Zeit zu verkündigen, für die das antike, d. h. mythische Weltbild keine Geltung mehr besitzt. Jede ernsthafte Verkündigung ist für Bultmann darum „Entmythologisierung".[15]

Hier mag es genügen zu fragen, ob Entmythologisierung nicht auch heißen könnte, „daß das moderne Denken gewisse Wirklichkeitsaspekte oder -strukturen wiedergewinne, die im mythischen Denken noch wirksam waren, aber durch die ausschließlich rationale Weltbetrachtung der Neuzeit verlorengegangen sind".[16]

1. Für die moderne Religionsforschung sind die Mythen der alten Welt weder schlechthin nur ‚Göttergeschichte' noch ‚phantastische Erzeugnisse rührender Naivität'. Im weitesten Sinne ist Mythos eine Form von Weltaneignung, in der Menschen verschiedener Kulturen und Epochen ihre Welt und ihr eigenes Dasein zu begründen, zu deuten und zu bestimmen suchen. Die Mythe ist die daraus ‚entsprungene' sprachliche Form.

„Gerade das", so André Jolles, „was allgemein aber im Vielfachen tätig ist, faßt die Mythe in einem eiligen Sich-Ereignen, in einem plötzlich einbrechenden, unabweisbaren Geschehen: es springt zutage, es entspringt".[17] Der Mythos reicht so weit in die Geschichte der Menschheit zurück und bleibt doch wirksam über die Zeit seiner Entstehung hinaus.

Karl Kerényi drückte es so aus:

> Die großen mythologischen Schöpfungen selbst müßten dem heutigen Menschen begreiflich machen, er stehe hier einer Erscheinung gegenüber, die ‚an Tiefe, Dauer und Allgemeinheit nur der Natur selbst vergleichbar ist' (Schelling).[18]

---

14 Hermann Gunkel, Genesis, a. a. O., XIV.

15 Rudolf Bultmann, Zur Frage der Entmythologisierung, Kerygma und Mythos III, Hamburg: Herbert Reich 1954, 49–59; ders., Neues Testament und Mythologie, Kerygma und Mythos I, Hamburg: Herbert Reich ⁴1960, 15–48; ders., Das Problem einer theologischen Exegese des Neuen Testaments, Zwischen den Zeiten 3, 1925, 334–357.

16 Heinrich Ott, Art.: Entmythologisierung, RGG³ II, Stuttgart: Mohr Siebeck 1958, 496–499, 498.

17 André Jolles, Einfache Formen, Darmstadt: Wissenschaftliche Buchgesellschaft ²1956, 113.

18 Carl Gustav Jung/Karl Kerényi, Einführung in das Wesen der Mythologie, Zürich: Patmos 1941, 9.

Um das Wesen des Mythos annähernd zu beschreiben, sind einige religionsgeschichtliche Prämissen unerlässlich. Religionsgeschichtlich entwächst der Mensch mit dem Mythos dem Reich der Magie und des Zaubers. Er verlässt also das Stadium des Animismus, in welchem Welt und Natur als unbestimmte Macht begegnen, der der Mensch in Angst und Verwunderung gegenübersteht. Erst wenn der Mensch hier zu scheiden vermag zwischen profan und heilig, wenn die Welt selbst different erscheint und der Mensch sich in seinem eigenständigen Person-Sein begreift, ist eine Weltsicht erreicht, aus der heraus Mythen geschaffen werden können.[19] Das geschieht in der Weise, dass der Mensch „an den Mächten in Natur und Geschichte eine Gestalt, einen Willen, einen Namen und ein Schicksal erkennt, die denen des Menschen analog sind".[20] Die Personifikation jener in Natur, Kosmos und auch Geschichte begegnenden Mächte schafft ein Zweifaches: Zum einen den Mythos, in welchem dem Wesen und dem Willen begegnender Macht Ausdruck in einem Geschehen verliehen wird, und zum anderen den Kultus als die Institution, die das ursprüngliche Verhalten bloßer Macht als ein dialogisches Verhältnis vermittelt und erfahrbar macht, denn „der Mythos", so Sigmund Mowinckel, „drückt in epischer Form die Wirklichkeit aus, die im Kult geschieht".[21]

2. Vor diesem Hintergrund erklärt sich die eigentliche Grundstruktur des Mythos. Rein formal ist der Mythos literarisch nur schwer von Sage und Legende zu unterscheiden. Dass die Mythen von Göttern handeln, wie oft grundlegend charakterisiert wird, ist sicher ein Merkmal. Doch die Abfolge und genealogische Verbindung von Göttern, Halbgöttern, Heroen und Helden, deren letzte die Gestalten der Sage sind, zeigt, wie durchlässig jene Begrenzung ist. André Jolles hat versucht, den Gegensatz von Mythe und Sage dahin zuzuspitzen, dass sich in der Sage „Bewegliches gestaltet", während in der Mythe „Gestalten in einem Geschehen beweglich werden".[22] Sage und Mythe scheiden sich demnach durch ihren Ursprung, von dem her sie gebildet werden. Die Sage gehört zur Geschichte. Was in ihr berichtet wird von Helden, Königen, Stämmen und Familien, soll bei aller möglichen Typisierung als ein einmaliges, unwiederbringliches Geschehen verstanden werden. Das, was sich ereignet, ist nur durch die in ihr handelnden Personen und unter den von ihr beschriebenen Verhältnissen möglich. Sie ist in sich abgeschlossen und damit der geschichtlichen Gegenwart durchaus voraus. Die Mythe hingegen ist außerhalb der Zeit. Indem sie aber in der Gegenwart

---

19 Johannes Sløk, Art.: Mythos I, RGG³ IV, Stuttgart: Mohr Siebeck 1960, 1263–1268, 1264–1265.
20 Hans-Peter Müller, Mythos, a. a. O., 98.
21 Sigmund Mowinckel, Religion und Kultus, Göttingen: Vandenhoeck & Ruprecht 1953, 94.
22 André Jolles, a. a. O., 94.

Bestehendes und in Natur und Kosmos Gestaltetes in einem Geschehen dichtet, schafft sie sich ihre eigene Zeit, die Ur- oder Vorzeit. Helmut Brunner hat dies treffend so beschrieben:

> Niemals ist ein Mythos ‚historisch' im Sinne der israelitischen oder einer späteren Geschichtsbetrachtung gemeint, niemals will er ein einmaliges, unwiederholbares Ereignis schildern, das der Hörer in Distanz zur Unterhaltung oder auch Belehrung zur Kenntnis nimmt. Die Zeit, die der Mythos meint, ist vielmehr stets auch das Hier und Jetzt; durch das Einst erhöht sich höchstens das Gewicht seiner Aussage. Diese geht alle Hörer unmittelbar an.[23]

Ein moderner Beobachter könnte sagen, die Zeit, die der Mythos meint, sei fiktiv. Für den Mythos selbst ist sie real.

Indem der Mythos so Vergangenheit und Gegenwart miteinander vermittelt, setzt er eine uranfängliche Tat, in der alles Geschehen gründet und von der auch die Gegenwart bestimmt und vorgebildet ist. Oder vom Mythos her richtig gesprochen: Weil alles im Mythos gründet, schafft er jenes Zeitverhältnis der ewigen Wiederkehr des Uranfänglichen im Gegenwärtigen.

3. Was sich im Mythos gründet und gestaltet, wird dagegen, von der Gegenwart aus betrachtet, zur Ursache, zur *prima causa* der Welt- und Daseinserfahrung des Menschen. In dieser Weise ist der Mythos ätiologisch.

Je mehr aber das ätiologische Element zur eigentlichen Deutung wird, desto mehr ist der Mythos seines Ursprungs entkleidet. Sein Sinn zielt weniger auf Vergegenwärtigung, worin das Göttliche real an Macht gewinnt, sondern er dient der Erklärung. Seine Frage ist nicht mehr, woher etwas ist, sondern, warum etwas ist. Ist die Zeitstruktur des Mythos geprägt durch die ewige Wiederkehr des Uranfänglichen im Gegenwärtigen, so ist das Geschehen des Mythos gekennzeichnet durch einen personalen Widerspruch. Die Macht, die dem Menschen begegnet, ob in Natur oder Kosmos, erfährt der Mensch nicht nur als etwas ihm Eigenes, Wesensgleiches, sondern immer auch als das Fremde und Andersartige.

Auf diesen Widerspruch – etwa im Unterschied zum Märchen – hat der Schriftsteller Franz Fühmann aufmerksam gemacht.[24] Er geht von der These aus, dass die Märchen versunkene Mythen sind.[25] Darauf gründet sich folgender Vergleich: Das Märchen vom Kampf mit dem Zauberer erzählt von dem Raub einer

---

[23] Helmut Brunner, Die Grenzen von Raum und Zeit bei den Ägyptern, AfO 17, 1954/56, 141–145, 142.
[24] Franz Fühmann, Das mythische Element in der Literatur, Erfahrungen und Widersprüche. Versuche über Literatur, Rostock: Hinstorff 1975, 147–219.
[25] Vgl. auch Johannes Haeckel, Art.: Mythos II, RGG[3] IV, Stuttgart: Mohr Siebeck 1960, 1268–1274, 1270.

Jungfrau, die der Zauberer vor die Wahl stellt: Hochzeit oder Tod. Ein Jüngling befreit sie und beide fliehen. Nun beginnt der Kampf in Form von Zauber und Gegenzauber. Die dabei dreimalige Verwandlung endet damit, dass der Jüngling sich in eine Tenne und das Mädchen in ein Weizenkorn verwandelt. Der die beiden verfolgende Zauberer wird zum Hahn, worauf der Jüngling die Gestalt des Fuchses annimmt. Das Ende des Märchens ist klar.

Eine ähnliche Begebenheit findet sich im Mythos vom Gewittergott und der Mondgöttin. Fühmann erzählt ihn in der Version von Zeus und Leda. Die Göttin weigert sich, dem Begehren des Gottes stattzugeben. Da er mit Gewalt droht, flieht sie in Tiergestalt durch die drei Reiche der Natur. Sie flieht als Fisch, er verfolgt sie als Biber, sie flieht als Hindin, er folgt als Hirsch. Sie nimmt die Gestalt einer Wildgans an und er die des Schwans. In dieser Gestalt überwältigt er die Unberührte. Hat das Märchen mit einer Hochzeit geendet, fährt der Mythos fort:

> Die Göttin empfängt; der Gott verläßt sie; sie gebiert ein Ei, und dem wird eine Frau entschlüpfen, um deren Schönheit zehntausend Männer fallen werden, auf daß die Schmach der Geschändeten Einen am ganzen Geschlecht des Anderen gerächt sei: Helena.[26]

Fühmann zieht daraus den Schluss, dass sich das Märchen ohne Schwierigkeiten in ein „moralisches Koordinatensystem" zerlegen lässt. „Die Frage als Existenzproblem verschwindet, und die Antwort" wird nach dem Grundmuster von Gut und Böse „zum Kalenderspruch".[27] Der Mythos hingegen, wo die Gottheit sowohl den Zauberer als fremde, gefährliche Macht wie auch den Jüngling als den befreienden Geliebten verkörpert, gibt den „Widerspruch erfahrener Wirklichkeit" wieder.[28]

3 Exegetische und theologische Vernunft

3.1 Zur ‚exegetischen' Vernunft

Es kann kein Zurück hinter die Aufklärung geben. Alles, was wir wissen, auch was bisher und im Folgenden geschrieben worden ist und wird, verdanken wir der historisch-kritischen Auslegung. Selbst die Unterscheidung zwischen Mythos und Geschichte fällt unter diese historisch-kritische Sicht. Das Problem, das Kirche und Theologie damit häufig haben, lässt sich beispielhaft an der umstrittenen

---

26 Franz Fühmann, a. a. O., 157–158, Zitat 158.
27 Franz Fühmann, a. a. O., 159.
28 Franz Fühmann, a. a. O., 161.

„Orientierungshilfe" der EKD zur „Familie" aus dem Jahr 2013 zeigen.[29] Angesichts neuer Lebenskonzeptionen und unterschiedlicher Partnerbeziehungen, einschließlich der damit vorgegebenen Rechtsnormen, versucht die evangelische Kirche in diesem Papier, Position zu beziehen. Zur Legitimierung verschiedener Partnerschaftsformen werden zwei Stellen des Alten Testaments mehrfach prominent herausgehoben und dienen in der theologischen Begründung als Schlüsseltexte: Da ist als erstes die Aussage von der ‚Gottebenbildlichkeit' des Menschen (Gen 1,26) und als zweites die Aussage, dass „es nicht gut ist, dass der Mensch allein sei" (Gen 2,18). Die erste Stelle dient der Begründung, dass jeder Mensch, unabhängig seines Geschlechts, seiner Abstammung, seiner Religion, seiner sozialen Stellung und seiner sexuellen Orientierung schon von der Schöpfung her die gleiche Würde besitzt. Die zweite Stelle dient zur biblischen Begründung dafür, dass der Mensch von Anfang an auf Gemeinschaft angelegt und angewiesen ist. Der universalen und allgemeinen Gültigkeit der ersten Stelle, also ihrem mythischen Verständnis, steht kaum etwas im Wege, ausgenommen es fehlt der Glaube an den Schöpfer. Dagegen ist die zweite Stelle mit einem doppelten Makel behaftet. Erstens ist hier im Kontext (Gen 2,19–24) *expressis verbis* von der Gemeinschaft von Mann und Frau die Rede und zweitens ist dieser Text zu einem Basistext der christlichen Trauagende geworden, und zeigt darin als Mythos seine Kraft. Um also auch diese Aussage auf jede Gemeinschaftsform beziehen zu können, muss der Kontext der Stelle ausgeblendet bzw. dekonstruiert werden. Dies geschieht in der EKD-Orientierungshilfe in zweifacher Weise: Zum einen mit dem Hinweis auf die historische Bedingtheit des Textes und seiner heute nicht mehr gültigen patriarchalischen Weltsicht; zum anderen mit dem Verweis auf Luther, der die Ehe eben nicht mehr als ‚Sakrament', sondern als ein „weltliches Geschäft" verstanden hat. Wenn man aber schon weiß, dass „ein normatives Verständnis der Ehe als ‚göttliche Stiftung' und eine Herleitung der traditionellen Geschlechterrollen aus der Schöpfungsordnung [...] nicht der Breite des biblischen Zeugnisses (entspricht)",[30] warum wird dann nicht diese Breite dargestellt, sondern werden Sätze aus dem Zusammenhang gerissen? Dass der Mensch ein Gemeinschaftswesen ist, ist ja nun keineswegs eine genuin biblische Einsicht. So lehren es Aristoteles wie auch die Verhaltensforschung, die Psychologie und Biologie.

Die Spannung zwischen historischem Befund und theologischer Wertung wird dann nicht nur nicht reflektiert, sondern einfach ausgeblendet. Beispielhaft zeigt dies der Bochumer Alttestamentler Jürgen Ebach in seinen „Alttestamentli-

---

29 Zwischen Autonomie und Angewiesenheit. Familie als verlässliche Gemeinschaft stärken. Eine Orientierungshilfe des Rates der Evangelischen Kirche in Deutschland, Gütersloh: Gütersloher Verlagshaus 2013.
30 A. a. O., 54.

che(n) Notizen" zu dieser „Orientierungshilfe".[31] Er fordert, dass die Aufgabe der Exegese heute darin bestehen sollte, dem traditionellen kirchlichen Familienbild „die biblische Legitimierung zu entziehen".[32] Das heutige kirchliche Verständnis von Ehe und Familie, so seine Überzeugung, gehe nämlich „nicht auf die Bibel zurück, sondern auf das Bürgertum des 18. und des 19. Jahrhunderts".[33] Demgegenüber sei seitens des Alten Testaments daran zu erinnern, „dass es da [in der Hebräischen Bibel] für viele scheinbar heute neue Familien- und Lebensformen Vor-Bilder gibt". Im Einzelnen werden dann aufgeführt: „Da haben Menschen mehr als eine Mutter wie etwa Mose mit seiner leiblichen Mutter und der ägyptischen Prinzessin als Adoptivmutter. Da gibt es die als eine Art ,Leihmutter' fungierenden Sklavinnen Saras und dann Rahels und Leas, die die Jakobfamilie als Patchworkfamilie erkennen lassen; da gibt es im Zusammenhang der Schwagerpflicht auch ,Samenspender'".[34] An solcher Art Notizen stellen sich viele Fragen. Welche Orientierung sollen solcherart historisch bedingter ,Vor-Bilder' denn heute bieten? Wenn ein Kind in einer Patchwork-Familie lebt und unter der Trennung eines leiblichen Elternteils leidet, soll ich ihm sagen: Hab' dich nicht so, dem Ismael ging es auch nicht besser als dir! Sollen Kirche und Theologie in der Diskussion um Samenbanken, um künstliche Befruchtung und Leihmutterschaft jetzt etwa auf das Leviratsgesetz des Alten Testaments verweisen? Das hat aus meiner Sicht mit einer wissenschaftlichen Exegese nichts zu tun, sondern widerspricht dem, was Ebach in seinen Notizen methodisch selbst für die Auslegung fordert. Für die Frage, welche Aussagen der Bibel heute noch Geltung beanspruchen können, formuliert er völlig richtig: „Das Kriterium sollte jedenfalls nicht das weithin übliche sein, nämlich aus der Bibel das gelten zu lassen, was man auch ohne sie für richtig hält".[35]

3.2 Zur ,theologischen' Vernunft

Wenn ich etwas allgemein über Vernunft in der Theologie nachdenke, dann geschieht dies aus der Sicht eines Menschen, der sich als Exeget die meiste Zeit seines Lebens mit dem Alten Testament, der Hebräischen Bibel, beschäftigt hat.

---

31 Jürgen Ebach, Alttestamentliche Notizen zur „Orientierungshilfe" des Rates der EKD zum Thema „Familien", Zwischen Autonomie und Angewiesenheit – Die Orientierungshilfe der EKD in der Kontroverse, Hannover: Gemeinschaftswerk der Evangelischen Publizistik 2013, 51–53.
32 A. a. O., 51.
33 Ebd.
34 Ebd.
35 A. a. O., 52.

Ohne das mythische Element im Alten wie im Neuen Testament bleibt das meiste in der Bibel Gesagte teils unklar und mehrdeutig oder teils unsinnig.

Meiner Überzeugung nach lebt der christliche Glaube deshalb nicht allein davon, dass Gott „in Jesus Christus Mensch geworden ist",[36] sondern auch von der Überzeugung, dass Gott den Menschen in dieser Welt zu seinem Ebenbild geschaffen hat, damit er diese Welt gestalte und bewahre.

Ohne den Glauben an Gott den Schöpfer fehlt jeder Theologie das Fundament. Aber das Alte Testament ist mehr als nur die Grundlage des Neuen Testaments, es ist auch nicht nur das Zeugnis von Gottes Weisung an Israel und der Treue zu seinem Volk, sondern Platzanweiser für den Menschen in der Welt. Während das Neue Testament zeigt: *wer wir sein werden* und auch schon *sein können*, zeigt uns das Alte Testament: *wer wir sind*.

Wer das Alte Testament aus dem christlichen Kanon ausscheidet, kappt nicht nur die historischen Wurzeln zum Judentum, sondern verzichtet auf eine theologisch wesentliche Grundlage des Neuen Testaments und macht dieses zu einem Torso. Ohne die alttestamentlichen Bezüge im Neuen Testament handelt dieses von einem Wanderprediger und Wunderheiler aus Nazareth, der als politischer und religiöser Aufrührer angeklagt und hingerichtet worden ist. Hätten nicht er selbst und seine Anhänger die Botschaft der Hebräischen Bibel als Gottes offenbartes Wort geglaubt, wäre Jesus von Nazareth nicht als Christus erkannt und verkündigt worden, der als Sohn Davids und Gottessohn in Bethlehem von einer ,Jungfrau' geboren, um unserer Sünden willen gestorben und von Gott nach drei Tagen wieder auferweckt worden ist etc. Anders gesagt, ohne die Explikation des Alten Testaments im Neuen gäbe es keine Christologie. Auch wenn diese These verkürzt, kann man jedenfalls nicht bestreiten, dass der Verzicht auf das Alte Testament auch den Verzicht auf das Christusereignis bedeutet, das in den neutestamentlichen Schriften breit und unterschiedlich ausgelegt worden ist. Dies ernst zu nehmen heißt nicht, das Alte Testament christologisch zu trimmen, sondern die Bindung des Neuen Testaments an das Alte als eine historisch vorgegebene theologische Reflexion der Verfasser der neutestamentlichen Schriften zu akzeptieren. Aus unserer Perspektive handelt es sich hierbei um ein Stück ,impliziter'[37] Theologie des Neuen Testaments, die wie auch alle theologischen Aussagen des

---

36 So Wilfried Härle, Die Orientierungshilfe (OH) der EKD „Zwischen Autonomie und Angewiesenheit" – Eine kritische Stellungnahme in konstruktiver Absicht, Zwischen Autonomie und Angewiesenheit – Die Orientierungshilfe der EKD in der Kontroverse, Hannover: Gemeinschaftswerk der Evangelischen Publizistik 2013, 12–16, 13.
37 Zur Verwendung der Begriffe ,implizite' und ,explizite' Theologie vgl. Konrad Schmid, Gibt es Theologie im Alten Testament? Zum Theologiebegriff in der alttestamentlichen Wissenschaft, Zürich: Theologischer Verlag 2013, 54–58.

Alten Testaments für die eigene Zeit stets wieder neu ‚expliziert' werden muss. Die Frage ist nur, ob ich für diese Explikation die gesamte biblische Überlieferung zur Grundlage mache oder wie Marcion im 2. Jahrhundert n. Chr. einen eigenen Kanon schaffe oder wie Schleiermacher u. a. einen ganz bestimmten Begriff von Religion voraussetze. Die Frage zu stellen, heißt nicht, sie zu beantworten, sondern das Problembewusstsein hierfür zu schärfen.

Der leider zu früh verstorbene Hamburger Systematiker Traugott Koch hat die Rede vom Menschen in der Theologie einmal so definiert:

> Die theologische Lehre vom Menschen hat nur *ein* Thema, daß der Mensch sich, wahrhaft vor sich selbst, nicht ohne Gott verstehen kann – und daß der Mensch das dennoch, sich selbst gründlich mißverstehend, tun kann: sich ohne Gott verstehen und folglich sich selbst verabsolutieren.[38]

Wenn dies *das* Thema der theologischen Lehre vom Menschen ist, dann lässt sich dieses von seiner biblischen Grundlegung her einzig und allein aus dem Mythos des Alten Testaments entfalten. Der Mensch ist nach dem Alten Testament das von Gott erschaffene, in seiner schöpfungstheologischen Stellung von Gott anerkannte Geschöpf: Er ist Gottes Ebenbild. Er ist damit nicht das ‚freie', sich selbst definierende Wesen, sondern seine Funktion in der Welt ist von der Schöpfung her bestimmt. Als ‚königliche' Herrschaft, wie sie in Gen 1 und Ps 8 entfaltet wird, ist sie immer nur Herrschaft in der von Gott vorgegebenen Ordnung und in der Nachahmung des von Gott selbst praktizierten Regiments. Nur wenn das göttliche Diktum „Und siehe, es war sehr gut" (Gen 1,31) Bestand hat, hat sich der Mensch in der Funktion der Ebenbildlichkeit bewährt. Diese kann der Mensch nach alttestamentlicher Auffassung nicht verlieren, aber er kann sie missbrauchen und damit sich selbst diskreditieren. Missbrauch und Diskreditierung der schöpfungstheologischen Stellung des Menschen sind die Themen der weisheitlich geprägten Erzählungen der biblischen Urgeschichte. In der Erzählung von der Erschaffung des Menschen aus dem „Staub des Ackerbodens" (Gen 2) und in der Erzählung von der Erlangung der Gottgleichheit durch das „Wissen um Gut und Böse" (Gen 3) wird eine ganz andere Vorstellung vom Menschen erfasst. Der Mensch ist der, der im Wissen um seine Geschöpflichkeit zugleich seine Hinfälligkeit und seine Begrenztheit erfährt und der, ohne den Widerspruch und Graben zwischen Schöpfer und Geschöpf selbst überwinden zu können, notwendig gegen den Schöpfer wie auch gegen seine eigene Geschöpflichkeit rebelliert. Der Mensch im Kontext dieser späten, weisheitlichen Texte wird jedenfalls an keiner Stelle von

---

[38] Traugott Koch, Art.: Mensch IX. Systematisch-theologisch, TRE 22, Berlin/New York: Walter de Gruyter 1992, 548–567, 548.

Gott als eine Art ‚König' gewürdigt. In Israels altorientalischer Umwelt kam das Prädikat der Gottebenbildlichkeit allein Königen zu. Nach den Erzählungen des Alten Testament wird des Menschen Streben und sein Hang zur Macht sowie die daraus folgende Gewalt und Maßlosigkeit radikal in Frage gestellt. Im Gesamtzusammenhang der biblischen Urgeschichte aber bilden die beiden Aussagen von der Gottebenbildlichkeit und von dem Willen des Menschen, Gott gleich zu werden, zwei Seiten einer Medaille: Beide kennzeichnen den Menschen in seiner ganzen Widersprüchlichkeit, und beide Seiten sind für eine alttestamentliche Anthropologie und Theologie von gleichem Gewicht und zeigen darin ihren mythischen Aspekt.

4 Ausblick

Einen Hinweis auf den Widerspruch im Mythos des Christentums gibt es möglicherweise in dem Roman „Nachtzug nach Lissabon". Pascal Mercier lässt den Haupthelden seiner Geschichte, den Aristokratensohn Amadeu de Prado, im faschistischen Portugal am Jesuitischen Elite-Gymnasium in Lissabon eine Abschlussrede halten, die der Absolvent nicht wie üblich auf Lateinisch hält, damit ihn auch jeder versteht. Sie trägt den Titel „Ehrfurcht und Abscheu vor Gottes Wort". Ich zitiere wenige Sätze aus dieser eindringlichen und zugleich verstörenden Rede:

> Ich möchte nicht in einer Welt ohne Kathedralen leben. Ich brauche ihre Schönheit und Erhabenheit. Ich brauche sie gegen die Gewöhnlichkeit der Welt. [...] Ich brauche ihr gebieterisches Schweigen. Ich brauche es gegen das geistlose Gebrüll des Kasernenhofs und das geistreiche Geschwätz der Mitläufer. [...]
> Ich verehre Gottes Wort, denn ich liebe seine poetische Kraft. Ich verabscheue Gottes Wort, denn ich hasse seine Grausamkeit. Die Liebe, sie ist eine schwierige Liebe, denn sie muss unablässig trennen zwischen der Leuchtkraft der Worte und der wortgewaltigen Unterjochung durch einen selbstgefälligen Gott.[39]

Diese wenigen Sätze bringen die ganze Tragik eines Lebens, sowohl im Blick auf die Kirche als auch auf den Glauben mit und ohne Gott zum Ausdruck. Natürlich brauche ich Gott nicht, weder im Alltag noch für ein redliches, anständiges Leben. Ich selbst komme die meiste Zeit auch ohne ihn ganz gut aus. Dennoch möchte ich nicht in einer Welt leben, die bei aller Problematik von Gewalt, Krieg, Ungerechtigkeit und Tod, nicht in Gott ihren Grund hat. Nicht an den Grenzen unseres

---

[39] Pascal Mercier, Nachtzug nach Lissabon, München: Carl Hanser 2006, 198–199.

Lebens, sondern in der Mitte unseres Lebens müssen wir Gott erfahren. So schreibt der Theologe Dietrich Bonhoeffer in einem Brief vom 2. Advent 1943 aus dem Gefängnis in Berlin-Tegel:

> Nur wenn man die Unaussprechlichkeit des Namens Gottes kennt, darf man auch einmal den Namen Jesus Christus aussprechen; nur wenn man das Leben und die Erde so liebt, dass mit ihr alles verloren und zu Ende zu sein scheint, darf man an die Auferstehung der Toten und an eine neue Welt glauben; nur wenn man das Gesetz Gottes über sich gelten lässt, darf man wohl auch einmal von Gnade sprechen, und nur wenn der Zorn und die Rache Gottes über seine Feinde als gültige Wirklichkeit stehen bleiben, kann von Vergebung und von Feindesliebe etwas unser Herz rühren. Wer zu schnell und zu direkt neutestamentlich sein und empfinden will, ist m. E. kein Christ.[40]

Der Gott, von dem hier die Rede ist, ist kein „selbstgefälliger" Gott. Er ist der Gott, der sich uns im Alten Testament bezeugt und uns im Glauben an Jesus Christus sein wahres Gesicht offenbart. Es ist der Gott der Bibel und nicht der Gott der Philosophen. Es ist ein gewaltiger Unterschied, ob ich um die Allmacht Gottes weiß oder ob ich an seine Liebe glaube.

In seinem letzten Gemälde, „Verklärung Christi" von 1520, verknüpft der italienische Maler der Hochrenaissance, Raffael (1483–1520), die Darstellung Jesu auf dem Berg Tabor (Mk 9,2–13 par.) mit der nachfolgenden Geschichte von der Heilung eines besessenen Knaben (Mk 9,14–29 par.).[41] Den Höhepunkt der Verklärungsgeschichte bildet der Satz: „Das ist mein lieber Sohn; den sollt ihr hören". Durch die Zusammenführung beider Geschichten auf dem Gemälde respondiert diesem Satz die Bitte des Vaters des Kindes: „Ich glaube; hilf meinem Unglauben".

Ähnlich wie im Verhältnis von Geschichte und Mythos sind Glaube und Wissen nicht zwei Seiten einer Medaille, vor allem beginnt der Glaube nicht dort, wo das Wissen aufhört. Glaube und Wissen sind in dem Sinn auch keine Gegensätze. Denn Wissen kann ich mir aneignen; Glaube aber ist Geschenk, er bildet den Zugang zu einer anderen Welt, den ich dankbar annehmen oder auf Grund der Selbstgewissheit meines Wissens ebenso auch ablehnen kann.

Bibliographie

Barth, Ulrich. *Symbole des Christentums*, hg. v. F. Steck. Tübingen: Mohr Siebeck, 2021.
Bonhoeffer, Dietrich. *Widerstand und Ergebung*. Berlin: Evangelische Verlagsanstalt, ⁴1977.

---

40 Dietrich Bonhoeffer, Widerstand und Ergebung, Berlin: Evangelische Verlagsanstalt ⁴1977, 175–176.
41 Vgl. hierzu Dieter Janz, Nebensachen. Ansichten eines Arztes. Gespräche mit Sebastian Kleinschmidt und Mathias Weichelt, Berlin: Matthes & Seitz 2017, 176–185.

Braulik, Georg. „Theorien über das Deuteronomistische Geschichtswerk (DtrG) im Wandel der Forschung." In *Einleitung in das Alte Testament*, hg. v. E. Zenger u. a., 191–202. Studienbücher Theologie 1,1. Stuttgart: Kohlhammer, [5]2004.

Brunner, Helmut. „Die Grenzen von Raum und Zeit bei den Ägyptern." *AfO 17* (1954/56): 141–145.

Bultmann, Rudolf. „Zur Frage der Entmythologisierung." *Kerygma und Mythos III* (1954): 49–59.

Bultmann, Rudolf. „Neues Testament und Mythologie", *Kerygma und Mythos I* ([4]1960): 15–48.

Bultmann, Rudolf. „Das Problem einer theologischen Exegese des Neuen Testaments." *Zwischen den Zeiten 3* (1925): 334–357.

Donner, Herbert. *Geschichte des Volkes Israel und seiner Nachbarn in Grundzügen*. Bd. 1. ATD Ergänzungsreihe 4/1. Göttingen: Vandenhoeck & Ruprecht, 1984.

Ebach, Jürgen. *Alttestamentliche Notizen zur „Orientierungshilfe" des Rates der EKD zum Thema „Familien"*, Zwischen Autonomie und Angewiesenheit – Die Orientierungshilfe der EKD in der Kontroverse. Hannover: Gemeinschaftswerk der Evangelischen Publizistik, 2013.

Fühmann, Franz. „Das mythische Element in der Literatur". In *Erfahrungen und Widersprüche. Versuche über Literatur*, 147–219. Rostock: Hinstorff, 1975.

Gunkel, Hermann. *Schöpfung und Chaos in Urzeit und Endzeit. Eine religionsgeschichtliche Untersuchung über Gen. 1 und Apk. Joh. 12*. Göttingen: Vandenhoeck & Ruprecht, 1895.

Gunkel, Hermann. *Genesis (HK)*. Göttingen: Vandenhoeck & Ruprecht, [3]1910.

Haeckel, Johannes. „Art.: Mythos II." In *RGG[3] IV*, 1268–1274. Stuttgart: Mohr Siebeck, 1960.

Härle, Wilfried. „Die Orientierungshilfe (OH) der EKD ‚Zwischen Autonomie und Angewiesenheit' – Eine kritische Stellungnahme in konstruktiver Absicht." In *Zwischen Autonomie und Angewiesenheit – Die Orientierungshilfe der EKD in der Kontroverse*, hg. V. EKD, 12–16. Hannover: Gemeinschaftswerk der Evangelischen Publizistik, 2013.

Janz, Dieter. *Nebensachen. Ansichten eines Arztes. Gespräche mit Sebastian Kleinschmidt und Mathias Weichelt*. Berlin: Matthes & Seitz, 2017.

Jolles André. *Einfache Formen*. Darmstadt: Wissenschaftliche Buchgesellschaft, [2]1956.

Koch, Traugott. „Art.: Mensch IX. Systematisch-theologisch." In *TRE 22*, 548–567. Berlin/New York: Walter de Gruyter, 1992.

Kraatz, Reinhard G. *Die Komposition der erzählenden Bücher des Alten Testaments*. Göttingen: Vandenhoeck & Ruprecht, 2000.

Maier, Johann. *Geschichte der jüdischen Religion*. Berlin: Walter de Gruyter, 1972.

Mercier, Pascal. *Nachtzug nach Lissabon*. München: Carl Hanser, 2006.

Mittmann, Siegfried. *Deuteronomium 1,1–6,3 literarkritisch und traditionsgeschichtlich untersucht*. BZAW 139. Berlin/New York: Walter de Gruyter, 1975.

Müller, Hans-Peter. „Mythische Elemente in der jahwistischen Schöpfungserzählung." *ZThK 69* (1972): 259–289.

Müller, Hans-Peter. „Mythos und Transzendenz. Paradigmen aus dem Alten Testament." *EvTh 32* (1972): 97–118.

Mowinckel, Sigmund. *Religion und Kultus*. Göttingen: Vandenhoeck & Ruprecht, 1953.

Nielsen, Eduard. *Die Zehn Gebote. Eine traditionsgeschichtliche Skizze*. Kopenhagen: Prostant Apud Munsgaard, 1965.

Ott, Heinrich. „Art.: Entmythologisierung". In *RGG[3] II*, 496–499. Stuttgart: Mohr Siebeck, 1958.

Rendtorff, Rolf. *Kanonische Grundlegung. Bd 1, Theologie des Alten Testaments. Ein kanonischer Entwurf*. Neukirchen-Vluyn: Neukirchener, 1999.

Konrad Schmid. *Gibt es Theologie im Alten Testament? Zum Theologiebegriff in der alttestamentlichen Wissenschaft*. Zürich: Theologischer Verlag, 2013.

Sløk, Johannes. „Art.: Mythos I." In *RGG[3] IV*, 1263–1268. Stuttgart: Mohr Siebeck, 1960.

Waschke, Ernst-Joachim. „Mythos als Strukturelement und Denkkategorie biblischer Urgeschichte." *ThV 16*, (1986): 9–22. [= In *Der Gesalbte. Studien zur alttestamentlichen Theologie*, 189–205. BZAW 306. Berlin/New York: Walter de Gruyter, 2001.]

Weippert, Manfred. *Historisches Textbuch zum Alten Testament*. ATD Ergänzungsreihe 10. Göttingen: Vandenhoeck & Ruprecht, 2010.

Westermann, Claus. *Genesis 1–11*. BK I/1. Neukirchen-Vluyn: Neukirchener, 1974.

Ziemer, Benjamin. *Kritik des Wachstumsmodells. Die Grenzen alttestamentlicher Redaktionsgeschichte im Lichte empirischer Evidenz*. VTS 182. Leiden/Boston: Brill, 2020.

Markus Iff
Vernunft und Offenbarung – systematische Erkundungen zur exegetischen und theologischen Vernunft im Anschluss an W. M. L. de Wette

Das Verhältnis von Vernunft und Offenbarung und die Frage nach der ursprünglichen Vernunft des Glaubens erfreuen sich dauerhaftem Interesse in der Theologie.[1] Evangelische Theologie kann bei den Versuchen, das Verhältnis von Vernunft und Offenbarung auszuloten und zu justieren, auf einen reichhaltigen Traditionsbestand zurückgreifen. Die reformatorische Vernunftkritik, insbesondere bei Luther, baut auf einer präzisen Überlegung zur Funktion der Vernunft für ihr Subjekt und für die Sprache auf, die auf eine alternative Weise vernünftig genannt zu werden verdient.[2] Johann Georg Hamann aktualisierte diesen Ansatz in seiner Metakritik Kants: Vernunft ist Sprache. Friedrich Schleiermacher entkoppelte im Kontext von Kants Religionsphilosophie zwar nicht die Religion, aber die Explikation des christlichen Offenbarungs- und Gottesverständnisses vom Erkenntnisanspruch der Vernunft. Die Arbeiten insbesondere Schellings und Hegels wiederum beanspruchten auf der Basis der kantischen Kritik eine Synthese von Philosophie und konkreter Glaubenswahrheit und den ihr zugrundeliegenden biblischen Überlieferungen. Auf den Spuren zum Vernunftbegriff Kants stellt Burkhard Nonnenmacher in seiner 2018 erschienenen Habilitationsschrift *Vernunft und Glaube bei Kant* an die Theologie der Gegenwart die Frage, wie sie „zu inhaltlichen Bestimmungen gelangen will, wenn sie unter Berufung auf Kants Kritik des theoretischen Vernunftgebrauchs keine spekulativen Annahmen voraussetzen will".[3]

Über diese Frage kommt eine andere Tradition zur Vermessung des Vernunftbegriffs in den Blick, die mit den Namen Friedrich Heinrich Jacobi (1744–1819), Jakob Friedrich Fries (1773–1843) und insbesondere Wilhelm Martin Leberecht de Wette (1780–1849) verbunden ist. Diese Tradition steht der Weiterentwicklung der kantischen Transzendentalphilosophie zum absoluten Idealismus beim frühen Schelling, bei Fichte und Hegel kritisch gegenüber.[4] Stattdessen wird die anthro-

---

1 Vgl. dazu u. a. Dierken, *Vernunft und Offenbarung zwischen Wolff und Kant.*
2 Askani and Grandjean, *Luther und die Philosophie.*
3 Nonnenmacher, *Vernunft und Glaube bei Kant*, 373.
4 Vgl. Rohls, *Protestantische Theologie der Neuzeit*, 337–342.409–415; Ders., *Offenbarung, Vernunft und Religion*, 503–508.576–579.

https://doi.org/10.1515/9783111317564-006

pologisch-psychologische Verankerung der Vernunft betont, die als solche nicht nur konstruierend, sondern auch vernehmend und vertrauend ist. Dies soll im Folgenden genauer erkundet werden. Dafür werden zunächst Kontexte und Konstellationen der Denkwege de Wettes zwischen Herder, Kant und Schelling entfaltet, bevor de Wettes Bezugnahme auf Jakob Friedrich Fries' anthropologische Vernunftkritik analysiert und erörtert wird. Abschließend folgt eine kritische Reflexion auf de Wettes Verhältnisbestimmung von Vernunft und Offenbarung unter Berücksichtigung der Potenziale für gegenwärtige Diskurse.

Die Erkundungen greifen auf ausgewählte exegetische und dogmatische Werke sowie de Wettes Bildungsroman *Theodor und des Zweiflers Weihe* zurück, in denen sich auch die drei Phasen seines theologischen Wirkens in Jena und Heidelberg (1805–1810), Berlin (1810–1819) und Basel (ab 1822) abbilden.

1 Zwischen Herder, Kant und Schelling – Kontext und Konstellationen der Denkwege de Wettes

De Wette hat sich in der ersten Hälfte des 19. Jahrhunderts in der Bibelexegese wie in der Dogmatik einen Namen gemacht und sich auch auf das Gebiet der Ethik vorgewagt.[5] Er reift in Jena in der Phase des Frühkantianismus[6] zum Bibelwissenschaftler und studierte in einer „Semlerisch-Kantischen Schule"[7] Theologie – wobei er während seines Studiums in Jena auch Schelling und Hegel ebendort gehört hatte. Zuvor hatte er bereits als Schüler in Weimar (1796–1799) J. G. Herders ästhetischer Auffassung vom Wesen der Religion sowie dessen geschichts- und kulturanthropologischen Theorien kennengelernt.[8] Mit Herders kulturanthro-

---

5 Zu Leben und Werk vgl. neben der umfassenden Biographie von Rogerson, *W. M. L. De Wette*, das prägnante Porträt von Rohls, *Liberale Romantik. Wilhelm Martin Leberecht de Wette* 1780–1849 sowie den die breite Forschungs- und Lehrtätigkeit de Wettes dokumentierenden und reflektierenden Symposiums-Band: *Wilhelm Martin Leberecht de Wette. Ein Universaltheologe des 19. Jahrhunderts* hg. v. Mathys und Seybold. Zur Ethik veröffentlichte de Wette 1833 ein Lehrbuch: *Lehrbuch der christlichen Sittenlehre und Geschichte derselben.* Zu de Wette als Ethiker siehe: Ohst, *de Wette als theologischer Ethiker neben Schleiermacher.*
6 Zum zeitgenössischen Kontext der Religionstheorie de Wettes vgl. Axt-Piscalar, *Dd Wettes Religionstheorie* und Iff, *Religionsphilosophie und Theologie.*
7 Stählin, *Dewettiana.* 163. Damit dürfte er auch seine Lehrer in der Exegese Johann Jakob Griesbach, Heinrich Eberhard Gottlob Paulus sowie den Göttinger Alttestamentler Johann Gottfried Eichhorn gemeint haben. Zum Aufkommen des Frühkantianismus und seiner Rezeption in Jena siehe: Hinske u. a., *Der Aufbruch in den Neukantianismus.*
8 Anlässlich der Hundertjahrfeier von Herders Geburtstag 1844 bezeichnet de Wette ihn als seinen wichtigsten Mentor und prognostiziert für die Theologie in der Mitte des 19. Jahrhunderts,

pologischer Geschichtstheologie, Kants rationalistischer Ethikotheologie und Schellings Natur- und Identitätsphilosophie bilden markant unterschiedliche und in Teilen gegenläufige Theoriestränge den anspruchsvollen Bezugsrahmen für de Wettes theologisches Werk. Er befasst sich daher neben der historisch-exegetischen Forschung ausführlich mit der Religionsthematik. Kennzeichnend für sein religionsphilosophisches Vorgehen ist die bewusste Doppelung von kategorialem bzw. psychologisch-philosophischem und geschichtlichem bzw. exegetisch-historischem Zugang. 1828 erscheint im ersten Jahrgang der Theologischen Studien und Kritiken – einer dezidiert vermittlungstheologischen Zeitschrift – de Wettes Aufsatz *Einige Gedanken über den Geist der neueren protestantischen Theologie*. Darin beschreibt de Wette zwei Wege der religionsphilosophischen Grundlegung theologischer Wahrheiten: „der psychologisch philosophische und der exegetisch historische [...]. Auf dem ersten Wege erkennt der Theologe die Natur der Religion und ihr Verhältniß zu den verschiedenen Geistesvermögen [...]. Auf dem Wege der Auslegung und geschichtlichen Forschung erkennt man, wie religiöse Ideen geschichtlich entstehen, wie sie sich stufenweise entwickeln".[9]

Der Kern dieses vermittlungstheologischen Ansatzes besteht in einer religionsphilosophischen Symbol- oder Ideenhermeneutik, die in der Unterscheidung von „Form" und Gehalt" religiöser Ausdrucksformen „das Organon der wahren christlichen Theologie" im Sinne einer „Psychologie" der „innere[n] Menschenerkenntniß"[10] erblickt.

1.1 Historische Kritik und poetologische Bibelhermeneutik

In seinen beiden wichtigsten alttestamentlichen Forschungsbeiträgen – den *Beiträge[n] zur Einleitung in das Alte Testament* (1806/1807) und dem *Commentar über die Psalmen* (1811, 2. Aufl. 1823) – begründet und entfaltet de Wette eine an Herder angelehnte poetologische Bibelhermeneutik. Diese leitet sich nicht nur aus exegetischen Gründen von der literarischen Form der biblischen Überlieferungen ab, sondern gründet sich auf religionstheoretische Annahmen, wie beispielsweise diejenige, dass „die lebendige Wahrheit der Religion im Gefühl liege".[11] Positive Erscheinungen von Religion, die wir als Traditionen kennen, werden durch histori-

---

die Besinnung auf Herder sei „zeitgemäß und für unsre wieder im Zurücksinken zum alten Dogmatismus und zu einem neuen Rationalismus begriffene Theologie nicht ohne Nutzen." Stählin, *Dewettiana*, 184.

9 De Wette, *Einige Gedanken*, 128.
10 De Wette, *Einige Gedanken*, 133.
11 Stählin, *Dewettiana*, 180.

sche Forschung erschlossen und wissenschaftlich in einer Religionslehre untersucht. Die historische Auslegung wird dabei in einen Zusammenhang zum religiösen Verstehen und der religiösen Interpretation gebracht und dadurch relativiert. Seine Pentateucherklärung ist im frühen 19. Jahrhundert ein wichtiger Schritt bei der exegetischen Transformation des biblischen Geschichtsbildes von einem reinen Verlaufsmodell der Offenbarung zu einer Kulturleistung Israels.[12] Seinen religionsphilosophischen Voraussetzungen zufolge betrachtet de Wette den Pentateuch als eine Erscheinung von Religion. Das ist er jedoch nicht als ein historisches Werk, sondern als ein Epos, als Poesie.[13] Um den formalen wie inhaltlichen Status der mosaischen Geschichte fassen zu können, überträgt de Wette den poetologischen Gattungsbegriff des Epos auf die biblischen Überlieferungen. Dabei betont er im Unterschied zu Herder, der die Genesis ebenfalls episch interpretierte, der Pentateuch sei keine Geschichte.[14]

> Ich nenne das Ganze, das wir herzustellen versuchen, ein Epos; freilich ist es ein hebräisches, das den Maaßstab der griechischen Kunstregeln nicht aushält, aber in seiner Art vortrefflich und schön. Epos nenne ich es aber, weil es Gedicht ist, nicht Geschichte, und zwar nach einem gewissen durchgreifenden Plane gearbeitet. Es ist ein ächt hebräisches Nationalepos, von wahrem Nationalinteresse, ganz im Geiste des Hebraismus; es ist das Epos der hebräischen Theokratie.[15]

In de Wettes Augen ist es nicht möglich, den Pentateuch als Geschichtsbericht zu rekonstruieren. Dies wird aber durch die Möglichkeit aufgewogen, ihn ästhetisch im Blick auf die religiösen Grundgefühle zu interpretieren. Theologisch ist der Pentateuch zu schätzen für das, was er für die religiösen Grundgefühle: Andacht, Begeisterung und Resignation austrägt, die de Wette als Stützpfeiler der christlichen Religion bzw. des christlichen Glaubens ansieht.

Die religionsphilosophische Grundierung seiner religionsgeschichtlichen und historischen Untersuchungen zum Alten Testament erweist sich gegenüber der Religionskritik als leistungsfähig. Aber weiß der Exeget über seine Texte nicht zu viel, wenn ihm als Historiker und Philosoph immer schon vor Augen steht, dass er die drei Grundgefühle als rein religiöse Elemente aufzufinden hat, die dem Vernunftglauben eigen sind? Und inwiefern können auf diesem Weg beispielswei

---

12 Dazu Bultmann, *Philosophie und Exegese bei W. M. L. de Wette.*
13 Zur poetischen Bibelhermeneutik de Wettes: Buntfuss, 1160–174.
14 Zur Anlehnung und Unterscheidung von Herder vgl. Buntfuss, *Die Erscheinungsformen des Christentums,* 163 f.
15 De Wette, *Beiträge,* Bd. 2, 31. Zu der Problematik dieser Unterscheidung de Wettes zwischen ursprünglichem Hebraismus und dem späteren Judentum vgl. Ekkehard Stegemann: Die Halbierung 79–95.

se Gottesvorstellungen der biblischen Literaturen mit dem Gottesbegriff des Vernunftglaubens vermittelt werden?

In einem seiner exegetischen Spätwerke, der *Kurze[n] Erklärung des Evangeliums und der Briefe Johannis* von 1837, reflektiert de Wette in einer Schlussbetrachtung „über die historische Kritik der evangelischen Geschichte"[16] auf die Voraussetzungen, ohne die eine „wissenschaftliche Verrichtung"[17] nicht auskommt. Grundlegend für die historische Rekonstruktion von Wirklichkeit ist die Einsicht, dass nichts Historisches „vereinzelt dasteht, sondern sich theils an Anderes anschliesst, theils auf Anderes gründet"[18] – das nennt Ernst Troeltsch einige Jahrzehnte später das Prinzip der Korrelation. Allerdings tritt im Blick auf die biblischen Überlieferungen die symbolisch-poetische Dimension neben die historische. Diese ist auf die historische Dimension angewiesen, aber geht nicht in ihr auf. Exegetische Vernunft, so de Wette, widerspricht dem Vorurteil, wonach man „sowohl in der Speculation als in den Erfahrungswissenschaften ein Wissen aus Einem Gusse"[19] erreichen könne. Weil beide Seiten diesem Vorurteil unterliegen, „suchen die Einen [...] alles und jedes als buchstäblich wahre Geschichte festzuhalten, die Anderen dagegen alles in Mythus zu verwandeln".[20]

1.2 Auseinandersetzung mit Kants Vernunftkritik und Religionsbegründung

Ein Jahr bevor de Wette sein Theologiestudium in Jena begann, war Kants Schrift *Der Streit der Fakultäten* (1798) erschienen. Darin hat Kant bekanntermaßen das Verhältnis von Vernunft und Offenbarung neu ausgerichtet. „Daß ein Gott sei, beweiset der biblische Theolog daraus, dass er in der Bibel geredet hat, worin dieser auch von seiner Natur [...] spricht",[21] so Kant. Zirkulärer geht es kaum, so könnte man Kants Kritik verdichten. Diese systematische Kritik der Zirkularität theologischer Rede von der Offenbarung bedeutet allerdings nicht, dass Religion keine Angelegenheit der Vernunft mehr wäre, wie Kant in seiner *Kritik der praktischen Vernunft* und insbesondere seiner Religionsschrift ausgeführt hat.[22]

---

16 De Wette, *Johannis*: Kurze Erklärung des Evangeliums und der Briefe Johannis (Kurzgefasstes exegetisches Handbuch zum Neuen Testament I/3), 5. Aufl. Leipzig 1863.
17 De Wette, *Johannis*, 337.
18 De Wette, *Johannis*, 337.
19 De Wette, *Johannis*, 345.
20 De Wette, *Johannis*, 345.
21 Kant, *Der Streit der Fakultäten*, VII, 23.
22 Dazu Nonnenmacher, *Vernunft und Glaube bei Kant*, 201–220.

De Wette kritisiert die „Kantische Lehre von der Gottheit, welche von der Vernunft gefordert werde, damit sie die Herrschaft der Tugend in der Welt herstelle und durch Glückseligkeit belohne",[23] also die Fundierung der Religion und Theologie in der praktischen Vernunft. Denn die Annahme Kants, dass sowohl der „Begriff von Gott" als auch „die Überzeugung von seinem Dasein" von der praktischen Vernunft „allein ausgehen und weder durch Eingebung, noch durch eine erteilte Nachricht von noch so großer Autorität zuerst in uns kommen",[24] blendet ab, dass die Vernunft sprachlich verfasst ist und einem geschichtlichen Werden unterliegt.[25] Zudem setzt sich de Wette im *Theodor* mit Kants These auseinander, die Moraltheologie sei die einzige Form rationaler Theologie und der Vernunftglaube der praktischen Vernunft müsse allem Glauben und jeder Offenbarung zu Grunde gelegt werden. Eine solche Verankerung der Religion in der Sittlichkeit impliziert, so de Wette, dass der Mensch „dadurch doch eigentlich auf sich selbst gewiesen [ist], und nur wenn er an sich selbst und an seine Tugend glaubt, glaubt er auch an Gott".[26] De Wette problematisiert, dass Kant mit der Idee Gottes als einem notwendigen Postulat der Vernunft lediglich ein Gedankengebilde für Gott erklärt und die Vernunft den Gottesgedanken in ein bloßes Selbstgeschöpf ihres Denkens transformiert: „Auch ist dieser Glaube mehr erdacht und ein Werk des Verstandes als eine lebendige Kraft."[27] So ist Kants Religion in den Augen de Wettes ein menschliches Erschließen und Postulieren, ein theoretisches Ergänzen der allein unmittelbar erfahrbaren sittlichen Weltordnung und nicht ein Erleben und Erfahren von Gottesgemeinschaft. Diese Kritik an Kant weist unverkennbar eine Nähe zu Herders Auseinandersetzung mit dem zeitgenössischen Kantianismus auf, wie dieser sie u. a. in seiner 1799 in zwei Teilen erschienenen Schrift *Metakritik* vorlegt, wo er Kants schlusslogischen Gottesgedanken als „einer vernünftelnden Vernunft höchstes Operatum"[28] kritisiert. Für de Wette ist religiöser Glaube eine praktische Beziehung zu einer Gottheit, die der Mensch als Kraft erlebt. Kants Gottesgedanke hingegen zielt auf abstrakte Überweltlichkeit und erstickt damit förmlich das religiöse Leben, wie er an seinem Protagonisten *Theodor* vorführt: „Er fühlte sich so allein und trostlos mit seiner selbstständigen, sich selbst genugsamen Vernunft, gleich einem Kinde, das seinen Vater verloren

23 De Wette, *Theodor,* 19.
24 Kant, *Was heißt sich im Denken orientieren?* VIII, 142 f.
25 Zu de Wettes Kritik an Kants Gottesbegriff und seiner Religionsbegründung anhand der praktischen Vernunft vgl. Axt-Piscalar, *De Wettes Religionstheorie,* 111 f.
26 De Wette, *Theodor,* 129.
27 De Wette, *Theodor,* 129.
28 Herder, *Metakritik,* 507.

hat [...]. Was konnte ihm jetzt das Gebet anders seyn, als ein Selbstgespräch, als ein Sammeln und Steigern der eigenen Gedanken?"[29]

Scharfsichtig wird hier ein grundlegendes Dilemma in Kants Konzeption des Vernunftglaubens analysiert.[30] Entweder wird dieser als reiner praktischer Vernunftglaube, gegründet auf die Sittlichkeit, inhaltsleer und damit auch wirkungslos, sodass sich das einzelne Subjekt nicht einmal mehr klarmachen kann, worin es des Trostes und der Hoffnung bedarf. Oder aber er setzt doch spekulative Sätze als wahre Sätze voraus und lässt dann im Blick auf die positiven Religionen gerade nicht das praktische Interesse des Vernunftglaubens die Grundlage der Religion sein, sondern Inhalte und Vorstellungen, die eigentlich im kantischen Sinne spekulativ sind.

Während de Wette den kantischen Gottesbegriff sowie die Begründung der Religion in der Moralphilosophie und deren Funktionalisierung für die Zwecke der Sittlichkeit grundlegend in Frage stellt, nimmt er andere Überlegungen aus Kants Religionsphilosophie auf, beispielsweise den Begriff des Vernunftglaubens, der mit dem Offenbarungsbegriff der religiösen und theologischen Traditionen vermittelt werden muss. De Wettes bibelwissenschaftliche Arbeiten sind davon ebenso beeinflusst, wie seine kategorialen Bestimmungen zur Religion und ihren geschichtlichen Erscheinungsformen.

In seiner Religionsschrift bestimmt Kant den Inhalt der geoffenbarten Religion als „Introduction" zur „wahren Religion"[31] des Vernunftglaubens. Allerdings kann nur das, was *secundum rationem* erfasst und dargestellt werden kann, als „eigentliche Religion" gerechtfertigt werden und muss daher nicht als „Religionswahn"[32] gelten. Der als Kern aller Offenbarung ausgemachte Vernunftglaube schließt also keineswegs das Historische und Symbolische der geschichtlichen Überlieferungen in sich, und damit auch nicht das, was *super rationem* oder aber das, was schlicht kontrafaktisch ist. Damit aber wird, so de Wette, ein wechselseitiger Verweiszusammenhang von innerem Vernunftglauben und äußerem geschichtlichen Leben ausgeblendet.

1.3 Kritische Rezeption von Schellings Natur- und Identitätsphilosophie

Bei der kritischen Bezugnahme auf Schellings Natur- und Identitätsphilosophie geht es de Wette um eine Interferenz zwischen der Freiheitslehre und der Theorie

---

29 De Wette, *Theodor,* 20.
30 Vgl. dazu Nonnenmacher, *Vernunft und Glaube,* 361–367.
31 Kant, *Die Religion,* VI, 155.
32 Kant, *Die Religion,* VI, 168.

des Absoluten in Schellings Frühwerk.[33] Schellings Anspruch ist, das „Gefühl der Freiheit" so auf den Begriff zu bringen, dass es im „Zusammenhang mit dem Ganzen einer wissenschaftlichen Weltansicht" Gültigkeit beanspruchen kann.[34] Eine solche Vereinbarkeit von Freiheit und „wissenschaftlicher Weltansicht" erfordert aber, dass menschliche – und damit ihrem Wesen nach endliche – Freiheit mit den göttlichen Allprädikaten Allmacht und Allwissenheit bzw. der allgemeinen Vorsehung vereinbar ist. Diese Annahme eines theologischen Kompatibilismus sowie Schellings Theorie des Absoluten als absoluter Identität, als vollkommene Einheit von Subjekt und Objekt, von Begriff und Sein, in dem alle Duale immer schon verschwunden sind, problematisiert de Wette. In einer solchen Theorie der Einheit der Wirklichkeit kann das Hervortreten des Unterschiedes und der Vereinzelung aus der differenzlosen Einheit nicht erklärt werden. Allgemeines individuiert nicht. Alle ontische und epistemische Individuation setzt Selbstindividuation einiger Einzelner, mithin einige Subjekte voraus.

De Wette setzt bei seinem Gottesbegriff nicht auf eine allgemeine Theorie des Absoluten, sondern auf konkrete Bestimmtheit. Damit folgt er einem Leitgedanken, den er in einem Satz seiner *Beiträge zur Einleitung in das Alte Testament* (1806/07) formuliert hat: „In der Religion herrscht immer das Individuelle und Bestimmte über das Allgemeine; ein Gott mit bestimmter Gestalt, mit individuellem Charakter und Namen wird mehr Glauben finden, als die allgemein fließende Idee eines unnennbaren, gestaltlosen höchsten Wesens."[35] Die unfruchtbare Alternative einer theistisch-dualistischen oder pantheistischen Theoriekonzeption unterläuft er durch eine kategoriale Differenz eines strikten Gottesgedankens gegenüber dem Weltgedanken. Diese lässt weder eine schlichte Identifikation von Gott und Welt zu, noch eine Depotenzierung Gottes zu einem bloßen Analogon der Welt neben der Welt, womit Gott entweder unableitbar in den Weltzusammenhang eingreifend oder aber der Welt beziehungslos gegenüberstehend gedacht werden müsste.

---

33 Zur Interferenz zwischen Freiheitslehre und Theorie des Absoluten in den frühen Schriften Schellings und seinem Bemühen, die Denkmöglichkeit einer Identität mit der objektiven Welt zur Sprache zu bringen vgl. M. Fukaya, *Anschauung des Absoluten in Schellings früher Philosophie (1794–1800)*, Epistemata Philosophie Bd. 426, 2006. Zur Freiheitsschrift Schellings siehe Henningfeld, *Friedrich Wilhelm Joseph Schellings Philosophische Untersuchungen*. Henningfeld arbeitet luzide Schellings umfassende Theorie des Lebens heraus, das als Wirkzusammenhang gegensätzlicher Willenskräfte verstanden wird, und inwiefern es Schelling gelingt, Freiheit im Zusammenhang eines absoluten Systems begreiflich zu machen.
34 Schelling, *Philosophische Untersuchungen*, 339 f. und 336.
35 De Wette, *Beiträge*, 17.

2 Anthropologische Kritik der Vernunft und Vernunftglauben

De Wettes Überlegungen zur theologischen Vernunft[36] stehen in enger Verbindung mit der anthropologischen Vernunftkritik des Mathematikers und Philosophen Jacob Friedrich Fries (1773–1843).[37] Die Fries'sche Philosophie versteht sich als Fortführung der Philosophie Kants mit der Modifikation, dass er keine transzendentallogische Beweisführung zur kritischen Begrenzung und Begründung des Wissens der Vernunft vorlegt, sondern eine Art phänomenologische Beschreibung menschlicher Überzeugungsweisen, die er in Wissen, Glauben und Ahnen unterscheidet. Unsere Anschauungsformen, die Verstandesbegriffe und auch die Vernunftideen sind zu unterscheiden von dem Ding an sich als Inbegriff der Wirklichkeit, auf die sie sich zwar beziehen, aber nicht unmittelbar zugreifen können. Dies gilt sowohl für die endlichkeitsbezogenen und irrtumsanfälligen Konstruktionen des Verstandes als auch für die unendlichkeitsträchtigen Ideen der Vernunft. Nun gibt es aber in dieser Verstandes- bzw. Vernunftkritik der Philosophie einen Aspekt, auf den Fries sein Augenmerk richtet, nämlich die Tatsache, dass es sich bei all diesen Vermögen und Vollzügen des Verstandes und der Vernunft um Vorgänge des Menschen bzw. im Menschen handelt. Hinter die anthropologische Wirklichkeit, in der wir leben, kommen wir nicht zurück. Die kritischen Aufstellungen und Relativierungen, die wir vernünftigerweise vornehmen, beziehen sich auf Geltungsmomente unseres Denkens und Erkennens, unseres Sollens und Handelns, sie sind aber nicht in der Lage, auch die Wirklichkeit heraufzuführen, von der sie ausgehen. Anders gesagt: Es gibt keine andere Ausgangswirklichkeit als das anthropologische Gegebensein unserer selbst. Das heißt aber, die anthropologische Einheit der kritisch zu untersuchenden Vernunftvermögen ist selbst der Grund jeglicher möglichen Wirklichkeitsannahme. Oder anders gesagt: Der theoretische und der praktische Weltumgang erschöpfen das Potential noch nicht, das auf diesem anthropologischen Boden präsent ist. Neben dem Wissen und dem Glauben gibt es für Fries eine dritte, sozusagen vernünftige Überzeugungsweise: die „Ahndung".[38] Sie vergegenwärtigt sich im Gefühl und wird in der Ästhetik und

---

36 Die Grundzüge seiner Religionstheologie entfaltet de Wette in seinem Werk *Ueber Religion und Theologie*, 1–152.
37 Fries studierte und promovierte als Kant-Schüler bei Fichte in Jena und war später ordentlicher Professor für Philosophie, Mathematik und Physik in Heidelberg und Jena. Im zweiten Teil seiner Philosophiegeschichte von 1840 stellt er sich selbst als den einzig sachgerecht urteilenden Kantianer dar. Vgl. Fries, *Die Geschichte der Philosophie* Bd. 2, 590–632. Dieser Abschnitt bietet eine Selbstdarstellung der Grundzüge seiner Philosophie.
38 „Die Erkenntnis durch reines Gefühl nenne ich Ahndung des Ewigen im Endlichen." Fries, *Wissen, Glauben und Ahndung*, 176.

der Religion anschaulich. Sie ist die Spiegelung der subjektiv-anthropologischen Synthesis in das Objektiv-Gegenständliche – allerdings mit der Restriktion, dass es von dieser Bezugsdimension kein klar bestimmtes, begriffliches Wissen vom Ewigen und Unendlichen gibt, sodass das Ahnen der Mitteilung und Darstellung durch religiös-ästhetische Symbolisierung bedarf.

Für Fries bedeutet die Einschränkung auf diesen anthropologischen Standpunkt aber keineswegs eine Isolierung in einer leeren Subjektivität ohne eigentlichen Realitätsbezug.[39] Vorauszusetzen ist vielmehr eine ursprüngliche Einheit von Denken und Gegenstand und deren Struktur als transzendentale Wahrheit, über die wir zwar nicht verfügen, die aber durch das Selbstvertrauen der Vernunft begründet ist.[40] Alle Versuche, die transzendentale Wahrheit zu vergegenständlichen – sei es in einem System der Epigenese der reinen Vernunft wie bei Kant, sei es in einer Ableitung aus einem ersten Grundsatz wie bei Fichte, sei es in einer ontologischen Begründung der Einheit der drei Grundsätze der Fichteschen Wissenschaftslehre wie bei Schelling und Hegel – hält Fries für verfehlt. Die mit der transzendentalen Wahrheit gegebene unmittelbare Vernunfterkenntnis tritt bei Fries an die Stelle von Kants transzendentaler Einheit des Selbstbewusstseins und ist ähnlich wie diese gehaltreich und gehaltlos. Alle Versuche, die transzendentale Wahrheit für das erkennende Subjekt verfügbar zu machen, resultieren aus einer Verselbstständigung des reflektierenden Subjekts gegenüber der Gegenstandswelt, so dass Subjekt und Objekt in ein Kausalverhältnis, d. h. Herrschaftsverhältnis gebracht werden. Fries wendet gegen Fichtes Subjektivitätsphilosophie ein, dass das Bewusstsein des Gegenstandes außer unserer selbst ebenso ursprünglich in der Anschauung liege wie das Bewusstsein unseres eigenen Zustandes. Es kann gar nicht die Frage entstehen, wie das äußere Ding in unser Bewusstsein eintrete, da es bereits unmittelbar erfasst ist. Damit ist ein cartesischer Dualismus und ein in Folge davon entstehender Solipsismus unterlaufen.

Fries stellt am Anfang seiner anthropologischen Vernunftkritik die Bedeutung der sinnlichen Anschauung heraus. Der Gegenstand wird darin nicht als auf den Geist einwirkend, sondern als in der Anschauung schlechthin gegeben vorgestellt. Die sinnlich angeschaute Welt ist eine qualitativ bestimmte, die erst nachträglich durch Reflexion in ihren Kausalzusammenhängen und quantitativen Verhältnissen erfasst wird. Mit seiner Lehre von der Unmittelbarkeit der sinnlichen Wahrnehmung kehrt er im Grunde zu Aristoteles zurück, der die Wahrnehmung als erste Vollendung versteht, deren Potentialität bereits Besitz von Erkenntnis bedeutet.

---

39 Bonsiepen, *Die Begründung einer Naturphilosophie*, 329 f.
40 Bonsiepen, *Die Begründung einer Naturphilosophie*, 328.

Das besondere Interesse von Fries und de Wette liegt nun auf den Übergän-
gen der drei menschlichen Überzeugungsweisen: Wissen, Glauben, Ahnen. Da
es sich bei allen drei menschlichen Überzeugungsweisen um Vernunftvermögen
handelt, gestaltet sich der Übergang vom Wissen zum Glauben im Unterschied
zu Friedrich H. Jacobi (1715–1788) nicht als *salto mortale*.[41] Denn die religiösen
Ideen – der Glaube an Gott, die Unsterblichkeit, die Freiheit – sind vernunftba-
siert, insofern die Vernunft diese Ideen begreift, und zwar dadurch, dass sie die
in Kants Antinomienlehre aufgezeigte Beschränktheit der menschlichen Naturer-
kenntnis negiert, also eine Negation der Negation vollzieht. Der Glaube ist Vernunftglaube, insofern die religiösen Ideen zwar nicht der Selbsttätigkeit der Vernunft entspringen, aber von ihr vernommen und begriffen werden, wie de Wette
seinen *Theodor* feststellen lässt: „Die Vernunft hat ihren Namen von Vernehmen:
sie ist das Vermögen der Vernehmung [...] und zwar hat dieses Vernehmen eine
doppelte Quelle: die eine sind die Sinne, welche uns die Anschauung der äußeren
Welt liefern, die andere liegt in uns selbst; es ist die ursprüngliche Selbstthätigkeit
unsres Geistes, welche durch die Sinnesanschauung aufgeregt wird."[42]

Der Glaube hat dem Wissen voraus, dass in ihm positive Gehalte dieser religiösen Ideen präsent sind, die das Wissen nicht erfasst, sofern dieses „sich immer
auf die Welt in Zeit und Raum und auf deren endliche, beschränkte und bedingte
Verhältnisse bezieht, und uns, bei allem Streben nach Einheit und Ganzheit, nur
Stückwerk zeigt".[43] Die Erkenntnisform des Wissens weist insofern über sich hinaus, als die unendlichkeitsträchtigen Ideen der Vernunft auf Einheit und Totali-
tät ausgreifen. Was wiederum im Bereich des religiösen Apriori liegt und im
Glauben erfasst wird, Gottesidee und Freiheit, Unsterblichkeit und Teleologie,
stellen nur ein formales Gerüst dar, das erst in der Anwendung auf den Reichtum
religiöser Erscheinungen, Traditionen und Symbole seine Triftigkeit und Evidenz
erhält. Denn es macht das Spezifikum der Religion aus, dass sie sich nicht mit
der Aufstellung von Begriffen begnügt, sondern lebendige Wirklichkeit ist, die
von religiösen Symbolen und Traditionen bestimmt ist.

Im Blick auf das Christentum als Religion gilt es dabei dessen Eigenart zu
beachten, dass das Symbolische und Ästhetische „in und mit dem Geschichtlichen
gegeben, und mit dem Dogmatischen und Sittlichen innig verbunden ist".[44] Da
die Theologie in dialektischer Weise das philosophische und historische Element

---

41 Zur Denkfigur des *salto mortale* bei Jacobi siehe Jaeschke, *Eine Vernunft*, 199–216. Zur Verbindung von Fries und Jacobi siehe Henke, *Jakob Friedrich Fries*, 24, 27 f., 30, 34 f.
42 De Wette, *Theodor*, 65.
43 De Wette, *Ueber Religion und Theologie*, 37.
44 De Wette, *Theodor*, 189.

der Religion aufeinander beziehen muss, kommt den literarischen Quellen[45] des Judentums und des Christentums ein bleibender Stellenwert und eine normative Bedeutung zu: „Die lebendige geschichtliche Auslegung der Schrift ist der einzige Weg, auf welchem man zur Wahrheit gelangt."[46]

3 Vernunft und Offenbarung – ein nicht distinktionales und verwickeltes Verhältnis

De Wette entfaltet in seinen exegetischen und dogmatischen Schriften einen Vernunftbegriff, der Kategorien wie Überzeugung und Offenbarung zu integrieren vermag. Der theologischen Vernunft als nicht nur konstruierendem, sondern vernehmenden und vertrauenden Vermögen ist mehr und anderes zuzutrauen als permanente kritische Selbstrelativierung. Dabei wird ihre geschichtliche Bestimmtheit und Situierung nicht unterlaufen, wie es bei einer neuzeitlich gereinigten Vernunft im Gefolge Kants der Fall ist. Eine nicht distinktionale Verhältnisbestimmung von Vernunft und Offenbarung impliziert freilich, dass der Offenbarungsbegriff nicht als Zwei-Welten-Schnitt mit supranaturalistischen Denkfiguren verknüpft wird. Vielmehr fungiert der Offenbarungsbegriff als eine Art Platzhalter für das unerwartbar Überraschende der Geschichte und einen unableitbaren Überschuss hinsichtlich des Gottesgedankens als Grenzbegriff der Vernunft.

Im Blick auf das Gegründet-Sein der Vernunft spricht de Wette von einer „ihr einwohnenden Offenbarung", die der „unbedingte Grund oder Urquell"[47] der Vernunft ist und theologisch als „innere göttliche Offenbarung"[48] bestimmt werden kann. Damit ordnet er zunächst die Offenbarung der selbsttätigen Vernunft vor und dreht Kants Verhältnisbestimmung von Vernunftglauben und Offenbarung um. Das bringt ihn in die Nähe zu Jacobis Konzeption einer Umstellung der Konstruktions- in eine Findungslogik der Vernunft. Wie Jacobi zielt de Wette im Anschluss an Fries auf die Bestimmung einer „substantiven Vernunft",[49] die den Menschen hat. Mit dieser, der instrumentellen Vernunft übergeordneten Geist-

---

45 Darin unterscheidet sich de Wette von Schleiermacher, der das Wesen des Christentums als eine Grundstimmung des religiösen Gemütes bestimmt, die sich von allen geschichtlichen Realisierungen unterscheidet. Deshalb ist das Urchristentum nur eine kontingente Einkleidung dieses unveränderlichen Gehalts. Vgl. dazu den Brief an Fries vom 26. September 1811. Fries, *Sämtliche Schriften*, Briefe, 612.
46 De Wette, *Theodor*, 367.
47 De Wette, *Theodor*, 66.
48 De Wette, *Lehrbuch der christlichen Dogmatik*, § 34, S. 18 f.
49 Vgl. dazu Sandkaulen, *„Oder hat Vernunft den Menschen?"*, 420.

Vernunft, beschwört er allerdings die Tradition des plotinischen *nous* herauf. Gegenläufig dazu wird die „Anschauung der Natur und Welt, um zum Bewußtseyn zu kommen",[50] in Stellung gebracht – im Sinne einer äußeren oder geschichtlichen Offenbarung. Natur und Geschichte sind allerdings keine selbstevidenten Offenbarungsquellen für eine „religiöse[n] Anschauung der Welt",[51] sondern interpretationsbedürftige Medien dieser Anschauung. Diese Doppelpoligkeit des Offenbarungsbegriffs ermöglicht es de Wette, Vernunftglaube und Geschichte in einen wechselseitigen Verweiszusammenhang zu bringen und die Geschichte der Religionen nicht allein als Kultur- sondern auch als Offenbarungsgeschichte zu interpretieren.

> Jede in das Mittelbare der Sprache und Symbolik hervorgehobene wahre religiöse Idee können wir Offenbarung nennen, weil sie aus dem Unmittelbaren stammt, und das Hervorheben derselben nicht ohne den die Willkür der Betrachtung und Nachbildung leitenden und vor Missgriffen bewahrenden Geist Gottes in der Vernunft und nicht ohne das Gefühl der Abhängigkeit von einem Höheren geschehen kann. Da aber Sprache und Symbolik sich aus gegebenen Anfängen stetig fortbilden können, und in dieser Fortbildung sich ein natürliches Wirken des menschlichen Geistes zeigt: so werden wir nur da Offenbarung oder ein Übernatürliches finden, wo nicht bloß fortgebildet und fortgeschritten, sondern frei geschaffen und höher gestiegen, und der Anfang einer neuen Entwicklungsreihe gesetzt wird. So sind alle Religionen nach der Ansicht der Völker durch Gottbegeisterte gestiftet worden. Wir nennen diese Offenbarung die äußere oder geschichtliche.[52]

Damit werden über den Offenbarungsbegriff als integralen Bestandteil einer theologischen Vernunft auch religiöse Vorstellungen und Gehalte vitalisiert, die in einem geschlossenen Rationalismus randständig oder ausgegrenzt sind. Was heißt das für die Frage, wie sich der Gottesgedanke als Grenzbegriff der Vernunft mit dem Glauben an Gottes Selbstoffenbarung oder Selbstidentifikation im Menschen vereinbaren lässt? Ist die Selbstoffenbarung Gottes vernünftig zu denken? Für de Wette nur in einem weit gefassten Verständnis einer theologischen Vernunft, die den existenziell verantworteten Bezug auf das Unableitbare voraussetzen kann.

In seinem bereits erwähnten exegetischen Spätwerk entfaltet de Wette die Grundlagen historisch-kritischer Arbeit als Vollzugsmoment theologischer Vernunft.[53] Zu ihr gehört für de Wette der Erfahrungssatz, „dass alle großen Entdeckungen, Schöpfungen und Stiftungen im menschlichen Leben, wenn sie auch in der Empfänglichkeit, Sehnsucht und Bedürftigkeit der Masse begründet sind,

50 De Wette, *Theodor,* 66.
51 De Wette, *Ueber Religion und Theologie,* 67.
52 De Wette, *Lehrbuch der christlichen Dogmatik,* §. 42, 26.
53 De Wette, *Johannis.*

doch immer der Selbsttätigkeit überlegener Individuen angehören".[54] Gewiss würde man dies aus heutiger Sicht nicht als Erfahrungssatz bezeichnen. Doch ist die Aussage über die historische Bedeutung von „überlegenen Individuen" zunächst als ein Widerspruch gegen den kollektivistischen Grundsatz von David Richard Strauß (1808–1874) gemeint, wonach das Zeitalter, die Nation und die Masse die entscheidenden Subjektgrößen der Geschichte sind. Mit der Rede von den schöpferischen Individuen nimmt de Wette die geschichtsphilosophische Denkfigur auf, dass die Geschichte – auch die Religionsgeschichte – von der Überraschung lebt, dass sie kontingentes Geschehen enthält, das nicht aus dem Vergangenen ableitbar ist.

Rechnet man mit de Wette in einer vorsichtigen Weise mit einer Rationalität der Selbstoffenbarung Gottes, dann beruhen die Gehalte dieser Selbstoffenbarung nicht auf einer unmittelbaren supranaturalen Selbstmitteilung. Sie bestehen zunächst in religiös-transzendentalen Kategorien, in deren Verwendung unter Bezugnahme auf die religiösen Traditionen und Symbole im religiösen Feld sich aber in der Tat Gott selbst vorstellt. In dem durch religiöse Traditionen und Symbole angereicherten aktualen Gebrauch dieser Kategorien kommt es zur Evidenz der Überzeugung. Das heißt, dass die individuelle und gemeinschaftliche Erfahrung das Kriterium ihrer Triftigkeit wird, oder mit den Worten de Wettes: dass im Hier und Jetzt der „Anfang einer neuen Entwicklungsreihe gesetzt wird".[55]

Bibliographie

Askani, Hans-Christoph and Grandjean, Michel Hg. *Luther und die Philosophie. Streit ohne Ende?* Hermeneutische Untersuchungen zur Theologie 82, Tübingen: Mohr Siebeck, 2021.

Axt-Piscalar, Christine. „De Wettes Religionstheorie." In *Wilhelm Martin Leberecht De Wette. Ein Universaltheologe des 19. Jahrhunderts* [Studien zur Geschichte der Wissenschaften in Basel. NF 1], hg. v. Hans-Peter Mathys, Klaus Seybold, 108–126. Basel: Schwabe & CO AG, 2001.

Bonsiepen, Wolfgang. *Die Begründung einer Naturphilosophie bei Kant, Schelling, Fries und Hegel.* Mathematische versus spekulative Naturphilosophie, Frankfurt a. M.: Klostermann, 1997.

Bultmann, Christoph. „Philosophie und Exegese bei W.M.L. de Wette." In *Wilhelm Martin Leberecht De Wette. Ein Universaltheologe des 19. Jahrhunderts* [Studien zur Geschichte der Wissenschaften in Basel. NF 1], hg. v. Hans-Peter Mathys, Klaus Seybold, 44–61. Basel: Schwabe & CO AG, 2001.

Buntfuss, Markus. *Die Erscheinungsform des Christentums.* Zur ästhetischen Neugestaltung der Religionstheologie bei Herder, Wackenroder und De Wette [Arbeiten zur Kirchengeschichte 89], Berlin: Walter de Gruyter, 2004.

---

54 De Wette, *Johannis*, 339.
55 De Wette, *Lehrbuch*, 26.

Buntfuss, Markus. *Begeisterung – Ergebung – Andacht*. Zur Gefühlskultur des Christentums bei Fries und De Wette. In *Theologie der Gefühle*, hg. v. Roderich Barth and Christopher Zarnow, 143–156. Berlin: Walter de Gruyter, 2015.

Dierken, Jörg. „Vernunft und Offenbarung zwischen Wolff und Kant", *Zeitschrift für Theologie und Kirche* 119 (2022): 73–86.

De Wette, Wilhelm Martin Leberecht. *Eine Idee über das Studium der Theologie* (Sommer 1801), dem Drucke übergeben und mit einer Vorrede begleitet von Adolf Stieren. Leipzig: T. O. Weigel, 1850.

De Wette, Wilhelm Martin Leberecht. *Rezension von: F. D. E. Schleiermacher, Über die Religion. Reden an die Gebildeten unter ihren Verächtern*. In Jenaische Allgemeine Literatur-Zeitung, Nr. 131, 5. Juni 1807, 433–440 u. Nr. 132, 6. Juni 1807, 441–448.

De Wette, Wilhelm Martin Leberecht. *Beiträge zur Einleitung in das Alte Testament*, Bd. 1: Kritischer Versuch über die Glaubwürdigkeit der Bücher der Chronik mit Hinsicht auf die Geschichte der Mosaischen Bücher und Gesetzgebung, Halle: Schimmelpfennig, 1806. Bd. 2: Kritik der Israelitischen Geschichte. Erster Theil: Kritik der Mosaischen Geschichte. Halle: Schimmelpfennig, 1807.

De Wette, Wilhelm Martin Leberecht. *Commentar über die Psalmen in Beziehung auf seine Uebersetzung derselben* [1811], zweyte, verbesserte und vermehrte Auflage, Heidelberg: Mohr, 1923.

De Wette, Wilhelm Martin Leberecht. *Ueber Religion und Theologie. Erläuterungen zu seinem Lehrbuch der Dogmatik* (1815), Berlin: Georg Reimer, 2. Aufl. 1821.

De Wette, Wilhelm Martin Leberecht. *Lehrbuch. Biblische Dogmatik: Lehrbuch der christlichen Dogmatik in ihrer historischen Entwicklung dargestellt*. Erster Theil: Biblische Dogmatik Alten und Neuen Testaments oder kritische Darstellung der Religionslehre des Hebraismus, des Judenthums und Urchristentums. Zum Gebrauch akademischer Vorlesungen 1813, 3. Aufl. Berlin: Georg Reimer, 1831.

De Wette, Wilhelm Martin Leberecht. *Theodor oder des Zweiflers Weihe. Bildungsgeschichte eines evangelischen Geistlichen*, 2 Bde., Berlin 1822; zweite, durchgesehene, wohlfeilere Ausgabe, Berlin 1828. Mit Anmerkung versehene Neuausgabe nach der zweiten Auflage von 1828 hg. v. Peter Schüz, Baden-Baden: Karl Alber, 2022.

De Wette, Wilhelm Martin Leberecht. *Kurze Erklärung des Evangeliums und der Briefe Johannis* (1837), (Kurzgefasstes exegetisches Handbuch zum Neuen Testament I/3), 5. Aufl. Leipzig: Hirzel 1863.

Fries, Jakob Friedrich. *Über das Verhältnis der empirischen Psychologie zur Metaphysik* [1798]. Bd. 2, *Sämtliche Schriften*. Aalen: Scienta 1982.

Fries, Jakob Friedrich. *Sämtliche Schriften*, Abt. 6, Bd. 4, Briefe I: Konvolute A–E, Aalen: Scienta, 1997.

Fries, Jakob Friedrich. *Die Geschichte der Philosophie*, Bd. 2 [1840], Bd. 19 *Sämtliche Schriften*. Aalen: Scienta, 1969.

Fries, Jakob Friedrich. *Wissen, Glauben und Ahndung*. Jena: J. C. G. Göpfert, 1805.

Fries, Jakob Friedrich. *Neue Kritik der Vernunft*. Heidelberg: Mohr und Zimmer, 1807.

Fukaya, Motokiyo. *Anschauung des Absoluten in Schellings früher Philosophie* (1794–1800), Epistemata Philosophie Bd. 426. Würzburg: Königshausen & Neumann, 2006.

Henke, Ernst L. Th. *Jakob Friedrich Fries. Aus seinem handschriftlichen Nachlass dargestellt*. Leipzig: F. A. Brockhaus, 1867.

Henningfeld, Jochem. *Friedrich Wilhelm Joseph Schellings Philosophische Untersuchungen über das Wesen der menschlichen Freiheit*, Darmstadt: Wissenschaftliche Buchgesellschaft, 2001.

Herder, Johann Gottfried. *Metakritik zur Kritik der reinen Vernunft* (1799). In Schriften zu Literatur und Philosophie 1792–1800. Bd. 8, Werke, hg. v. Hans Dietrich Irmscher, 622–640 [Bibliothek Deutscher Klassiker 154]. Frankfurt a. M.: Suhrkamp, 1998.

Hinske, Norbert u. a. Hg. *Der Aufbruch in den Neukantianismus. Der Frühkantianismus an der Universität Jena von 1785–1800 und seine Vorgeschichte* [Forschungen und Materialien zur deutschen Aufklärung 6], Stuttgart-Bad Cannstatt: frommann-holzboog, 1995.

Jaeschke, Walter. „Eine Vernunft, welche nicht die Vernunft ist. Jacobis Kritik der Aufklärung." In *Friedrich Heinrich Jacobi. Ein Wendepunkt der geistigen Bildung der Zeit,* Studien zum achtzehnten Jahrhundert Bd. 29, hg. v. Walter Jaeschke and Birgit Sandkaulen, 199–216. Hamburg: Felix Meiner, 2004.

Mathys, Hans-Peter and Seybold, Klaus. Hg. *Wilhelm Martin Leberecht De Wette. Ein Universaltheologe des 19. Jahrhunderts* [Studien zur Geschichte der Wissenschaften in Basel NF 1], Basel: Schwabe & CO AG, 2001.

Iff, Markus. „Religionsphilosophie und Theologie. Rudolf Ottos Bezug auf Wilhelm Martin Leberecht De Wette." In *Rudolf Otto. Theologie – Religionsphilosophie – Religionsgeschichte* hg. v. Jörg Lauster u. a., 191–202. Berlin: Walter de Gruyter, 2013.

Iff, Markus. „Vernunftglaube und Wahrheitsgefühl. Zur Religionstheologie W. M. L. de Wettes im Anschluss an J. F. Fries." In *Wort und Weisheit*. Festschrift für Johannes von Lüpke, hg. v. David Kannemann and Volker Stümke, 267–276. Leipzig: Evangelische Verlagsanstalt, 2016.

Iff, Markus. „Anthropologisch-ästhetische Religionstheorie. Der Religionsbegriff Wilhelm M. L. De Wettes (1780–1849)," in *Die Religion der Bürger. Der Religionsbegriff in der protestantischen Theologie vom Vormärz bis zum Ersten Weltkrieg* hg. v. Georg Pfleiderer und Harald Matern, 213–230. Tübingen: Mohr Siebeck, 2021.

Iff, Markus. „Vernunftglaube und Offenbarung. Eine Spurensuche nach neuzeitlich-theologischen und philosophischen Theoriesträngen im Theodor," in *Religion und Lebensweg im 19. Jahrhundert*. Interdisziplinäre Erkundungen im Spiegel des Lehr-Romans „Theodor oder des Zweiflers Weihe" von W. M. L. de Wette, hg. v. Peter Schüz, 139–154. Baden-Baden: Karl Alber, 2022.

Kant, Immanuel. *Was heißt sich im Denken orientieren?* (1786). Bd. VIII *Gesammelte Schriften*, hg. von der Preußischen Akademie der Wissenschaften, Berlin: De Gruyter 1902 ff.

Kant, Immanuel. *Kritik der praktischen Vernunft* (1788). Bd. V *Gesammelte Schriften*, hg. von der Preußischen Akademie der Wissenschaften, Berlin 1902 ff.

Kant, Immanuel. *Die Religion innerhalb der Grenzen der bloßen Vernunft* (1793). Bd. VI *Gesammelte Schriften*, hg. von der Preußischen Akademie der Wissenschaften, Berlin 1902 ff.

Nonnenmacher, Burkhard. *Vernunft und Glaube bei Kant*. Collegium Metaphysicum 20, Tübingen: J. C. B. Mohr, 2018.

Ohst, Martin. „De Wette als theologischer Ethiker neben Schleiermacher", *Theologische Zeitschrift* 51 (1995): 151–173.

Otto, Rudolf. *Kantisch-Fries'sche Religionsphilosophie und ihre Anwendung auf die Theologie*. Zur Einleitung in die Glaubenslehre für Studenten der Theologie. Tübingen 1909.

Rogerson, John W. *W. M. L. De Wette. Founder of a Modern Biblical Criticism*. An Intellectual Biography [Journal for the Study oft he Old Testament Supplement 126], Sheffield 1992.

Rohls, Jan. *Liberale Romantik. Wilhelm Martin Leberecht de Wette 1780–1849*. In Profile des neuzeitlichen Protestantismus, hg. v. Friedrich W. Graf, Bd. 1, Aufklärung Idealismus Vormärz, 223–250. Gütersloh: Gütersloher Verlagshaus, 1990.

Rohls, Jan. *Protestantische Theologie der Neuzeit* Bd. 1, Die Voraussetzungen und das neunzehnte Jahrhundert, Tübingen: Mohr-Siebeck, 1997.

Rohls, Jan. *Offenbarung, Vernunft und Religion*. Ideengeschichte des Christentums Bd. 1, Tübingen: Mohr Siebeck, 2012.

Sandkaulen, Birgit. „„Oder hat Vernunft den Menschen'? Zur Vernunft des Gefühls bei Jacobi." *Zeitschrift für Philosophische Forschung* 49 (1995): 416–429.

Schelling, Friedrich W. J. *Philosophische Untersuchungen über das Wesen menschlicher Freiheit und die damit zusammenhängenden Gegenstände. Freiheitsschrift.* Sämtliche Werke, hg. v. K. Schelling, 1. Abteilung: 10 Bde. (= SW I–X), Stuttgart/Augsburg: 2. Abteilung: 4 Bde. (= SW XI–XIV), Stuttgart und Augsburg: Cotta, 1856–1861.

Schüz, Peter Hg. *Religion und Lebensweg im 19. Jahrhundert.* Interdisziplinäre Erkundungen im Spiegel des Lehr-Romans »Theodor oder des Zweiflers Weihe« von W. M. L. de Wette. Baden-Baden: Karl Alber, 2022.

Smend, Rudolf. „De Wettes Arbeit am Alten und Neuen Testament." In *Wilhelm Martin Leberecht De Wette. Ein Universaltheologe des 19. Jahrhunderts* [Studien zur Geschichte der Wissenschaften in Basel. NF 1], hg. v. Hans-Peter Mathys, Klaus Seybold, 11–29. Basel: Schwabe & CO AG, 2001.

Stegemann, Ekkehard. „Die Halbierung der ‚hebräischen' Religion". De Wettes Konstruktion von ‚Hebraismus' und ‚Judentum' zum Zwecke christlicher Aneignung des Alten Testaments." In *Wilhelm Martin Leberecht De Wette. Ein Universaltheologe des 19. Jahrhunderts* [Studien zur Geschichte der Wissenschaften in Basel. NF 1], hg. v. Hans-Peter Mathys, Klaus Seybold, 79–95. Basel: Schwabe & CO AG, 2001.

Stählin, Ernst. *Dewettiana. Forschungen und Texte zu Martin Leberecht de Wettes Leben und Werk.* Studien zur Geschichte der Wissenschaft in Basel II, Basel: Verlag von Helbing & Lichtenhahn, 1956.

Michael Moxter
Kant und die Tora

Der Titel dieses Bandes klingt für den systematischen Theologen vertraut genug, um die Saiten seines eigenen Faches unwillkürlich mitschwingen zu lassen. Freilich wird, wer die Begriffe *Vernunft* und *Kritik* historisch und sachlich in enger Nachbarschaft sieht, auch aufgeklärt genug sein müssen, um sich nicht in die Verlegenheit zu bringen, vor den Vertreterinnen und Vertretern einer anderen theologischen Disziplin über die Binnenrationalität ihres Faches urteilen zu wollen. Schon innerhalb der systematischen Theologie müsste man sich ja zunächst mit Stimmen befassen, die teils offen, teils verdeckt die theologische Urteilskraft von der Bibel im Allgemeinen und vom Alten Testament im Besonderen so weit abkoppeln und auf Abstand halten, dass sie der Exegese nur eine traditionelle, heute aber überbewertete und angesichts der Schere von Genesis und Geltung alles in allem randständige Bedeutung einräumen. Selbstbeschreibungen der alt- wie der neutestamentlichen Forschung, die ihr Wissenschaftsverständnis bzw. die Reinheit ihres Methodenkanons ausschließlich am historischen oder historistischen Paradigma ausrichten, unterminieren ihrerseits die Erwartung, nicht die schiedlich-friedliche Trennung der disziplinären Perspektiven, sondern der Austausch und die produktive Zusammenarbeit entsprächen der enzyklopädischen Logik evangelischer Theologie und ihrer Fächer. Angesichts dieser, zu große Lasten schulternden Fragen nähere ich mich dem Leitthema dieses Bandes eher indirekt und sozusagen lateral, indem ich die im Titel des Bandes unübersehbare Anspielung auf Kant aufnehme und dieser auf meine Weise zu entsprechen suche.

Kant hat seine Kritiken bekanntlich nicht um eine vierte, um eine ‚Kritik der religiösen Vernunft' ergänzt, sondern hat sich für einen anderen Zugang entschieden, als er sich den ihn lebenslang beschäftigenden Themen der Religion in einer eigenen Abhandlung zuwandte. Geleitet von der Überzeugung, dass es zur Eigentümlichkeit einer *Kritik der Vernunft* gehört, in der Einheit von *genetivus obiectivus* und *genetivus subiectivus* zu operieren, ist das Unternehmen eine Sache der Selbstkritik – auch auf die Gefahr hin, in dem als Gerichtsprozess beschriebenen Verfahren Richter *und* Angeklagten bzw. Ermittler *und* Zeugen in zu große Nähen zueinander geraten zu lassen. Der kritischen Rekonstruktion ihrer Grenzen, der Analyse der Konstitution von Erkenntnis und der Geltungsgründe gerechtfertigter Urteile wollte Kants Transzendentalphilosophie sich widmen und so kritische Rationalitätstheorie sein. Die Begründung der Wissenschaften war für Kant freilich nur ein Auftakt, auch der praktischen Vernunft Gehör zu verschaffen und Freiheit in der Einheit von theoretischer und praktischer Vernunft denken zu können.

https://doi.org/10.1515/9783111317564-007

Aber aus Kants Denkweg, der immer neue Komplexität erzeugte (wer hätte gedacht, dass auf die transzendentale Analytik des Verstandes und ihrer Begriffslehre eine Rehabilitierung des Symbols folgen oder dass die Destruktion der Gottesbeweise in einen praktischen Vernunftglauben münden könnte, der Gottes Existenz postuliert?), lässt sich nicht folgern, dass Kant Religion als Quelle der Vernunft bezeichnet hätte. Er verortete sie *innerhalb der Grenzen der bloßen Vernunft*, weil er allein der humanen Rationalität zutraute, Religion über sich selbst aufzuklären. Damit dürfte es zusammenhängen, dass er zwar einen *Streit der Fakultäten* kannte, aber von einem Streit der Disziplinen *innerhalb einer Fakultät* machte er sich keinen Begriff. Insofern beanspruchen die folgenden Beobachtungen zu Kant nicht, das Verhältnis von exegetischer und systematischer Theologie auf neue Weise zu ordnen oder zu einer Kritik der exegetischen Vernunft beizutragen. Sie diskutieren Kants Schriftlehre, mögliche Affinitäten zwischen kantischer Gesetzeslehre und jüdischer Torafrömmigkeit und die problematischen Urteile, mit denen Kant Geschichte geschrieben und zu denken gegeben hat.

I Kants Verständnis der exegetischen Wissenschaft

Kant hat es Vertreterinnen und Vertretern dieser Fächergruppe nicht leicht gemacht. Einerseits zögert „der Philosoph des Protestantismus"[1] keinen Augenblick, die gesamte Ausrichtung und Arbeit einer Theologischen Fakultät unter die Titel ‚Biblische Theologie' und ‚Schriftgelehrsamkeit' zu bringen. Andererseits aber kommt nach ihm so etwas wie ‚exegetische Vernunft' nur dadurch zustande, dass die Vernunft (und also wissenschaftsarchitektonisch gesprochen: die Philosophische Fakultät) der Schrift *ihren Sinn* unterlegt – den man, die Schrift mit der Schrift und also durch sich selbst interpretierend, u. U. nicht erkennt – was die Frage aufwirft, ob die Theologie mit ihrem methodischen Willen, die Bibeltexte nach Maßgabe ihres *sensus literalis* zu interpretieren, Relevanz behalten kann. Eine Auslegung, die in historischer Absicht die *intentio auctoris* der alt- oder neutestamentlichen Schriften zu erfassen suchte, bliebe Kant zufolge selbst im Fall des Gelingens im Bann der bloß äußeren, der statutarischen Seite der Religion. Philologische, literarkritische und andere historische Methoden können die Texte zwar gelehrt erforschen, aber bekommen gerade nicht in den Blick, worauf

---

1 So nannte ihn 1899 Friedrich Paulsen in seinem gleichnamigen Buch.

es in der Religion eigentlich ankommt.[2] Denn einer Orientierung an den überlieferten Statuten und kanonischen Schriften fehlt alles, was über das bloß Partikulare und Kontingente und das in diesem Sinne Positive hinausführen könnte. Ausrichtung an der ‚Schrift' ist Orientierung an Satzungen und damit letztlich an der Autorität derjenigen, die sie erlassen, ‚gesetzt' und ‚gesatzt' oder auch nur zusammengestellt haben. Schon die Verwendung des neutestamentlichen Kampfbegriffs ‚Schriftgelehrte' deutet die Überzeugung Kants an, solcher Umgang mit der Bibel entstelle das, was Religion eigentlich ausmacht, zugunsten abstrakter Lehren und Orthodoxien, die der religiösen Praxis nur im Wege stehen. Mit der der Aufklärung verdankten Unterscheidung von Religion und Theologie lässt Kant Religion eine Sache praktischer Lebensführung sein, während Theologie als eine mit philologischer und historischer Quellenkenntnis operierende Schriftlehre oder als Vorrat an Heilswissen einen anderen, einen theoretischen Wissenstyp repräsentiert. Partikularität, Kontingenz, Autorität und ein Wissen, das keinen Unterschied macht, kennzeichnen die Theologie, während Religion ihren Sitz im Leben behauptet, wo ein Mensch den Inbegriff seiner moralischen Pflichten erkennt und diese als göttliche Gebote zu denken vermag.[3]

Man wird sagen müssen, dass es die zentrale Stellung des Schriftprinzips innerhalb (der Selbstbeschreibung) evangelischer Theologie war, die Kant veranlasste, mit dieser prinzipientheoretischen Vorordnung der Vernunft vor dem Text, des im Denken selbst Erkannten vor dem durch schriftliche Überlieferung Gegebenen, die Sache der Theologie zu betrachten. Im Grunde kann vom Schriftprinzip nur unter der Einschränkung die Rede sein, dass es sich bei ihm *per definitionem* nicht um ein Letztprinzip handeln kann, sondern nur um einen einer Kirche aufgrund ihrer eigenen Identität sich aufdrängenden und zuerst nahelegenden Gedanken, der aber gemäß der aristotelischen Bestimmung als ein ‚Erstes für uns' nicht für ein ‚Erstes an sich' gehalten werden darf. Deshalb bilden die Sicherstellung eines Textes und die Identifikation des einer Gemeinschaft eigentümlichen Sinns ihrer Zeugnisse und Urkunden nur einen äußeren Bezugspunkt, ge-

---

2 Zur Problemlage und zur Forschungsgeschichte vgl. den Band: Bibelhermeneutik und dogmatische Theologie nach Kant, hg. v. Harald Matern et al., Tübingen 2016.

3 „Der biblische Theolog ist eigentlich der Schriftgelehrte für den Kirchenglauben, der auf Statuten, d. i. auf Gesetzen beruht, die aus der Willkür eines andern ausfließen, dagegen ist der rationale der Vernunftgelehrte für den Religionsglauben, folglich denjenigen, der auf innern Gesetzen beruht, die sich aus jedes Menschen eigener Vernunft entwickeln lassen. Daß dieses so sei, d. i. daß Religion nie auf Satzungen (so hohen Ursprungs sie immer sein mögen) gegründet werden könne, erhellet selbst aus dem Begriff der Religion. Nicht der Inbegriff gewisser Lehren als göttlicher Offenbarungen (denn der heißt Theologie), sondern der aller unserer Pflichten überhaupt als göttlicher Gebote [...] ist Religion" (Der Streit der Fakultäten A 44).

genüber dem allein der Vernunft die Kompetenz zukommt, in Angelegenheiten der Religion zu entscheiden. Sie tut das am Leitfaden eines Moralgesetzes, das sich nicht der Autorität, auch nicht der einer Heiligen Schrift unterwirft, allerdings auch keine Hoheit in der Identifikation des ursprünglich gemeinten Sinnes beansprucht. Religion hängt an einer Gewissheit, die das vernünftige Subjekt nur aus sich selbst gewinnen kann und die ihm daher weder andemonstriert noch durch äußere Anschauung oder institutionelle Belehrung vindiziert werden kann. Kein Wissen über historische Tatsachen kann vermitteln, was, wie nur selbst geglaubt, so auch nur selbst gedacht werden kann.

Freilich wird diese nachrangige Platzierung der Schriftauslegung und die mit ihr verbundene Beschreibung der Theologischen Fakultät dadurch etwas abgemildert, dass auch die beiden anderen Oberen Fakultäten, die Rechtswissenschaft und die Medizin, derselben Diagnose unterworfen sind. Aus der Perspektive der philosophischen Rationalitätsanforderung unterliegen sie demselben Handicap: Auch sie sind schriftbezogene Wissenschaften (auf das Gesetzbuch ausgerichtet die eine, an die Medizinalordnung gebunden die andere). Auch sie können nur in einem abgeschwächten, relativen Sinne Legitimität beanspruchen (weil es vernünftig ist, das positive Recht zu kennen, wenn man für das Gemeinwohl eintreten will, oder weil man nur innerhalb eines berufsständischen und rechtlichen Ordnungsrahmens im Gesundheitswesen dem Wohl des Einzelnen dienen kann). Um willen der Vernunft müsste es keine der drei Fakultäten geben, so dass sie gemeinsam und doch jede für sich auf eigentümliche Weise auf die untere Fakultät, auf die Philosophie, angewiesen sind. Die philosophische Fakultät und nur sie steht für das, was rational unhintergehbar und für Wissenschaft konstitutiv ist. Als Sachwalterin der Vernunft ist sie der eigentliche Ort und Hort von Kritik, während die Oberen Fakultäten und die in ihnen geprägten Wissenschaften nicht um willen der Universität, nicht um der Idee der Wissenschaft oder der Wahrheit willen, sondern einzig im Interesse der Bereitstellung von Verfügungs- und Herrschaftswissens bei der Einrichtung eines Gemeinwesens gebraucht werden. In der Folge dieser bilateralen Konstruktion wird der Streit der Fakultäten dadurch eingehegt, dass die Theologische Fakultät Kontroversen jedenfalls nicht mit anderen Fakultäten ausfechten, sondern sich, wie diese auch, allein vor der Philosophie verantworten muss. Asymmetrien entstehen allenfalls in der Hinsicht, dass die Rechtswissenschaft es im positiven Recht mit einer veränderungsfähigen Größe zu tun hat, deren Positivität darin besteht, dass der Gesetzgeber auch anders beschließen kann, während die Theologie es mit einem statutarischen Text *kath'exochen* zu tun hat, der ein für allemal kanonisiert wurde, also abgeschlossen ist und bleibt.

Eine weitere Modifikation mit Aussicht auf Abmilderung begegnet in dem Urteil, Kants Einschätzung der biblischen Theologie richte sich nicht gegen die

Bibel selbst. Diese bleibe ein Vehikel der wahren Vernunftreligion[4] solange man sie richtig liest und auslegt. Mit dem Hinweis auf Kants Bewertung der Heiligen Schrift als einer ‚Wohltat' hat Otto Kaiser[5] versucht, die exegetischen Disziplinen wenigstens indirekt in ein besseres Licht zu setzen. Ist die Bibel nicht in jeder Hinsicht entbehrlich, muss auch die Kunst ihrer Auslegung nicht überflüssig sein. Es fragt sich freilich, ob dieser Gedankengang nicht auf eine Eselsbrücke führt, deren Tragfähigkeit man lieber nicht unter Bedingungen ernsten Streites testen sollte. Denn den auf diese Weise identifizierten Wert der Bibel erkennt ja Kant zufolge nur der, der sie im Interesse der praktischen Vernunftreligion auslegt, also der Philosoph, der in Teilen der Lehre Jesu und in einem Großteil seines Handelns das anschaulich zum Ausdruck kommen sieht, was das Sittengesetz vom Menschen fordert. Es ist die moralische „Wirkung, welche die Lesung der Bibel auf das Herz der Menschen" hat, um derentwillen Kant dieses Buch hochschätzt. Kant nennt diese Wirkung mit einem heute ungewohnten, aber noch verständlichen Wort eine „Ansherzlegung"[6] der praktischen Vernunft. Man könnte von einer rezeptionstheoretischen Perspektive sprechen, die durch Steigerung der Anschaulichkeit bzw. durch Intensivierung ergreifender Darstellung auf Aneignung dessen zielt, was die reine praktische Vernunft von sich aus, also ganz ohne Schriftbezug, ‚unnachlasslich' gebietet. Nur dass diese Gebote im individuellen Fall mitunter kraftlos bleiben, wenn die rationale Einsicht in die Richtigkeit der Norm keinen Impuls freisetzt, ihr auch zu folgen. Funktion und Wohltat der Schrift werden insofern Klientel bezogen identifiziert und bestehen darin, angesichts gegebener Rezeptionsbedingungen *vorerst* noch unersetzbar zu sein. Unter Begründungs- und Legitimitätsgesichtspunkten kann die Schrift aber keine andere Aufgabe haben als die, sich selbst zugunsten der Moralität überflüssig zu machen. Die von Kaiser skizzierte Bedeutung der Schrift bietet insofern nur einen schwachen Trost angesichts der prinzipiellen Neutralisierung der in der Bibel enthaltenen Glaubens- und Gottesvorstellungen oder ihrer alt- wie neutestamentlichen Heilsverkündigung. Kants Bemerkung, die Auslegung des Geschichtsglaubens sei „der Scharfsinnigkeit der Schriftgelehrten"[7] überlassen, trägt nur zu einer partiellen Legitimierung der Exegese wie der Theologie als ganzer bei, bleibt eher auf einen ironischen Ton gestimmt. Denn gerade ein Geschichts*glaube* oder eine Heils*zusage*, die diesseits der Moral oder jenseits von gut und böse Geltung beanspruchen könnten, sind für Kant von der Sache her überflüssig und gefährden sie darum bereits. Auch kann das von ihm erzeugte Bild der Schriftauslegung

---

4 A. a. O. A 135.
5 Otto Kaiser, Kants Anweisung zur Auslegung der Bibel, in: NZSTh 11 (1969) 125–138; 128–130.
6 Der Streit der Fakultäten A 93.
7 A. a. O. A 98.

das Selbstverständnis exegetischer Theologie nicht stützen, weil Kant die Verfahren gegenwärtiger Bibelexegese eher der historischen Wissenschaft als der Theologie zugeordnet hätte. Die Philosophische Fakultät umfasst nicht nur reine Vernunfterkenntnisse, sie verfügt auch allein über die Mittel, den historischen Ursprüngen „mit kritischer Bedenklichkeit nachzuspüren". Ausdrücklich heißt es: „Sie [sc. die Philosophische Fakultät] erstreckt sich eben darum auf alle Teile des menschlichen Wissens (mithin auch historisch über die obern Fakultäten)".[8]

Man wird also nicht unterstellen können, die Ausrichtung der Exegese an der Text- und Religionsgeschichte könne zur rationalen Legitimation theologischer Schriftauslegung etwas Entscheidendes beitragen. Die Exegese hat es, Kant zufolge, mit dem Geschichtlichen gerade nicht als mit etwas Gewordenem zu tun, das sie in seinem Werden erhellen könnte oder sollte. *Schrift* ist vielmehr kategorial etwas Statuiertes, Positiviertes, Befohlenes, das hernach gewiss auch Geschichte macht, aber sich nicht ihr, sondern einem setzenden Willen verdankt. Der biblische Theologe, wie Kant ihn sieht, kann daher für die Aufklärung des historisch Gewordenen nichts Vernünftiges leisten, denn es ist seine Eigenart, es als durch Gottes Willen Gesetztes zu behandeln bzw. behandeln zu müssen. Kurzum: In Kants *Streit der Fakultäten* ist nicht vorgesehen, dass das Vernunftinteresse an rationaler Begründung an einem anderen Ort befriedigt oder auch nur angemessen vertreten werden könnte als allein innerhalb der Philosophie. Rationalitätsfragen bleiben deren Angelegenheit, in die man sich als Theologe wie als Exeget nicht einmischen kann, ohne Verwirrung zu erzeugen. Aus der Perspektive der Rationalitätstheorie Kants sind daher Theologische Fakultäten mit Motivationsfragen und Restproblemen befasst. An dieser Abschichtung von Geltungsrelevanzen könnte sich nur etwas ändern, wenn Vernunft nicht ausschließlich als oberste und unparteiische Richterin gedacht wäre, sondern jeder ihrer Begründungsschritte von einem unhintergehbaren In- und Miteinander von Rationalität und geschichtlicher Erfahrung, von Genesis und Geltung geprägt wäre. Dann bestätigte sich die Unmöglichkeit, aus ,reiner Vernunft' inhaltlich relevante Erkenntnisse zu gewinnen, auch noch im Blick der Philosophischen Fakultät auf die anderen Wissenschaften. Erst unter dieser Voraussetzung wäre es nicht unvernünftig, der Arbeit an Texten mehr zuzutrauen.

II Kantphilologie und Toragelehrsamkeit

Der Titel meines Beitrags konzentriert die Stellung Kants zur Schrift und ihrer Auslegung im Zusammenhang dieses Bandes auf ein bestimmtes Textkorpus, auf

---

8 A. a. O. A 27.

die Tora. Doch bettet das Spannungsfeld von Exegese und Rationalität diese Schwerpunktbildung in allgemeinere Fragestellungen ein, unter denen die Beziehungen Kants zum Judentum und das historische Phänomen des jüdischen Kantianismus von besonderem Interesse sind. Es geht um die schon oft bemerkte[9] Paradoxie, dass Kants von Vor- und Verwerfungsurteilen geprägtes Bild des Judentums der Rezeption seiner Philosophie *im Judentum* offenbar nicht im Wege stand. So ist letzteres für Kant der Inbegriff einer statutarischen Religion, die im Grunde noch nicht einmal Religion im strengen Sinne, sondern eher Staatsverfassung sei, eine Theokratie, die als Priesteraristokratie eine Zeitlang funktioniert habe, aber, von der geschichtlichen Entwicklung längst überholt, Stoßseufzer Ciceros auf sich ziehe, die Reste der Alten Welt machten der Gegenwart noch immer zu schaffen.[10] Trotz dieser Einschätzung würdigt der Königsberger Philosoph den Berliner Aufklärer Moses Mendelssohn (1729–1786) als vorbildlichen Vertreter der Toleranz,[11] ist mit keinem anderen seiner Schüler so eng befreundet wie mit dem Juden Marcus Herz (1747–1803) und wird schließlich von Salomon Maimon (ca. 1752–1800), von Saul Ascher (1767–1822),[12] von Lazarus Bendavid (1762–1832) und von Isaak A. Euchel (1756–1804) auf Weisen rezipiert, die zur Formierung des Kantianismus entscheidend beitrugen. Das gilt für die regionale Ausbreitung (Herz und David Friedländer [1750–1835] in Berlin, Bendavid in Wien) wie für die inhaltliche Weiterbildung (Maimon) oder die Übersetzung kantischer Begriffe ins Hebräische (Euchel).[13]

Diese zeitgenössische jüdische Rezeption nahm ein vertieftes Profil an, als der Neukantianismus seit den sechziger Jahren des neunzehnten Jahrhunderts im Gegenüber zu den empirischen Wissenschaften und in Abwehr der nachkantischen Spekulation die kritische Philosophie zu erneuern suchte. Das geschah mit

---

9 Vgl. Heinz Moshe Graupe, Kant und das Judentum, in: Zeitschrift für Religions- und Geistesgeschichte, Bd. 13 [1961], 308–333; 315. Online abrufbar unter: https://www-1jstor-1org-1005a4d8h 2095. [letzter Zugriff am 17. 3. 2023].

10 Der Streit der Fakultäten A 48.

11 „Herr Friedländer wird Ihnen sagen, mit welcher Bewunderung der Scharfsinnigkeit, Feinheit und Klugheit ich Ihren Jerusalem gelesen habe. Ich halte dieses Buch vor die Verkündigung einer großen, obzwar langsam bevorstehenden und fortrückenden Reform, die nicht allein Ihre Nation, sondern auch andere treffen wird. Sie haben Ihre Religion mit einem solchen Grade von Gewissensfreiheit zu vereinigen gewußt, die man ihr gar nicht zugetraut hätte, und dergleich sich keine andere rühmen kann. Sie haben zugleich die Notwendigkeit einer unbeschränkten Gewissensfreiheit zu jeder Religion so gründlich und hell vorgetragen, daß auch endlich die Kirche unserer Seits darauf wird denken müsse" (Brief Kants an Moses Mendelssohn vom 18. August 1783, zit. n. Graupe, a. a. O. 320).

12 Saul Ascher, Leviathan oder Religion in Rücksicht auf das Judentum, 1792.

13 Vgl. Christoph Schulte, Die jüdische Aufklärung. Philosophie, Religion, Geschichte, München 2002, 68.

weitreichenden systematischen Ansprüchen vor allem in seiner Marburger Variante bei Hermann Cohen (1842–1918), dessen Kombination aus Philosophie und Religion, aus Deutschtum und jüdischer Existenz, aus Grundlegungswissenschaft und Kathedersozialismus das Bild eines philosophischen Schuloberhauptes formte, wie man es zuvor wohl nur aus Jena und Berlin kannte. Für nationalsozialistische Autoren war Cohen noch zwei Jahrzehnte nach seinem Tod der schlagende Beweis für eine jüdische Verschwörung, die sich auf Würde der Person, Republikanismus und Internationale reimte und Kant seinem arischen Volke entfremdete.[14] Das war Gegenstück und Kehrseite der Verehrung des Königsbergers als „jüdischen Populärphilosophen"[15] bzw. seines auch heute noch begegnenden Ruhmes als „Rabbi Kant".[16]

Die inhaltlichen Gründe, die diese vielfach bezeugte Affinität zwischen Judentum und Kantianismus bestimmen, sind im Folgenden noch darzulegen. Zunächst aber interessiert deren spezifische Prägung durch Lesetechniken und -gewohnheiten, durch akribische Textarbeit und detailgetreue Hermeneutik, die als typisch jüdische Traditionen und Kompetenzen im Neukantianismus aktualisiert wurden und zwar auch und gerade dann, wenn es galt, gegen Cohens Systemkonzeption und dessen Alleinvertretungsanspruch in Sachen Transzendentalphilosophie eine historisch orientierte Kantphilologie erst auf den Plan zu rufen, die statt systematischer Erneuerung des Kantianismus vor allem Kantkenntnis einforderte. Qualitäten des Torastudiums kamen so oder so der Kantauslegung zugute.

Schon die Zeitgenossen Kants konnten die Behandlung seiner Texte im Berliner Salon von Henriette Herz (1764–1847) als eine Form quasi-religiöser Verehrung wahrnehmen und die in ihm gepflegte gemeinsame Kantlektüre und diskursive Rekonstruktion seiner Philosophie als einen Tanz um „das goldene Kalb" bespötteln, bei dem der „höchste[...] Wunsch" der Beteiligten zugleich die „größte Eitelkeit" der Damenwelt ausmache: das Begehren, „Kantianerin zu werden" bzw. sich als solche zu präsentieren. So lästert ein anonym gebliebener Autor bereits 1798: „Kant auf der Zunge, Kant auf ihrer Toilette und auf dem Nachttische wetteifert mit ihrem ersten Liebhaber, und der kategorische Imperativ steht mit ihnen auf und geht mit ihnen zu Bette. [...] Die Erscheinung des Messias könnte keine größere Sensation unter ihnen bewirken, als auch nur die eines Afterkantianers".[17] Der Hinweis auf den Messias verdeutlicht die antisemitische Tönung

---

14 Hans Alfred Grunsky, Der Einbruch des Judentums in die Philosophie, Berlin 1937.
15 Christoph Schulte, Kant in der Philosophie der jüdischen Aufklärung, Berlin/New York 2001, 170.
16 Noam Pianko, „Rabbi" Immanuel Kant and modern Jewish thought (https://jewishstudies. washington.edu/jewish-history-and-thought/immanuel-kant-moses-mendelssohn) [letzter Zugriff am 23. 3. 2023].
17 Zitiert nach Schulte, Jüdische Aufklärung 171. Anm. 272.

dieser Polemik gegen frühe Emanzipationsbestrebungen, die sich in der bürger-
lichen Gesellschaft entwickelten, manifestiert aber indirekt auch die Resonanz
der Kantischen Texte und das gesteigerte Interesse, mit dem diese in jüdischen
Kreisen studiert wurden. Ein Jahr später notiert Friedrich Schleiermacher, ebenfalls anonym und in kritischer Reaktion auf David Friedländers aktuelle politische Initiativen zur Assimilation, man könne in Berlin „kaum drei oder vier,
besonders jüngere, gebildete jüdische Hausväter finden, unter denen nicht je-
desmal wenigstens ein Kantianer" sei.[18]

Christoph Schulte erklärt die auffällige Nähe zwischen sich formierendem
Kantianismus und Judentum aus einer spezifischen Rezeptionssituation. Kant sei
eine Art Pate bei der Geburt des aufgeklärten Reformjudentums, eine Identifikati-
onsfigur für diejenige heranwachsende Generation gewesen, die von Moses Mendelssohn die klaren Toleranz- und Gleichstellungsforderungen übernommen und
sich von ihm die aktive Teilhabe an der Wissensgesellschaft abgeschaut hatte,
seiner Lebensorientierung an der Halacha und seinem Festhalten an der jüdischen Orthodoxie aber nicht folgen wollte. *Kant und die Tora* bedeutete für diese
Generation: Autonomie und Emanzipation gegenüber der Mehrheitsgesellschaft
und zugleich im Inneren des Judentums Bereitschaft zum Konflikt, sofern dessen
Traditionen als heteronom erscheinen mussten.[19] Auch der junge Jürgen Habermas hat die einschlägige Affinität beschrieben und die Attraktivität Kants für
den „jüdischen Geist" auf den gemeinsamen Sinn fürs Humane, für Freiheit und
Weltbürgertum zurückgeführt – einer sicher unvollständigen Auflistung, der man
die kantische Metaphorik des Exodus aus selbstverschuldeter Unmündigkeit um-
standslos als verbindendes Motiv hinzufügen darf. Habermas hebt seinerseits
hervor, dass die Schulung des jüdischen Denkens in der Schriftauslegung, deren
Prägung durch die rabbinische und kabbalistische Hermeneutik[20] und also durch
jahrhundertelang erprobte und bewährte exegetische Tugenden im Kommentieren und Analysieren ein idealer Nährboden auch für ein Studium der kantischen
Texte gewesen seien. Es handelt sich um einen Typus der Texttreue, der als *close
reading* anhebt und durch Kommentare und Einwürfe zur subtilen Anreicherung
von Argumentationen führt. Kritik als „Medium der jüdischen Emanzipation vom
Judentum" (Habermas) und mikrologische Textarbeit, sozusagen im ständigen
Murmeln über den Schriften, verbinden sich in dieser Liaison. Man konnte eben

---

18 Friedrich Schleiermacher, Briefe bei Gelegenheit der politisch theologischen Aufgabe und des
Sendschreibens jüdischer Hausväter. Dritter Brief, in: KGA I/2, 327–361; 346 – erwähnt bei Graupe,
a. a. O. 327, der es nach Guttmann zitiert, und bei Niewöhner a. a. O. 150.
19 Schulte a. a. O. 166.
20 Habermas, Der deutsche Idealismus der jüdischen Philosophen [1961], wiederabgedruckt in:
ders.: Philosophisch-politische Profile, Frankfurt am Main, 1971, 37–66; 44 f.

Kants Kritiken wie die Tora lesen, solange man überhaupt etwas vom Textstudium hielt.

Auch auf der Seite jüdischer Orthodoxie lässt sich ein innerer Bezug zwischen Kantlektüre und Torastudium erkennen, worauf Friedrich Niewöhner[21] in den siebziger Jahren des letzten Jahrhunderts und jüngst George Yaakov Kohler[22] hingewiesen haben, jeweils im Blick auf Isaak Breuer (1883–1946). Bei diesem Autor begegnet eine Kantrezeption, die Metaphysikkritik und Einsicht in die Begrenztheit menschlichen Wissens und Erkennens als Öffnungsklauseln für die jüdische Religion begreift – wie analog in der evangelischen Theologie seit Schleiermacher und Ritschl die Einschränkung metaphysischer Überzeugungen Platz für den Glauben schaffen sollte. Breuer verbindet diese Position mit Erinnerungen an die eigene Erziehung im Judentum, nämlich an Worte seines Großvaters, des bedeutenden Rabbiners und Gelehrten Samuel Hirsch (1815–1889), der ihn in die Auslegung der Tora eingeführt und dazu erklärt habe:

> Also zur Thora. Doch ehe wir sie öffnen, überlegen wir, wie wir sie lesen wollen. Nicht für philologische und antiquarische Untersuchungen, nicht um antediluvianische und geognostische Hypothesen zu stützen, nicht in Erwartung aufgeschlossener, überirdischer Geheimnisse – Als Juden wollen wir sie lesen, d. h. als ein Buch, uns von Gott gereicht, daraus uns selber zu erkennen, was wir in unserem irdischen Hiersein sind und sollen.[23]

Es ist erkennbar, dass diese Selbstverständigung über die Eigenart der Schriftauslegung auf die historisch-kritische Forschung und die von ihr ausgelöste sog. Krise des Schriftprinzips reagiert. Philologische und historische Arbeit werden nicht abgelehnt, deren Prinzipien nicht zurückgewiesen, aber das Verhältnis zum Text wird doch unter einen anderen Leitgedanken gestellt als den der Akquirierung von Wissen. Zuallererst müsse nach dem Subjekt und seinem Textgebrauch gefragt werden. Wie es bei der sinnlichen Wahrnehmung darauf ankommt, etwas *als etwas* zu sehen, so gewinnt nach dieser Äußerung auch das Torastudium seine Eigenart aus der Frage, wer die Texte unter welchem Gesichtspunkt und Selbstverständnis liest. *Als Juden* zu lesen, führt zu anderen Aspekten als wenn man die Tora *als Archäologe* oder *als Religionsgeschichtler* studiert. Dieses hermeneutische Als verschafft dem eigenen Verhältnis zur Schrift den Freiraum, in den hier eingeführt werden soll. Breuer erinnert an die von seinem Großvater gepflegte

---

21 Friedrich Niewöhner, Isaac Breuer und Kant. Ein Beitrag zum Thema ‚Kant und das Judentum', in NZST 1975, 142–150 vgl. den am selben Ort 1977 erschienenen Auszug aus Breuers Text: Mein Weg. Isaac Breuer und Kant II, in: NZST 1975, 172–185.

22 George Yaakov Kohler, Is there a God an sich? Isaac Breuer on Kant́s Noumena, in: AJS Review 36 (2012), 121–139.

23 Zit. n. Niewöhner a. a. O. 174 f.

Tradition des Torastudiums, um die Eigenart seiner Kantlektüre unter die analoge Voraussetzung zu stellen: „Ich habe die Philosophie als Jude gelesen". Nun mag diese Übertragung der hermeneutischen Herangehensweise dem apologetischen Wunsch entsprechen, sich von Kant ‚erkenntniskritisch bewaffnen' zu lassen, um „das geheiligte Terrain der Thora und ihrer Nation"[24] gegen Angriffe von außen, aber auch gegen im Judentum selbst aufkommende Interpretationen zu verteidigen. Methodisch indes geht es um strikte Einheitlichkeit der hermeneutischen Voraussetzungen, hinsichtlich derer sich das Studium der *Kritik der reinen Vernunft* und das der Tora nicht voneinander abheben. Entscheidend sei in beiden Fällen, wer ‚wir', die Lesenden, eigentlich seien oder wer wir sein wollten. Lesende sind Glieder einer bestimmten Interpretationsgemeinschaft und *als* jüdische *community* nicht (primär) an der Genese des Textes oder seiner Beeinflussung durch andere Autoren und intermediale Kontexte interessiert. Man wird einwenden dürfen, dass eine solche Hermeneutik sich nur solange innerhalb der Grenzen der exegetischen Vernunft zu halten vermag, wie sie die historische Arbeit intensiviert und sich gerade nicht von dieser entlastet. Würde der Bezug aufs Selbstverständnis der Lesenden nämlich dadurch bekräftigt, dass die Subjekte immer schon aus sich selbst wüssten, was Kant hatte sagen wollen und hätte sagen sollen oder welche Unterweisung Gott in der Tora auf den Weg bringt, würde das Geschäft der Auslegung redundant und verlöre seinen Gegenhalt an der Positivität des Textes. Der dafür zu entrichtende Preis müsste sein, dass sich auch die Identität der Subjekte ins Unbestimmte und Beliebige auflöste. Von solcher Diffusion ist Breuer kaum frei zu sprechen, lässt er doch Suggestionen ins Kraut schießen wie seine Einschätzung: „Wäre Kant Jude gewesen: er hätte unserm Volk die ganze Reform erspart" oder sie in das Fazit münden: „Jeder echte Jude, der ernsthaft und mit ehrlichem Bemühen die ‚Kritik der reinen Vernunft' studierte, wird aus tiefstem Herzen Amen sagen"[25] – auch wenn Kant nur „[b]is an die Schwelle der Thora [...] gekommen"[26] sei. Die Kombination aus Kantianismus und Torafrömmigkeit kann also auch die Variante eines Ergänzungs- und Überbietungsanspruchs annehmen: „Setzt an die Stelle des Weltgesetzes die – Thora, und alles stimmt".[27] Diese Behauptung macht es erforderlich, nun die inhaltlichen Aspekte in den Blick zu nehmen.

---

24 Zit. n. Niewöhner, a. a. O 174 f.
25 Zit. n. Niewöhner, a. a. O. 176.
26 Zit. n. Niewöhner a. a. O. 148.
27 Zit. n. Niewöhner, a. a. O. 184.

III Sittengesetz und Tora

Kants kritische Philosophie setzte auf ein Primat der praktischen Vernunft, das freilich erst zur Geltung kommen konnte, wenn der Anspruch auf Wissen seitens einer rein theoretischen Vernunft und ihrer Spekulationen eingeschränkt war. Erst auf dem Boden des negativen Bescheides einer unausweichlichen Selbstbeschränkung entstand Platz für den Begriff der Freiheit und in entfernter Folge dann auch Raum für einen vernünftigen Glauben. Erst danach konnte schließlich auch für den Kirchenglauben ein bescheidener Geländegewinn verzeichnet werden. Während der praktische Vernunftglaube mit der Moralität, die er zwar nicht zu begründen vermag, der er aber auf dem Fuße folgt, *intern* verbunden ist, ergeben sich Erlaubnis und sogar bedingte Pflicht zur Teilnahme an Formen positiver Religionsausübung auf dem Umweg über das Endlichkeitsbewusstsein eines Lebewesens, das Moralität nur *als Imperativ* kennt, weil es den Widerstand der eigenen Sinnlichkeit nicht abstreifen kann.[28] Verdreht man die Reihenfolge dieser Schritte und verkennt ihr Begründungsgefälle, so verdirbt man alles. In diesem Sinne beruht das Recht positiver Religionen, einschließlich des aufgeklärten Judentums, auf der vorausgesetzten Reinheit der praktischen Vernunft (und ihrer Brechung an der *conditio humana*). Das schließt natürlich diejenige direkte Identifikation systematisch aus, mit der Breuer Tora und Sittengesetz gleichsetzen wollte.

Kritische Philosophie zeitigt keine Ergebnisse oberhalb des Denkweges, den sie einschlägt und mitzugehen fordert, dessen Richtungssinn es aber nicht zulässt, *post festum* aus dem Gedankengang mehr zu machen als *ex ante* festgelegt war. Es ist deshalb jede produktive Anknüpfung an Kants Religionsphilosophie daran zu messen, dass sie nicht in Vergessenheit geraten lässt, was ein religiöses Subjekt alles hinter sich lassen musste, um im Horizont der Moralität seine Pflichten als göttliche Gebote zu verstehen oder seinem Freiheitssinn Symbole der Hoffnung verschaffen zu können. Gleichwohl legt sich die Frage nahe, ob nicht in Kants Primat der praktischen Vernunft eine Verwandtschaft mit einer Religion erkennbar wird, die nichts über Gottes Existenz und sein Wesen, über göttliche Allmacht und Ewigkeit *lehren* will, damit man es glaube, sondern in der sich alles darum dreht, wie man handeln *soll* oder genauer noch wie der jüdische Mensch vor Gott handelt. ‚Offenbarung' bedeutet nach Maßgabe des so verstandenen Judentums keine positive Erweiterung vorausgesetzter Gotteserkenntnis, sondern Ein-

---

28 Vgl. Josef Simons Interpretation der statutarischen Religion bei Kant: ders., Argumentatio ad hominem: Kant und Mendelssohn, in: Die philosophische Aktualität der jüdischen Tradition, hg. v. Werner Stegmaier, Frankfurt am Main 2000, 376–402; 385.

weisung in die Praxis der Gesetzesbefolgung.[29] Es kommt in ihm primär wie letzt-instanzlich auf das Tun des Guten an.

Dieser Vorrang des Handelns färbt bei Kant auch jede Äußerung über die christliche Religion ein. Gegen einen „Religionsvortrag, welcher kriechende, niedrige Gunstbewerbung und Einschmeichelung empfiehlt, die alles Vertrauen auf eigenes Vermögen [...] in uns aufgibt" und gegen „die falsche Demut, welche in der Selbstverachtung, in der winselnden erheuchelten Reue, und einer bloß leidenden Gemütsverfassung die Art setzt, wie man allein dem höchsten Wesen gefällig werden könne", richtet sich Kants persönlicher Zorn und die kritische Spitze seiner Theologie, weil eine solche Predigt und eine von ihr geformte Religionskultur „der rüstigen Entschlossenheit, die Kräfte, die uns bei aller unserer Gebrechlichkeit doch noch übrig bleiben, zu Überwindung der Neigungen"[30] einzusetzen, das Wasser abgräbt. Man sieht an solchen Bemerkungen, dass Kants Vorbehalte gegen das Ritualwesen, mit dem er das Judentum in den oben genannten Passagen identifiziert, sich im Wesentlichen mit seiner Ablehnung einer Gottesdienstpraxis decken, die von Rechtfertigungslehre und Sühnevorstellung bestimmt ist. In der Religion geht es nach Kant nur solange mit rechten Dingen zu, wie die Bereitschaft zum eigenen Handeln gestärkt wird. Ein davon separiertes Bewusstsein dessen, was Gott *für uns getan hat*, wäre wie eine Zusage Gottes oder wie die Verheißung: „Dir sind deine Sünden vergeben" Berufung auf „eine übersinnliche Erfahrung, welche unmöglich ist".[31] Ob die Subjekte so etwas glauben, entscheidet sich daran, was sie sich zu glauben zumuten wollen. Aber einen Unterschied hinsichtlich der entscheidenden Frage, was man tun muss, „um ein guter Mensch zu sein", macht solcher Glaube für Kant nicht. Insofern lautet die kurzgefasste Regel seiner Theologie, „wiederholentlich ein[zu]schärf[en] [...], daß die wahre Religion nicht im Wissen oder Bekennen dessen, was Gott zu unserer Seligwerdung tue oder getan habe, [besteht,] sondern in dem, was wir tun müssen, um dessen würdig zu werden".[32] Folglich „müssen alle Schriftauslegungen, *so fern sie die Religion betreffen*, nach dem Prinzip der in der Offenbarung abgezweckten Sittlichkeit gemacht werden, und sind ohne das entweder praktisch leer oder gar Hindernisse des Guten".[33]

Eine darüber hinaus gehende Offenbarung kann nur aufgrund von Autorität angenommen werden und bleibt deshalb von einem Begründungsdefizit gezeich-

---

29 Das betont Moses Mendelssohn, vgl. Graupe, a. a. O. 319.
30 Kritik der Urteilskraft A 121 f.
31 Der Streit der Fakultäten A 69.
32 Die Religion innerhalb der Grenzen der bloßen Vernunft, A 190. „Religion ist der derjenige Glaube, der das *Wesentliche* aller Verehrung Gottes in die Moralität des Menschen setzt", heißt es entsprechend in Der Streit der Fakultäten A 72.
33 Der Streit der Fakultäten A 70.

net. Was als typisches Element einer positiven Religion erscheint, kann seinem Begriffe nach immer auch anders sein – und bleibt von der (praktischen) Notwendigkeit eines Vernunftglaubens definitiv geschieden.

Doch wie stellt sich die kategorial klare Unterscheidung eigentlich dar, wenn es um konkrete religiöse Semantiken mit ihren endemischen Unbestimmtheitsgraden geht? Lässt sich auf der Ebene des Symbols trennscharf zwischen religiösem und statutarisch-positivem Ausdruck unterscheiden? Als Lackmustest kann die ‚Liebe zum Gesetz Gottes' dienen.

Vernunftmoral und reiner Religionsglauben kommen ja darin überein, dass sie „[d]as höchste, für Menschen nie völlig erreichbare Ziel der moralischen Vollkommenheit endlicher Geschöpfe" in der „Liebe des Gesetzes" erkennen. In dieser Kurzformel liegt alles, was „jedem Menschen durch seine Vernunft als praktisch notwendige Religionsidee begreiflich gemacht werden kann". Aber sie kann auch in eine „solenne Formel" übersetzt werden, wie sie „zum Behuf einer feierlichen Handlung" gebraucht wird. Dann mutiert die vernünftige Religionsidee in ein durch die Kirchensprache umgeprägtes „Glaubensprinzip" und lautet: „Gott ist die Liebe".[34] Kant sieht, dass die Pointe dieses neutestamentlichen Zitates erst darin zur vollen Entfaltung kommt, dass Liebender, Geliebter und Liebe und folglich Vater, Sohn und Geist unterschieden werden. Aber er betont, dass so zu sprechen die „klassische Formel eines Kirchenglaubens"[35] zu zitieren bedeutet, dem andere Glaubensarten und -sprachen logisch und sachlich ebenbürtig sind; zumal mit solchen Lehren die wenigsten Christenmenschen einen klaren Begriff verbinden könnten. Das in Kirchenglauben übersetzte Prinzip verführe daher dazu, einem bloßen Buchstabenglauben zu verfallen, der die wahre Religionsgesinnung eher verderbe als verbessere.

Entscheidend aber ist, dass der reine Religionsglaube überhaupt in die Symbolwelten des Kirchenglaubens transformiert wird, weil dies dazu einlädt, auch das Verhältnis von moralischem Gesetz und Tora als ein entsprechendes Symbolisierungsverhältnis zu bestimmen. Unsere bisherigen Überlegungen werden daher noch einmal in ein anderes Licht gestellt, wenn man mit der Übersetzbarkeit der im kategorischen Imperativ verankerten Freiheitsidee in einen Begriff der ‚Liebe des Gesetzes' (*genetivus obiectivus* und wohl auch *subiectivus*) rechnet – was übrigens ein anderes Theoriemotiv bildet als die Unterscheidung von Sitten- und Ritualgesetz. Noch einmal anders nimmt sich die Vorstellung Gottes als Urheber des Gesetzes aus, welche die von Kant diskutierten Religionen verbindet, unabhängig davon, ob sie ein Bewusstsein für die Unterscheidung von statutarischen und moralisch-praktischen Gesetzen ausbilden oder nicht. Die Rede vom göttlichen

---

34 Religion A 205.
35 Religion A 208.

Gesetzgeber ist nämlich insoweit gerechtfertigt, als „der Begriff von der Gottheit nur aus dem Bewusstsein" der moralischen Gesetze entspringt, und zwar in Verbindung mit „dem Vernunftbedürfnisse, eine Macht anzunehmen, welche diesen [...] Effekt verschaffen kann".[36] Die Pointe ist, dass diese Vorstellung der zugrundeliegenden Moral und auch der Liebe des Gesetzes ursprünglicher entspricht als die nur noch für einen Kirchenglauben eigentümliche Vorstellung, das Geben des Gesetzes sei am Sinai erfolgt.

Saul Ascher entwickelt seine Kombination aus Kantianismus und Tora aus der Überzeugung, „[d]aß es die Absicht des Höchsten nicht gewesen [sei], den Juden Gesetze zu offenbaren, um ihre Autonomie ewig zu stöhren",[37] vielmehr habe Gott die Freiheit eröffnet, das Leben sittlich zu führen und darum gegebenenfalls die historisch überlieferten Lebensordnungen auch zu reformieren. Denn nicht Heteronomie, sondern moralisch-religiöser Lebenswandel sei die Sache der Tora. Ascher artikuliert deshalb in Nachbarschaft zum Kleinen Katechismus das Credo: „Wir glauben, daß die Beobachtung der Gesetze unseren Vorältern heilig waren, und sie dadurch auf dem Weg erhalten worden, wie wir jetzt im bloßen Glauben an Gott und seine Propheten wandeln".[38] Tora und Talmud hatten Bedeutung für die Herausbildung des Judentums, sie sind aber als statutarisch-positive Traditionsgestalten auf dasjenige Gottesgesetz hin zu interpretieren und gegebenenfalls auch zu überschreiten, welches sich auf der Linie von Micha 6,8 oder Dtn 10, 12 manifestiert. Folgt man dieser Lesart, erhält Kants Charakterisierung des Judentums als eine politische Verfassung eines Volkes einen anderen Sinn. In ihr spiegelt sich dann nicht die Macht eines Statuten produzierenden Gesetzgebers. Vielmehr ist für Ascher der Talmud eine „Constitution", an deren Verfassungsrang man sich gerade dann hält, wenn man den „Wahn der Talmudisten, daß das geoffenbarte Gesetz das Wesentliche im Judentum sei", ablegt und sich die Freiheit nimmt, den Buchstaben einzelner Gesetze zu kritisieren. Typisch für das Judentum ist sozusagen der unendliche qualitative Unterschied zwischen Gottes Gesetz und der geschriebenen Tora.

Daniel Weidner hat in seiner Interpretation der entsprechenden Textpassagen darauf aufmerksam gemacht, dass die theologische Unterscheidung von Gesetz und Gebot und damit die Deutung der Tora als Weisung in Kants Bestimmung der Religion eingehen kann. Erschienen die sittlichen Pflichten als göttlich sanktionierte oder als durch Gottes Willen gesetzte Akte, wären sie „zufällige Verordnungen eines fremden Willens". Da sie aber nach Kants Autonomieverständnis „wesentliche *Gesetze* eines jeden freien Willens für sich selbst" sind und gerade

---

36 Religion A 139.
37 Zit. n. Schulte, 71.
38 Zit. n. Schulte, 72.

nur sekundär „als *Gebote* des höchsten Wesens angesehen werden",[39] sind sie in der entscheidenden Hinsicht Ausdruck autonomer Freiheit, so sehr sie sozusagen theonom betrachtet werden. Weder das Gesetz noch es selbst als Gebot betrachtet, sind als Fälle von Heteronomie dechiffrierbar. Religion besteht sozusagen darin, die Einheit von Freiheit und Gesetz als Gabe Gottes anzusehen.

Als evangelischer Theologe darf man zögern, dieser Gestalt einer Identifikation von Evangelium und Gesetz zu folgen, so wenig man Kants entspannender Degradierung des Rechtfertigungsglaubens für der Weisheit letzten Schluss halten wird. Aber man wird festhalten müssen, dass unter dem Titel *Kant und die Tora* nicht nur die einst von Otto Kaiser herausgestellte Würdigung der Bibel als Vehikel, sozusagen als Zeichen und Werkzeug des reinen Religionsglaubens bedacht sein will. Kants Religionsphilosophie enthält seiner Wahrnehmung des Judentums zum Trotz einen systematischen Vorschlag zur Rekonstruktion einer Gesetzesreligion, der bemerkenswerte Affinitäten zu dem hat, was die exegetische Vernunft unserer Gegenwart über das Alte Testament zu verstehen gibt.

IV Bilderverbot und Anthropologie

Abschließend möchte ich noch auf einige Bemerkungen aus Kants *Kritik der Urteilskraft* eingehen, einer Schrift, die insgesamt religionsphilosophisch einschlägiger ist als die übliche Konzentration auf seine explizit mit Religion befassten Texte erkennen lässt. Das gilt nicht nur für die systematische Stellung des Gefühlsbegriffs, das Verhältnis von Lust und Unlust innerhalb der Subjektivitätstheorie, den Rationalitätsstatus des Urteilens, die Vermittlung von theoretischer und praktischer Vernunft in einem Dritten, sondern insbesondere auch für die in ihr entwickelte Theorie des Erhabenen. Das Gefühl des Erhabenen erweist sich als religiös gehaltvoll, weil es Darstellung des Unendlichen und Entgrenzungserfahrung ist.[40] Aber die ihm zugrundeliegende Darstellungsart ist „in Ansehung des Sinnlichen gänzlich negativ", sie erweitert aber gerade aufgrund und in dieser Negativität die Seele.[41] An diesen Sachverhalt knüpft die für unseren Zusammenhang einschlägige Bemerkung Kants an:

> Vielleicht gibt es keine erhabenere Stelle im Gesetzbuche der Juden, als das Gebot: Du sollst dir kein Bildnis machen, noch irgend ein Gleichnis weder dessen was im Himmel, noch auf

---

39 Kritik der praktischen Vernunft A 233; vgl. Daniel WEIDNER, *Bibel und Literatur um 1800*, München 2011, 223.
40 Vgl. Kritik der Urteilskraft A 114.
41 Kritik der Urteilskraft A 123. Dass Kant hier ohne Vorbehalt von ‚der Seele' spricht, sei nebenbei festgehalten.

der Erden, noch unter der Erden ist u. s. w. Dieses Gebot allein kann den Enthusiasm erklären, den das jüdische Volk in seiner gesitteten Epoche für seine Religion fühlte, wenn es sich mit andern Völkern verglich, oder denjenigen Stolz, den der Mohammedanism einflößt.[42]

Wie Kant die Freiheit darum Idee nennt, weil sie hinsichtlich ihrer Herkunft unergründlich ist und sich, wie der kategorische Imperativ auch, einer positiven Herleitung entzieht, so finden Vernunftideen insgesamt in der Erfahrung keine adäquate Darstellung. Das unterscheidet sie ja von Begriffen, die nur so viel wert sind, wie ihnen etwas in der Erfahrung entspricht. Aber die Unausweisbarkeit der Ideen kann der *Kritik der Urteilskraft* zufolge ihrerseits dargestellt werden und zwar auf symbolische Weise, im hier interessierenden Fall im Ausgang von dem für das Gefühl des Erhabenen charakteristischen Kontrasterlebnis. Das Bilder*verbot* verweist auf eine konstitutive Negativität, auf eine Leere im Zentrum des Tempels, einen ausgesparten Platz, der der Unergründlichkeit und Transzendenz besser entspricht als eine positive Darstellung es vermöchte. Kant interpretiert das jüdische Bilderverbot daher als den sachgemäßen Ausdruck des Unendlichen, dessen direkte Darstellung nur unsachgemäß sein könnte – und würdigt hier sogar das Selbstgefühl des jüdischen Volkes, anderen Religionsgemeinschaften in dieser Hinsicht ‚überlegen' zu sein. Freilich steht das Erhabene unter der Voraussetzung, dass sich der Mensch angesichts eigener Endlichkeit ausschließlich aufgrund der ihm innewohnenden Vernunftidee in einer Situation behaupten kann, in der er im Gegenüber zum Dynamisch-Unendlichen, zur Übermacht der Natur, vernichtet zu werden droht. Bewusstsein für schlechthinnige Transzendenz des Unendlichen und der erlebte Kontrast von Nichtung und Erhaltung (bzw. Selbstbehauptung) sind in Kants Beschreibung des Dynamisch-Erhabenen gekoppelt. Religionsgeschichtliches Paradigma dafür ist, wie erwähnt, das jüdisch-muslimische Bilderverbot. Aber Kant fährt fort: „Eben dasselbe gilt auch von der Vorstellung des moralischen Gesetzes und der Anlage der Moralität in uns".[43]

Es ist zurecht darauf hingewiesen worden, dass Kant diese Deutung des Bilderverbotes und die mit ihr vollzogene Würdigung der Tora in seiner späteren Religionsschrift zurücknimmt. Kant erklärt an den oben schon diskutierten Stellen nämlich, der Umstand, „daß dieses Volk sich einen einigen durch kein sichtbares Bild vorzustellenden Gott zum allgemeinen Weltherrscher setzte", sei „nicht so hoch anzuschlagen"[44] (lies: zu veranschlagen). Denn auch in anderen Völkern, also im sog. Heidentum sei häufig der eine transzendente Gott hinter den mitverehrten, ihm aber untergeordneten sichtbaren Untergöttern des Polytheismus der

---

42 Urteilskraft A 123.

43 Urteilskraft A 123.

44 Religion A 179.

eigentlich gemeinte. Die lukanisch(-paulinisch)e Rede vom unbekannten Gott, der nach Acta 17 in je unterschiedlichen Formen der Gottesverehrung vorausgesetzt wird, bricht der in der *Kritik der Urteilskraft* gerühmten Sonderstellung der Bildlosigkeit des jüdischen Kultus die Spitze ab und dementiert die im Spannungsfeld von Freiheits-, Negations- und Symboltheorie gewonnene Würdigung des Judentums. In der Folge geht Kant dazu über, das Christentum „als eine völlige Verlassung des Judentums, worin es entsprang" und als eine Religionsform auszuzeichnen, die ein anderes und ganz neues Prinzip in die Welt gebracht habe und zur „gänzliche[n] Revolution in Glaubenslehren"[45] führe. Die Einordnung des Judentums in die allgemeine Religionsgeschichte schafft Platz für die Auszeichnung der Höchstgeltung eines Christentums, das zugunsten der allgemeinen Moral inhaltlich verflacht. Dieses Verfahren Kants sollte noch Schule machen.

Im Horizont der in der Kritik der Urteilskraft ausgearbeiteten Gefühlslehre wird man auch das berühmte Zitat lesen müssen, das, als „Beschluss" der *Kritik der praktischen Vernunft* artikuliert, markant genug erschien, um den Weg auch auf den Grabstein Kants zu finden: „Zwei Dinge erfüllen das Gemüt mit immer neuer und zunehmende[r] Bewunderung und Ehrfurcht, je öfter und anhaltender sich das Nachdenken damit beschäftigt: *Der bestirnte Himmel über mir, und das moralische Gesetz in mir*".[46] Was hier in der Differenz von äußerer und innerer Natur, von über den Menschen rücksichtslos hinausgehendem Kosmos und im Menschen verankerter Autonomie, darum auch in der Spannung von Vernichtung der eigenen Wichtigkeit angesichts der Weite des Nachthimmels und unendlichem Wert der Menschenseele bei Kant als zwei ‚Dinge' erscheint, manifestiert einen einzigen Sachzusammenhang, der die Unendlichkeit dessen, was *qua* Moralgesetz im Menschen ist, über die Unendlichkeit von Raum und Zeit erhebt. Dieser Beschluss der *Kritik der praktischen Vernunft* gehört folglich in unseren Kontext, auch wenn das Zitat nicht der Tora im strikten Sinne zuzuordnen ist, sondern dem dritten Teil des Tanach. Es handelt sich natürlich um eine eigentümlich kantische Rezeption von Psalm 8 in dessen Spannung von Kosmologie und theologischer Anthropologie. „Wenn ich sehe den Himmel Deiner Hände Werk, den Mond und die Sterne, die Du gemacht hast, was ist der Mensch, dass Du seiner gedenkst?"

Tillich meint im ersten Band seiner Systematischen Theologie, „Kants Koordinierung des Sittengesetzes mit dem gestirnten Himmel" sei „ein Ausdruck für den Parallelismus des sittlichen und natürlichen Gesetzes und ihrer gemeinsamen Wurzel im göttlichen Logos",[47] und ordnet diesen Parallelismus einem Religions-

---

45 Religion A 180.
46 Kritik der praktischen Vernunft A 289.
47 Paul Tillich, Systematische Theologie Bd. I, Lizenzausgabe Darmstadt 8. Aufl. 1984, 144.

typ zu, der an Rationalität und Regularität orientiert ist (im Gegensatz zu einer am Irregulären und Paradoxen ausgerichteten Religion, wie sie bei Kierkegaard und Karl Barth zu finden sei). Erstaunlich ist, dass in dieser Charakterisierung das Interesse an der Einheit von Natur, Logos und Sittengesetz und also Tillichs Fokussierung auf Ontologie *und* auf die antike Logoslehre ihn die Dynamik im Kantischen Text und also die paradoxe Einheit von Vernichtungserfahrung und Rettungsgewissheit vollständig verkennen lässt. Mit ihr aber auch, wieviel Kant dem Alten Testament verdankt.

Bibliographie

Ascher, Saul. *Leviathan oder über Religion in Rücksicht des Judenthums*. Berlin: Franke, 1792.
Graupe, Heinz Moshe. „Kant und das Judentum". *Zeitschrift für Religions- und Geistesgeschichte* 13, Nr. 4 (1961): 308–33.
Grunsky, Hans Alfred. *Der Einbruch des Judentums in die Philosophie*. 1. Aufl. Schriften der Deutschen Hochschule für Politik, I. Idee und Gestalt des Nationalsozialismus 14. Berlin: Junker und Dünnhaupt, 1937.
Habermas, Jürgen. „Der deutsche Idealismus der jüdischen Philosophen". In *Philosophisch-politische Profile*, herausgegeben von Jürgen Habermas, 37–66. Frankfurt am Main: Suhrkamp, 1971.
Kaiser, Otto. „Kants Anweisung zur Auslegung der Bibel: Ein Beitrag zur Geschichte der Hermeneutik". *Neue Zeitschrift für systematische Theologie und Religionsphilosophie* 11, Nr. 2 (1969): 125–38.
Kant, Immanuel. *Der Streit der Fakultäten. Anthropologie in pragmatischer Hinsicht*. Studienausg., Nachdr. der Ausg. 1968; Unveränd. photomechan. Abdr. des Textes der von der Preußischen Akad. der Wiss. 1902 begonnenen Ausg. von Kants gesammelten Schriften. Kants Werke: Akademie-Textausgabe, Bd. 7. Berlin: de Gruyter, 2003.
Kant, Immanuel. *Die Religion innerhalb der Grenzen der bloßen Vernunft. Die Metaphysik der Sitten*. Studienausg., Nachdr. der Ausg. 1968; Unveränd. photomechan. Abdr. des Textes der von der Preußischen Akad. der Wiss. 1902 begonnenen Ausg. von Kants gesammelten Schriften. Kants Werke: Akademie-Textausgabe, Bd. 6. Berlin: de Gruyter, 2003.
Kant, Immanuel. *Kritik der praktischen Vernunft. Kritik der Urtheilskraft*. Studienausg., Nachdr. der Ausg. 1968; Unveränd. photomechan. Abdr. des Textes der von der Preußischen Akad. der Wiss. 1902 begonnenen Ausg. von Kants gesammelten Schriften. Kants Werke: Akademie-Textausgabe, Bd. 5. Berlin: de Gruyter, 2003.
Kant, Immanuel. *Kants Werke Bd. 6. Die Religion innerhalb der Grenzen der bloßen Vernunft: Die Metaphysik der Sitten*. Unveränd. photomechan. Abdruck d. Textes d. v. d. Preuß. Akademie d. Wiss. 1902 begonnenen Ausg. v. Kants ges. Schriften. Berlin: de Gruyter, 1968.
Kohler, George Yaakov. „Is there a God an sich?: Isaac Breuer on Kant's noumena". *AJS Review* 36, Nr. 1 (2012): 121–39.
Matern, Harald, Alexander Heit, und Enno Edzard Popkes, Hrsg. *Bibelhermeneutik und dogmatische Theologie nach Kant*. Dogmatik in der Moderne 14. Tübingen: Mohr Siebeck, 2016.
Niewöhner, Friedrich. „Isaac Breuer und Kant. Ein Beitrag zum Thema ‚Kant und das Judentum'". *NZST* 17, Nr. 2 (1975): 142–50.
Niewöhner, Friedrich. „Isaac Breuer und Kant II. Isaac Breuer ‚Mein Weg' V. Kap. Philosophie", *NZST*, 19, Nr. 1 (1977): 172–85.

Schleiermacher, Friedrich Daniel Ernst. „Briefe bei Gelegenheit der politisch theologischen Aufgabe und des Sendschreibens jüdischer Hausväter (1799)". In *Band 2 Schriften aus der Berliner Zeit 1796–1799*, 327–62. Berlin, New York: De Gruyter, 1984.

Schulte, Christoph. *Die jüdische Aufklärung: Philosophie, Religion, Geschichte*. München: Beck, 2002.

Schulte, Christoph. „Kant in der Philosophie der jüdischen Aufklärung". In *Kant und die Berliner Aufklärung*, herausgegeben von Volker Gerhardt, Rolf-Peter Horstmann, und Ralf Schumacher, 204–14. De Gruyter, 2014.

Schulte, Christoph. „Kant und die Berliner Aufklärung". In *Akten des IX. Internationalen Kant-Kongresses. Bd. I: Hauptvorträge*, herausgegeben von Volker Gerhardt, Rolf-Peter Horstmann, und Ralph Schumacher, 204–214. De Gruyter, 2001.

Simon, Josef. „Argumentatio ad hominem: Kant und Mendelssohn". In *Die philosophische Aktualität der jüdischen Tradition*, herausgegeben von Werner Stegmaier, 376–402. Frankfurt am Main: Suhrkamp, 2000.

Tillich, Paul. *Systematische Theologie I–II*. Berlin, Boston: De Gruyter, 2017.

Weidner, Daniel. *Bibel und Literatur um 1800*. München, 2011, 223.

Methodisch kontrollierter Anachronismus oder methodische Hybridität

Jan Christian Gertz
Phänomenologie der Heimat im Alten Testament

1 Einleitung

Zur Pragmatik der alttestamentlichen Wissenschaft gehört es mitunter, sich zu Sachverhalten äußern zu sollen, von denen das Alte Testament *prima facie* nichts sagt, vielleicht auch noch nichts wusste oder zu denen der Exegetin oder dem Exegeten die fachliche Expertise fehlt, eben weil sie in dem vertrauten Quellen-material keine Rolle spielen. Das ist insbesondere dann der Fall, wenn Fragestel-lungen der Gegenwart an die biblischen Texte herangetragen werden, die sich häufig nur in Gestalt eines ‚methodisch kontrollierten Anachronismus' beantwor-ten lassen. Zu dessen besonderen methodischen Herausforderungen gehört, dass unterschiedliche Phänomene unter bestimmte Kategorien und Begriffe subsu-miert werden, wie es vielleicht dem modernen Betrachter selbstverständlich ist, während für die Zeitgenossen der untersuchten Texte die unterstellten Gemein-samkeiten gar nicht gegeben waren oder die gewählten Kategorien als unsachge-mäß betrachtet worden wären. Das Interesse an der biblischen Sicht bei solchen, den Texten eigentlich fremden Fragestellungen liegt vor allem an zwei miteinan-der zusammenhängenden, aber nicht völlig deckungsgleichen wirkungsgeschicht-lichen Konstellationen. Das ist zum einen die kulturgeschichtliche Bedeutung der Bibel. Insbesondere deren ältester und umfangreichere Teil, das Alte Testament, hat wie kaum ein anderes Literaturwerk die Welt religiös, kulturell und politisch geprägt. Schon aus diesem Grunde liegt für die verschiedensten Sachverhalte die im weitesten Sinne sach- und begriffsgeschichtliche Frage nahe, inwieweit sie auch durch biblische Vorstellungen geprägt sind. Zum anderen ist die Hebräische Bibel oder das Alte Testament als erster Teil der christlichen Bibel über die Zeiten hinweg und bis in die Gegenwart hinein die Heilige Schrift verschiedener Religio-nen und Konfessionen und dient innerhalb dieser Gemeinschaften – in welcher Form auch immer – der lebensweltlichen Orientierung. Auch wenn die „religiöse Applikation biblischer Texte innerhalb einer Glaubensgemeinschaft [...] *per se* nicht auf wissenschaftliche Exegese angewiesen [ist]",[1] so kann es gar nicht aus-bleiben, dass unter gegenwartsbezogenen Interessen nach dem ‚biblischen Zeug-nis' in historischer Hinsicht gefragt wird. Dass sich damit eine ganze Reihe her-meneutischer und methodischer Fragen verbindet, muss an dieser Stelle nicht

---

1 Blum, Notwendigkeit, 35 (24).

https://doi.org/10.1515/9783111317564-008

ausgeführt werden. Einige davon werde ich im Folgenden am Beispiel einer Phänomenologie der Heimat im Alten Testament aufgreifen. Es handelt sich um Vorüberlegungen zu einem Thema, das in der alttestamentlichen Wissenschaft bislang kaum bearbeitet worden ist. Bezeichnend hierfür ist, dass die auf 30 umfangreiche Bände angelegte *Encyclopedia of the Bible and Its Reception* ungeachtet ihres sehr weiten Begriffs von Rezeptionsgeschichte keinen Eintrag zu „Home" oder „Homeland" hat.[2]

2 Der alt-neue Heimatdiskurs

Die Frage nach Heimat erfreut sich in der öffentlichen Debatte schon seit Jahren einer großen Aufmerksamkeit. Erinnert sei nur an die Umbenennung des Innenministeriums in *Bundesministerium des Innern, für Bau und Heimat* durch Horst Seehofer und den Umstand, dass seine Nachfolgerin im Amt, Nancy Faeser, beim Neuzuschnitt des Ministeriums „von ihren Zuständigkeiten zwar den Bau abgegeben hatte, nicht aber die Gelegenheit ergriff, sich gleich auch der Heimat zu entledigen."[3] Auch in fachwissenschaftlichen Diskussionen ist das Thema sehr präsent. Das belegen zahlreiche interdisziplinäre Tagungsbände sowie historische, politikwissenschaftliche, soziologische und germanistische Arbeiten, wie die zuletzt erschienene umfangreiche Monographie von Anja Oesterhelt *Geschichte der Heimat. Zur Genese ihrer Semantik in Literatur, Religion, Recht und Wissenschaft.*[4] In der Theologie scheint das Thema allerdings noch nicht richtig angekommen zu sein.[5] Bei all dieser Heimatliebe fällt die vielfach notierte Unschärfe

---

2 Für die deutschsprachigen Lexika sieht es im Grunde nicht anders aus. Kreß, Heimat erwähnt den biblischen Befund nur *en passant*, Schobert/Daiber, Heimat kommen ohne ihn aus. Ausnahmen sind Krinetzki, Heimat; Neumann, Heimat. In der RGG[1] (1910) und RGG[3] (1957) fehlt das Lemma; RGG[2] Bd. 2 (1928), 1765–1767.1767–1770 hat die Lemmata *Heimatfremdenfürsorge* (Fürsorge für Reisende Handwerker und Arbeiter) und *Heimatkunst*. Der letztgenannte Artikel nimmt Gedanken der ‚Heimatbewegung' um 1900 auf und widmet sich dem religiös-kirchlichen Kunsthandwerk; LThK[3] Bd. 4 (1995), 1365–1366, bietet einen kurzen Eintrag zu *Heimatliteratur* und einen etwas längeren Artikel zu *Heimatvertriebene*.
3 Kegel, Heimatministerin.
4 Oesterhelt, Geschichte.
5 Zum Befund vgl. Daiber, Heimat, 1594 (zur Praktischen Theologie), ferner Lexutt, Heimat, 37–39. Zu den (älteren) Ausnahmen gehört die Habilitationsschrift des katholischen Pastoralsoziologen Rudolf Lange, die auch Kapitel zur *Heimat im Verständnis des Alten Testaments* enthält (Lange, Theologie, 134–152). Allerdings verzichtet Lange auf eine literarhistorische Differenzierung des Befundes und unterscheidet auch nicht zwischen den einzelnen Gattungen. Stattdessen bietet er eine „heimatorientierte" Paraphrase der als einschlägig erachteten Texte. Erst in jüngerer Zeit sind einige vornehmlich durch aktuelle Migrationsdebatten angeregte Beiträge erschie-

des Begriffs auf. Anja Oesterhelt zählt Heimat wie Nation und Freiheit zu den ‚Großbegriffen', deren Bedeutungsgehalt sich kaum fassen lasse, und stellt dann fest: „Während aber Nation und Freiheit politische und philosophische Vorstellungen und daher als Geschichte ihres Denkens und teils auch als Geschichte ihrer Realisierung erzählbar sind, scheint das Wort Heimat zunächst sehr viel niederschwelligere Lebens- und Erfahrungsbezüge auszudrücken [...] Heimat wird daher immer wieder auch als phänomenologische, anthropologische oder ontologische Kategorie verstanden."[6] In diesem Zitat deutet sich an, dass die Semantik des Begriffs Heimat nur schwer zu fassen ist. Das Deutsche Wörterbuch der Brüder Grimm von 1877 definiert Heimat als „das land oder auch nur der landstrich, in dem man geboren ist oder bleibenden aufenthalt hat" sowie als „der geburtsort oder ständige wohnort" und fügt hinzu: „selbst das elterliche haus und besitzthum heiszt so, in Baiern."[7] Diese ältere Verwendung von Heimat im Sinne des konkreten Herkunftsortes findet sich auch in dem einzigen Beleg für Heimat in Luthers Bibelübersetzung von 1545 in der Wiedergabe von מולדת in Gen 24,7. Die Ausbildung des modernen Begriffs von Heimat fällt in den von Reinhard Koselleck als „Sattelzeit" benannten Zeitraum von ca. 1750 bis 1850.[8] Dieser moderne Heimatbegriff zeichnet sich durch die Verschränkung der räumlichen, zeitlichen, sozialen und kulturellen Dimensionen aus. Er hat ferner ein reaktives und selbstreflexives Moment, insofern er auf Modernisierungs- und Transformationsumbrüche und die damit einhergehenden Verlusterfahrungen reagiert und diese auch reflektiert. Ein weiteres Merkmal ist die emphatische Aufladung des Heimatbegriffs, der eine emotional empfundene Zugehörigkeit des Einzelnen an spezifische Arrangements von Raum, Zeit, Dingen und Praktiken beschreibt. Weitere Formatierungsphasen des Heimatbegriffs sind die alle Bereiche des gesellschaftlichen und kulturellen Lebens umfassende Heimat-Bewegung um 1900, die Zeit des Nationalsozialismus mit der Folge einer jahrzehntelangen Kontaminierung des Begriffs und die zunächst geteilte und dann vereinte deutsche Nachkriegsgeschichte.[9]

---

nen, die sich explizit mit dem biblischen Heimatbegriff beschäftigen: Bail, Heimat; Steiner, Heimat; Zeindler, Reich. Eine alttestamentlich-anthropologische Erkundung haben jetzt der mit dem Symposium *Zur Kritik der exegetischen Vernunft – Beiträge zu Theorie und Pragmatik der alttestamentlichen Wissenschaft* geehrte Kollege und einer der Herausgeber dieses Bandes vorgelegt: van Oorschot/Allolio-Näcke, Beheimatung und Migration. Ich danke Jürgen van Oorschot, dass er mir das Manuskript vor der Veröffentlichung zugänglich gemacht hat.
6 Oesterhelt, Geschichte, 2.
7 Grimm/Grimm, Wörterbuch, 865.
8 Vgl. dazu die ausführliche Darstellung in Oesterhelt, Geschichte; ferner Neumeyer, Heimat, 17–63; Korfkamp, Erfindung, 27–81.
9 Zur Identifizierung von vier Formatierungsphasen vgl. den Überblick in Costadura/Ries, Heimat, 7–23.

Angesichts der hier nur angedeuteten semantischen Vieldeutigkeit kann die in jedem Beitrag zum Thema erwähnte und im *Dictionary of Untranslatables*[10] festgehaltene Unübersetzbarkeit des Begriffs kaum überraschen. Als Beleg für die empfundene Unzulänglichkeit der gängigsten Übersetzungsvorschläge sei aus Max Frischs Rede *Die Schweiz als Heimat* zitiert:

> My country erweitert und limitiert Heimat von vornherein auf ein Staatsgebiet. Homeland setzt Kolonien voraus, Motherland tönt zärtlicher als Vaterland, das mit Vorliebe etwas fordert und weniger beschützt als mit Leib und Leben geschützt werden will. La patrie, das hißt sofort die Flagge – und ich kann nicht sagen, daß mir beim Anblick eines Schweizerkreuzes sofort und unter allen Umständen heimatlich zumute wird.[11]

Freilich stellt sich sofort die Frage, wie sich die vermeintliche Unübersetzbarkeit des Begriffs mit der gängigen These verträgt, wonach Heimat eine anthropologische Konstante einer affektiven Bezogenheit des Menschen auf bestimmte Orte und Räume ist[12] und der Mensch eine wie auch immer geartete und bestimmte Heimat oder auch Beheimatung braucht.[13] Die Unübersetzbarkeit des Begriffs ist jedenfalls nicht mit Teilen des deutschsprachigen Heimatdiskurses so auszulegen, dass ‚Heimat' etwas wesenhaft Deutsches ist, selbst wenn es in der medialen Vermittlung so etwas wie ein spezifisch deutsches Heimatgefühl geben sollte.[14] Es scheint eher die (uneindeutige) semantische Aufladung des Begriffs zu sein, die seine Übersetzung in andere Sprachen erschwert oder unmöglich macht. Gefordert ist daher, Attribute von Heimat herauszuarbeiten, um so die Frage nach Heimat für andere Sprachen und Kulturkreise stellen zu können. Ganz allgemein formuliert könnte man den invarianten Kern von Heimat als Empfindung von Zugehörigkeit bestimmen. Es wäre weniger nach der Wortgeschichte im engeren Sinne, als nach der Begriffs- und Sachgeschichte des mit Heimat beschriebenen Sachverhalts zu fragen.

---

10 Crépon, Heimat, 430–432.
11 Frisch, Schweiz, 509.
12 So die einflussreiche These von Greverus, Mensch.
13 Nach Oesterhelt, Geschichte, 44, treffen sich darin all diejenigen Ansätze, die Heimat als „anthropologische, ontologische, phänomenologische Kategorie oder als Vergesellschaftungspraxis" verstehen und davon ausgehen, „dass sich in den historischen oder semantischen Schichtungen ein analytisch verwendbarer Heimat- oder Beheimatungsbegriff verbirgt, der freigelegt werden kann".
14 Ein Blick in gängige Umfragen zum Thema ‚Was ist Heimat?' zeigt indes, dass es sehr vielfältige Bestimmungen von Heimat gibt, und lässt vermuten, dass sich diese Bestimmungen auch jenseits eines ‚deutschen Heimatgefühls' finden lassen.

3 ‚Heimat' im Alten Testament?

Worin könnte angesichts der angedeuteten Schwierigkeiten der Beitrag der alttestamentlichen Wissenschaft für eine historische Semantik der Heimat liegen? Auch das Alte Testament kennt keinen Begriff, der dem deutschen ‚Heimat' in all seinen Bedeutungsnuancen entspricht. Gleichwohl wird im Alten Testament – so meine Ausgangsthese – *avant la lettre* in einer Weise Heimat thematisiert, für die sich fragen lässt, inwieweit sie zur Vorgeschichte gegenwärtiger Konzepte von Heimat gehört. Eine Phänomenologie der Heimat im Alten Testament könnte also einen Beitrag zur kulturgeschichtlichen Rückbindung des Heimatbegriffs leisten. Immerhin stellt Anja Oesterhelt für die neuen Heimatbegriffe des „langen 19. Jahrhunderts" fest, dass diese ohne den geistlichen Heimatbegriff nicht zu denken seien und gelangt zu der These: „Heimat bleibt [...] in der Literatur der ersten Hälfte des 19. Jahrhunderts ein religiöser Begriff, und zwar einer, der auch das Irdische religiös färbt".[15] Ihre zentrale Referenz für den geistlichen Heimatbegriff ist die Bibel, wobei sie für das Alte und Neue Testament zwei unterschiedliche Weisen der Rede von Heimat erkennt.[16] Gegenüber dem transzendierten Heimatverständnis des Neuen Testaments sei Heimat im Alten Testament ein „konkret erfahrbarer soziokultureller Raum".[17] Die Landnahmeerzählungen zeigten, „wie sehr die Beziehung zwischen JHWH und dem Volk Israel als räumliche, soziale und religiöse Beheimatung verstanden wurde". Die „Befreiung aus der ägyptischen Sklaverei, die Landnahme und die Errichtung des Tempels" ließen sich „als Prozess der sozialen, lokalen und religiösen Beheimatung des Volkes Israel verstehen", wenn auch stets mit der Erinnerung an die Fremde verbunden. Nach Anja Oesterhelt spielt „[d]as alttestamentliche Angebot, Heimat als ein positiv konnotiertes irdisches Konzept aufzufassen, in der christlichen Auslegungstradition bis zum 19. Jahrhundert [...] kaum eine Rolle".[18] Das ändere sich erst im 19. Jahrhundert. Die positive Einbindung der irdischen Heimat in gegenwärtige theologische Konzepte von Heimat habe hier wohl ihren historischen Ursprung.[19] Wenig bedacht bleibt indes die Bedeutung der Erfahrung des Land- und Heimatverlusts durch die assyrische und neubabylonische Okkupation und das Exil, die zu Konzepten einer religiösen Beheimatung auch in der Fremde geführt hat und

---

15 Oesterhelt, Geschichte, 17.
16 Vgl. den von Oesterhelt, Geschichte, 151–154, für den biblischen Befund als Referenz genannten Artikel Kleeberg-Hörnlein/Reimann/Wermke, Heimat.
17 Kleeberg-Hörnlein/Reimann/Wermke, Heimat, 147 f. Dort auch die folgenden Zitate.
18 Oesterhelt, Geschichte, 154.
19 Vgl. Oesterhelt, Geschichte, 154 Anm. 20 mit Verweis auf Herms, Theologie, 1114–1120 (§ 54 Das ewige Leben Gottes. Unsere ursprüngliche und bleibende Heimat).

doch wohl ganz maßgeblich schon die alttestamentliche Darstellung der Beheimatung des Volkes Israel im Land geprägt hat. Oder anders formuliert: Es bleibt zu fragen, ob dem positiv konnotierten irdischen Konzept von Heimat nicht ein gebrochener und fragiler Heimatbegriff zugrunde liegt. Für die alttestamentliche Wissenschaft wiederum kann die Frage nach ‚Heimat' durchaus neue Einsichten in die literarische Selbstverständigung des antiken Israel eröffnen, insofern sie den vielfach angesprochenen Themen ‚Exil' und ‚Migration' einen weiteren Aspekt an die Seite stellt.

4 Der soziale und der heilsgeschichtlich qualifizierte Begriff von ‚Heimat' im Alten Testament

Bei der Beschreibung antiker Kulturen ist die Verwendung von Begriffen, die in diesen Kulturen nicht belegt oder inhaltlich ganz anders gefüllt sind, nicht ungewöhnlich. Aus dem Umfeld des Heimatbegriffs ließen sich weitere, nicht weniger aufgeladene Begriffe wie ‚Staat' und ‚Nation' oder ‚Volk' nennen. Am nächsten kommt dem Begriff ‚Heimat' im Alten Testament das Wort מולדת. Es handelt sich um eine Nominalbildung einer Wurzel *jld** „gebären" oder „zeugen" mit der Bedeutung „Geburtsort". Heimat ist demnach der Ort der genealogischen Herkunft und kann wie in Gen 12,1 durch Ausdrücke wie „Land" und „Vaterhaus" lokal und sozial näher bestimmt werden: *ויאמר יהוה אל אברם לך לך מארצך וממולדתך ומבית אביך אל הארץ אשר אראך* „Da sagte JHWH zu Abraham: Auf, geh *aus deinem Land und aus deiner Heimat und aus deinem Vaterhaus* in das Land, das ich dir zeigen werde." Ähnlich in Gen 24,7, dem einzigen Beleg für ‚Heimat' in Martin Luthers Bibelübersetzung von 1545: יהוה אלהי השמים אשר לקחני מבית אבי *ומארץ מולדתי* „Der HERR der Gott des Himels, der mich von meines Vaters hause genomen hat, und von meiner heimat". Von der Moabiterin Ruth, die mit ihrer verwitweten Schwiegermutter nach Benjamin in deren Heimat ausgewandert ist, heißt es anerkennend, sie habe ihre Heimat (מולדת) und ihre Eltern verlassen (Rt 2,11). Entsprechend wird bei der Wahl Sauls zum ersten König Israels dessen lokale und ethnische Herkunft durch Abstammung definiert: Aus dem Stamm Benjamin, aus der Sippe der Matriten, aus dem Haus des Kisch (I Sam 10,20f). Heimat in diesem Sinne ist die Zugehörigkeit zu einem Sippen- und Familienverband als der grundlegenden wirtschaftlichen Einheit, wobei die Zuordnungen flexibel sind und mit Verwandtschaft primär eine soziale und weniger eine genetische Realität beschrieben wird. Spätere Texte weiten die Verknüpfung von Ort und geburtsmäßiger Herkunft aus, insofern sie Heimat (מולדת) und Volk (עם) verbinden (Jer 46,16;

Est 8,6). Allerdings handelt es sich um eine eher graduelle Verschiebung, da der Begriff עם – ursprünglich der Bruder des Vaters, dann jeder männliche Verwandte innerhalb der Großfamilie (Gen 25,8.17; Lev 21,1 ff; II Reg 4,13) – unbeschadet seiner eigenen innerbiblischen Geschichte Volk stets auch als umfassende verwandtschaftliche Einheit versteht.[20]

Den Aspekt des vertrauten und sicheren Lebensraumes betont das ebenfalls heimataffine Wort מנוחה von der Wurzel *nwḥ** „sich niederlassen, ruhen" mit den Bedeutungen „Weideplatz" und sichere „Ruhe" oder „Ruheplatz". Mose werden die Worte in den Mund gelegt: „Denn ihr" – angeredet ist auf der Ebene der Erzählung das Volk in der Wüste, tatsächlich Israel im Exil – „seid bis jetzt noch nicht zu der מנוחה und zu dem Erbteil gekommen, das JHWH, dein Gott, dir gibt" (Dtn 12,9). מנוחה bedeutet hier positiv ein sicherer Ort zum Wohnen. In einer nachexilischen Fortschreibung des Jesajabuches wird diese Erwartung für die Zukunft formuliert: „Und mein Volk wird an der Wohnstätte des Friedens weilen, an sicheren Orten und sorgenfreien Ruheplätzen (מנוחה)" (Jes 32,18). Beide Zitate zeigen wenig überraschend, dass Heimat für das Alte Testament ohne Raum nicht denkbar ist.

Wird indes nach einem qualifizierten Begriff von Heimat im Alten Testament gefragt, so ist dies das ‚Land Israel' als der Lebensraum des ‚Volkes Israel'. Die göttliche Gabe des Landes, seine Inbesitznahme, der Verlust und die Hoffnung auf die Rückkehr sind ein zentraler Themenkomplex, wenn auch mit einer sehr unterschiedlichen Verteilung. So unterschiedlich die biblischen Schriften das Thema auch behandeln, es ist die gemeinsame Grundüberzeugung, dass Israel von außen in das Land ‚Kanaan' gekommen ist, in dem einst die Ahnherren Abraham, Isaak und Jakob als ‚Fremde' unter den Kanaanäern weilten. Gleich die erste Erwähnung von Heimat in Gen 12,1–3 ist mit dem Befehl an Abraham verbunden, genau diese zu verlassen, um in dem unbekannten Land ‚Kanaan' zum Volk zu werden. Das ist durchaus typisch für das Alte Testament, in dem das Verhältnis zwischen dem Volk Israel und dem Land Israel als Lebensraum des Volkes grundsätzlich durch fehlende Selbstverständlichkeit bestimmt ist. Die erste Erwähnung von Heimat ist aber auch darin typisch für das Alte Testament, dass es eine allochthone Vorstellung von Heimat hat, in der Heimat nicht das Land ist, in dem man vorgeblich schon immer war, sondern ein Land, in das man kommen wird. Literarhistorisch wird die Ausbildung dieser ‚Heimaterzählung' mit der massiven Gefährdung des angestammten Lebensraums durch die militärische Bedrohung und schließlich Zerstörung zunächst des Nordreichs Israel (722 v. Chr.) und später Judas (587 v. Chr.) zu erklären sein. Die assyrische und neubabylonische Okkupati-

---

20 Gertz, Volk.

on sowie das Exil sind diejenigen Ereignisse, welche die literarische Selbstverständigung des antiken Israel prägen, und zwar gerade auch in der Darstellung der Entstehung des Volkes, die in der Chronologie des Erzählten viele Jahrhunderte vor dem Verlust des Landes liegt. Es wird für eine Phänomenologie der Heimat im Alten Testament zu bedenken sein, dass nach biblischer Darstellung die Stämme Israels in der Wüste zum Volk Israel geworden und von außen in das Land gekommen sind. Bekanntlich gilt diese Darstellung der neueren Forschung im Kern als unhistorisch. Das sahen im Übrigen auch schon zeitgenössische Quellen wie eine Inschrift des Königs Meša von Moab so, in der es von den Angehörigen des (israelitischen) Stammes Gad heißt, sie würden seit jeher im ostjordanischen ʿAṭarōt wohnen.[21]

5 Verlust und fehlende Selbstverständlichkeit von ‚Heimat'

Die affektgeladene Thematisierung von Heimat unter dem Vorzeichen der Verlusterfahrung ist konstitutiv für das Alte Testament. Selbst da, wo die Existenz Israels im Land beschrieben wird, ist die fehlende Selbstverständlichkeit der Heimat nicht zu übersehen. Das Land wird dem Volk von Gott als Lehen oder Erbteil gegeben: „Das Land gehört mir" – also Gott – „und ihr" – angeredet ist das in der Wüste wandernde Volk – „seid nur Fremde und Beisassen bei mir" (Lev 25,23). Wie die Fremden, die zwar in die Rechtsordnung integriert sind (Lev 19,34), gleichwohl einen geringeren Rechtsschutz haben als die Einheimischen (אזרח), so sind auch die Israeliten selbst auf Schutz und Fürsprache des eigentlichen Grundeigentümers angewiesen. Diese Vorstellung lässt sich auch vom Besitz des Landes (nicht: ‚Eigentum') lösen und anthropologisch entschränken, wenn sich der Beter Gottes Zuspruch mit den Worten erfleht: שמעה תפלתי יהוה ושועתי האזינה אל דמעתי אל תחרש כי גר אנכי עמך תושב ככל אבותי „Höre mein Gebet, JHWH, und vernimm mein Schreien, schweige nicht zu meinen Tränen. Denn ein Fremder bin ich bei dir, ein Beisasse, wie alle meine Vorfahren" (Ps 39,13; vgl. Ps 119,19; I Chr 29,15). Eine Folge der fehlenden Selbstverständlichkeit der Heimat ist, dass der Verbleib in der Heimat bzw. die Rückkehr in die Heimat an ethisch-religiöse Forderungen, konkret das Halten der Gebote der Tora, gebunden ist. Dies herauszustellen, ist bekanntlich ein besonderes Anliegen der deuteronomisch-deutero-

---

21 Zeilen 10–14. Vgl. Weippert, Textbuch, 242–248, mit dem Hinweis, der König Meša von Moab, der sich kaum als ‚Israelit' begriffen haben wird, sei sehr wahrscheinlich ein Gadit gewesen.

nomistischen Literatur.[22] Für deren theologisierte Vorstellung des heimatlichen Territoriums sind zwei Aspekte grundlegend. Das Land ist die Gabe Gottes. Das belegen schon die unzähligen relativischen ‚Landgabesätze‘, die bei jeder passenden und manchmal auch unpassenden Gelegenheit auf das Stichwort אֶרֶץ folgen. Dem entspricht in späteren Texten die Bezeichnung als אֶרֶץ יהוה „Land JHWHs" (Hos 9,3; Am 4,13; 5,8; 9,6; vgl. אַדְמַת יהוה in Jes 14,2) oder als גְּבוּל קָדְשׁ „heiliger Bezirk" (Ps 78,54) und אַדְמַת הַקֹּדֶשׁ „heiliger Boden" (Sach 2,16). Sodann ist die Gabe des Landes nach deuteronomisch-deuteronomistischer Vorstellung an das Halten der Gebote der Tora gebunden: „Das Land ist Geltungsraum des Gesetzes, das Gesetz ist die Lebensform im Lande. Natürlich heißt das in dieser dtr Zeit bereits: So hätte es sein *sollen*, so hätte es sein *können*."[23] In dieser Perspektive ist Heimat immer auch die verspielte Heimat und zugleich Gegenstand der Sehnsucht. Freilich hat sich die Sehnsucht nach der verlorenen Heimat außerhalb der deuteronomistischen Literatur unter Aufnahme der Jerusalemer Tempeltheologie vor allem auf Jerusalem und den Zion als *lieu de mémoire* hin ausgerichtet – sei es in der Klage der Exulanten (Ps 137), sei es als „Heimat des Beters" (Ps 84).[24] Heimat wird mehr als der Ort der genealogischen Herkunft.

Vor dem Hintergrund der Verlusterfahrung reagiert die alttestamentliche Konzeption von Heimat auf gesellschaftliche und religiöse Umbrüche und reflektiert diese auch. Sie erlangt dadurch ein reaktives und selbst-reflexives Moment. Doch mit dem Hinweis auf die fehlende Selbstverständlichkeit und die Verlusterfahrung ist die alttestamentliche Vorstellung von Heimat noch nicht vollständig erfasst. Der Verlust der Heimat hatte auch die Erfahrung zur Folge, dass es für das Volk Israel mit Juda, Babylon und Ägypten *Heimat im Plural*[25] gibt. Der literarische Befund legt nahe, dass die bleibende Orientierung am Land und insbesondere an Jerusalem zu einer doppelten räumlichen Existenz geführt hat, in der neben den Ort physischer Existenz noch das symbolisch aufgeladene Jerusalem als ferne und eigentliche, mehr als ideelle und spirituelle denn als tatsächliche Heimat tritt. Eine offene Frage ist indes, wie die genannten Umbrüche und die damit einhergehenden Verlusterfahrungen individuell in der Fremde erlebt wurden. Für die Bewohner des ehemaligen Nordreichs und für die Judäer, die unter neuassyrischer Oberherrschaft deportiert worden sind, liegen bekanntlich nur wenige Quellen vor. Üblich war, dass die Deportierten auf mehrere Grup-

---

22 Vgl. dazu Perlitt, Motive.

23 Perlitt, Motive, 49 (100).

24 Zur Formulierung und zur Vorstellung vom Zion als der wahren Heimat des Volkes Israel und der Völker vgl. Körting, Zion. Zur Zionssehnsucht in der jüdischen Gebetsliteratur vgl. Gutman-Grün, Zionssehnsucht.

25 Müllner, Heimat.

pen verteilt und mit Deportierten aus anderen Regionen auf lokaler und regionaler Ebene vermischt wurden, wobei jedoch die ursprünglichen Haus- und Familienstrukturen intakt blieben. In Verkaufsurkunden aus *Dur Katlimmu*, die zwar erst aus neubabylonischer Zeit stammen, aber ältere Namenstraditionen widerspiegeln, sind eine Reihe westsemitischer Namen zum Teil israelitischen Ursprungs belegt. Die Belege zeigen, dass Söhne von Vätern mit westsemitischen Namen häufiger westsemitische als assyrische Namen tragen. Dies legt den Schluss nahe, dass die Deportierten zumindest über einen gewissen Zeitraum ihre kulturelle Identität bewahren konnten.[26] Quellen oder Überlieferungen, die auf eine erhoffte oder tatsächliche Rückkehr dieser Deportierten in die alte Heimat schließen lassen, liegen nicht vor. Das ist für die babylonische Diaspora gänzlich anders. Für sie wurde einerseits herausgestellt, dass aufgrund politischer, sozialer und religiöser Faktoren über Generationen hinweg die Hoffnung auf eine Rückkehr nach Juda aufrechterhalten werden konnte und dass sich die Deportierten mehrheitlich nicht assimilierten.[27] Andererseits geben Texte aus dem Kreis der Exilierten (Texte aus *āl-Yāḫūdu* und *Bīt Našar*) und hier insbesondere Wirtschaftsurkunden zu erkennen, dass sich auch eine schrittweise soziale Integration der judäischen Familien vollzogen hat. Ein ähnliches Bild zeichnen für Ägypten die Elephantine-Papyri. Ebenso hat eine Untersuchung von Jörn Kiefer zu den Begriffen, in denen die Erfahrungen von Exil und Diaspora zum Ausdruck gebracht worden sind, zu einem differenzierten Bild geführt.[28] Ausweislich der ausgewerteten Texte aus der Zeit des zweiten Tempels einschließlich der Qumran-Texte sowie des Neuen Testaments, der frührabbinischen Literatur und der frühen Synagogenliturgie konnten die Betroffenen der Diaspora-Existenz durchaus auch positive Züge abgewinnen. Zuweilen führt der hier nur knapp skizzierte Befund in der gegenwärtigen Forschungsdiskussion zu dem Urteil, dass es sich bei der biblischen Darstellung der gewonnenen und wieder verlorenen Heimat vornehmlich um die geschichtstheologische Legitimation einer bestimmten Ausprägung der JHWH-Religion der nachexilischen Zeit handelt. Das mag im Einzelfall stimmen, doch besagt selbst die zutreffende und gegen das biblische Bild angeführte Beobachtung, dass die Exilierten wirtschaftlich und sozial gut integriert gewesen sind, noch nichts darüber, in welchem Maße die Situation des Heimatverlusts von den Betroffenen gleichwohl als innere Not empfunden worden ist.

---

26 Fales, Names.
27 Albertz, Exilszeit, 86–97.
28 Kiefer, Exil.

6 Gottes ‚Heimat'

Kann der Tempel auf dem Zion als ‚Heimat des Beters' charakterisiert werden, so ist damit ein weiterer Gesichtspunkt der alttestamentlichen Konzeption benannt, auf den wenigstens am Rande eingegangen werden soll, und zwar die Beheimatung Gottes. Auch sie wird erst im Zusammenhang der Katastrophenerfahrung der Zerstörung des Tempels und des Exils intensiv reflektiert und problematisiert. Zumindest nach Ansicht der Jerusalemer Tempeltheologie dürfte JHWH, der Gott Israels, wie andere Gottheiten des alten Vorderen Orients in seinem Tempel gewohnt haben. Er ist der Königsgott, der auf dem Zion thront (vgl. Jes 6,1–4; 8,18). Mit der Zerstörung des Tempels musste die Präsenz JHWHs fraglich erscheinen. In der prophetischen Literatur, welche die Zerstörung des Tempels und das Exil nicht auf die Unterlegenheit des eigenen Gottes gegenüber den Gottheiten der Sieger, sondern auf die Schuld des Volkes zurückführte, bildete sich daher die Vorstellung heraus, dass JHWH seinen Tempel, Jerusalem und das Land wegen der Sündhaftigkeit des Volkes verlassen habe und selbst ins Exil gegangen sei (Ez 11,23). Entsprechend ist die Erwartung der Rückkehr des Volkes aus dem babylonischen Exil an die Rückkehr Gottes nach Jerusalem gebunden (Jes 40,1–11; Ez 43,2.4–5). Ein gottverlassener Ort bietet nach diesen Autoren keine sinnvolle Heimatperspektive. Daneben gewinnen auch alternative Beheimatungen Gottes an Gewicht, die weit weniger an den Ort gebunden sind. JHWH wurde ausschließlich im Himmel lokalisiert (vgl. Ps 103,19; 113,5 f.; 115,3; 123,1; Mt 6,9), während im Tempel nach deuteronomistischer Theologie nur sein Name wohnt (I Reg 8,29 ff).[29] Diese Vorstellungen stehen durchaus in Kontinuität zur vorexilischen Tempeltheologie.[30] Dass die Gottheit ihren Tempel (zeitweilig) verlässt und so Unheil herausführt, bleibt ebenso im Rahmen der altvorderorientalischen Tempeltheologie wie die Unterscheidung von irdischer und himmlischer Wohnstatt. Gleichwohl haben sie unter den Bedingungen einer ‚weltweiten' Diaspora und der Frage nach der Heimat im Sinne einer Empfindung von Zugehörigkeit fraglos an Bedeutung gewonnen.

7 Zusammenfassung

Ich ziehe ein Fazit dieser vorläufigen Überlegungen zu einer Phänomenologie der Heimat im Alten Testament:

---

29 Janowski, Einwohnung Gottes, und Richter, Name Theology.
30 Zur Debatte vgl. Koch, Wohnstatt.

1. Im Alten Testament gibt es keinen Begriff, der dem deutschen Begriff ‚Heimat' in all seinen Bedeutungsnuancen entspricht; trotzdem finden sich *avant la lettre* Modelle von Heimat, deren Untersuchung neue literatur- und kulturwissenschaftliche Erkenntnisse verspricht und auch von systematischer Bedeutung für eine kultur- und epochenübergreifende Theorie der Heimat ist.

2. Für das Alte Testament bedeutet Heimat neben der lokalen Herkunft die Zugehörigkeit zu einem Sippen- und Familienverband als der grundlegenden wirtschaftlichen Einheit.

3. Wird nach einem qualifizierten Begriff von Heimat im Alten Testament gefragt, so ist dies – kontrafaktisch zur Existenz einer großen und einflussreichen Diaspora – das ‚Land Israel' als der Lebensraum des ‚Volkes Israel'.

4. Die theologisch qualifizierte und auch affektgeladene Vorstellung von Heimat steht unter dem Vorzeichen der Verlusterfahrung des angestammten Lebensraums. Sie hat ein reaktives und selbst-reflexives Moment, insofern sie auf gesellschaftliche und religiöse Umbrüche reagiert und diese auch reflektiert. Ein besonderes Kennzeichen ist die fehlende Selbstverständlichkeit von Heimat, die immer auch die verspielte Heimat und zugleich Gegenstand der Sehnsucht ist.

5. Durch die Diaspora-Existenz weiter Teile Israels entsteht ‚Heimat im Plural', und zwar in zweifacher Hinsicht. Zum einen sind die Heimaten die verschiedenen Orte physischer Existenz. Zum anderen gibt es neben diesen konkreten Orten der physischen Existenz auch die ideelle und spirituelle Heimat des symbolisch aufgeladenen Jerusalem als Sehnsuchts- und Erinnerungsort.

Bibliographie

Albertz, Rainer. *Die Exilszeit: 6. Jh. v. Chr.* BE(S) 7. Stuttgart: Kohlhammer, 2001.

Bail, Ulrike. „Heimat als Utopie." *NCar* 22 (2016): 9–13.

Blum, Erhard. „Notwendigkeit und Grenzen historischer Exegese. Plädoyer für eine alttestamentliche ‚Exegetik'." In *Theologie und Exegese des Alten Testaments/der Hebräischen Bibel. Zwischenbilanz und Zukunftsperspektiven.* SBS 200, hg. v. Bernd Janowski, 11–40. Stuttgart: Katholisches Bibelwerk, 2005 = ders., *Grundfragen der historischen Exegese.* FAT 95, hg. v. Wolfgang Oswald/Kristin Weingart, 1–29. Tübingen: Mohr Siebeck, 2015.

Costadura, Edoardo/Ries, Klaus. „Heimat – Ein Problemaufriss." In *Heimat gestern und heute. Interdisziplinäre Perspektiven,* hg. v. dies., 7–23. Bielefeld: transcript, 2016.

Crépon, Marc. „Art. Heimat." In *Dictionary of untranslatables. A philosophical lexicon,* hg. v. Barbara Cassin, übers. v. Steven Rendall, 430–432. Princeton: Princeton University Press, 2014 (Übersetzung von: Vocabulaire européen des philosophies, Paris 2004).

Fales, Frederick Mario. „West Semitic Names in the Šech Hamad Texts." *SAA.B* 7 (1993): 139–150.

Frisch, Max. „Die Schweiz als Heimat? Rede zur Verleihung des Großen Schillerpreises." In *Gesammelte Werke in zeitlicher Folge.* Bd. 6/2, hg. v. Hans Mayer unter Mitwirkung von Walter Schmitz, 508–517. Frankfurt a. M.: Suhrkamp, 1976.

Gertz, Jan Christian. „Art. Volk/Volkstum." In *RGG*. Bd. 8, hg. v. Hans Dieter Betz/Don S. Browning/ Bernd Janowski/Eberhard Jüngel, 1147–1148. Tübingen: Mohr Siebeck, [4]2005.

Greverus, Ina-Maria. *Der territoriale Mensch. Ein literaturanthropologischer Versuch zum Heimat-phänomen.* Frankfurt a. M.: Athenaeum, 1972.

Grimm, Jacob/Grimm, Wilhelm. *Deutsches Wörterbuch.* Bd. 4, Abth. 2: H. I. J. [H. – Juzen], bearb. v. Moritz Heyne. Leipzig: Hirzel, 1877.

Gutman-Grün, Meret. „Zionssehnsucht in der poetischen Gebetsliteratur vom 6. Jh. A.D. im Land Israel bis zum 12. Jh. A.D. in al-Andalus." In *Zion. Symbol des Lebens in Judentum und Christentum.* SKI.NF 4, hg. v. Tanja Pilger/Markus Witte, 145–166. Leipzig: Evangelische Verlagsanstalt, 2013.

Herms, Eilert. *Systematische Theologie.* Bd. 1. Tübingen: Mohr Siebeck, 2017.

Janowski, Bernd. Die Einwohnung Gottes in Israel. Eine religions- und theologiegeschichtliche Skizze zur biblischen Schekina-Theologie, in: ders., *Der nahe und der ferne Gott, Beiträge zur Theologie des Alten Testaments 5*, Neukirchen-Vluyn: Neukirchener, 2014, 245–285.

Kegel, Sandra. *Heimatministerin Faeser. Das Gegenteil von Einsamkeit.* FAZ vom 02. 04. 2022; https://www.faz.net/aktuell/feuilleton/debatten/nancy-faeser-das-ist-die-agenda-der-heimatministerin-17777258.html (abgerufen am 17. 10. 2022).

Kiefer, Jörn. *Exil und Diaspora. Begrifflichkeit und Deutungen im antiken Judentum und in der hebräischen Bibel.* ABG 19. Leipzig: Evangelische Verlagsanstalt, 2005.

Kleeberg-Hörnlein, Sylvia E./Reimann, Gregor/Wermke, Michael. „Zwischen ‚irdischer' und ‚ewiger Heimat'. Der Heimatbegriff in systematisch-theologischen Kontexten und als Thema religionspädagogischer Bildungsforschung." In *Heimat gestern und heute. Interdisziplinäre Perspektiven*, hg. v. Edoardo Costadura/Klaus Ries, 145–160. Bielefeld: transcript, 2016.

Koch, Christoph. *Gottes himmlische Wohnstatt. Transformationen im Verhältnis von Gott und Himmel in tempeltheologischen Entwürfen des Alten Testaments in der Exilszeit.* FAT 119. Tübingen: Mohr Siebeck, 2018.

Körting, Corinna. *Zion in den Psalmen.* FAT 48. Tübingen: Mohr Siebeck, 2006.

Korfkamp, Jens. *Die Erfindung der Heimat. Zu Geschichte, Gegenwart und politischen Implikaten einer gesellschaftlichen Konstruktion.* Berlin: Logos, 2006.

Kreß, Hartmut. „Art. Heimat." In *TRE.* Bd. 14, hg. v. Gerhard Müller, 778–781. Berlin/New York: de Gruyter, 1985.

Krinetzki, Günter. „Art. Heimat." In *NBL.* Bd. 2, hg. v. Bernhard Lang/Manfred Görg, 111. Zürich/Düsseldorf: Benziger, 1995.

Lange, Rudolf. *Theologie der Heimat. Ein Beitrag zur Theologie der irdischen Wirklichkeiten.* Freilassing/Salzburg: Müller, 1965.

Lexutt, Athina. „‚Da, wo man sich nicht erklären muss.' Heimat und Rechtfertigung: Historische Bemerkungen zu einem systematischen Zusammenhang." In *Niemand ist eine Insel. Menschsein im Schnittpunkt von Anthropologie, Theologie und Ethik.* FS Wilfried Härle. TBT 156, hg. v. Christian Polke u. a., 37–64. Berlin/Boston: de Gruyter, 2011.

Müllner, Ilse. „Heimat im Plural. Biblische Stimmen zum babylonischen Exil." In *Identität(en) und Bildung – theologisch reflektiert.* BaThF 13, hg. v. Johanna Rahner, 83–106. Berlin/Münster: Lit, 2011.

Neumann, Klaus. „Art. Heimat." In *HGANT*, hg. v. Angelika Berlejung/Christian Frevel, 243–245. Darmstadt: WBG, 2006.

Neumeyer, Michael. *Heimat. Zu Geschichte und Begriff eines Phänomens.* Kieler geographische Schriften 84. Kiel: Geographisches Institut der Universität, 1992.

Oesterhelt, Anja. *Geschichte der Heimat. Zur Genese ihrer Semantik in Literatur, Religion, Recht und Wissenschaft.* Studien und Texte zur Sozialgeschichte der Literatur 157. Berlin/Boston: de Gruyter, 2021.

Perlitt, Lothar. „Motive und Schichten der Landtheologie im Deuteronomium." In *Das Land in biblischer Zeit. Jerusalem-Symposium 1981 der Hebräischen Universität und der Georg-August-Universität*. GTA 25, hg. v. Georg Strecker, 46–58. Göttingen: Vandenhoeck & Ruprecht, 1983 = ders. *Deuteronomium-Studien*. FAT 8, 97–108. Tübingen: Mohr, 1994.

Richter, Sandra. *The Deuteronomistic History and the Name Theology. lə-šakken šəmô šām in the Bible and the Ancient Near East*. BZAW 318. Berlin/Boston: de Gruyter, 2002.

van Oorschot, Jürgen/Allolio-Näcke, Lars. Beheimatung und Migration – alttestamentlich-anthropologische Erkundungen zu einem Spannungsfeld. Erscheint in: *Migration und biblische Theologie: Positionen und theologische Herausforderungen aus Perspektive der alt- und neutestamentlichen Wissenschaft*. ABG, hg. v. Benedikt Hensel und Christian Wetz. Leipzig: Evangelische Verlagsanstalt, 2023.

Schobert, Ingrid/Daiber, Karl-Fritz. „Art. Heimat." In *RGG*. Bd. 3, hg. v. Hans Dieter Betz/Don S. Browning/Bernd Janowski/Eberhard Jüngel, 1593–1595. Tübingen: Mohr Siebeck, [4]2000.

Steiner, Till Magnus. *Was ist Heimat? Alttestamentliche Anmerkungen zur Caritas Jahreskampagne 2017*, abrufbar unter: https://www.dei-verbum.de/was-ist-heimat/ (abgerufen am 10. 02. 2022).

Weippert, Manfred. *Historisches Textbuch zum Alten Testament*. GAT 10. Göttingen: Vandenhoeck & Ruprecht, 2010.

Zeindler, Matthias. „‚Dein Reich komme.' Aspekte eines theologischen Heimatverständnisses." *ZPT* 73 (2021): 351–363.

Irmtraud Fischer
Was hat Traumahermeneutik mit Literarkritik zu tun?

1 Biographisches und Methodisches

Jürgen van Oorschot kenne ich aus Zeiten, in denen ich voll Zuversicht Literarkritik betrieben habe. Wir haben uns 1993 während meiner Lehrstuhlvertretung in Marburg in der Wohnung von Otto Kaiser kennengelernt. Du, Jürgen, wurdest offenkundig gebeten, vorbeizukommen, um mich, die zum Fünfuhrtee geladen war, abzulösen. Die Begegnung entwickelte sich aber in eine wohl für Otto Kaiser unerwartete Richtung, die ich meinem Wissen um ein Gemälde von Artemisia Gentileschi im Museo Capodimonte zu verdanken habe. Vermutlich hatte er eine Lila-Latzhosen-Feministin erwartet, ich kam aber, da ich Kaiser von der Ferne von Kongressen kannte, im dunkelblauen Kostüm, und die Begegnung hat mir lebenslangen Kontakt mit Kaiser, der mehrmals in Graz war, beschert, und mit Dir, lieber Jürgen, kam sogar ein Erasmusvertrag unserer beiden Fakultäten zustande.

„Womit man umgeht, das hängt sich an" heißt es in einer Redewendung im Salzkammergut, aus dem ich komme. In der Tradition der klassischen historisch-kritischen Forschung ausgebildet, die für meinen Lehrer Johannes Marböck[1] nach deren Repressionen in der katholischen Theologenausbildung bis zum Vatikanum II als Befreiung empfunden worden war, sind meine Qualifikationsarbeiten davon geprägt; Literarkritik und vergleichende Rechtsgeschichte im herkömmlichen Sinn waren eine Selbstverständlichkeit.

Aber mein Interesse lag zusehends auf der Frauen- und Geschlechterforschung, die ich nach und nach für viel ertragreicher hielt, als an ein paar Halbversen eine weitere, immer nur auf Wahrscheinlichkeiten fußende, literarkritische These zu entwickeln.

Feministische Exegese, die ich anfangs vor allem über Elisabeth Schüssler-Fiorenza kennenlernte, und ab der Mitte der 1990er Jahre auch Genderstudies, arbeiteten zwar im wissenschaftlichen Bereich teils ebenso historisch-kritisch, aber bereits die Monographie *Texts of Terror* von Phyllis Trible ignorierte (damals

---

[1] Siehe dazu die beiden Aufsätze von Johannes Marböck, „Von der Dynamik des Wortes. Stationen, Erfahrungen und Begegnungen in einer ‚Expedition Bibel'" und „Von der Faszination eines Buches. Erfahrungen der Lektüre des Alten Testaments", beide Beiträge in *Johannes Marböck. Faszination Bibel*, Hg. Irmtraud Fischer, Franz Hubmann und Franz Kogler, TKD 27 (Innsbruck: Tyrolia, 2014): 23–36 und 261–272.

https://doi.org/10.1515/9783111317564-009

zu meiner großen Verwunderung) 1984[2] jegliches literarische Wachstum der Texte, da sie vom Interesse der Wirkung von biblischen Texten auf Frauen angetrieben war und daher notwendigerweise vom hebräischen kanonischen Endtext ausging.

Der zweite Strang feministischer Exegese, der historisch-kritische Exegese links liegen ließ, war von der Narratologie geprägt, wobei hier die frühe Mieke Bal die Galionsfigur bildete. Heute kann man im Rückblick sagen, dass diese Richtung und die kanonische Exegese, die ausschließlich den Endtext ins Zentrum stellt, in der weiteren Entwicklung der katholischen deutschsprachigen Bibelwissenschaft vielleicht ebenso bedeutend wurde wie der historisch-kritische Ansatz.[3] Ob dies dem traditionellen katholischen Hang zur Endtextexegese und einer durch die erst vor gut einem halben Jahrhundert aufgehobenen Verbote behinderten Entwicklung der historisch-kritischen Forschung geschuldet ist, vermag ich hier nicht zu klären.

Ich selber habe in meinen Arbeiten einzelne narratologische Aspekte übernommen, die mir zur Erschließung der Texte überaus hilfreich erschienen, habe diese jedoch eher in eine sprachliche Analyse der Texte eingebaut. Bei aller Skepsis gegenüber einer allzu detaillierten Rekonstruktion der Entstehung von biblischen Texten habe ich nie aufgehört, nach einem literarischen Wachstum der Texte zu fragen. Bis heute erscheint mir der Versuch, dieses zu ergründen, als unumgänglich notwendige Voraussetzung für eine soziokulturelle und (rechts-)historische Verankerung der Texte, die allein davor bewahrt, Texte im luftleeren Raum zu interpretieren.

Mit der Berufung auf einen sog. Sonderlehrstuhl 1997 an die Universität Bonn, der mit *Altes Testament und Theologische Frauenforschung* umschrieben war, wurde ich gezwungen, eine Entscheidung zu treffen: entweder in allen theologischen Disziplinen als Genderforscherin zu dilettieren oder beim eigenen Leisten der alttestamentlichen Forschung zu bleiben und die gestellte Aufgabe durch interdisziplinäre Kooperationen zu lösen. Bekanntlich entschied ich mich für die zweite Variante, die mir ein sehr breites Feld von inter- und transdisziplinärer Lehre und Forschung eröffnete. Auf diesem Feld bewege ich mich noch heute sehr gerne, insbesondere durch unser 2017 errichtetes internationales Graduiertenkolleg *Resonante Weltbeziehungen*[4] mit dem Max-Weber-Kolleg in Erfurt, dem

---

2 Phyllis Trible, *Texts of Terror. Literary Feminist Readings of Biblical Narratives* (Minneapolis: Fortress Press, 1984); deutsch: dies., *Mein Gott, warum hast du mich vergessen! Frauenschicksale im Alten Testament*, GTBS 491 (Gütersloh: Gütersloher Verlagshaus, 1987).
3 Siehe dazu exemplarisch den Band von Egbert Ballhorn und Georg Steins, Hg., *Der Bibelkanon in der Bibelauslegung. Methodenreflexionen und Beispielsexegesen* (Stuttgart: Kohlhammer, 2007).
4 Siehe dazu: https://dk-resonance.uni-graz.at/de/.

ich mich nach meiner Pensionierung als Alttestamentlerin im Herbst 2022 am Institut für Antike an der Geisteswissenschaftlichen Fakultät in Graz weiter widme.

Dieses interdisziplinäre Arbeiten verbindet mich ebenso mit Jürgen van Oorschot, der durch das *Zentralinstitut „Anthropologie der Religion(en)"* in Erlangen ebenso weit über das theologische Fachgebiet hinaus aktiv ist.

Mit der Konzipierung und Leitung des in vier Sprachen erscheinenden rezeptionsgeschichtlichen Projekts *Die Bibel und Frauen*,[5] das sowohl forschungsgeschichtlich-exegetisch als auch kulturgeschichtlich ausgerichtet ist, weitete sich mein Forschungsinteresse noch einmal. Es fasziniert mich bis heute, wieviel Untradiertes und Unbekanntes von Frauen Verfasstes und auf ihre exegetischen Aktivitäten Verweisendes in den Archiven schlummert und wie grundlegend man Forschungsgeschichte umzuschreiben hätte, wenn man denn die überraschenden Ergebnisse, die wir in allen Epochen zutage fördern, weithin rezipierte.

Über die feministische Forschung[6] bekam ich zudem Zugang zum im letzten Jahrzehnt immer ausdifferenzierter entwickelten exegetischen Ansatz der Traumahermeneutik, die für mein laufendes Buchprojekt eines Jona-Kommentars entscheidend ist.

Ich habe mich in meinem akademischen Leben also beileibe nicht nur im historisch-kritischen Feld herumgetrieben, sondern in mehreren Wäldern gewildert.

2 Alle methodischen und hermeneutischen Zugänge sind anachronistisch

Seit 30 Jahren werde ich immer wieder einmal von meist evangelischen Vertretern der historisch-kritischen Forschungsrichtung gefragt, ob denn die Fragestellungen feministischer Exegese nicht anachronistisch seien – und dasselbe gilt nun übrigens auch in Bezug auf die Traumahermeneutik, die dabei in das Eck der psychologischen Bibelauslegung gestellt wird. Obwohl die längste Zeit der christlichen Auslegungsgeschichte die typologische und allegorische Exegese vorherrschte, hat es die historisch-kritische Forschung, die ihre Wurzeln im Huma-

---

5 Inzwischen sind in deutscher Sprache 16 von 21 Bänden erschienen; siehe: www.bibleand women.org.

6 Irmtraud Fischer, „On Writing a Feminist-Postcolonial Commentary: A Critical Evaluation", in *Prophecy and Power. Jeremiah in Feminist and Postcolonial Perspective*, Hg. Christl M. Maier und Carolyn J. Sharp, Library of Hebrew Bible/Old Testament Studies 577 (London: Bloomsbury Publishing, 2013): 234–251.

nismus und der jüdischen Auslegung des frühen Mittelalters hat, geschafft, sich als dominant zu etablieren und als akademisch gleichsam unhinterfragbar zu präsentieren. Wer für die Exegese das Adjektiv ‚anachronistisch' überhaupt verwenden will, dem muss eigentlich klar sein, dass *alle* nicht zu Zeiten der Textentstehung bereits vorhandenen Zugänge anachronistisch sind. Die häufig erhobene ‚Gefahr' der Projektion heutiger Fragestellungen in antike Lebenswelten und deren literarische Hinterlassenschaften mag für ausschließlich historisch relevante Texte gelten, aber *sicher nicht für kanonische* Texte. Denn Texte, denen eine kanonische Qualität zugesprochen wird und die daher in ihrem Bestand unveränderbar sind, bekommen durch den Akt der Kanonisierung durch alle Zeiten hindurch solange Gültigkeit, als es Menschen gibt, die diese Texte als normativ und formativ für ihr jeweiliges Hier und Heute anerkennen.[7] Oder wie Andreas Kilcher es über die Auslegung, die im Jüdischen als Kommentar gesehen wird, auf den Punkt bringt:

> Der Kommentar ist […] in seiner Ausgangslage zwar notwendig traditionsbezogen, aber keineswegs traditionsunterwürfig [… und, IF] gerade nicht das Instrument eines simplen exegetischen Traditionalismus, der sich in der Eingrenzung und Erhaltung von kanonischen Beständen erschöpft. Vielmehr überbietet er die rückwärts auf einen Prätext gerichtete Erhaltungstendenz mit einem allerdings dominanten und entscheidenden progressiven Gestus: Indem er Überlieferung grundsätzlich *aktualisiert*.[8]

Liliane Weissberg bestärkt im selben Band dieses polare Zueinander von kanonischem Text und der zwingend notwendigen, je neuen und daher absolut fluiden Auslegung, indem sie herausarbeitet, dass in der Auslegungsgeschichte „der Kommentar durch seine eigene Variabilität die absolute Autorität" des kanonischen Textes bestärkte, denn dieser blieb „zeitlos, sein Kommentar trat in die Geschichte ein".[9]

---

7 Diesen Sachverhalt habe ich ausführlicher dargestellt in: Irmtraud Fischer, „Texttreue – Traditionstreue – Treue zu heutigen Menschen. Zu einem reflektierten Umgang mit kanonischen Texten in westlichen Geschlechterdemokratien", in *Religiöse Differenzen gestalten. Hermeneutische Grundlagen des christlich-muslimischen Gesprächs*, Hg. Margit Eckholt, Habib El Mallouki und Gregor Etzelmüller (Freiburg i. Br.: Herder, 2020): 61–76; sowie in: Irmtraud Fischer, „El canon bíblico: ¿restrictivo? ¿O más bien liberador?", in *Mujer, Biblia y sociedad. Libro homenaje a Mercedes Navarro Puerto*, Hg. Nuria Calduch-Benages und Guadalupe Seijas de los Ríos-Zargosa (Estella: Verbo Divino, 2021): 191–217.
8 Andreas Kilcher, „Die Ursprünglichkeit des Sekundären. Gershom Scholems (kabbalistische) Theorie des Kommentars", in *Nachträglich, grundlegend. Der Kommentar als Denkform der jüdischen Moderne von Hermann Cohen bis Jacques Derrida*, Hg. Andreas B. Kilcher und Liliane Weissberg (Göttingen: Wallstein Verlag, 2018): 64–83; 71.
9 Liliane Weissberg, „Freuds Nachträglichkeit", in *Nachträglich, grundlegend. Der Kommentar als Denkform der jüdischen Moderne von Hermann Cohen bis Jacques Derrida*, Hg. Andreas B. Kilcher und Liliane Weissberg (Göttingen: Wallstein Verlag, 2018): 180–200; 181.

Letztlich rezipieren wir alle Texte immer als heutige und nie als zeitgenössische Lesende der Textentstehung. Das setzt freilich die Offenlegung des eigenen Kontextes und des Erkenntnisinteresses voraus. Das hat bereits die frühe feministische Forschung gefordert und für sich erfüllt. Eine Darlegung der wie auch immer gearteten Methodik kommt daher letztlich einer notwendigen Deklaration des persönlichen wissenschaftshistorischen Hintergrundes gleich.

Die Reflexion des eigenen Tuns und die Erkenntnis der Zeitbedingtheit desselben bewirken aber freilich eine Verschiebung von der postulierten ausschließlichen Konzentration auf den Bibeltext auf dessen Rezipient:innen. Dabei nehmen die Auslegenden wahr, dass es auch völlig abseitige Exegesen gibt. Diese werden meist entweder als Kuriosa zitiert oder schlicht gar nicht erwähnt. Man zitiert, was man für richtig erkannt hält, beruft sich auf Exegesen, die die eigene These stützen oder die man unterstützen möchte, wodurch schnell Zitierkartelle entstehen. Dem Mainstream widerstrebende Auslegungen haben es dabei schwer, selbst wenn es sich um historisch gesehen sehr einflussreiche handelt.

Nur wer nicht ausschließlich die eigene Forschungstradition und auch methodisch anders Arbeitende wahrnimmt, muss und kann sich eingestehen, dass Exegese nicht nur mit wissenschaftlich sauberer Philologie zu tun hat, sondern auch mit der Lust des „Wilderns in Texten".[10] Was denn aber ein Wildern in Texten sei, wird sicher von narratologisch Arbeitenden ganz anders beantwortet werden als von historisch dem Textwachstum Nachspürenden.

3 Was hat Traumahermeneutik mit Literarkritik zu tun?

Nach diesem Durchgang durch die biographischen und die methodischen Potenziale und Verwicklungen komme ich nun zur Frage, was denn Traumahermeneutik mit Literarkritik zu tun haben könnte. Dass ich dieses Beispiel herausgreife, kommt nicht von ungefähr, da die Literarkritik ja lange als die Königsdisziplin der historisch-kritischen Forschung begriffen wurde und die Applikation der Traumatisierungsforschung zu den neuen Tendenzen gehört, die soeben dabei sind, in der Mitte der *scientific community* anzukommen.[11] So hat etwa Friedhelm

---

10 Michel de Certeau, *Kunst des Handelns*, Internationaler Merve-Diskurs 140 (Berlin: Merve, 1988), 12.
11 Als Meilensteine für die atl. Forschung sind zu nennen: Kathleen M. O'Connor, *Jeremiah. Pain and Promise* (Minneapolis: Fortress Press, 2011); Ruth Poser, *Das Ezechielbuch als Trauma-Litera-*

Hartenstein vor Kurzem einen fulminanten Vortrag auf einer entsprechend thematisch orientierten Konferenz in Marburg gehalten.[12]

Als methodisch hybrid arbeitende Exegetin möchte ich an einem Beispiel kurz herausarbeiten, was das eine mit dem anderen zu tun haben könnte, wenn man nicht ausschließend arbeitet, sondern neue Zugänge als Bereicherung und Anreicherung klassischer historisch-kritischer Exegese wahrnimmt.

Ausgangspunkt ist für alle Herangehensweisen der Endtext – welche Problematik diese Annahme mit sich bringt, stellt in diesem Band Markus Witte vor. Die Literarkritik sieht dabei Geschlossenheit und logischen Erzähl- bzw. Gedankenfortschritt als Merkmal der Qualität eines Textes und seiner Einheitlichkeit. Erzählerische und grammatikalische Brüche, Wiederholungen und Spannungen sind dabei typische Merkmale eines literarhistorischen Wachstums, durch die sich die Schichtung eines Textes nachvollziehen lässt. Wenn allerdings, wie im Jeremiabuch, fast ein ganzes Buch dadurch hervorsticht, dass es aus unzusammenhängenden und zusammengewürfelt erscheinenden Texten besteht, dann wird die literarkritische Schere exzessiv verwendet, viele unterschiedliche Schichten werden konstruiert, Textumstellungen vorgeschlagen und Redaktionsprozesse konstruiert, die ziemlich unerleuchtet Material zusammensammelten, ohne einen roten Faden herzustellen. Die Forschung am Jeremiabuch ist geprägt davon, durch die Annahme literarhistorischen Wachstums Ordnung ins Chaos zu bringen.

Für die Traumahermeneutik steht fest, dass in manchen Kontexten wie etwa dem Jeremiabuch solche Textmerkmale Charakteristika einer für ein posttraumatisches Belastungssyndrom typischen Fragmentierung darstellen. Zur *Fragmentierung* von Erinnerungen an katastrophische Erlebnisse, seien diese Krieg, Naturkatastrophen oder Gewaltverbrechen, kommt es nach den medizinisch-psychologischen Forschungen dann, wenn der Mensch mit negativen Sinneseindrücken derart überschwemmt und überfordert wird, dass er die Kontrolle über die Situation verliert. Eine Abspeicherung der Einzelereignisse in der geschehenen Reihenfolge ist aufgrund der psychischen Überlastung nicht mehr möglich. Einzelereignisse werden einzeln abgespeichert, sind nicht mehr als zusammengehörig abrufbar und ‚schonen' damit gleichsam die Psyche vor neuerlichem Kontrollverlust und Traumatisierung.[13]

---

tur, VT.S 154 (Leiden: Brill, 2012); Christl M. Maier und Carolyn J. Sharp, Hg., *Prophecy and Power. Jeremiah in Feminist and Postcolonial Perspective*, Library of Hebrew Bible/OTS 577 (London: Bloomsbury, 2013).

12 Friedhelm Hartenstein, *Hebrew Bible as Trauma Response? Historical and hermeneutical reflections* (Marburg, 5. 4. 2022).

13 Zu den medizinischen Phänomenen siehe etwa: Judith L. Herman, *Trauma and Recovery. The Aftermath of Violence from Domestic Abuse to Political Terror* (New York: Basic Books, 1992); deutsch: dies., *Die Narben der Gewalt. Traumatische Erfahrungen verstehen und überwinden*

Diese ‚Fragmentierung' genannte Speichertechnik des menschlichen Gedächtnisses hat jedoch tückische Nebenwirkungen: Erinnerungen können nicht willentlich als Gedächtnisleistung abgerufen werden, sondern flackern in sogenannten *flash-backs* unwillentlich auf – meist durch Schlüsselreize provoziert. Insbesondere bei Verbrechensopfern hatte die fragmentierte Erinnerungsfähigkeit lange Zeit massive Folgen für die Glaubwürdigkeit der Beschreibung des Verbrechens, da bei Befragungen jedes Mal andere Details zum Vorschein kamen und man den Opfern, wenn nicht die Erfindung des Verbrechens, dann doch jene von Details unterstellte.

Kathleen O'Connor hat die Bedeutung fragmentierter Erinnerung erstmals für die Forschungen am Jeremiabuch fruchtbar gemacht. Sie konnte für die Textanordnung dieses prophetischen Buches aufzeigen, dass das oft beschworene textliche Durcheinander, das jeglichem Gedankenfortschritt zuwiderläuft, die eigentliche Botschaft darstellt. Sie hat diesen literarischen Niederschlag von posttraumatischen Belastungssyndromen „confusion as meaning-making"[14] genannt.

Das selbst in der chronologischen Einordnung von prophetischen Worten feststellbare Chaos in Prophetenbüchern, insbesondere im Jeremiabuch, das den heutigen Vorstellungen von geordnetem zeitlichem Nacheinander von Erzähltem zuwider läuft[15] und typischerweise durch literarisches Wachstum erklärt wurde, ist – mit der Traumahermeneutik gelesen – freilich nicht das Ergebnis von literarisch unsensiblen Redaktoren, die Einzelworte zusammenhanglos aneinanderreihen, sondern vielmehr ein Bedeutungsträger: Die Katastrophe geschieht nicht einfach, sondern wäre zu verhindern gewesen, wenn man denn auf das prophetische Wort gehört hätte.

Diese heute als Theodizee zu verstehende Erklärung, dass die Zerstörung Jerusalems mit all ihren traumatisierenden Begleiterscheinungen nicht einfach überfallsartig eingetreten ist oder sogar die Gottheit Israels zu schwach zum Retten gewesen wäre, hat bereits Ruth Poser in ihren traumaspezifischen Arbeiten zum Ezechielbuch thematisiert. Sie bringt die im Buchverlauf chronologisch vor

---

(München: Kindler, 1994); Gottfried Fischer [u. a.], *Lehrbuch der Psychotraumatologie* (München: Ernst Reinhardt Verlag, 1998); Peter A. Levine [u. a.], *Trauma-Heilung: Das Erwachen des Tigers. Unsere Fähigkeit, traumatische Erfahrungen zu transformieren* (Essen: Synthesis, 1998); Angela Kühner, *Kollektive Traumata. Konzepte, Argumente, Perspektiven*, Psyche und Gesellschaft (Gießen: Psychosozial-Verlag, 2007); dies., *Trauma und kollektives Gedächtnis*, Psyche und Gesellschaft (Gießen: Psychosozial-Verlag, 2008); Michaela Huber und Reinhard Plassmann, Hg., *Transgenerationale Traumatisierung. Tagungsband zur DGTD-Tagung im September 2011 in Bad Mergentheim* (Paderborn: Junfermann, 2012).

14 So ist der resümierende Abschnitt in ihrem Buch überschrieben: Kathleen M. O'Connor, *Jeremiah. Pain and Promise* (Minneapolis: Fortress Press, 2011), 125.

15 Vgl. dazu die Tabelle der Datierungen im Verlauf des Buches bei O'Connor, *Jeremiah*, 132.

dem Eintreten der Katastrophe zu lesende Vorankündigung derselben mit einem Charakteristikum des Umgangs mit posttraumatischer Belastung in Verbindung: Durch die Suche nach der Ursache auch im eigenen Verhalten sind Traumatisierte bestrebt, das Heft des Handelns wieder in die eigene Hand zu bekommen und die der Traumatisierung zugrunde liegende *Ohnmachtserfahrung* insofern zu relativieren, als diese nicht als unvorhersehbar und unausweichlich deklariert wird, sondern als Folge eigener verfehlter Handlungen. Wenn man das eigene Verhalten ändern kann, um künftighin ähnliche Gewaltexzesse zu vermeiden, ist ein erster Schritt zu einer Bewältigung getan.[16] Bei aller Problematik, die derlei Schuldzuweisungen an die Opfer bedeutet, wohnt ihnen, wenn sie von den Betroffenen selber getätigt werden, etwas Befreiendes inne. David Carr hat dies in seinem Buch *Holy Resilience* wie folgt formuliert:

> [T]rauma survivors often seek some reason for their trauma in their own behavior. They escape this sense of a terrorizing world by attributing at least part of their trauma to behavior that they can control. People who suffer regain a sense of power by drawing some kind of lesson from their experience. To feel that they could have avoided suffering by acting otherwise can be more bearable than facing the reality of total helplessness.[17]

Chronologische Inkongruenz muss daher kein zwingender Hinweis auf literarhistorisches Wachstum sein. Kathleen O'Connor fasst das Verständnis solcher Texte durch die Traumahermeneutik wie folgt zusammen: „This work of literature is a moral act, for it turns readers from passive victims into agents."[18]

Ein drittes Beispiel sei aus dem Jonabuch genommen, das ich gerade dabei bin zu kommentieren, und das ich weder als Märchen, noch als prophetische Satire, sondern als Traumaliteratur interpretiere.[19] Obwohl sich immer deutlicher

---

16 Ruth Poser, „Verkörperte Erinnerung. Trauma und ‚Geschlecht' in prophetischen Texten", in *Prophetie*, Hg. Irmtraud Fischer und Juliana Claassens, BuF 1.2 (Stuttgart: Kohlhammer, 2019): 285–286.

17 David Carr, *Holy Resilience. The Bibles Traumatic Origin* (New Heaven: Yale University Press, 2014), 32. Zu Facetten von Resilienz in biblischen Texten siehe zudem den Tagungsband von Judith Gärtner und Barbara Schmitz, Hg., *Resilienznarrative im Alten Testament*, FAT 156 (Tübingen: Mohr Siebeck, 2022).

18 O'Connor, *Jeremiah*, 128.

19 Zum Gesamtverständnis des Buches siehe Irmtraud Fischer, „Jona – Prophet eines traumatisierten Volkes", in *„Vom Leben umfangen". Ägypten, das Alte Testament und das Gespräch der Religionen. Gedenkschrift für Manfred Görg*, Hg. Stefan J. Wimmer und Georg Gafus, ÄAT 80 (Münster: Ugarit, 2014): 33–41; Irmtraud Fischer, „Alles andere als zum Lachen. Das Jonabuch als Anleitung zur Traumatisierungsbewältigung", in *The Books of the Twelve Prophets. Minor Prophets – Major Theologies*, Hg. Heinz-Josef Fabry, BETL 295 (Leuven: Peeters, 2018): 305–314; dies., „‚...und mir sollte nicht leid sein...'? Über die Facetten von Gottes Mitleid im Jonabuch", in *Mitleid und Mitleiden*, JBTh 30 (Göttingen: Vandenhoeck & Ruprecht, 2018): 89–107.

die Thesen für die Einheitlichkeit des Buches – mit erlaubten Zweifeln an der späteren Einfügung des Psalms – durchsetzen, gibt es bis heute Versuche, die Handlung in mehrere, literarisch unabhängig voneinander entstandene Stränge aufzuteilen. Als Beispiel sei hier die Münchner Antrittsvorlesung von Thomas Krüger[20] genannt, der eine überaus magere Grunderzählung und zwei spätere Schichten annimmt, die jeweils neue theologische Diskussionen eintragen. Die zweite Schicht führe die durchaus parallele Hervorhebung einer Figur in Kap. 1 und Kap. 3 an der hierarchischen Führungsspitze ein. Der Kapitän stehe dem ninivitischen König gegenüber, die Grunderzählung werde jedoch jeweils vorerst von einem Kollektiv getragen, von den Seemännern und von den Bewohner:innen von Ninive.

Eine solche literarhistorische Bewertung von stilistischen Eigenheiten und Seitensträngen der Erzählung stört freilich die für das Jonabuch charakteristische Leitworttechnik,[21] die durch den Gebrauch ein und derselben Wurzel meist viermal oder einem Vielfachen von Vier narrative Kohärenz schafft, empfindlich. Gerade das für die Gattungsbestimmung so bedeutsame Leitwort „groß", das zwölf Mal (und zweimal in der Wendung „vom Größten bis zum Kleinsten") vorkommt, ist durch literarkritische Operationen nicht mehr in seiner Gewichtigkeit wahrnehmbar. Die Überdimensionierung aller Geschehnisse, Sachverhalte und Personen im Kontext der Traumatisierung stellt allerdings eine für Traumatisierte typische Verhaltensweise dar. So werden etwa ein gewalttätiger Mensch als übermächtig, ein brutal einfallendes Heer wie die Assyrer oder der imperiale König als unbezwingbar wahrgenommen und jegliche Wiederbegegnung mit dem Traumaverursacher vermieden. „Groß" stellt dabei just jenes Wort dar, das nicht auf die kindliche Perspektive auf die große Erwachsenenwelt in einem märchenhaften Geschehen verweist, sondern auf die durch die Jahrhunderte verdichtete, traumatisierende Erfahrung des Feindeinfalls aus dem Norden, die den Fluchtreflex – und wenn dieser nicht mehr möglich ist, den Totstellreflex – auslöst.

Resümee

Traumahermeneutik hat offenkundig mehr mit Literarkritik zu tun, als man dies gemeinhin annehmen würde. Sie ringt den biblischen Texten Sinndimensionen

---

20 Thomas Krüger, „Literarisches Wachstum und theologische Diskussion im Jona-Buch", *BN* 59 (1991): 57–88. Siehe die nach Schichten graphisch dargestellte Übersetzung ebd., 85–87. Exzessiv Literarkritik betreibt der neue Kommentar von Peter Weimar, *Jona*, HThKAT 48 (Freiburg i. Br.: Herder, 2017).
21 Diese hat bereits Hans-Walter Wolff, *Studien zum Jonabuch. Mit einem Anhang von Jörg Jeremias: Das Jonabuch in der Forschung seit Hans Walter Wolff* (Neukirchen-Vluyn: Neukirchener Verlag, ³2003), 36–40, breit herausgearbeitet.

ab, die einleuchtend und in der Geschichte Israels auch sozial zu verankern sind. In der Dimension einer gesamtgesellschaftlichen Traumatisierung integriert sie auch Konzepte wie das kollektive Gedächtnis, das nicht nur die negativen Ereignisse transgenerational tradiert, sondern auch die Rettung daraus. Sie ist freilich nicht die einzige Herangehensweise zum Textverstehen, sondern gut in historisch-kritisches Arbeiten integrierbar, da sie den Text nicht zwangsläufig als Fläche ohne historische Tiefendimensionen wahrnimmt. Die gute alte historisch-kritische Forschungstradition erweist sich durch sie einmal mehr offen für Neues und kann so manche Auswüchse der sog. Königsdisziplin ‚Literarkritik' korrigieren.

Bibliographie

Ballhorn, Egbert und Steins, Georg, Hg. *Der Bibelkanon in der Bibelauslegung. Methodenreflexionen und Beispielsexegesen.* Stuttgart: Kohlhammer, 2007.

Carr, David. *Holy Resilience. The Bibles Traumatic Origin.* New Heaven: Yale University Press, 2014.

de Certeau, Michel. *Kunst des Handelns.* Internationaler Merve-Diskurs 140. Berlin: Merve, 1988.

Fischer, Gottfried [u. a.]. *Lehrbuch der Psychotraumatologie.* München: Ernst Reinhardt Verlag, 1998.

Fischer, Irmtraud. „‚…und mir sollte nicht leid sein…?' Über die Facetten von Gottes Mitleid im Jonabuch." In *Mitleid und Mitleiden.* JBTh 30, 89–107. Göttingen: Vandenhoeck & Ruprecht, 2018.

Fischer, Irmtraud. „Alles andere als zum Lachen. Das Jonabuch als Anleitung zur Traumatisierungsbewältigung." In *The Books of the Twelve Prophets. Minor Prophets – Major Theologies*, hg. v. Heinz-Josef Fabry. BETL 295, 305–314. Leuven: Peeters, 2018.

Fischer, Irmtraud. „El canon bíblico: ¿restrictivo? ¿O más bien liberador?" In *Mujer, Biblia y sociedad. Libro homenaje a Mercedes Navarro Puerto*, hg. v. Nuria Calduch-Benages und Guadalupe Seijas de los Ríos-Zargosa, 191–217. Estella: Verbo Divino, 2021.

Fischer, Irmtraud. „Jona – Prophet eines traumatisierten Volkes." In *„Vom Leben umfangen". Ägypten, das Alte Testament und das Gespräch der Religionen. Gedenkschrift für Manfred Görg*, hg. v. Stefan J. Wimmer und Georg Gafus. ÄAT 80, 33–41. Münster: Ugarit, 2014.

Fischer, Irmtraud. „On Writing a Feminist-Postcolonial Commentary: A Critical Evaluation." In *Prophecy and Power. Jeremiah in Feminist and Postcolonial Perspective*, hg. v. Christl M. Maier und Carolyn J. Sharp. Library of Hebrew Bible/OTS 577, 234–251. London: Bloomsbury Publishing, 2013.

Fischer, Irmtraud. „Texttreue – Traditionstreue – Treue zu heutigen Menschen. Zu einem reflektierten Umgang mit kanonischen Texten in westlichen Geschlechterdemokratien." In *Religiöse Differenzen gestalten. Hermeneutische Grundlagen des christlich-muslimischen Gesprächs*, hg. v. Margit Eckholt, Habib El Mallouki und Gregor Etzelmüller, 61–76. Freiburg i. Br.: Herder, 2020.

Gärtner, Judith und Schmitz, Barbara, Hg. *Resilienznarrative im Alten Testament.* FAT 156. Tübingen: Mohr Siebeck, 2022.

Hartenstein, Friedhelm. *Hebrew Bible as Trauma Response? Historical and hermeneutical reflections.* Marburg, 5. 4. 2022.

Herman, Judith L. *Trauma and Recovery. The Aftermath of Violence from Domestic Abuse to Political Terror.* New York: Basic Books, 1992; deutsch: dies. *Die Narben der Gewalt. Traumatische Erfahrungen verstehen und überwinden.* München: Kindler, 1994.

Huber, Michaela und Plassmann, Reinhard, Hg. *Transgenerationale Traumatisierung. Tagungsband zur DGTD-Tagung im September 2011 in Bad Mergentheim.* Paderborn: Junfermann, 2012.

Kilcher, Andreas. „Die Ursprünglichkeit des Sekundären. Gershom Scholems (kabbalistische) Theorie des Kommentars." In *Nachträglich, grundlegend. Der Kommentar als Denkform der jüdischen Moderne von Hermann Cohen bis Jacques Derrida,* hg. v. Andreas B. Kilcher und Liliane Weissberg, 64–83. Göttingen: Wallstein Verlag, 2018.

Krüger, Thomas. „Literarisches Wachstum und theologische Diskussion im Jona-Buch." *BN* 59 (1991): 57–88.

Kühner, Angela. *Trauma und kollektives Gedächtnis, Psyche und Gesellschaft.* Gießen: Psychosozial-Verlag, 2008.

Kühner, Angela. *Kollektive Traumata. Konzepte, Argumente, Perspektiven. Psyche und Gesellschaft.* Gießen: Psychosozial-Verlag, 2007.

Levine, Peter A. [u. a.]. *Trauma-Heilung: Das Erwachen des Tigers. Unsere Fähigkeit, traumatische Erfahrungen zu transformieren.* Essen: Synthesis, 1998.

Maier, Christl M. und Sharp, Carolyn J., Hg. *Prophecy and Power. Jeremiah in Feminist and Postcolonial Perspective.* Library of Hebrew Bible/OTS 577. London: Bloomsbury, 2013.

Marböck, Johannes. „Von der Dynamik des Wortes. Stationen, Erfahrungen und Begegnungen in einer ‚Expedition Bibel'." In *Johannes Marböck. Faszination Bibel,* hg. v. Irmtraud Fischer, Franz Hubmann und Franz Kogler. TKD 27, 23–36. Innsbruck: Tyrolia, 2014.

Marböck, Johannes. „Von der Faszination eines Buches. Erfahrungen der Lektüre des Alten Testaments." In *Johannes Marböck. Faszination Bibel,* hg. v. Irmtraud Fischer, Franz Hubmann und Franz Kogler. TKD 27, 261–272. Innsbruck: Tyrolia, 2014.

O'Connor, Kathleen M. *Jeremiah. Pain and Promise.* Minneapolis: Fortress Press, 2011.

Poser, Ruth. „Verkörperte Erinnerung. Trauma und ‚Geschlecht' in prophetischen Texten." In *Prophetie,* hg. v. Irmtraud Fischer und Juliana Claassens. BuF 1.2, 285–286. Stuttgart: Kohlhammer, 2019.

Poser, Ruth. *Das Ezechielbuch als Trauma-Literatur.* VT.S 154. Leiden: Brill, 2012.

Trible, Phyllis. *Texts of Terror. Literary Feminist Readings of Biblical Narratives.* Minneapolis: Fortress Press, 1984; deutsch: dies., *Mein Gott, warum hast du mich vergessen! Frauenschicksale im Alten Testament.* GTBS 491. Gütersloh: Gütersloher Verlagshaus, 1987.

Weimar, Peter. *Jona.* HThKAT 48. Freiburg i. Br.: Herder, 2017.

Weissberg, Liliane. „Freuds Nachträglichkeit." In *Nachträglich, grundlegend. Der Kommentar als Denkform der jüdischen Moderne von Hermann Cohen bis Jacques Derrida,* hg. v. Andreas B. Kilcher und Liliane Weissberg, 180–200. Göttingen: Wallstein Verlag, 2018.

Wolff, Hans-Walter. *Studien zum Jonabuch. Mit einem Anhang von Jörg Jeremias: Das Jonabuch in der Forschung seit Hans Walter Wolff.* Neukirchen-Vluyn: Neukirchener Verlag, ³2003.

Andreas Wagner

Zur Leistungsfähigkeit der Metaphern-analyse nach Lakoff/Johnson bei der Exegese alttestamentlicher Texte

I Verstehen aus der Tradition der Hermeneutik

Seit Jahrzehnten interessiert mich die Frage, wie wir andere Menschen und deren Kommunikation *verstehen* können.

Das Stichwort ‚Verstehen' führt dabei zu einer ersten Grundlegung, auf die ich aus tiefster Erkenntnis und Überzeugung nicht verzichten kann: Der Zugriff auf das Verstehen aus der hermeneutischen Tradition heraus, die sich lange vor Gadamer begonnen hat zu entwickeln, die dann aber im Werk Gadamers einen immer noch tragfähigen Kulminationspunkt gefunden hat.[1]

Die Stichworte, mit denen das Verstehen aus der Tradition der Hermeneutik verbunden ist, sind uns geläufig:
- die Gebundenheit des Verstehens jeder Form von Artefakt (im Sinne einer menschlichen Lebensäußerung) – seien es Texte, Bilder, Verfassungen, Bau-werke, Religionen oder was auch immer – aus der Sprachlichkeit des Seins heraus und vor dem Horizont der Zeit;
- das Verständnis von Texten als Teil der menschlichen Erfahrungswelt ist im-mer Teil des geschichtlichen Lebens, daher den sich verändernden Bedingun-gen des geschichtlichen Lebens unterworfen, die beim Verstehen unbedingt zu berücksichtigen sind;
- das Denken im hermeneutischen Zirkel, verbunden mit den Aspekten der Offenheit, des Vorurteilssachverhaltes, der einerseits notwendig ist, anderer-seits bewusst gemacht werden muss, das Wechselspiel von Vor- und Nach-verständnis;
- u. v. a. m.

Gadamer hat nicht zuerst auf das Entwickeln einer konkreten Methode des Ver-stehens hingedacht, sondern wollte die Grundvoraussetzungen, den inneren Pro-

---

1 Gadamer, Hans-Georg: Wahrheit und Methode. Grundzüge einer philosophischen Hermeneu-tik. Tübingen 1960; Grondin, Jean: Einführung in die philosophische Hermeneutik. Darmstadt ²2001; Körtner, Ulrich H. J.: Einführung in die theologische Hermeneutik. Darmstadt 2006; Beh-rens, Achim: Das Alte Testament verstehen. Die Hermeneutik des ersten Teils der christlichen Bibel (EAT 1). Göttingen 2013; Oeming, Manfred: Biblische Hermeneutik. Eine Einführung. Darm-stadt ⁴2013.

https://doi.org/10.1515/9783111317564-010

zess, der beim Verstehen geschieht, samt seinen Voraussetzungen durchdenken und offenlegen: Gadamers Arbeit ist also eher dem Bereich der Methodologie als der Methodik zuzurechnen.

In ein Methodenlehrbuch der Exegese findet Gadamer daher auch selten Eingang, weil es dort nicht um *methodologische* Grundlagen, sondern um die gebräuchlichen Methoden-Schritte im engeren Sinne der Exegese geht (Textkritik, Literarkritik, Form-/Gattungsgeschichte u. a.).[2]

II Metaphernanalyse nach Lakoff/Johnson – Grundzüge

Wie das Verstehen eines Textes steht der ganze hermeneutisch-auslegende Prozess bzw. der methodologische Diskurs darüber in einem Wechselspiel mit den methodischen Zugängen der eigenen Tradition, mit der Erkenntnis von Ungenügsamkeiten des eigenen Zugangs und lang gepflegter Einzelmethoden, mit daraus hervorgehenden Kritiken und Innovationen usw.

Gerade in den letzten Jahrzehnten hat sich eine Fülle dieser richtigen oder manchmal auch nur vermeintlich neuen ,Neu'-Orientierungen ergeben; ich erinnere an die vielen alle Wissenschaften erfassenden *turns*.[3]

Einer dieser Neuorientierungen möchte ich mich zuwenden, die mir Entdeckerfreude bereitet hat und die ich im hermeneutisch abgesteckten Rahmen unseres verstehenden Zugangs zu alttestamentlichen Texten (s. oben unter I) gut unterbringen kann: die Metaphernanalyse nach Lakoff/Johnson. (Warum kann man eigentlich nicht einfach Metaphernanalyse sagen und muss dabei noch Lakoff/Johnson als Bestimmungszusatz hinzunehmen? – Weil der bei diesem Ansatz vorausgesetzte Metaphernbegriff ein sehr eigener ist, das wird sich im Laufe der Ausführungen zeigen.)

Auf die Metaphernanalyse nach Lakoff/Johnson bin ich im Rahmen meiner Forschungen zur Analyse historischer Emotionalität[4] und dem Versuch, die emoti-

---

2 Vgl.: Steck, Odil Hannes: Exegese des Alten Testaments. Leitfaden der Methodik. Ein Arbeitsbuch für Proseminare, Seminare und Vorlesungen. Neukirchen-Vluyn [14]1999; Becker, Uwe: Exegese des Alten Testaments. Ein Methoden- und Arbeitsbuch. (UTB 2664 Theologie, Religion, Judaistik) Tübingen [4]2015; Kreuzer, Siegfried [u. a.]: Proseminar Altes Testament. Ein Arbeitsbuch. Stuttgart [3]2019.
3 Bachmann-Medick, Doris: Cultural turns. Neuorientierungen in den Kulturwissenschaften. (Rororo. Rowohlts Enzyklopädie 55675) Hamburg [5]2014.
4 Reinhard G. Lehmann bin ich sehr dankbar dafür, dass er angeregt und mit den weiteren Herausgebern befördert hat, eine Publikation mit Forschungen zu diesem Thema in der Reihe

onale Welt des Hebräischen, des Alten Testaments, des Alten Israel samt möglicherweise vorhandener historischer Entwicklungen derselben besser zu verstehen, gestoßen.

Was ist an der Metaphernanalyse nach Lakoff/Johnson so interessant? – Emotionsforschende aus der Psychologie (und angrenzenden Disziplinen) machen ihre Forschungen, kurz gesagt, heute in der Regel meist so, dass sie in empirisch überprüfbaren Laborversuchen unter bestimmten Konstellationen Teilausschnitte der Fragen zu Emotionen fokussieren und bestimmte Versuche an möglichst vielen Probanden durchführen; das können Messungen des Erregungsgrades, mimische Emotionsausdrücke, Einstellungen zu Emotionen oder anderes sein. Psychoanalytiker gehen ins Gespräch mit ihrem Gegenüber, loten emotionale Prägungen und Zustände aus, versuchen diese ggf. zu beeinflussen oder Ähnliches. Alle machen das auf ihrem jeweiligen Theoriehintergrund. Aber *alle* diese Zugänge sind auf Probanden und Versuchsteilnehmende als lebendige Gegenüber angewiesen!

Für historische Kulturen und Sprachen können wir keine Probanden *face-to-face* befragen oder ins Labor bringen. Über historische Emotionen ist nur das zu sagen, was wir analytisch aus der Welt der Emotionsäußerungen in den verschiedensten Artefakten, die aus der zu untersuchenden Kultur überliefert sind, herausarbeiten können. Zu den Artefakten zählen natürlich auch die Sprache, ihre Bestandteile, Textformen, Sprachbauphänomene und sprachliche Bilder. Es gehört zu den faszinierendsten Entdeckungen der letzten Jahrzehnte, dass wir wesentlich mehr kognitive Prozesse und Mechanismen auch vergangener und fremder Sprachen, Texte und Kulturen bei der Analyse dieses Fundus erfassen können, als lange Zeit gedacht wurde.

Einen – und diese Einschränkung ist zu beachten – *einen möglichen* Zugang zu kognitiven Sachverhalten stellt nun dabei die Analyse sprachlicher Bilder dar, die Lakoff und Johnson in ihrer Untersuchung sprachlicher Metaphern vorgestellt haben und die einen der methodischen Grundzugänge der kognitiven Linguistik bildet.[5] Nochmal: Ich will nicht sagen, dass es zur Erfassung historischer kogniti-

---

Kleine Untersuchungen zur Sprache des Alten Testaments und seiner Umwelt (KUSATU) vorzulegen: Wagner, Andreas: Emotionen, Gefühle und Sprache im Alten Testament. Vier Studien. (KUSATU 7) Waltrop 2006, Kamen [2]2011; weitere Arbeiten s. in Anm. 8.

5 Vgl.: Lakoff, George/Johnson, Mark: Metaphors We Live by. Chicago 1980; dt.: Leben in Metaphern. Konstruktion und Gebrauch von Sprachbildern. Heidelberg [6]2008. Zu Lakoff/Johnson: Thiering, Martin: Kognitive Semantik und Kognitive Anthropologie. Eine Einführung. (De Gruyter Studium) Berlin 2018; Schwarz, Monika: Einführung in die Kognitive Linguistik. (UTB 1636) Tübingen/Basel [3]2008; Rolf, Eckard: Metaphertheorien. Typologie – Darstellung – Bibliographie. (DeGruyter-Lexikon) Berlin [u. a.] 2005; u. a. Zur Rezeption in der Alttestamentlichen Wissenschaft vgl.: Thon, Johannes: Sprüche über das Sprechen. Meta-pragmatische Metaphern zum sprachlichen Handeln in Spr 10–29. Berlin [u. a.] 2022.

ver Sachverhalte oder historischer Emotionen nur diesen Zugang der Metaphern-analyse gibt; es ist einer von mehreren möglichen Zugängen. Er hat vor allem dort seinen Platz, wo nach impliziten, den Menschen der betroffenen Kultur meist nicht explizit bewussten und von ihnen formulierten Sachverhalten gefragt wird.[6] Gerade die Anthropologie ist auf solche Fragen angewiesen.[7]

Höchst attraktiv für die Analyse auch von historischen Zeugnissen ist sodann, dass die Metaphernanalye von Lakoff/Johnson alleine aus textanalytischer Positi-on heraus möglich ist und keine lebendigen Sprachteilnehmenden erfordert; un-tersucht werden ‚Metaphern' in der Sprache, sei sie geschrieben und aus der Vergangenheit heraus überliefert oder aus mündlicher Rede genommen; die Me-thode eignet sich für jede Form von Sprachanalyse, unabhängig von Schriftlich-keit/Mündlichkeit.

Da ich an anderen Stellen mehrmals schon diese Methode hinsichtlich ihrer Eignung für historische Analysen vorgestellt und an etlichen Beispielen vorge-führt habe,[8] muss ich sie hier nicht noch einmal ausführlich beschreiben; ich kann mich auf einige Grundzüge und Erläuterungen beschränken.

---

6 Die alttestamentliche wie altorientalisch-ägyptische Welt bietet, anders als die begrifflich-phi-losophisch geprägte Kultur des westlichen Mittelmeerraumes in und nach der klassisch-griechi-schen Zeit, keine explizit-abstrakten Großabhandlungen und Textzeugnisse über Themenfelder wie ‚Emotionen'; es gibt keine expliziten Theorien über Emotionen, keine systematischen Erörte-rungen über ihr Verhältnis zum Menschen, zum Menschsein, den systematisch entfalteten Zu-sammenhang zwischen Rede und Emotion usw., es gibt auch keine hebräische Rhetorik, keine explizit als Traktat vorgelegte ägyptische systemhafte Anthropologie und keine akkadische expli-zite Abhandlung über Literatur, Religion o.Ä. Nach meinem Verständnis der Grundzüge dieser Kulturen liegt das nicht am Zufall der Überlieferung, sondern an einem anderen (nicht schlechte-ren!) Zugang zum Wissen, seiner epistemischen Erfassung, Aufbereitung und Weitergabe, vgl.: Wagner, Andreas: Der Mensch als ‚Bild' Gottes und das ‚Bild' Gottes im Alten Testament. Rhein-sprung 11. Zeitschrift für Bildkritik 1 (2011), 79–91, bes. 79–80. Wir werden solche Werke aus der Alten Welt also auch in Zukunft wohl nicht entdecken, sondern wir werden uns mit der ‚Anders-heit' des epistemologisch-intellektuellen Gepräges dieser Kulturen und ihrer Lebenszeugnisse auseinandersetzen müssen.
7 Vgl.: Wagner, Andreas: Anthropologie(n) des Alten Testaments im 21. Jahrhundert. In: Oorschot, Jürgen van/Wagner, Andreas (Hg.): Anthropologie(n) des Alten Testaments. (Veröffentlichungen der Wissenschaftlichen Gesellschaft für Theologie 42) Leipzig ²2018, 11–21, bes. 13–16.
8 Vgl.: Wagner, Andreas: Emotionen, Gefühle und Sprache im Alten Testament (s. Anm. 4), 58–69; ders.: Emotionen in alttestamentlicher und verwandter Literatur – Grundüberlegungen am Beispiel des Zorns. In: Emotions from Ben Sira to Paul. Hg. von Renate Egger-Wenzel and Jeremy Corley. (Deuterocanonical and Cognate Literature. Yearbook 2011) Berlin/Boston 2012, 27–68, bes. 36–39; ders.: Liebe Gottes und der Götter. Einige Beobachtungen aus dem Vergleich Jahwes mit den Göttern Ugarits. In: Oeming, Manfred (Hg.): Ahava. Die Liebe Gottes im Alten Testament. (ABG 56) Leipzig 2018, 73–92, bes. 80–85; ders.: Schmerz im Alten Testament. In: Bauks, Michaela/Olyan, Saul M. (Hg.): Pain in Biblical Texts and Other Materials of the Ancient Mediterranean

Die Grundannahme von Lakoff und Johnson[9] beruht auf einem erkannten Zusammenhang von Strukturen, die Kommunizieren, Denken und Handeln steuern.[10] Der ganze Ansatz von Lakoff und Johnson ist erfahrungsbezogen[11] und will nicht sagen, dass Sprache, Handeln und Denken vollständig determiniert sind. Bestimmte Strukturen, die sich etwa in sprachlichen Bildern finden, auch wenn diese Bilder häufig sehr verblasst sind und in aller Regel von den Sprechenden gar nicht bewusst wahrgenommen werden, weil sie mit dem Spracherlernen gewachsen sind, können aber sowohl das Denken als auch das Handeln *lenken*.[12] Denken ist dabei in einer großen Bedeutungsbreite gemeint und reicht vom Wahrnehmen und Erkennen bis dahin, eine Anschauung über etwas zu gewinnen, also ästhetisch-kognitiven Inhalten. Jedes Handeln ist davon beeinflusst, Sprache ist ein wesentliches Werkzeug der Welterfahrung und des mit sprachlichen Mitteln gebildeten Weltbildes bzw. aller in der Welt enthaltenen Entitäten.

Es gibt verschiedene ‚Reichweiten' dieser Strukturen, die von Lakoff und Johnson mit unscharfen Grenzen voneinander abgehoben werden: Sprachräume, Kulturräume, innerkulturelle/-gesellschaftliche Untersegmente (etwa bestimmte schichten-, berufs-, mentalitäts-, lokalitätsbezogene Bereiche, ‚Subkulturen'[13]) u. a. m. In jedem dieser ‚Räume' können sich kognitive Strukturen ausbilden, die Kommunizieren, Denken und Handeln in einer bestimmten Weise beeinflussen. Keine Frage, dass Lakoff und Johnson mit diesem Grundansatz auf der Seite der ‚Sprachlichen und Kulturellen Relativisten' stehen.[14]

[Schmerz in biblischen Texten und anderen antiken Texten des Mittelmeerraums.] FAT II 130, Tübingen 2021, 13–27, bes. 17–22.
9 Diese Grundannahme, also die Erkenntnis der Wichtigkeit und das Wesen von Metaphern, wird von Lakoff/Johnson folgendermaßen zusammengefasst: „Das Wesen der Metapher besteht darin, daß wir durch sie eine Sache oder einen Vorgang in Begriffen einer anderen Sache bzw. eines anderen Vorgangs verstehen und erfahren können." Lakoff/Johnson, Leben in Metaphern (s. Anm. 5), 13.
10 Vgl.: Lakoff/Johnson, Leben in Metaphern (s. Anm. 5), 11.
11 Vgl.: Lakoff/Johnson, Leben in Metaphern (s. Anm. 5), 28–30.
12 Vgl.: Lakoff/Johnson, Leben in Metaphern (s. Anm. 5), 11.
13 Vgl.: Lakoff/Johnson, Leben in Metaphern (s. Anm. 5), 32.
14 Vgl.: Thiering, Kognitive Semantik und Kognitive Anthropologie (s. Anm. 5); Deutscher, Guy: Im Spiegel der Sprache. Warum die Welt in anderen Sprachen anders aussieht. München 2010; Werlen, Iwar: Sprachliche Relativität. (UTB) Tübingen 2002; Lucy, John A.: Language diversity and thought: A reformulation of the relativity hypothesis. Cambridge 1992; Seebaß, Gottfried: Das Problem von Sprache und Denken. Frankfurt 1981; u. a. In den vorgenannten Werken werden die immer noch zentralen Grundpositionen zur sprachlichen Relativität von Wilhelm von Humboldt, Edward Sapir, Benjamin Lee Whorf u. a. verhandelt.
Hinsichtlich der Problematik eines kulturellen Relativismus soll weder gesagt sein, dass Lakoff und Johnson noch der Autor dieser Zeilen die Position eines radikalen Relativismus vertreten, der aus dem Relativismus selbst eine Norm macht und etwa die Gültigkeit der allgemeinen Menschen-

Einige Grundprinzipen ihrer Analyse erläutern Lakoff/Johnson sehr knapp, aber anschaulich und zutreffend, am Beispiel der Metaphern über das Diskutieren, das Argumentieren. Ihre Analyse zielt dabei auf die steuernden mentalen, in den Metaphernausdrücken greifbaren bzw. hinter den Metaphernausdrücken liegenden Strukturen für das Verstehen, mit denen wir in unserer Sprache das Handling, das Erlernen und das Ausführen von Diskussionen und Streitgesprächen beschreiben. Wer immer einmal unsere Kultur analysiert, wird das Erkenntnismoment dieser methodischen Zugangsweise schätzen; nicht zuletzt auch um der interessanten und kommunikativ wichtigen Selbsterkenntnis willen führe ich dieses Kleinod gerne an:

> Damit man sich vorstellen kann, was es für ein Konzept heißt, metaphorisch zu sein und darüber hinaus eine Alltagshandlung zu strukturieren, beginnen wir mit dem Konzept ARGUMENTIEREN und der konzeptuellen Metapher ARGUMENTIEREN IST KRIEG. Diese Metapher schlägt sich in unsrer Alltagssprache in einer Fülle von Ausdrücken nieder.
>
> ARGUMENTIEREN IST KRIEG
> Ihre Behauptungen sind *unhaltbar.*
> Er *griff jeden Schwachpunkt* in meiner Argumentation *an.*
> Seine Kritik *traf ins Schwarze.*
> Ich *schmetterte* sein Argument *ab.*
> Ich habe noch nie eine Auseinandersetzung mit ihm *gewonnen.*
> Sie sind anderer Meinung? Nun, *schießen Sie los!*
> Wenn du nach dieser *Strategie* vorgehst, wird er dich *vernichten.*
> Er *machte* alle meine Argumente *nieder.*
>
> [...] Auch wenn es sich nicht um einen physischen Kampf handelt, so ist es doch ein verbaler Kampf; und die Argumentationsstruktur spiegelt dieses Kampfgeschehen – Angriff, Verteidigung, Gegenangriff usw. – wider. In diesem Sinne ist die konzeptuelle Metapher ARGUMENTIEREN IST KRIEG eine Metapher, nach der wir in unserer Kultur leben; sie strukturiert die Handlungen, die wir beim Argumentieren ausführen. Stellen wir uns einmal eine Kultur vor, in der man den Argumentationsvorgang nicht in kriegerischen Termini sieht, bei dem niemand gewinnt oder verliert, bei dem niemand an Attacke oder Verteidigung denkt, bei dem man weder an Boden gewinnt noch verliert. Stellen wir uns einmal eine Kultur vor, in der man den Argumentationsvorgang als Tanz betrachtet, bei dem Argumentierende als Künstler auftreten und das Ziel haben, sich harmonisch und ästhetisch zu präsentieren. [...] Diesen Unterschied der Kulturen könnten wir vielleicht am neutralsten beschreiben, wenn wir sagen, dass unsere Form des Diskurses in Kampfbegriffen strukturiert ist und ihre Diskursform in Begriffen des Tanzes.[15]

---

rechte in Frage stellt. Anerkannt werden soll vor allem mit Blick auf historische und andere Kulturen und Sprachen die jeweilige Verschiedenheit im Zusammenhang von Sprechen, Denken und Handeln, die bei der Bemühung, andere/anderes ‚zu verstehen‘, unabdingbar wichtig ist.
15 Lakoff/Johnson, Leben in Metaphern (s. Anm. 5), 12–13.

III Der Bildbegriff in der Metaphernanalyse nach Lakoff/Johnson

Es geht mir bei diesem Beispiel von Lakoff und Johnson weder um die Sache des Diskutierens, noch um die Analyse einer neuzeitlichen Sprache, sondern um die methodischen Zugangsmöglichkeiten, die *nicht* an eine *bestimmte Sprache* und auch *nicht an mündliche Kommunikation* (von Probanden) *gebunden sind*!

a) Zum einen ist das zu fokussieren, was Lakoff und Johnson „Bildbereich" nennen.

Für Lakoff/Johnson gehören zu den Mitteln, die einen Bild- bzw. Sachbereich ausdrücken können, sowohl

– *bildhafte Redensarten*   Bsp.: Ihre Kritik *traf ins Schwarze.*

  Bsp.: Ich *schmetterte* sein Argument *ab.*

als auch:

– *Vergleiche*   Bsp.: Er hat in der Diskussion agiert *wie ein Rammbock*

– *echte Metaphern* (im   Bsp.: Er war der *Kommandeur* in der Debatte
  Sinne eines verkürzten
  Vergleichs)

– *(fast) verblasste Bild-*   Bsp.: Ihre Behauptungen sind *unhaltbar.*
  ausdrücke

– u. a. m.

b) Zum anderen: Die einzelnen, durchaus unterscheidbaren, Bildmittel werden in dem Zugang von Lakoff/Johnson nicht hinsichtlich ihrer spezifischen unterscheidbaren Leistung hin analysiert, sondern zusammenfassend hinsichtlich ihrer Übertragung und Strukturierungsleistung von einem Sachbereich auf einen anderen:

> Das Wesen der Metapher besteht darin, daß wir durch sie eine Sache oder einen Vorgang in Begriffen [Wörtern, Wendungen, Sätzen, Bildausdrücken usw.] einer anderen Sache bzw. eines anderen Vorgangs verstehen und erfahren können.[16]

Bei dem Beispiel ARGUMENTIEREN IST KRIEG haben wir den Ausgangssachbereich:

ARGUMENTIEREN, DISKUTIEREN, DEBATTE, GESPRÄCH etc.	

---

16 Lakoff/Johnson, Leben in Metaphern (s. Anm. 5), 13.

Der Ausgangssachbereich wird nun neu bestimmt, indem ich aus einem anderen Sachbereich stammende ‚Bilder' auf diesen Ausgangssachbereich ‚metaphorisch' übertrage:

	KRIEG, KAMPF, WAFFENTECHNIK, KRIEGSTECHNIK etc.

Der Ausgangssachbereich wird durch die Übertragung neu akzentuiert, Lakoff/ Johnson reden häufig von ‚strukturiert':

ARGUMENTIEREN, DISKUTIEREN, DEBATTE, GESPRÄCH etc.	KRIEG, KAMPF, ← WAFFENTECHNIK, KRIEGSTECHNIK etc.

Das Ergebnis dieses Metaphorisierungsvorganges ist es nun, dass der Ausgangssachbereich, hier das ARGUMENTIEREN, in eine bestimmte Richtung verändert wird, um Akzente des Sachbereiches, aus dem die Metaphorisierung kommt, KRIEG und KAMPF, anzunehmen.

c) Für Lakoff/Johnson ist das Zusammenspiel einzelner Bildausdrücke zu einem Bildfeld, hinter dem eine kohärente Struktur steckt, wichtig. Sie sprechen hier von metaphorischen Konzepten und metaphorischer Kohärenz. Graphisch werden die metaphorischen Konzepte in GROSSBUCHSTABEN wiedergegeben. Mit den metaphorischen Konzepten meinen Lakoff und Johnson einen Teil des menschlichen Konzeptsystems und damit des menschlichen Denkprozesses beschreiben zu können.[17]

Der interpretatorische Gewinn aus der Erkenntnis der Übertragung besteht nun darin, dass gesehen wird, wie und in welcher Weise der Ausgangssachbereich durch die Metaphorisierung neu bestimmt wird: ARGUMENTIEREN IST KRIEG ist etwas anderes als ARGUMENTIEREN IST TANZ. Wenn in einer Kultur das Argumentieren so aufgefasst wird wie Krieg und Kampf und die Sprachteilnehmenden durch die Metaphorik ihnen selbst kaum bewusst dazu angeleitet werden, in dem Sachbereich ARGUMENTIEREN so zu handeln und diesen Sachbereich so zu verstehen wie einen KAMPF, dann sind implizite Anschauungen aufgedeckt, die ohne diesen metaphernanalytischen Zugang unentdeckt geblieben wären.

Die These von Lakoff und Johnson lautet nun, dass viele solcher Metaphorisierungen in der ganz alltäglichen Sprachwelt im Laufe der Zeit geschehen und das Denken und Handeln der Sprachteilhabenden beeinflussen.

---

17 Vgl.: Lakoff/Johnson, Leben in Metaphern (s. Anm. 5), 17.

Eine weitere These, die auch sofort die Einsatzmöglichkeit dieses Zugangs beim historischen Arbeiten verdeutlicht, haben sie folgendermaßen formuliert:

> Da in unserer Sprache metaphorische Ausdrücke systematisch mit metaphorischen Konzepten verbunden sind, können wir anhand von metaphorischen sprachlichen Ausdrücken das Wesen metaphorischer Konzepte untersuchen und Einsicht gewinnen in die metaphorische Natur unserer Aktivitäten.[18]

Der Ausgangspunkt der Analyse sind also einzelne metaphorische Ausdrücke, die auf die Verbindung mit den metaphorischen Konzepten hin befragt werden können. Dieser Vorgang ist bei jeder medialen Stufe der Sprache möglich, das kann aus mündlichen Äußerungen wie auch genauso von schriftlichen Überlieferungen her erfolgen. Historische Texte können diesem Verfahren also genauso unterzogen werden wie zeitgenössische, fremdsprachliche ebenso wie muttersprachliche.

IV Metaphernanalyse im Bereich der Emotionenforschung

Durch die Arbeit am Emotionsverständnis bin ich in die Metaphernanalyse nach Lakoff und Johnson tiefer hineingewachsen.[19] Dabei ist hervorzuheben: Diese Analyse eignet sich, um das ihr Gemäße und Spezifische zu erkennen, sie eignet sich – *natürlich* (!) und *nicht* (!) –, um die *komplette hermeneutische Arbeit* mit all ihren Methodenschritten, die für das Verstehen eines Textes, einer historischen Kultur, einer Religion notwendig ist, *zu ersetzen*!

Die Analyse von menschlichen Emotionen wird in der Regel dem Arbeitsbereich der Anthropologie zugeschlagen; wenn es um die Emotionenauffassung der alttestamentlichen Texte und der Menschen geht, die diese Texte hervorgebracht haben, dann befinden wir uns genauer im Feld der historischen Anthropologie.

In der gegenwartsbezogenen wie in der historischen Anthropologie gibt es nun eine ganze Menge an Einzelaspekten von Anschauungen zu einzelnen Emotionen oder zur Emotionalität insgesamt, die sich einem einfachen und direkten Zugriff entziehen. Emotionsforschung schaut gerne ,hinter die Dinge'; sie bemüht sich, zunächst verborgene, implizite Sachverhalte einzubeziehen.

Wer sich jemals mit Emotionentheorien befasst hat, erkennt schon nach kurzer Lektüre, dass die Diskussion hier weder von Konsens noch von Unterkomple-

---

18 Lakoff/Johnson, Leben in Metaphern (s. Anm. 5), 15.
19 Diese Ausführungen folgen meinen in Anm. 4 und 8 genannten Publikationen.

xität beherrscht wird.[20] Niemand, auch nicht aus dem Kreis von Probanden, die auf ihre Auffassungen hin direkt befragt werden können, kann auf Anhieb eine umfassende Erklärung für das Phänomen ‚Emotion, Emotionalität' liefern, niemand kann das Verhältnis zwischen Emotion und Person, Emotion und Ratio, Emotion und Kultur durch einfaches ‚Befragen' erklären usw.

Die Analyse der Emotionalität setzt tiefes und komplexes Erforschen voraus, in dem viele Methoden zusammenwirken.

Die Emotionenforschung der Gegenwart hat sich nun – im Zusammenspiel mit der Linguistik – auch des Instrumentes der Metaphernanalyse nach Lakoff/ Johnson bedient, um bestimmte Aspekte des Phänomens ‚Emotion' besser verstehen zu können.

Dazu war es zunächst notwendig, ‚metaphorische Ausdrücke' im Umfeld von emotionalen Äußerungen aufzusuchen, um dann nach dahinterstehenden, impliziten Konzepten Ausschau zu halten, die möglicherweise erkannt werden können und deren Erkenntnis etwas zum Verständnis der Emotionalität beiträgt. Ich kann hier weder den Gang der Forschung noch die Komplexität der Erkenntnisse zusammenfassen, sondern will einige Beobachtungen anreißen, um die Zielrichtung und Leistungsfähigkeit der Metaphernanalyse vor Augen führen zu können.

Für die Beschreibung der sprachlichen Verhältnisse zum Ausdruck emotionaler und anthropologischer Sachverhalte im Deutschen und anderen europäischen Sprachen steht eine breite Erschließung parat, die hier heranzuziehen ist.[21] Diese analytischen Studien sind dabei völlig unabhängig von der Frage nach der Anwendungsmöglichkeit der Metaphernanalyse beim historischen Arbeiten oder der Frage nach einem kontrastiven Vergleich zum Hebräischen entstanden. Sie beleuchten nun vor allem die gegenwartssprachlichen Verhältnisse in ihrer inneren metaphorischen, sachlichen und kulturellen Kohärenz.

Die entscheidende strukturelle Metapher bei den Emotionsausdrücken ist dabei die inzwischen wohl berühmt zu nennende Behälter- oder Containermetapher, die sich in vielen einzelnen metaphorischen Emotionsausdrücken findet:

---

20 Vgl.: Plamper, Jan: Geschichte und Gefühl. Grundlagen der Emotionsgeschichte. München 2012.
21 Vgl.: Kövecses, Zoltan: Emotion Concepts. New York 1990; ders., Metaphor and Emotion. Language, Culture, and the Body in Human Feeling, Cambridge 2003; Rolf, Eckard: Zur Metaphorik und Metonymik der Gefühlszuschreibungen, in: König, Peter-Paul/Wiegers, Helmut (Hg.): Satz – Text – Diskurs. Akten des 27. Linguistischen Kolloquiums Münster 1992, Bd. 2. (Linguistische Arbeiten 313) Tübingen 1994, 131–137; ders., Metaphertheorien. Typologie – Darstellung – Bibliographie. Berlin 2005; Kövecses, Zoltan: Where Metaphors Come from. Reconsidering Context in Metaphor. Oxford 2015.

Beispiele sind:

– *unter Dampf stehen*	→	Behälter droht zu platzen
– *platzen*	→	Behälter steht unter Druck und platzt
– *aus sich herausgehen*	→	Behälter läuft über/aus
– *unter Verschluss halten*	→	Emotionen befinden sich im Behälter mit geschlossenem Deckel
– *voll sein*	→	Behälter ist voll, angefüllt mit Emotionen

Das westliche Behälter-Metaphernkonzept ist kein neuzeitliches Konzept, sondern hat seine Wurzeln in der Anthropologie der klassisch-griechischen Geisteswelt. In einem längeren Prozess hatte sich hier herausgebildet,[22] dass der Mensch sich von einem vermeintlichen Ausgeliefertsein an Emotionen als ihn auch von Außen her bestimmende Mächte, Sphären, Stimmungen befreit hat. Mit Blick auf die Arbeit von Herrmann Schmitz hat Hartmut Böhme diesen Prozess folgendermaßen beschrieben:

> [I]n der Philosophie- und Theoriegeschichte spiegelt sich ein zivilisatorischer Prozeß, in welchem die [...] Erfahrungen der andrängenden Macht der Gefühle und des Leibes gebrochen werden zugunsten der Auszeichnung, praktischen Behauptung und Selbstermächtigung eines ‚Subjekts‘: dessen Leistungsstärke ist funktional darauf abgestellt, eben das Andrängende und Durchwehende gefühlshafter und leiblicher Dynamiken zu ‚introjizieren‘, d. h. vor allem, sie als endogene bzw. autonome Regungen zu verinnerlichen. Nur unter dieser Voraussetzung der ‚intrapsychischen‘ Deutung können wir von einem Seeleninnenraum sprechen, der das Leibliche wie das Atmosphärische absorbiert.[23]

Die Konstitution eines solchen innerpersonalen „Seeleninnenraums"[24] ist der Quellpunkt der Behältermetapher; die Person, der Mensch mit seinem Körper, umschließt den Innenraum wie ein Behälter seinen Hohlraum. Emotionen entstehen als Regungen innerhalb der Person und können, von den personalen Ich-Instanzen des Willens und des Verstandes kontrolliert, am ‚Herauskommen‘ ge-

---

22 Vgl. hier bes. die Arbeiten von: Schmitz, Hermann: System der Philosophie, Bd. 3.1 Der leibliche Raum. Bonn ²1988 (¹1967), Bd. 3.2 Der Gefühlsraum. Bonn ²1981 (¹1969); Bd. 5 Die Wahrnehmung. Bonn ²1989 (¹1978).
23 Böhme, Hartmut: Welt aus Atomen und Körper im Fluss. Gefühl und Leiblichkeit bei Lukrez. In: Großheim, Michael/Waschkies, Hans-Joachim (Hg.): Rehabilitierung des Subjektiven. Festschrift Hermann Schmitz 65. Geburtstag. Bonn 1993, 413–439, hier 413 f.
24 Seele ist hier der klassisch griechischen Philosophie folgend in der Bedeutung als zentraler innerer Bestandteil der Menschen (im Gefäß des Körpers) verstanden; Verstand, Wille, Geist und Körper spielen weitere Hauptrollen in der griechischen und dann in der innerhalb des Christentums weitergeführten dichotomen oder trichotomen Anthropologie.

hindert werden; der Mensch kann so ‚Herr' über seine Regungen werden. Im Laufe der Rezeption griechischer Anthropologie, der Amalgamierung griechischer und christlich-jüdischer Anschauungen seit der frühen christlichen Zeit, dem Wiederanknüpfen an die Antike in der Renaissance und in der Aufklärung ist dieses Menschenbild, das alle emotionalen, geistigen und anderen ‚Regungen' als intramenschliche versteht, Grundlage der westlichen Anthropologie der Gegenwart geworden. Es ist so bestimmend, dass es nicht nur Medizin und Psychologie als Wissenschaft bestimmt, sondern auch die ‚westlichen' Sprachen dominant daraufhin ausgerichtet sind – wie an den oben vorgeführten deutschen Metaphernausdrücken und -konzepten ersichtlich ist; dieselben Grundvorstellungen lassen sich an den Metaphernkonzepten anderer westlicher Sprachen zeigen.[25]

Der Vergleich mit anderen metaphorischen Strukturierungen anderer Sprach- und Kulturräume ermöglicht nun interessante Einsichten:

Die Gefäßmetapher, die im deutschen und westlichen Zorn-/Emotionenkonzept eine so große Rolle spielt, findet sich im Hebräischen äußerst selten, und für die wenigen vorkommenden Belege finden sich jeweils plausible Erklärungen;[26] eine der wichtigsten Erklärungen ist die Beobachtung einer historischen Entwicklung der hebräischen/aramäischen alttestamentlichen Auffassungen vom Menschen und seiner Anthropologie: Im späten Esther-Buch etwa gibt es etliche Behältermetaphern, die sich m. E. dem griechischen Einfluss verdanken.[27]

Andere Emotionsauffassungen anderer Kulturen, die der Möglichkeit folgen, das Verhältnis zwischen Mensch und Emotion anders zu sehen, sind lange Zeit unverständlich, verdeckt oder gar abgewertet geblieben.[28]

Hinsichtlich des Hebräischen (wie überhaupt des Alten Orients) scheinen wir erst am Anfang des Verstehens von dessen *anderer* Emotionswelt zu stehen.

Hier treffen wir – ich formuliere vorsichtig – auf Indizien einer *anderen* Auffassung; die Feststellung, dass im Hebräischen die Gefäßmetapher nicht die gesamte Emotionskonzeption dominiert, bildet nur den Einstieg für weitere Beobachtungen:

Emotionen scheinen von Außen wirken zu können (*Gießen* des Zorns von Gott an Jeremia, von dort weiter; das Erfasstwerden vom ‚Geist' der Eifersucht einer Person, also von Außen, u. ä.), sie durchdringen die Person, die im Gegensatz zum griechisch-westlichen Konzept keine undurchlässige *gefäßhafte* Grenze

---

25 Vgl. die in Anm. 4 und 8 genannte Literatur.
26 Vgl.: Wagner, Emotionen in alttestamentlicher und verwandter Literatur – Grundüberlegungen am Beispiel des Zorns (s. Anm. 8), 53 (Anm. 68).
27 Vgl.: A. a. O., 61.
28 Vgl.: Plamper: Geschichte und Gefühl (s. Anm. 20) passim.

hat.[29] Es gibt eine auffällige nahezu kausale Verbindung zwischen Ereignis und Emotion.[30]

V Fazit

Die Metaphernanalyse der Emotionsausdrücke im AT nach Lakoff/Johnson stößt also eine ganze Menge von Fragen im Rahmen der alttestamentlichen Anthropologie an und eröffnet so neue Zugänge, neue Fragen im Horizont des zirkulären hermeneutischen Verstehens.

Für die Untersuchung von Emotionen haben sich folgende Fragestellungen eröffnet: Welche Aufgaben bestehen im alttestamentlichen *Emotions-Konzept* für das Individuum? – Sind auch hier die Emotionen, zusammenhängend mit dem Körper, als ‚nicht-wertvolle' Bestandteile des irdischen Daseins zu verstehen? Sind nur die nicht-körperlichen Aspekte des Menschen hochzuschätzen? – Solche (bes. stoischen) Ideale sind sowohl dem Alten Orient wie dem Alten Testament (AT) fremd. Die hebräische Anthropologie geht in der Zuordnung und Gewichtung von verschiedenen am Menschsein beteiligten Aspekten ganz anders vor und spielt nicht einer geistigen oder körperlichen Seite einen Vorrang zu.[31] Erklärt sich so die bei Personen im AT manchmal passiv erscheinende Haltung den Emotionen gegenüber? Um es mit Böhme zu formulieren: Sind anders als in der klassischen griechischen Vorstellung im AT die Emotionen „Mächte, die den Fühlenden unwiderstehlich ergreifen und durchwirken (weswegen der Fühlende den Gefühlen gegenüber in eine eigentümlich exzentrische und passive Position geriet)"?[32] Hängt damit zusammen, dass zwischen den Emotionen auslösenden Fakten und den – man mag wirklich fast von *kausal* sprechen – ausgelösten Emotionen eine sehr enge Verbindung besteht? Ein so enger Zusammenhang, der bedingt, dass kaum Emotionsregungen geschildert werden, ohne dass im näheren oder weiteren Kotext auch die Gründe für ihre Entstehung genannt werden?[33]

---

29 Vgl.: Wagner, Emotionen in alttestamentlicher und verwandter Literatur – Grundüberlegungen am Beispiel des Zorns (s. Anm. 8), 59.

30 Vgl.: A. a. O., 59–60.

31 Vgl.: Janowski, Bernd: Anthropologie des Alten Testaments. Grundfragen – Kontexte – Themenfelder. Tübingen 2019, 137–159; Wagner, Andreas: Menschenverständnis und Gottesverständnis im Alten Testament. Göttingen 2017, 61–62.

32 Böhme, Hartmut: Gefühl. In: Wulf, Christoph [Hrsg.]: Vom Menschen. Handbuch Historische Anthropologie. Weinheim/Basel 1997, 525–548, hier 531.

33 Vgl.: Wagner, Emotionen in alttestamentlicher und verwandter Literatur – Grundüberlegungen am Beispiel des Zorns (s. Anm. 8), 59–60.

Ähnlich wie für die Emotionen kann die Metaphernanalyse auch bei anderen thematischen Bereichen (und Texten) neue Fragehorizonte öffnen und auch neue Antworten geben. Wir dürfen gespannt sein!

Bibliographie

Bachmann-Medick, Doris. *Cultural Turns: Neuorientierungen in den Kulturwissenschaften*. Rowohlts Enzyklopädie. Reinbek: Rowohlt Taschenbuch Verlag, 2014.

Becker, Uwe. *Exegese des Alten Testaments: ein Methoden- und Arbeitsbuch*. 4., Überarbeitete Auflage. UTB Theologie, Religion, Judaistik 2664. Tübingen: Mohr Siebeck, 2015.

Böhme, Hartmut. „Gefühl". In *Vom Menschen: Handbuch historische Anthropologie*, herausgegeben von Christoph Wulf, 525–548. Beltz Handbuch. Weinheim/Basel: Beltz, 1997.

Böhme, Hartmut. „Welt aus Atomen und Körper im Fluss. Gefühl und Leiblichkeit bei Lukrez". In *Rehabilitierung des Subjektiven: Festschrift für Hermann Schmitz*, herausgegeben von Hermann Schmitz, Michael Grossheim, und Hans-Joachim Waschkies, 413–439. Bonn: Bouvier Verlag, 1993.

Das Alte Testament verstehen. Die Hermeneutik des ersten Teils der christlichen Bibel. Bd. 1. EAT. Göttingen: Edition Ruprecht, 2012.

Deutscher, Guy. *Im Spiegel der Sprache: warum die Welt in anderen Sprachen anders aussieht*. Übersetzt von Martin Pfeiffer. 1. Aufl. München: C. H. Beck, 2020.

Gadamer, Hans-Georg. *Grundzüge einer philosophischen Hermeneutik*. Tübingen: Mohr Siebeck, 1960.

Grondin, Jean. *Einführung in die philosophische Hermeneutik*. 2. Aufl. Darmstadt: Wissenschaftliche Buchgesellschaft, 2001.

Janowski, Bernd. *Anthropologie des Alten Testaments: Grundfragen – Kontexte – Themenfelder: mit einem Quellenanhang und zahlreichen Abbildungen*. Tübingen: Mohr Siebeck, 2019.

Körtner, Ulrich Heinz Jürgen. *Einführung in die theologische Hermeneutik*. Einführung Theologie. Darmstadt: Wissenschaftliche Buchgesellschaft, 2006.

Kövecses, Zoltán. *Emotion Concepts*. New York/Berlin/Heidelberg: Springer, 1990.

Kövecses, Zoltán. *Metaphor and emotion: language, culture, and body in human feeling*. Studies in emotion and social interaction. Cambridge/New York/Paris: Cambridge University Press/ Editions de la Maison des Sciences de l'Homme, 2000.

Kövecses, Zoltán. *Where metaphors come from: reconsidering context in metaphor*. New York: Oxford University Press, 2015.

Kreuzer, Siegfried, Dieter Vieweger, Friedhelm Hartenstein, Jutta Hausmann, und Wilhelm Pratscher. *Proseminar Altes Testament: ein Arbeitsbuch*. 3. Aufl. Stuttgart: Verlag W. Kohlhammer, 2019.

Lakoff, George, und Mark Johnson. *Leben in Metaphern: Konstruktion und Gebrauch von Sprachbildern*. Übersetzt von Astrid Hildenbrand. 6. Aufl. Systemische Horizonte – Theorie und Praxis. Heidelberg: Carl-Auer Verlag, 2008.

Lakoff, George, und Mark Johnson. *Metaphors we live by*. Chicago: University of Chicago Press, 2003.

Lucy, John A. *Language Diversity and Thought: A Reformulation of the Linguistic Relativity Hypothesis*. Studies in the Social and Cultural Foundations of Language. Cambridge: Cambridge University Press, 1992.

Oeming, Manfred. *Biblische Hermeneutik: eine Einführung*. 4. Aufl. Einführung Theologie. Darmstadt: Wissenschaftliche Buchgesellschaft, 2013.

Plamper, Jan. *Geschichte und Gefühl: Grundlagen der Emotionsgeschichte*. 1. Aufl. München: Siedler, 2012.

Rolf, Eckard. *Metaphertheorien: Typologie, Darstellung, Bibliographie*. De Gruyter Lexikon. Berlin/ New York: De Gruyter, 2005.

Rolf, Eckard. „Zur Metaphorik und Metonymik der Gefühlszuschreibungen". In *Satz, Text, Diskurs: Akten des 27. Linguistischen Kolloquiums, Münster 1992,* herausgegeben von Susanne Beckmann, Sabine Frilling, Peter-Paul König, und Helmut Wiegers, 131–137. Linguistische Arbeiten 312–313. Tübingen: M. Niemeyer, 1994.

Schmitz, Hermann. *Der Gefühlsraum.* 2. Aufl. Bd. 3.2. System der Philosophie. Bonn: Bouvier, 1981.

Schmitz, Hermann. *Der leibliche Raum.* 2. Aufl. Bd. 3.1. System der Philosophie. Bonn: Bouvier, 1988.

Schmitz, Hermann. *Die Wahrnehmung.* 2. Aufl. Bd. 5. System der Philosophie. Bonn: Bouvier, 1989.

Schwarz-Friesel, Monika. *Einführung in die kognitive Linguistik.* 3. Aufl. UTB Sprachwissenschaft 1636. Tübingen/Basel: Francke, 2008.

Seebaß, Gottfried. *Das Problem von Sprache und Denken.* 1. Aufl. Suhrkamp Taschenbuch Wissenschaft 279. Frankfurt am Main: Suhrkamp, 1981.

Steck, Odil Hannes. *Exegese des Alten Testaments: Leitfaden der Methodik; ein Arbeitsbuch für Proseminare, Seminare und Vorlesungen.* 14., Durchgesehene und Erweiterte Auflage. Neukirchen-Vluyn: Neukirchener Verlag, 1999.

Thiering, Martin. *Kognitive Semantik und kognitive Anthropologie: eine Einführung.* Berlin/Boston: De Gruyter, 2018.

Thon, Johannes. *Sprüche über das Sprechen: meta-pragmatische Metaphern zum sprachlichen Handeln in Spr 10–29.* Beihefte zur Zeitschrift für die alttestamentliche Wissenschaft, Band 542. Berlin/Boston: de Gruyter, 2022.

Wagner, Andreas. „Anthropologie(n) des Alten Testaments im 21. Jahrhundert." In *Anthropologie(n) des Alten Testaments,* herausgegeben von Jürgen van Oorschot und Andreas Wagner, 2. Aufl., 11–21. Veröffentlichungen der Wissenschaftlichen Gesellschaft für Theologie, Band 42. Leipzig: Evangelische Verlagsanstalt, 2018.

Wagner, Andreas. „Der Mensch als ‚Bild' Gottes und das ‚Bild' Gottes im Alten Testament". *Rheinsprung 11. Zeitschrift für Bildkritik* 1 (2011): 79–91.

Wagner, Andreas. Hrsg. *Emotionen, Gefühle und Sprache im Alten Testament: vier Studien.* 2., Durchges. Aufl. Kleine Untersuchungen zur Sprache des Alten Testaments und seiner Umwelt (KUSATU) 7. Waltrop: Hartmut Spenner, 2006.

Wagner, Andreas. „Emotionen in alttestamentlicher und verwandter Literatur – Grundüberlegungen am Beispiel des Zorns". In *Emotions from Ben Sira to Paul,* herausgegeben von Renate Egger-Wenzel und Jeremy Corley, 27–68. Deuterocanonical and Cognate Literature 2011. Berlin/Boston: De Gruyter, 2012.

Wagner, Andreas. „Liebe Gottes und der Götter. Einige Beobachtungen aus dem Vergleich Jahwes mit den Göttern Ugarits." In *Ahavah: die Liebe Gottes im Alten Testament,* herausgegeben von Manfred Oeming, 73–92. Arbeiten zur Bibel und ihrer Geschichte, Band 55. Leipzig: Evangelische Verlagsanstalt, 2018.

Wagner, Andreas. *Menschenverständnis und Gottesverständnis im Alten Testament: gesammelte Aufsätze.* Göttingen/Bristol: Vandenhoeck & Ruprecht, 2017.

Wagner, Andreas. „Schmerz im Alten Testament". In *Pain in Biblical Texts and Other Materials of the Ancient Mediterranean,* herausgegeben von Michaela Bauks und Saul M. Olyan, 13–27. Forschungen zum Alten Testament 130. Tübingen: Mohr Siebeck, 2021.

Werlen, Iwar. *Sprachliche Relativität: eine problemorientierte Einführung.* UTB Sprachwissenschaft 2319. Tübingen/Basel: Francke, 2002.

Andrea Beyer
Die Polyvalenz des Motivs. Ein Versuch zur Exegetik der Traditionsgeschichte

Exegetische Arbeit hat oft von Impulsen aus anderen geisteswissenschaftlichen Fächern profitiert. Dieser Beitrag schlägt vor, Einsichten aus der kulturpsychologisch fundierten Handlungstheorie Ernst E. Boeschs für die traditionskritische und -geschichtliche Analyse von Motiven und Traditionen fruchtbar zu machen und so zugleich Fragen der Exegetik der Traditionsgeschichte zu reflektieren.[1] Nach einer Einleitung, die den Begriff der Polyvalenz bei Ernst Eduard Boesch vorstellt, widmet sich ein zweiter Abschnitt problematischen Aspekten der Traditionsgeschichte[2] aus der Perspektive ihrer Exegetik. Ein dritter Teil stellt anhand zweier alttestamentlicher Texte – Jer 43,7b–13 und Ez 4,9–16 – vor, inwiefern das Konzept ,Polyvalenz' methodologisch für die Traditionsgeschichte einen Gewinn bietet, ehe ein kurzer Schluss Folgerungen vorschlägt.

1 Der Begriff der Polyvalenz bei Ernst Eduard Boesch

Der Begriff Polyvalenz erhält in den Arbeiten des Kulturpsychologen Ernst Eduard Boesch eine besondere Relevanz. Mit dem Begriff ,Polyvalenz' unterstreicht Boesch, „dass der einem Objekt zugesprochene Wert auf vielfältige Weise determiniert werden kann, er ist also überdeterminiert".[3] Den Begriff ,Überdetermination' entlehnt der Kulturpsychologe bei keinem Geringeren als Sigmund Freud und verwendet ihn als Schlüsselbegriff. Da es Boesch aber vorrangig um Handlungen geht, verwendet er ihn in anderer Füllung: Überdetermination entspricht bei Boesch der Polyvalenz. Mit ihr tritt eine Vielfalt an Bedeutungen und

---

1 Neben vielem anderen verdanke ich Jürgen van Oorschot und der Arbeit an seinem Lehrstuhl auch die Kenntnis der Arbeiten des Kulturpsychologen Ernst E. Boesch, die wesentliche Anregungen für meine Habilitationsschrift *Taten in Texten. Funktionen prophetischer Zeichenhandlungen* boten. Die dort gewonnenen Einsichten auf einen anderen Bereich alttestamentlicher Exegese zu übertragen, ist der Grundgedanke dieses Beitrags, mit dem ich den Jubilar herzlich grüße.
2 Wie die Mehrzahl der Exegetinnen und Exegeten fasse ich dabei Motiv als das kleinere Element einer Tradition, die Traditionskritik als die kritische Analyse des Profils einer Tradition und die Traditionsgeschichte als die Rekonstruktion ihrer Entwicklung.
3 Boesch, „Die Realität als Metapher", 12.

https://doi.org/10.1515/9783111317564-011

Zuschreibungen in den Blick. Handlungen freilich ruhen auf Motiven, Traditionen, geteilten Vorstellungen, einer geistigen Welt auf, wobei der Wert einer Handlung oder eines Handlungsziels, deren Anziehungskraft und Movens, auf unterschiedlichen Ebenen liegt. Sowohl die subjektive als auch eine gemeinschaftliche, ‚objektive‘ Ebene, sowohl Konkretes als auch Symbolisches tragen Aspekte bei. Polyvalenz ist darum bei Boesch selbst ein überdeterminierter Begriff: Mehrfachbedeutung und inhärente Bedeutungsvielfalt, Anziehungskraft und Bewertung sind darin eingeschlossen. Dem Einzelnen ist dabei die „Gesamtheit der Valenzen" „nicht bewusst".[4]

Ein Beispiel soll dies verdeutlichen und zugleich die Brücke zu den Begriffen des Motivs, der Traditionen und Konzepte schlagen.[5] Boesch entfaltet das Konzept der Polyvalenz, der Vielfalt an Konnotationen bestimmter Gegenstände und damit vollzogener Handlungen, an einem leicht zugänglichen Beispiel: dem Besen. Dieser ist

> ein banales, unauffälliges Gebrauchsobjekt, dem wir – außer vielleicht in der ulkigen Verwendung bei Tänzen – kaum eine andere Funktion als die des Saubermachens zuschreiben. Die vielfältigen Bedeutungen, die dem Besen anscheinend in früheren Zeiten anhafteten, vermögen wir kaum noch zu verstehen. Zwar erinnern wir uns dann an die eine oder andere sprachliche Auffälligkeit, insbesondere daran, daß das Wort Besen zuweilen auch Frauen bezeichnet [...]: In der Schweiz etwa gingen die Studenten mit ihrem ‚Besen‘ zum Tanzen, was natürlich hieß, mit ihren Freundinnen; es mag durchaus sein, daß der erwähnte Besen-Ulk beim Tanzen von dieser figürlichen Begriffsverwendung herstammt. Indessen denkt man dabei dann auch gleich an den Besen, mit dem die Hexen zu den Orgien des Teufels flogen. Nun kam in früheren Zeiten – mancherorts sogar bis in die Gegenwart hinein – dem Besen auch die umgekehrte Bedeutung zu, nämlich das Böse abzuwehren.[6]

Hinter dem Stichwort ‚Besen-Ulk‘ verbirgt sich folgender Vorgang: Bei einem Paar-Tanz, etwa anlässlich eines Volksfestes, erlaubt es der Brauch, einem Tanzenden die Tanzpartnerin zu entführen, indem man ihm im Tausch einen Besen in die Hand drückt. Boesch merkt an, leicht nachvollziehbar, dass diese Handlung sehr Unterschiedliches bedeuten kann, je nachdem, ob der so ‚bestohlene‘ Tanz-

---

4 Boesch, „Die Realität als Metapher", 12. Zum vorherigen Abschnitt vgl. auch Beyer, *Taten in Texten*, Kap. 1.5.1 (unveröffentlichte Habilitationsschrift).
5 Heutige Lesende werden am Frauenbild der von Boesch geschilderten Gebräuche und Deutungen zurecht Anstoß nehmen. Seine Ausführungen eignen sich daher auch als Beispiel für die Weiterentwicklung von Bewertungen, denn im Jahr 1983 bringt der Autor Boesch noch keine Notwendigkeit, dies einer kritischen Reflexion zu unterziehen, zum Ausdruck. Das geschilderte Brauchtum sowie Redewendungen haben sich in unterschiedlichem Umfang erhalten: So gibt es auch heute noch Gegenden, in denen der Brauch verlangt, dass unverheiratete 30-Jährige die Rathaustreppe kehren.
6 Boesch, *Das Magische*, 47.

partner ein Freund oder ein Konkurrent des Tänzers ist. Boesch zitiert sodann zahlreiche Beispiele von Erhebungen aus dem ländlichen Frankreich in und vor den 1970er Jahren. Der Besen begegnet dort insbesondere bei Ritualen im Zusammenhang von Eheschließungen:

„Er befand sich auf dem Hochzeitsbaum der jüngsten Tochter. In der Champagne veranstaltete man bei jeder Hochzeit eine eigentliche Besenverbrennung [… V]or der Tür eines Stalles oder Hauses zwei Besen zu kreuzen, dient dem Exorzismus";[7] „Bei der Hochzeit seiner jüngsten Tochter zieht der Vater einen an seinem linken Bein befestigten Besen mit sich herum; die Braut soll entweder über die Schwelle ihres neuen Hauses getragen werden, sie rückwärts überschreiten oder über einen quer davor gelegten Besen steigen … In der Touraine kehrte man den Gemeinschaftsraum in der Gegenrichtung, also von der Türe zum Kamin hin."[8] Ebenfalls aus der Touraine, „aus der gleichen Gegend wird die Sitte berichtet, am Karneval der Jüngst-Verheirateten eine Kugel unter das Bett zu rollen, die diese mit ihrem Besen zurückstoßen mußte".[9]

Diese Vielfalt an Gebräuchen und Zuschreibungen bedarf der Ordnung. So versucht Boesch, das Verständnis solcher Gebräuche zu erhellen, indem er die – in der Nomenklatur des Psychologen – zugrundeliegenden ‚Konnotationskomplexe' skizziert. Er findet derer drei.

Der erste Konnotationskomplex betrifft die „instrumentale Bedeutung des Besens", nämlich das Kehren: „[E]r dient dazu, Schmutz aus dem Hause zu entfernen."[10] Schmutz wiederum „hat sehr komplexe Konnotationen: er ist das Abstoßende, Häßliche, zugleich aber unvermeidlich sich immer wieder Ansammelnde". Auch an das moralisch Schmutzige denkt Boesch hier, zugleich jedoch auch an den Schmutz, der Antiquitäten ‚Patina' verleiht, sowie an den Schmutz, der „eine Neigung zur ‚Gegenkultur' ausdrücken" kann: „untergründige Attraktion", Angst, „Bedrohung von Ordnungen". Der Besen selbst repräsentiert Sauberkeit und Schmutz, „sowohl das Böse wie auch seine Negation".[11]

Einen zweiten Konnotationskomplex leitet er aus der Form des Besens ab. Freud und Psychoanalyse lassen grüßen: Dem Besen komme eine phallische Qualität zu, was Boesch im Zusammenhang der Gebräuche im Kontext der Eheschließungen und im Kontext der Hexenvorstellungen entfaltet.[12]

---

7 H. Fillipetti/J. Trotereau, *Symboles et pratiques rituelles dans la maison paysanne traditionelle*, Paris 1978, 122, zitiert bei Boesch, *Das Magische*, 48.
8 Fillipetti/Trotereau, *Symboles et pratiques rituelles*, 102, zitiert bei Boesch, *Das Magische*, 48.
9 Fillipetti/Trotereau, *Symboles et pratiques rituelles*, 168, zitiert bei Boesch, *Das Magische*, 48.
10 Boesch, *Das Magische*, 49.
11 Vgl. zum vorhergehenden Abschnitt ebd.
12 Boesch, *Das Magische*, 49 f.

Ein dritter Konnotationskomplex schließlich betrifft das Material, aus dem Besen bestehen: Aus Zweigen oder Stroh hergestellt, schwingt die Symbolik von Pflanzen und Bäumen mit; aus Borsten die des Haares. Auch hier eröffnet sich ein weites Feld der Konnotationen, die das jeweilige Material mit sich bringt.[13]

Zum Teil überlappen sich diese Konnotationskomplexe. Sie ordnen ein. Boesch beschließt den Abschnitt dementsprechend mit einer für die Traditionsgeschichte bemerkenswerten Feststellung:

> Das hier Geschilderte sind überwiegend ‚kulturelle Konnotationen', Anmutungsqualitäten also, die die Mehrzahl von Mitgliedern eines Kulturkreises nachvollziehen können, auch wenn sie ihnen wohl kaum bewußt gegenwärtig sind. Subjektive Konnotationen, solche also, die aus der individuellen Objekterfahrung entspringen, kann eine solche Aufzählung kaum enthalten, erfordern sie doch biographische Rekonstruktionen an einzelnen Personen.[14]

Boesch hält fest, dass der Einzelne für gewöhnlich nicht weiß, warum der Brauch in dieser oder jener Weise abläuft, warum er das, was er tut, genau so tut. Das „macht man eben so". Es ist bei Boesch zentral, dass dem Handelnden „nur Teile des Konnotationsgeflechtes von Handlungen bewusst"[15] sind. Sie sind schlicht Teil seiner materiellen und seiner geistigen Welt. Dabei ist konstitutiv, dass wortwörtlich jede Handlung eine symbolische Ebene aufweist, die die „subjektive Polyvalenz des Erlebten" umfasst. Sowohl was Handlungen als auch was die „Erfahrungsrealität" angeht, existiert kein rein objektiver Zustand, der ohne Subjektives und Symbolisches auskäme.[16] Was für Handlungen gilt, gilt auch für die verwendeten Gegenstände, für Realien und für die dabei zugrundeliegenden Konzepte. Dieser symbolischen Ebene – darunter fallen funktionale und analoge Aspekte – kommt großes Gewicht zu. Die symbolische Ebene ist jedoch nie voll erschlossen, die „Gesamtheit der Valenzen [ist dem Einzelnen] nicht bewusst".

2 Die Polyvalenz des Begriffs und Motivs – Anmerkungen zur Traditionsgeschichte

Die Exegetik der Traditionsgeschichte betrifft die Metaebene dieses exegetischen Arbeitsschritts. Aus der Perspektive der Exegetik sind dabei die problematischen

---

13 Boesch, *Das Magische*, 50–52.
14 Boesch, *Das Magische*, 52.
15 Boesch, *Kultur*, 172.
16 Vgl. Boesch, „Die Realität als Metapher", 33.

Aspekte von besonderem Interesse, zielt Methodologie doch auch stets auf eine Weiterentwicklung der Methoden. Zudem sehen wir uns beim Thema Traditionskritik und Traditionsgeschichte im besten Boeschschen Sinne sogleich mit polyvalenten Begriffen konfrontiert. Was unter Traditiongeschichte zu verstehen ist, bedarf einer Definition.

Hier lässt sich in alttestamentlicher Perspektive recht rasch Einigkeit herstellen. Alttestamentlich ist bei Traditionsgeschichte zumeist die Überlieferungsgeschichte nicht mitgemeint; die Traditionsgeschichte steht konzeptionell hinter der Überlieferung, sei sie schriftlich oder mündlich.

So definiert etwa Martin Rösel in der *Theologischen Realenzyklopädie* „Traditionsgeschichte als die Frage nach den Traditionen, in denen die Verfasser der Texte stehen, nach der ‚geistigen Welt vorgegebener und geprägter Sachgehalte', die die Abfassung oder Verschriftung der Stoffe entscheidend mitgeprägt hat".[17]

Nach Helmut Utzschneiders Beitrag in der vierten Auflage der *Religion in Geschichte und Gegenwart* werden Indikatoren für ‚geprägte Vorstellungen' „in Leitworten, Sprachbildern, Motiven oder formelhaften Wendungen greifbar".[18] Traditionskritik bezeichnet „das methodische Aufsuchen solcher ‚Indikatoren' von Tradition in den Texten sowie v. a. die Rekonstruktion der ‚geprägten Vorstellung' selbst. T[raditionsgeschichte] rekonstruiert die an a[ltorientalischen] und bibl[ischen] Texten erkennbare Gesch[ichte] der ‚geprägten Vorstellung'".[19]

Dabei ist üblicherweise das Motiv das kleinere Element oder Thema, das als Baustein einer Tradition dienen kann, während die Tradition schon die geprägte Vorstellung einer Trägergruppe meint.

Aus der Metaperspektive der Exegetik lassen sich einige problematische Aspekte der traditionsgeschichtlichen Fragestellung benennen:

2.1 Datenbasis

Ein Grundproblem alttestamentlicher Exegese insgesamt, das Erhard Blum prägnant auf den Punkt gebracht hat, zeigt sich auch im Blick auf die Traditionsgeschichte: So schrieb Blum vor rund 20 Jahren in seinem Artikel „Notwendigkeit und Grenzen historischer Exegese. Plädoyer für eine atl. Exegetik", seiner Tübinger Antrittsvorlesung:

---

17 Rösel, „Traditionskritik/Traditionsgeschichte", 733. Die zitierte Stelle entstammt Barth/Steck, *Exegese*, 124.
18 Utzschneider, „Traditionskritik/Traditionsgeschichte", https://referenceworks.brillonline.com/entries/religion-in-geschichte-und-gegenwart/traditionskritiktraditionsgeschichte-der-bibel-COM_025155.
19 Ebd.

Die alttestamentliche Exegese hat ein *strukturelles* Problem [...] Dieses Strukturproblem beruht auf der Kluft zwischen einem hochgesteckten Erklärungsanspruch und einer defizienten Datenbasis. Der *Anspruch* reicht bekanntlich von der Rekonstruktion der Welt des alten Israel (in allen denkbaren Aspekten) bis zur Verortung der Einzelteile mit Autoren und Adressaten in ihren historischen Situationen. Dabei besteht die größte Schwierigkeit darin, daß externe Daten rar bleiben.[20]

Der Erklärungsanspruch findet also seine Grenzen am Umfang der Datenbasis. Dies sind zuerst die biblischen Texte selbst, die freilich nur einen kleinen Ausschnitt der Überlieferung bilden.

2.2 Literarische Unabhängigkeit

Diese Datenbasis lässt sich bekanntlich mithilfe der Überlieferungen benachbarter Kulturen erweitern. So kann Martin Rösel zurecht fordern: „Das Phänomen von mündlicher und schriftlicher Überlieferung ist folglich nicht auf Israel und seine Umwelt zu beschränken; für ein angemessenes historisches Verständnis biblischer Texte ist es unabdingbar, die entsprechenden Stoffe und Prozesse in den Nachbarkulturen zu kennen."[21] Im Blick auf die biblischen Texte klammert manch methodische Leitlinie allerdings Texte, die im direkten literarischen Bezug stehen, als Quelle aus. So referiert Rösel in der TRE: „Traditionsgeschichte klärt dagegen, wie der Verfasser durch geprägte Denkstrukturen etc. beeinflußt wurde, ohne daß literarische Abhängigkeiten festzustellen sind."[22] Auch Kreuzer/Vieweger gehen für die traditionskritische Arbeit von „unabhängig überlieferten Texten"[23] aus und Steck fragt nach Übereinstimmungen, „die nicht aus ü. g. [überlieferungsgeschichtlicher] oder literarischer Abhängigkeit der Belegtexte voneinander" resultieren.[24]

Damit entsteht ein erhebliches Problem. Zuerst ist oft nicht mit Sicherheit zu bestimmen, wann ein solcher literarischer Bezug vorliegt. Hinzu kommt, dass

---

20 Blum, „Notwendigkeit", 13. Dieses strukturelle Problem ist für die Traditionsgeschichte weniger reflektiert worden als beispielsweise für die Literargeschichte, vielleicht weil in Deutschland „ab ca. 1970 die überlieferungs- und traditionsgeschichtliche Fragestellung zugunsten der Redaktionsgeschichte mit ihrem Interesse an originellen Aussagen von Autoren und Redaktoren in den Hintergrund" tritt (Rösel, „Traditionskritik/Traditionsgeschichte", 737).
21 Rösel, „Traditionskritik/Traditionsgeschichte", 733.
22 Rösel, „Traditionskritik/Traditionsgeschichte", 737. Zurecht nehmen dagegen Methodenbücher neueren Datums auch die Prätexte für die Traditionskritik und -geschichte in den Blick (vgl. z. B. Wagner/Erlemann, *Leitfaden Exegese*, 87 f.).
23 Kreuzer/Vieweger, *Proseminar*, 88.
24 Steck, *Leitfaden*, 127, vgl. 134.

diese Perspektive angesichts gegenwärtiger Annahmen zur Entstehungsgeschichte der Texte zunehmend unrealistisch erscheint (vgl. den folgenden Absatz). Sie steigert zwar, in der Nomenklatur Erhard Blums, die Signifikanz und hat darin ihr Recht: Wenn eine Tradition in zwei literarisch unabhängigen Texten begegnet, wird das spezifische Profil dieser Tradition greifbarer und belastbarer. Es lässt eine Tradition theoretisch überhaupt erst erkennbar werden, dass sich Vergleichbares in Texten findet, die in keinem literarischen Zusammenhang zueinanderstehen. Doch diese Signifikanz sollte nicht zulasten der Suffizienz der Datenbasis gehen, die notwendig kleiner wird, werden Texte ausgeklammert, die untereinander in einem literarischen Bezug stehen.

Wenn zudem der Kreis der Schreiber klein ist und man es bei der Hebräischen Bibel mit Literatur einer Elite für im Wesentlichen die eigenen Kreise zu tun hat, dann erscheint der Ausschluss einer literarischen Kenntnis als verwunderlich: Die jüngeren Texte leben maßgeblich von der literarischen Kenntnis der älteren.[25]

2.3 Trägergruppen

Dies lässt sich außerdem mit einem von Thomas Krüger geäußerten Kritikpunkt flankieren. Krüger schreibt in seinen *Überlegungen zur Bedeutung der Traditionsgeschichte*: „Dass Traditionen regelmäßig ‚Trägergruppen' zugeordnet werden können, ‚die ihre Überlieferungen mit bestimmten Zielvorstellungen verbanden und daher an deren Verbreitung interessiert waren', wird in der Forschung oft mehr behauptet als bewiesen."[26] Er entgegnet zurecht: „Zudem ist anzunehmen, dass Traditionen auch ohne spezielle Trägergruppen überleben können – etwa weil sie in einer Gemeinschaft weit verbreitet sind oder weil sie in literarisch fixierter Form vorliegen und ganz unterschiedlichen Personen und Gruppen zugänglich sind."[27] Damit wird der alttestamentliche Text selbst zum Träger der Traditionen. Tradition entsteht auch aus den Texten heraus; die Textwelt prägt

---

25 So mit Schmid, „Jeremia als klagender und leidender Prophet", 147 f. Er konstatiert: „Genau dieser Bereich von literarisch untereinander vernetzten Texten im Alten Testament ist aber einerseits nach Auffassung der gegenwärtigen literaturgeschichtlichen Forschung erheblich größer geworden, als er es noch vor 50 Jahren gewesen ist" (148) und folgert: „Deshalb ist es nicht angeraten, die traditionsgeschichtliche Frage nur auf Befunde anzuwenden, die literarisch *unabhängig* voneinander existieren" (ebd.). Eine scharfe Trennung von Traditionsgeschichte und Textabhängigkeiten wird den komplexen Beziehungen vernetzter Texte nicht gerecht.
26 Krüger, „Überlegungen", 241. Die mit einfachen Gänsefüsschen markierten Abschnitte stammen aus Kreuzer/Vieweger, *Proseminar*, 88.
27 Krüger, „Überlegungen", 241.

wiederum die Tradenten und wird so selbst zum Teil einer Traditionsgeschichte, von der überwiegend nur der literarische Niederschlag erhalten ist.

2.4 Motiv und Tradition

Ein wenn auch kleineres Problem der Exegetik stellt bisweilen die Unterscheidung von Motiv und Tradition dar. Nach Wagner/Erlemann „trägt das Motiv bei seiner Aufnahme in den Text noch keine Deutung, durch die der Text geprägt wird".[28] Dies wäre jedoch auf Ebene der Tradition der Fall. Für sie ist die ‚theologische Deutung' konstitutiv. Schon im *Leitfaden* selbst wird deutlich, wie leicht diese Unterscheidung an ihre Grenzen kommt, wenn auch „das Motiv den Betrachter bzw. im Falle biblischer Texte Hörer/Leser zur Deutung"[29] einlädt. Vor dem Hintergrund kulturpsychologischer Betrachtung lässt sich diese Abgrenzung nicht durchhalten. Es gibt kein Motiv ohne Assoziationen, kein Motiv, das den Text nicht bereits prägt. So liegt nahe, nicht die Prägekraft zum Unterscheidungskriterium von Motiv und Tradition zu machen, sondern das Motiv als kleinere Einheit zu fassen.

2.5 Intentionen

Die Traditionsgeschichte fragt nach der geistigen Welt der Texte, der geistigen Welt also des Alten Testaments in seinem altorientalischen Umfeld. Sie tut dies über den konkreten Text hinaus. Damit ist die Auslegung des Einzeltextes mit der Frage konfrontiert: Um welchen Ausschnitt dieser Welt geht es im konkreten Text? Welche Aspekte des Traditionskomplexes werden je aktualisiert und wo beginnt die Über- oder Unterinterpretation? Welche Aspekte erscheinen abgeblendet? Der gesteckte Raum ist sehr weit: Gängig ist die mehr oder weniger lose Zuordnung mindestens von Realienkunde, Archäologie und Ikonographie, Sozialgeschichte und Religionsgeschichte zu Traditionsgeschichte, und auch Theologie- und Geistesgeschichte gehören konstitutiv zur traditionsgeschichtlichen Frage. Schließlich haben die Motive und Traditionen als Elemente der geistigen Welt Anteil an den Debatten der jeweiligen Zeit. An dieser Stelle entsteht wieder die Frage nach der Greifbarkeit der Intentionen von individuellen Autoren und Bearbeitern. Angesichts der Schwierigkeit, subjektive Konnotationen zu fassen, em-

---

28 Wagner/Erlemann, *Leitfaden Exegese*, 83.
29 Wagner/Erlemann, *Leitfaden Exegese*, 83.

pfiehlt sich die Orientierung an den „kulturellen Konnotationen" einer Tradition.[30] Thomas Krüger schreibt hierzu von einem Diskussionsraum, der hinsichtlich der angesprochenen ebenso wie hinsichtlich der verschwiegenen Traditionen auszuleuchten ist.[31] Dieser Traditionsraum erschließt sich als ein Raum realer oder virtueller Diskussionen, indem die Texte durch die konkrete Verwendung und Prägung von Motiven und Traditionen sich zu den Debatten ihrer Zeit positionieren.

3 Die Polyvalenz des Motivs als methodologische Chance für die Traditionsgeschichte

Der letzte Abschnitt dieses Beitrags zielt darauf, die Fäden zu verknüpfen und mithilfe zweier alttestamentlicher Textbeispiele für die aufgezeigten Problemfelder einer Exegetik der Traditionsgeschichte von Boeschs Ansatz her Folgerungen zu ziehen.

3.1 Jer 43,7b–13

„Die Gesamtheit der Valenzen ist nicht bewusst", so Boesch zu Handlungen, Gegenständen, nicht zuletzt zur geistigen Welt. Die Gesamtheit der Valenzen ist nicht bewusst und kann es auch nicht sein. Angesichts der Polyvalenz schon der Motive und erst recht der Tradition ist dann die ‚Autorenintention' (als Bedeutungsausschnitt der Tradition) nicht nur aus methodischen Gründen eine Black Box: Sie wird grundsätzlich relativiert, weil der Autor nicht vollständig über das verfügt, was er im Text anlegt. Dies relativiert die Bedeutung des Autors, dem selbst die Polyvalenz des von ihm verwendeten traditionsgeschichtlichen Bausteins nicht voll bewusst ist. Es wird damit problematisch, den einen ‚richtigen' Ausschnitt aus den Konnotationsnetzen eines im Text enthaltenen Motivs festzulegen. Stattdessen erschließt die ‚geistige Welt' polyvalente Optionen der Textdeutung. Dem Einzelnen sind sie generell nur partiell erschließbar. Diese Polyvalenz gilt auf Ebene der Entstehungszeit und der Textproduktion. Sie gilt aber auch seitens der Rezeption. Das Motiv trägt mehr Bedeutung, als sie die Autorenintention umfasst.

---

30 Boesch, *Das Magische*, 52, hier übertragen auf traditionskritische Fragestellungen.
31 Vgl. Krüger, „Überlegungen", 241–243.244.

Ein alttestamentliches Beispiel soll dies kurz illustrieren.[32] Jer 43,7b–13 berichtet von einer Zeichenhandlung Jeremias im ägyptischen Grenzort Tachpanches. Dorthin ist man vor Nebukadnezzar geflohen, gegen den eigens erbetenen Rat des Propheten. Dieser vergräbt nun Steine am Eingang des Hauses Pharaos. Im Text selbst wird die Funktion der Steinsetzung explizit genannt: Jhwh selbst bzw. Nebukadnezzar wird darüber seinen Thron errichten. Doch eine genauere Lektüre erweist die Stelle als nicht so eindeutig.

Ake Viberg setzt daran an, dass eine Fundamentsetzung kulturell bekannt und eingebunden ist. Freilich erfolgt sie nicht so, wie es Jeremia hier durchführt. Viberg folgert: „Jeremiah is symbolising ironically the building of a foundation trench".[33] Dabei seien die von Jeremia verwendeten Steine hier selbst symbolisch zu verstehen, nämlich als Symbol für die Steine, die bei einer echten Fundamentsetzung verwendet würden. Auf zweiter Ebene symbolisieren diese Stabilität und Beständigkeit, was wiederum auf dritter Ebene auf die Herrschaft Nebukadnezzars deute. Schließlich symbolisiere die ganze Handlung „the coming attack [...] with the consent of God."[34]

Vibergs Modell arbeitet mit zahlreichen symbolischen Ebenen. Realienkundlich bezieht er archäologische Kenntnisse über die Anlage von Fundamenten in seine Darstellung ein. Jedoch ist die Verbindung von Thron und Fundament strittig.[35] Daher deutet José M. Abrego das Motiv ‚Steine' von einem anderen Bereich seines Konnotationskomplexes her, von der Verbindung von Steinen und Landverheißung:

> Al analizar la función de las piedras grandes descubrimos tres posibilidades fundamentales: altares, memoriales y gran variedad de funciones de la vida normal, como ciemientos, sillares de construcción, cubiertas de pozos o cierres de cuevas, asiento. En ningún luggar son base de un trono. Sin embargo notamos que las piedras grandes guardan relación con la Alianza o la Ley, pero sobre todo con la TIERRA. En el momento de recibir la promesa de la tierra, Jacob erige la gran piedra.[36]

Abrego verweist hier auf Jakob in Gen 28,11.18–22, doch näher liegt der Verweis auf Josua (Jos 4,9). Nachdem ihm auf der Flucht träumte, errichtet Jakob einen

---

32 Zu Jer 43,7b–13 vgl. ausführlicher Beyer, *Taten in Texten*.
33 Viberg, *Prophets*, 168.
34 Viberg, *Prophets*, 168.
35 Fischer, *Jeremia*, 423 hält fest, dass Fundamente alttestamentlich „nie im Zusammenhang mit dem Aufstellen eines Thrones belegt" sind.
36 Abrego, *Jeremías y el final del reino*, 118: „Bei der Analyse der Funktionen von großen Steinen haben wir drei grundlegende Möglichkeiten entdeckt: Altäre, Denkmäler und eine Vielzahl von Funktionen des täglichen Lebens, wie Grabmale, Bausteine, Abdeckungen von Brunnen oder Verschlüsse von Höhlen, Sitzgelegenheiten. Nirgendwo sind sie die Basis eines Throns. Wir stellen jedoch fest, dass die großen Steine mit dem Bund oder dem Gesetz zusammenhängen, vor

Stein als Mazzebe. Nach dem Jordandurchzug, beim Betreten des verheißenen Landes, lässt Josua dort zwölf Steine aufrichten. Während also Landverheißung und -gabe mit der Errichtung von Steinen verknüpft sind, verbirgt Jeremia Steine nach dem Weggang aus dem Land. Jeremias Handlung kontrastiert somit der Konnotation von Landgabe und dem Aufstellen von Steinen zum Gedenken als Zeichen göttlichen Wirkens. Der Kontrast umfasst auch Sichtbarkeit bzw. Verborgenheit der Steine.

Nach Abrego entspricht dem Aufrichten von Steinen beim geträumten oder tatsächlichen Erhalt des Landes deren Dekonstruktion beim Verlassen des Landes. Galvin führt diese Konnotationslinie weiter fort und hebt das im Kontext relevante Thema der Flucht nach Ägypten heraus: „The symbolism of this action would recall Joshua, who set up stones at Gilgal after crossing into the Promised Land (Josh 4:9). Jeremiah thus assumes the role of both Moses and Josuah in his performance of the anti-Exodus."[37]

Die Zeichenhandlung in Jer 43,7b–13 hat also mehrere ‚kulturelle' Konnotationskomplexe, von denen die Auslegungen verschiedene unterschiedlich stark aufrufen. So verweist Abrego auf den Konnotationskomplex von Landgabe und -verlust. Viberg betont den realienkundlichen Hintergrund, aber auch die Konnotationen des festen und belastbaren Materials. Für beides bietet der Text valide Anhaltspunkte.

Aus diesen Überlegungen und den zugrunde liegenden literarischen Bezugnahmen folgt, dass erst die Summe verschiedener (Text-)Zeugnisse ein Motiv und erst recht eine Tradition erschließt. Demgegenüber lässt sich die Frage nach den Verfassern oder Trägergruppen, von denen wir nur Bruchstückhaftes *anhand ihrer Texte* wissen, etwas in den Hintergrund rücken, wenn die „Texte nicht nur die Intentionen ihrer Autoren zum Ausdruck bringen, sondern auch Ausdruck ihrer Kultur und ihrer Zeit sind."[38] Diese aber erschließt eine möglichst große Datenbasis ebenso wie in ihrer Vielfalt beschriebene Konnotationsnetze, die sich durchaus in so verschiedene Richtungen entfalten können, wie es die den Steinen anhaftenden Bedeutungen zeigen. Welche Ausschnitte daraus im jeweiligen Text aufgerufen werden, welche implizit mitgemeint sind, das wird der Autor nicht mehr verraten. Lesende sind hierzu an den Wortlaut verwiesen. Diese begrenzte Befragbarkeit des Autors relativiert sich, wenn der Autor nicht völlig über seinen Text verfügt. Dass er dies nicht tut, ist nicht nur eine alte Einsicht, die z. B. Julia Kristeva im Zusammenhang der Intertextualitätstheorie ausformuliert hat. Es ist

---

allem aber mit dem LAND. In dem Moment, in dem Jakob die Landverheißung empfängt, richtet er einen großen Stein auf". Übersetzung A.B., die Hervorhebungen entsprechen dem Original.
37 Galvin, *Egypt as a Place of Refuge*, 137.
38 Krüger, „Überlegungen", 243.

auch eine Einsicht, die anhand des Charakters der Texte als Tradenten- und Fort-schreibungsliteratur ohnehin offensichtlich sein müsste.

3.2 Ez 4,9–16

Nicht nur auf Ebene der Verfasser und in der Entstehungszeit spielt Polyvalenz eine Rolle. Sie tut es auch im weiteren Verlauf des Textwachstums und selbstver-ständlich auch der Rezeption. Die Polyvalenz des Gegenstandes, der durchgeführ-ten Handlung oder der verschriftlichten Vorstellung bildet eine Basis der Fort-schreibung der Texte; sie setzt produktive Impulse.

Das Anwachsen an Bedeutung lässt sich an manchen Texten auch literarge-schichtlich nachzeichnen. Hier soll Ez 4,9–16 als Beispiel dienen.[39] Ezechiel wird von Gott angewiesen, ein Brot aus Weizen, Gerste, Bohnen, Linsen, Hirse und Emmer herzustellen. Dies steht im Zusammenhang mit der im Kapitel zuvor bild-lich inszenierten Belagerung Jerusalems. Hier tritt nun das Kriegsgeschehen aus der Perspektive der Belagerten in den Blick.

Ez 4,9a nennt sechs Pflanzen, von denen sich zum Brotbacken nur drei gut eignen. Diese Pflanzen gehören mischnisch zu drei verschiedenen Kategorien.[40] Es ist ein besonderes Mischbrot, das hier beschrieben wird, ein Restebrot aus allem, was noch irgend verfügbar war. Pohlmann formuliert treffend: „Auf eine solche Mischung als eine Art Brotersatz kommt man nur, wenn einem nichts anderes mehr übrigbleibt, als alle möglichen eßbaren Reste zusammenzukrat-zen."[41] Das Motiv der Speise tritt hier unter dem Aspekt des Mangels in den Blick. Möglicherweise ist hier mitzudenken, dass es sich bei Emmer nicht nur um ein kultiviertes, sondern zugleich um ein auch wild wachsendes Getreide handelt. Dafür spricht die eigenwillige Positionierung am Schluss der Reihe. Als anspruchs-lose Pflanze wächst Emmer auch dort, wo sonst nichts wächst. So kommt Emmer als Brotgetreide in Betracht, wenn Belagerung oder Krieg übliche landwirtschaftli-che Vorgänge erschweren oder verunmöglichen. Aus allem Verfügbaren stellt Eze-chiel Brot her, das er ebenso wie Wasser rationieren muss. V. 16 beschreibt dabei die emotionale Dimension explizit als sorgenvoll und schauderhaft. Es geht hier also um den Mangel, um den „Bruch [...] ‚normaler' Essensmuster",[42] um eine Vor-wegnahme des Erlebens der Belagerungssituation durch den Propheten.

---

39 Zu Ez 4,1–5,4 vgl. ausführlicher Beyer, *Taten in Texten*.
40 Löw, *Die Flora der Juden I*, 738.
41 Pohlmann, Hesekiel 1–19, 92.
42 Poser, „Bis tief unter die Haut", 210.

Wie die weiteren Berichte von Zeichenhandlungen im Kontext von Ez 4–5, so hat auch diese eine literarische Erweiterung erfahren. Ez 4,12–15 kennt das Backwerk als „Gerstenkuchen" und bringt mit dem Brennmaterial Kot das Thema der Reinheit ein, das im Konnotationsnetz des Motivs Speise bereits angelegt ist. Zudem verlegt die Ergänzung den Ort: Sie interessiert die Reinheit bzw. Unreinheit der Speise im fremden Land. Die Ergänzung lässt sich deutlich durch ihre Akzentsetzungen greifen: Nur hier führt in diesem Kapitel Ezechiel eine Debatte mit Gott, nur hier tritt wieder in den Horizont, dass er einem priesterlichen Geschlecht angehört, und hier erscheint die Unreinheit als Problem, die für die Belagerten die geringste Sorge gewesen sein dürfte. Die Fortschreiber stellen als Rezipienten einen anderen Aspekt des Konnotationsnetzes heraus.

Die literarhistorische Rückfrage lässt sich so als durchaus offen hin zum Feld der Rezeption erfassen. Die Polyvalenz des Motivs erweist sich als eine integrative Kraft und damit auch als Movens der Fortschreibung. Beim Restebrot gehören zum Konnotationsnetz auch die Fragen der rituellen Reinheit und der besonderen Problematik der Ernährung in der Fremde, im Exil, das durch die Belagerungssituation ebenfalls bereits konnotiert ist. Sie werden im Rahmen einer gut als solcher erkennbaren Ergänzung ausdrücklich angesprochen. Im literarischen Wachstum werden weitere Valenzen explizit. Es entsteht erklärender Kontext und da die Sache nicht mit ihrer Deutung deckungsgleich ist, kann dieser passgenau erklären, weiten, ausleuchten oder auch verzeichnen.

4 Zum Schluss: ein Versuch

Polyvalenz begegnet auf der Ebene der Verfasser und Textentstehung, der Überlieferung und der Rezeption. Sie erschließt auch Neuakzentuierungen im Fortschreibungsprozess. Statt dem Problem einer Unter- oder Überinterpretation eröffnet sich ein produktiver Bereich. Damit ist keineswegs einer eisegetischen Beliebigkeit das Wort geredet, denn Auslegung muss sich selbstverständlich an den Hinweisen im Text selbst, am alttestamentlichen Kontext und den erreichbaren Kenntnissen zum historischen und literarischen Umfeld vom Alten Orient bis zur hellenistischen Zeit orientieren.

Für die traditionskritische und -geschichtliche Rückfrage sind dabei auch über literarische Bezugnahmen und Abhängigkeiten verknüpfte Texte einzubeziehen, die ursprünglichen Grenzen der Fragestellung also auszuweiten, um den literarischen und geistigen Raum zu erfassen, an dem der Einzeltext Anteil hat. Das wahrscheinlich Ältere kann stets eine Rolle gespielt haben, und sei es lediglich in der Genese der Debatten und dem Bereich bewusst oder unbewusst geteilter Überzeugungen. Die Rückbindung an eine Trägergruppe ist umgekehrt dort mit Vorsicht zu genießen, wo sie abgegrenzte Lebens- und Traditionsräume annimmt. Auf der Basis dieser erweiterten Kontextualisierung des *traditum* können dann die jeweils aufgerufenen Stränge der Konnotationskomplexe der polyvalenten Motive und Traditionen, die hervorgehobenen Aspekte der *traditio* also, bestimmt werden. Dabei werden sachgemäß auch Wahrscheinlichkeitsurteile zu fällen sein und offene Fragen verbleiben.

Weil die geistige Welt größer ist als das jeweils literarisch aktualisierte, ist traditionskritisch je der aktuell vermutlich angezielte Ausschnitt aus der größeren geistigen Welt zu bestimmen. Doch bleibt dieser als Teil eines literarischen und geistigen Raumes nicht für sich alleine stehen:

„Die Aufgabe des Historikers oder der Historikerin erschöpft sich aber nicht darin, nachzuzeichnen, ‚was geschehen ist' und ‚wie es gewesen ist'" oder was der Dichter damit sagen wollte. „Sie zielt auch darauf, die Vergangenheit zu begreifen (zu verstehen und zu erklären). Dazu gehört die Frage nach dem Potenzial des Vergangenen, den in ihm angelegten Möglichkeiten".[43] Tradition erweist sich so als virtueller und über die Zeit hin offener Diskussionsraum. Für den Traditionsbereich der Weisheit hat Markus Saur diesen Diskursraum auf den Begriff der *sapientia discursiva* gebracht.[44] Doch freilich geht der Diskurs über einzelne Traditionsbereiche hinaus und gewinnt seine unterschiedlichen Perspektiven auch aus der Polyvalenz der Motive.

Das Potential des Vergangenen gründet in seiner Polyvalenz. Diese läuft im Zuge der Entstehung, der Überlieferung und der Diskussion untergründig mit. Dass damit das Feld hin zur Rezeptionsästhetik offen ist, stellt mitnichten ein Problem für eine historisch orientierte Exegese dar, sondern löst den eigenen Anspruch einer bleibenden Relevanz und Aussagekraft der biblischen Textsammlungen ein. Unsachgemäß handelten die Tradenten und Fortschreiber nicht, wenn sie die Frage nach der Bedeutung eines biblischen Textes wiederum mit biblischem Text beantwortet haben und damit den Diskursraum, den die Texte bilden, lebendig hielten.

Bibliographie

Abrego, José María. *Jeremías y el final del reino: Lectura sincrónica de Jer 36–45*. Estudios del Antiguo Testamento 3. Valencia: Institución San Jerónimo, 1983.
Barth, Hermann/Steck, Odil Hannes. *Exegese des AT*. Neukirchen-Vluyn: Neukirchner, 1971 [12]1989.

---

43 Krüger, „Überlegungen", 242.
44 Saur, „Sapientia discursiva", 236–249.

Beyer, Andrea. *Taten in Texten. Funktionen prophetischer Zeichenhandlungen.* Habilitationsschrift, Veröffentlichung in der Reihe FRLANT bei Vandenhoeck & Ruprecht geplant für 2024.

Blum, Erhard. „Notwendigkeit und Grenzen historischer Exegese: Plädoyer für eine alttestamentliche Exegetik." In *Theologie und Exegese des Alten Testaments/der Hebräischen Bibel: Zwischenbilanz und Zukunftsperspektiven*, hg. v. Bernd Janowski, 11–40. SBS 200. Stuttgart: Katholisches Bibelwerk, 2005.

Boesch, Ernst E. *Das Magische und das Schöne: Zur Symbolik von Objekten und Handlungen.* problemata 97. Stuttgart: frommann-holzboog, 1983.

Boesch, Ernst E. „Die Realität als Metapher." *Psychologie und Gesellschaftskritik* 119/120 (2006): 9–37.

Boesch, Ernst E. *Kultur und Handlung: Einführung in die Kulturpsychologie.* Bern/ Stuttgart/Wien: Hans Huber, 1980.

Fischer, Georg. *Jeremia 26–52.* HThKAT. Freiburg i. Br./Basel/Wien: Herder, 2005.

Galvin, Garrett. *Egypt as a Place of Refuge.* FAT II 51. Tübingen: Mohr Siebeck, 2011.

Kreuzer, Siegfried/Vieweger, Dieter u. a. *Proseminar I. Altes Testament: Ein Arbeitsbuch.* Stuttgart: Kohlhammer, zweite überarbeitete und erweiterte Auflage 2005.

Krüger, Thomas. „Überlegungen zur Bedeutung der Traditionsgeschichte für das Verständnis alttestamentlicher Texte und zur Weiterentwicklung der traditionsgeschichtlichen Methode." In *Lesarten Der Bibel: Untersuchungen zu einer Theorie der Exegese des Alten Testaments*, hg. v. Erhard Blum/Helmut Utzschneider, 233–245. Stuttgart: Kohlhammer, 2006.

Löw, Immanuel. *Die Flora der Juden: I Kryptogamae, Acanthaceae – Composaceae.* Wien: R. Löwit, 1926.

Pohlmann, Karl-Friedrich. *Der Prophet Hesekiel (Ezechiel) Kapitel 1–19.* ATD 22,1. Göttingen: Vandenhoeck & Ruprecht, 1996.

Poser, Ruth. „Bis tief unter die Haut. Körperlichkeiten im Ezechielbuch." *EvTh* 74 (2014): 202–216.

Rösel, Martin. Art. „Traditionskritik/Traditionsgeschichte I: Altes Testament." In *Theologische Realenzyklopädie Online*, 732–743. Berlin, New York: De Gruyter, 2010. https://www.degruyter.com/database/TRE/entry/tre.33_732_44/html. Aufgerufen am 28. 02. 2023.

Saur, Markus. „Sapientia discursiva: Die alttestamentliche Weisheitsliteratur als theologischer Diskurs." *ZAW* 123 (2011): 236–249.

Schmid, Konrad. „Jeremia als klagender und leidender Prophet: Traditionsgeschichtliche Überlegungen." In: *Tradition(en) im alten Israel. Konstruktion, Transmission und Transformation*, hg. v. Ruth Ebach/Martin Leuenberger, 143–164. FAT 127. Tübingen: Mohr Siebeck, 2019.

Steck, Odil Hannes. *Exegese des Alten Testaments: Leitfaden der Methodik. Ein Arbeitsbuch für Proseminar, Seminare und Vorlesungen.* Neukirchen-Vluyn: Neukirchner, 14. durchgesehene und erweiterte Auflage 1999.

Utzschneider, Helmut. „Traditionskritik/Traditionsgeschichte". https://referenceworks.brillonline.com/entries/religion-in-geschichte-und-gegenwart/traditionskrititraditionsgeschichte-der-bibel-COM_025155. Aufgerufen am 28. 02. 2023.

Viberg, Åke. *Prophets in Action: An Analysis of Prophetic Symbolic Acts in the Old Testament.* Coniectanea Biblica Old Testament Series 55. Stockholm: Almqvist & Wiksell International, 2007.

Wagner, Thomas/Erlemann, Kurt. *Leitfaden Exegese: Eine Einführung in die exegetischen Methoden für das BA- und Lehramtsstudium.* Tübingen: Narr Francke Attempto, 2013.

**Eine hermeneutische Praxistheorie
oder die Exegese als durchsichtiges
und offenes Spiel**

Friedhelm Hartenstein

Educated Guessing – zur fruchtbaren Spannung zwischen Philologie und Hermeneutik

1 Einführung: Alttestamentliche Exegese in den Wissenschaften

1.1 Otto Kaisers Bilanz zur Hermeneutik

1997 veröffentlichte der bekannte Marburger Alttestamentler Otto Kaiser eine ebenso sachliche wie persönliche Bilanz zum Stand der Hermeneutik für die Erforschung des Alten Testaments. Der immer noch sehr lesenswerte Beitrag, der später ans Ende seiner *Studien zur Literaturgeschichte des Alten Testaments* gestellt wurde, trug den Titel *Zwischen Interpretation und Überinterpretation: Vom Ethos des Auslegers.* Kaiser zeigte sich, wie nicht anders zu erwarten, bestens über die damals aktuelle Debatte um die Grundlagen und Prinzipien der Texthermeneutik informiert. In ihr hatten – angesichts der in Mode gekommenen Thesen der sogenannten französischen Meisterdenker – der italienische Semiotiker Umberto Eco und der Tübinger Philosoph Manfred Frank dafür plädiert, das Erbe der Geschichte der hermeneutischen Theorie seit dem 19. Jahrhundert nicht vorschnell aufzugeben. Die allgemeine Hermeneutik war ja zunächst aus den konkreten Vollzügen wissenschaftlicher Textinterpretation in Theologie und Altertumswissenschaft heraus entwickelt worden (vgl. unten 2.1). Und sie hatte jedenfalls in ihrem Hauptstrang immer auch die Funktion, den textauslegenden Wissenschaften die Grundlinien einer Praxistheorie zur Verfügung zu stellen. Sie interessierte sich, anders als die im 20. Jahrhundert mit Martin Heidegger verbundene fundamentalontologisch orientierte hermeneutische Philosophie, unmittelbar für die bei der Interpretation auftretenden Probleme und beteiligte sich an den Verfahren zu deren Lösung. Genau so hatte auch Otto Kaiser sich in seinem Artikel zur Hermeneutik positioniert. Er befasste sich mit ihr wegen der durch sie möglichen Selbstklärung im Blick auf Vorverständnisse und Zielsetzungen. Letztere fasst Kaiser ganz einfach: „daß die Texte besser verstanden werden."[1] Dass eine qualitative Steigerung des Textverstehens möglich sei, war für ihn eine aus langjähriger exegetischer Praxis erwachsene Tatsache. Es ging ihm nicht um einen

---

[1] Kaiser, Interpretation, 242.

https://doi.org/10.1515/9783111317564-012

naiven Fortschrittsoptimismus, sondern um die immer differenziertere Textwahrnehmung durch Verfeinerung der Methoden und ein gesteigertes Bewusstsein ihrer Grenzen. Kaiser beschrieb den Problemhorizont mit folgenden Worten:

> Die über alles weitere entscheidende basale Frage lautet offenbar, in welchem Verhältnis Text und Leser sich überhaupt befinden. Besitzt ein Text unabhängig von seinem Leser überhaupt eine Bedeutung? Sind aber Text und Leser aufeinander angewiesen, so stellen sich sogleich die weiteren Fragen, in welchem Umfang das Vorverständnis des Lesers sein Textverständnis berührt, welche Forderungen an den Ausleger im Interesse der Angemessenheit seiner Exegese zu stellen sind und wo die Grenzen zwischen Interpretation und Überinterpretation verlaufen.[2]

Eine Beschreibung, die in Vielem auch noch heute Bestand hat. Der Anlass seiner Bilanz waren Textlektüren, die entweder zu viel oder zu wenig interpretieren oder aber das komplexe Beziehungsgefüge von Text, Autor und Auslegenden zugunsten beliebiger Aussagen unterlaufen oder gleich ganz negieren. Kaiser favorisierte dagegen nach wie vor die historisch-kritische Forschung, nicht zuletzt wegen des mit ihr verbundenen „*eo ipso* [...] aufklärerischen Aspekt[s]",[3] der auch gegen dogmatische Eintragungen namhaft gemacht werden kann. Er vertraute auf die Rationalität methodischer Verfahren, die im Kreis der Fachleute gültige Ergebnisse erbringen wollen und können. All dies war geleitet von der Überzeugung, dass es einen *basalen Sinn* des Textes gibt, der sich mittels philologischer und kritischer Entschlüsselung erheben lässt, auch wenn er immer nur – wie bei einer Partitur – im Auslegungsprozess selbst hervortritt. Auslegende unterwerfen sich dafür einer Kontrolle im Rahmen der Gemeinschaft der Forschenden. Der Artikel endet mit folgender Bemerkung:

> Die wissenschaftliche Interpretation eines Textes unterliegt methodischen Regeln. Sie behält jedoch stets ein irrationales, intuitives Moment, wie es allem Verstehen eigen ist. Aber sie zügelt [...] die Einbildungskraft des Exegeten. Auslegung ist methodisch gezügelter Umgang mit der Einbildungskraft des Lesers.[4]

Nur hier findet sich – im Rückblick auf die von Kaiser benannten Gefahren phantasievoller Überinterpretation – ein Hinweis auf ein Moment, das in der hermeneutischen Theorie immer wieder bedacht wurde. Es ist von großer epistemologischer Bedeutung: Die Intuition, die „Ahndung" (Schleiermacher), der *prinzipielle Beitrag der Einbildungskraft zum Erfolg der Interpretation*. Kaiser stand dem eher zurückhaltend gegenüber. Er forderte die möglichst skeptische „Haltung einer

---

2 Kaiser, Interpretation, 231–232.
3 Kaiser, Interpretation, 241.
4 Kaiser, Interpretation, 243.

leidenschaftlichen Leidenschaftslosigkeit"[5] – vor allem angesichts der Gefahren dogmatischer Selbstimmunisierung. Für ihn galt aber als Rückversicherung für das Gelingen der Auslegung im theologischen Sinn die an Rudolf Bultmann geschulte „existentiale Interpretation",[6] deren Zeit heute weitgehend abgelaufen ist. Als Problembereiche der alttestamentlichen (und biblischen) Exegese nannte er daher nicht etwa den zu selbstverständlichen Rückgriff auf ein Daseinsverständnis, sondern die *kontextuelle* und die *kanonische* Auslegung. Die erste bezeichnet eine Schwierigkeit interner exegetischer Verständigung, die zweite das Problem transhistorischer, unkritischer Exegese für die Theologie im Ganzen wie in der kirchlichen Praxis.[7] Beide Problembereiche sind auch heute noch entscheidend. Was aus dem Abstand eines Vierteljahrhunderts bei Kaiser auffällt, ist die vorausgesetzte Intaktheit des nach dem Zweiten Weltkrieg neu gefestigten Bandes innerhalb der theologischen Disziplinen. Und auch die Bezogenheit von Universitätstheologie auf Kirchenleitung (und umgekehrt) scheint, wenngleich immer mit Verständigungsschwierigkeiten behaftet, ungefährdeter als heute gedacht.

1.2 Veränderte Kontexte alttestamentlicher Wissenschaft

Die Realität der universitären Landschaft, in der sich die Theologie und mit ihr die Exegese der christlichen und jüdischen Bibel befindet, ist heute nicht mehr allein durch den berufsvorbereitenden Praxisbezug von Pfarramt und Lehrämtern geprägt. Wohl ähnlich großen Raum nehmen die um Internationalität bemühten Forschungsverbünde und -projekte ein. Die Tatsache, dass fast alle Alttestamentlerinnen und Alttestamentler inzwischen die Erfahrung von Höhen und Tiefen interdisziplinärer Verständigungsarbeit angesichts von teils vorgegebenen Großthemen und Fragestellungen machen, ist ein bedeutsamer Unterschied zu

---

5 Kaiser, Interpretation, 238.

6 Kaiser, Interpretation, 240.

7 „Kontextuelle Auslegung" erfordert v. a. die *Differenzierung aufsteigender Reichweiten*, die z. B. bei einer kleineren prophetischen literarischen Einheit vom unmittelbaren Nahkontext zur nächstgrößeren Komposition bis hin zur Buchebene voranschreitet und schließlich eine kanonische Form des Buches im Rahmen des Tanakh oder des christlichen Alten Testaments einschließt. Dazu treten ggf. noch antike und moderne Kommentierungen und Interpretationen wie z. B. auch die dogmatische Bedeutung. Auf jeder Ebene können Abgrenzung und Kontexteinbettung wissenschaftlich strittig sein, wenn auch auf unterschiedliche Weise und in verschiedenem Grad (vgl. Kaiser, Interpretation, 239–240, der empfiehlt, zwischen *primären* und *sekundären* Kontexten zu unterscheiden). Im Blick auf eine *rein kanonische* Auslegung bestehen zusätzlich die Gefahren einer ahistorischen Wahrnehmung des sog. „Endtextes" und einer vorschnell neutestamentlich angeleiteten Auslegung (Kaiser, Interpretation, 240).

den Rahmenbedingungen der Bilanz Otto Kaisers. Ich gehe deshalb für meine Überlegungen von vier sicher ergänzungsfähigen Zeitbeobachtungen aus:

1) Für eine gemeinsame Gegenstandsbestimmung und -wahrnehmung der Geistes- bzw. Kulturwissenschaften scheint sich eine neue Bedeutsamkeit hermeneutischer Reflexion und entsprechender Methoden abzuzeichnen (s. 2.1). Das ist nicht unbestritten, sondern muss sich dem Streit um Wahrheit bzw. Wahrheitsfähigkeit, vor allem aber um Deutungsmacht stellen.

2) Die „materielle Wende" bringt Natur- und Geisteswissenschaften näher zusammen, wobei die gegenseitigen Verständnisprobleme nicht geringer werden. Sie können mit Positivismus und Reduktionismus einhergehen. Auch hier helfen hermeneutische Theorieelemente zur Differenzierung.

3) Für die alttestamentliche Wissenschaft zeigt sich in der Hinwendung zur materiellen Textüberlieferung eine Tendenz der Infragestellung von Zugängen, die durch ein enggeführtes (theologisches) Kanonverständnis geleitet sind. Es werden angesichts der Texte vom Toten Meer und der antiken Übersetzungen sowie der mittelalterlichen Überlieferung die vielfältige Plastizität und Mehrsprachigkeit der Textgrundlage in Rechnung gestellt. Die Kontexte für die exegetische Textinterpretation erweitern, verschieben und verfeinern sich.

4) Ein Problem, gerade im Gespräch mit Vertreterinnen und Vertretern anderer Fächer, etwa aus den benachbarten Altertumswissenschaften, stellt die überwiegend nicht an empirischen Quellen orientierte Modellbildung der alttestamentlichen Literatur-, Religions- und Theologie*geschichte* dar. Trotz der ab dem 18. Jahrhundert erbrachten Pionierleistungen z. B. in der Analyse der literarischen Schichten und Redaktionen im Pentateuch erscheint diese auf Hypothesen und Subhypothesen errichtete divergierende Theoriebildung oft als intransparent. Der alternative Trend, nur noch den überlieferten Text (meist den masoretischen) etwa literaturwissenschaftlich auszulegen, hat Parallelen in der Forschungsgeschichte zur ‚homerischen Frage' in der Altphilologie. Dennoch verfehlt eine reduktionistische Haltung die innere Komplexität vieler Textbefunde. Diese Komplexität kann immer noch am leichtesten *diachron* erklärt werden. Insofern gibt es derzeit auch Versuche, eine möglichst gesicherte Basis durch sprachgeschichtliche Erkenntnisse zu schaffen (‚linguistic dating'), jedoch mit bleibend unsicheren Ergebnissen.[8] Wir werden weiterhin mit der Fallibilität von Hypothesen leben. Vor allem aber müssen wir sie methodisch transparent erklären. Auch in den Nachbarfächern sind beileibe nicht alle empirisch vorhandenen Texte trotz teils vielfältiger Überlieferung genetisch eindeutig rekonstruierbar. Ein hermeneutisch-methodischer Regelkanon kann hier wesentlich zum Verstehen einer in vielem

---

8 Vgl. etwa Hendel, Joosten, Hebrew Bible.

gemeinsamen Praxis der Interpretation beitragen. Schließlich ist für die kritische Reflexion leitender Begriffe und Konzepte in Forschungsverbünden eine Orientierung an Prinzipien der Hermeneutik keinesfalls schädlich.

Zusammengenommen ist es – wie oben angedeutet – eine wichtige Aufgabe einer allgemeinen hermeneutischen Theorie, die den Geisteswissenschaften oft vorgeworfene *Subjektivität* ihrer Verfahren und Ergebnisse zu widerlegen. Zumindest müsste sie im Rahmen von nachvollziehbaren und um Näherung an Objektivität bemühten Methodenschritten in ihrem Zusammenhang verortet werden. Dazu gehört ganz wesentlich das, was der Titel meines Vortrags *Educated Guessing* nennt: ein *über sich selbst aufgeklärter Einsatz der Einbildungskraft* – nicht allein „methodisch gezügelt", wie Kaiser es nannte, sondern *methodisch eingebunden* und näherungsweise im Blick auf *Gültigkeit* überprüfbar. Den internen Gegenpart jeder am auslegenden Subjekt orientierten Hermeneutik bildet dabei das, was im Vortragstitel *Philologie* genannt wird – jene Seite der Grundpolarität des regelgeleiteten Verstehens (subjektiv – objektiv), bei der es um stärker objektivierbare, d. h. in jedem Fall diskursiv überprüfbare Erkenntnisse geht.

Im Folgenden möchte ich auf der Theorieebene nach zentralen Elementen für eine Hermeneutik der (textauslegenden) Geisteswissenschaften unter dem Gesichtspunkt ihrer Überprüfbarkeit angesichts und trotz ihrer subjektiven Seite fragen. Dafür gehe ich zum einen von der Gegenwart zurück in die Geschichte der Hermeneutik als Praxistheorie (2) und kehre dann noch einmal kurz an den Ausgangspunkt des Beitrags bei Otto Kaiser zurück (3).

2 Prinzipien, Methoden und Grenzen des Verstehens: eine Zwischenbilanz

2.1 Wiederkehr der Hermeneutik?

Zieht man Entwürfe der jüngsten Zeit heran, so scheint sich für die Bestimmung der Eigenart der Geisteswissenschaften eine mögliche Rückkehr zu Einsichten allgemeiner und übergreifender hermeneutischer Theorie abzuzeichnen. Dabei fällt auf, dass es vor allem um die *Überprüfbarkeit und Gültigkeit* von Ergebnissen geht und der Modus, mit dem Geisteswissenschaften ihre Gegenstände gewinnen und bearbeiten – entgegen anderer Ansichten – grundlegend als *interpretierend* gedacht wird. Das klingt banal und ist es dennoch nicht. Falls man nämlich den von Friedrich Nietzsche mit größter Klarheit identifizierten ‚Perspektivismus' im Sinne eines ‚anything goes' (das „neue Unendliche" der Interpretationen) versteht und jede sprachliche Verständigung im Kern als illusionär gedacht wird, gibt es

keine konsensuell wahrheitsfähigen Aussagen mehr.[9] Steht der zuletzt ja an empirische Erfahrungen der materiellen Wirklichkeit zurückgebundene gemeinsame
Sinnraum aus machtanalytischen Gründen in Frage, sind Interpretationen nur-
mehr individuelle Wahrnehmungen und Meinungen. Sie können sich zwar gegenseitig bestätigen, eine streitbare Debatte mit dem Anspruch wechselseitiger
Überzeugung erscheint aber aussichtslos. Wenn dagegen heute erneut auf Hermeneutik zurückgegriffen wird, so sind es vor allem ihre *rationalen* Strukturen,
die anziehend erscheinen.

So betont der Philosoph Vittorio Hösle in seinem Buch *Kritik der verstehenden
Vernunft* mit Rückgriff auf den Literaturwissenschaftler Eric Donald Hirsch die
Kategorie des *Autors und damit eines „Ursprungssinns"* als *ein* Widerlager beliebiger Semiose. Hirschs bereits 1967 erschienenes Buch *Validity in Interpretation* hat
in der Hermeneutiktheorie großen Einfluss ausgeübt.[10] Vittorio Hösle sieht bei
ihm zu Recht einen „in manchem zu einseitige[n] Intentionalismus",[11] hält aber
mit ihm an der prinzipiellen Möglichkeit fest, Interpretationen auf ihre Gültigkeit
zu prüfen, was nicht mit „Richtigkeit" zu verwechseln ist:

> Mir scheint die Wiederherstellung von Kriterien, die eine gültige von einer ungültigen Inter-
> pretation unterscheidet, unabdingbar, wenn die Geisteswissenschaften nicht völlig in die
> Beliebigkeit individuellen Meinens abgleiten wollen.[12]

Er verweist dazu auf die gegen eine solche Überprüfbarkeit typischerweise ins
Feld geführten Argumente: Sie sind *erkenntnistheoretischer* Art (man könne niemals die Psyche und den Geist eines anderen, schon gar nicht die eines abwesen-
den ‚Autors' erreichen), aber auch *ontologisch*, denn das Werk (der Text) ist eine
eigenständige Größe, die von ihrem Entstehungszusammenhang abgekoppelt ist
und daher prinzipiell vielen und vielfältigen Interpretationen offen steht.[13] Tatsächlich sind berechtigte Zweifel an einer zu starken Betonung der Autorintention als Objektivitätskriterium angebracht. So muss der in jedem Fall zu erhebende
‚Wortsinn' eines Textes ja keineswegs mit den Absichten eines Verfassers identisch sein. Hösle präferiert trotzdem „einen moderaten, keinen radikalen Intentio-

---

9 Vgl. z. B. Nietzsche, Die fröhliche Wissenschaft, Buch 5, Aphor. 374 („Unser ‚neues Unendliches""): Werke II, 249–250. Zum Perspektivismus Nietzsches siehe z. B. Ibbeken, Konkurrenzkampf.
10 Auch Otto Kaisers Artikel orientiert sich an Hirschs Unterscheidung zwischen *Textsinn/Autor-
intention* (meaning) und *Textbedeutung im Sinne der Wirkung(sgeschichte)* (significance), vgl. Kaiser, Interpretation, 233.
11 Hösle, Kritik, 238.
12 Hösle, Kritik, 238.
13 Vgl. Hösle, Kritik, 239–241.

nalismus"[14] als entscheidend für alle auslegenden Wissenschaften. Nur unter dieser Leitannahme, die durch die Tatsache der Alltagskommunikation gestützt wird,[15] lässt sich Verstehen überhaupt der *Verständigung* übergeben. Im Bereich wissenschaftlicher Tätigkeit sollten Interpretationen erkennbar einem *GegenStand* gelten und dabei in Distanz zur eigenen Position treten können. Dazu helfen geordnete Verfahren, ein Organon des methodischen Vorgehens. Es richtet sich primär auf Texte als „geistige Produkte".[16] Indem sie *auch als Ausdruck von Ein- und Absichten ihrer Urheber* verstanden werden (können), sind ihre Interpretationen zwar prinzipiell unbegrenzt, aber nicht beliebig. Zwar enthält jeder Text Elemente, die dem Autor unbewusst waren, und als der Kommunikation entnommene Zeichenstruktur initiiert er auch andere Deutungen als einmal beabsichtigt. Die Rückbindung an eine Erstintention bleibt aber für die Interpretation eine nötige regulative Idee, v. a. als historische Einsicht gerade auch in den relativen Ort von Auslegenden:

> Der Geisteswissenschaftler muß [...] versuchen, das geistige Produkt, mit dem er sich befaßt, zu restituieren, wo dies erforderlich ist, und es geschichtlich und biographisch zu situieren; er sollte danach streben, seine Eigenarten zu erklären. Dazu muß er mit den besten philologischen Methoden vertraut sein.[17]

Die Arbeit des Verstehens dient der Identifikation von überprüfbaren und relevanten Einsichten in das konkrete „geistige Produkt" anderer und damit von Menschen überhaupt. Bezugspartner der Einzelwissenschaften sollte eine übergreifende Grundlagenwissenschaft der Hermeneutik sein. Die Stärke traditioneller hermeneutischer Theoriebildung (v. a. des 19. Jahrhunderts) als Praxistheorie besteht dabei, was Hösle m. E. zu wenig deutlich macht, in der Reflexion der unaufhebbaren *Wechselwirkung des Objektivierbaren mit der individuellen Einbildungskraft* im Verstehen.

Eine hermeneutisch argumentierende Theorie mit der Implikation der Orientierung für die Geisteswissenschaften hat jüngst auch der Philosoph Markus Gabriel in seinem Buch *Fiktionen* vorgelegt. Fiktionen werden darin in ihrer in unsere Wirklichkeits-Konstruktionen verflochtenen Wirksamkeit analysiert. Im ersten Teil des Buches ist der grundlegende Paragraph *Interpretation und Deutung* gewidmet. Wesentlich ist die Bestimmung von Gegenständen möglicher ästhetischer

---

14 Hösle, Kritik, 239.
15 Grundfähigkeiten des menschlichen Geistes sind die Mimesis und die Spiegelung des Selbst im Anderen, vgl. Tomasello, Ursprünge, und Prinz, Selbst.
16 Hösle, Kritik, 47.
17 Hösle, Kritik, 476.

Erfahrung als „*hermeneutische Gegenstände*":[18] An ihnen ist die Einbildungskraft zwingend beteiligt, ohne jedoch allein bestimmend zu sein, selbst wenn es um Kunstwerke geht. Gabriel bedient sich wie viele seiner Vorgänger des Modells eines Schauspiels oder einer Musikdarbietung. Die übliche Metapher hierfür ist die der Partitur:

> Die *Vorführung* einer Partitur unterscheidet sich von einer *Aufführung*. Im Theater gilt etwa: Die Vorführung ist dasjenige, was die Schauspieler tun, während die Aufführung dasjenige ist, was der jeweilige Zuschauer dabei ästhetisch erfährt.[19]

Auch wenn die Vorführung eine einzige ist, existiert die Aufführung nur im Plural. Es gibt so viele Aufführungen wie es teilnehmende Individuen gibt. Keine ihrer Interpretationen des Dargebotenen sind identisch, weil „unsere Kohärenzbildung in der ästhetischen Erfahrung letztlich individuell ist."[20] Durch dieses Modell einer subjektiv-intersubjektiven Situation wird gegenüber den allein am Subjekt orientierten Hermeneutiken ein Mehrwert erzeugt: Der Verstehensprozess in der Verarbeitung des Werkes ist eine dynamische Wechselwirkung Vieler. An ihr unterscheidet Gabriel drei Aspekte:

> 1) Es „wird eine Partitur produziert." Dazu erscheint in der ästhetischen Erfahrung der Reflex eines/mehrerer „Autor[en] einer Anordnung".[21]
> 2) Es „existiert ein Kunstwerk nur dann, wenn es mindestens einmal rezipiert wurde."[22] D. h. es muss ein erstes Mal, z. B. bereits durch den Autor selbst, dadurch realisiert werden, „dass jemand [...] in einer Ausübung seiner Einbildungskraft zur Bühne wird, auf der das Werk aufgeführt wird."[23]
> 3) Ein Kunstwerk ist „eine Schnittstelle zwischen einer Partitur und einer Interpretation. Das Werk ist weder mit der Partitur noch mit einer bestimmten Aufführung identisch, sondern es ist die offene Struktur wirklicher und noch möglicher Interpretationen. Kunstwerke sind erst dann am Ende, wenn sie niemand mehr interpretiert."[24]

Dass es ihm dabei auch um hermeneutische Gegenstände *überhaupt* geht, machen die weiteren Überlegungen deutlich. Gabriel betont nämlich wie Hösle und E. D. Hirsch: „Nicht jede Interpretation [...] ist so gut wie jede andere."[25] Auch die fiktiven Gegenstände literarischer Werke, etwa die Figuren Faust und Gret-

---

18 Gabriel, Fiktionen, 92 (Hervorhebung im Original).
19 Gabriel, Fiktionen, 92 (Hervorhebung im Original).
20 Gabriel, Fiktionen, 93.
21 Gabriel, Fiktionen, 93.
22 Gabriel, Fiktionen, 94.
23 Gabriel, Fiktionen, 94.
24 Gabriel, Fiktionen, 103.
25 Gabriel, Fiktionen, 104.

chen in Goethes Stück, werden nicht rein beliebig imaginiert, sondern sind einer Debatte darüber zugänglich:

> Die objektiven Standards werden durch die Partitur bestimmt, deren Architektur freilich nur mittels einer Komposition, d. h. analytisch durch Nachkonstruktion der materialen Bedingungen einer gegebenen ästhetischen Erfahrung zugänglich ist.[26]

Gabriel schließt hier an Theorieaspekte einer Hermeneutik an, wie sie im Anschluss an Schleiermacher und August Boeckh (s. dazu 2.2) als konkrete Nachkonstruktion einer gegebenen Rede bzw. eines Textes gefasst wurde. Der „konstruierende" Aspekt ist dabei nicht einfach konstruktivistisch, sondern er steht nachgängig zur Partitur, die er in einer ästhetischen Synthese als geordnete Struktur wiedererweckt:

> Der Einbildungskraft sind Phantasieschranken gesetzt, die daher rühren, dass wir Elemente re-kombinieren müssen, die nicht ihrerseits imaginiert sein können. Keine Ausübung unserer Einbildungskraft erfindet etwas, was nicht in unserer faktischen Erkenntnis von etwas Wirklichem verankert ist.[27]

Darin besteht der Realismus auch von Interpretationen fiktiver Gegenstände: Sie sind rezeptiv wie produktiv an Gegebenes (= Wirkliches) zurückgebunden. Dies gilt es nun gerade im Blick auf die Einbildungskraft noch einmal im Sinne einer hermeneutischen Praxistheorie zu präzisieren.

2.2 Educated Guessing: Das Einzelne im Vorgriff auf das Ganze

Von stärker abstrakten Überlegungen möchte ich nun zu konkreteren Verfahren der Textauslegung kommen. In ihnen realisiert sich der Beitrag der Einbildungskraft im Rahmen einer Dialektik der Methoden. Friedrich Schleiermacher hat in seiner Hermeneutik, die aus teils nicht völlig ausgeführten Quellen rekonstruiert werden muss, die zwei Pole einer stärker objektiven (regelgeleiteten) und einer stärker subjektiven (intuitionsgeleiteten) Zugangsform unterschieden.[28] Er sieht

---

26 Gabriel, Fiktionen, 104.
27 Gabriel, Fiktionen, 107.
28 Vgl. zu Schleiermachers Hermeneutik die historisch-genetische Einführung von Lange, Hermeneutik; für eine systematische Rekonstruktion siehe Frank, Einführung, in: HK, 7–67 (= Schleiermacher, Hermeneutik und Kritik, hg. von Manfred Frank); zur Vorgeschichte von Schleiermachers Konzeption im 18. Jh. vgl. Rieger, Interpretation; Schnur, Hermeneutik; zur gegenwärtigen Relevanz Arndt, Dierken (Hg.), Hermeneutik.

im Verstehen eine *Spiegelung* zwischen produktiver und reproduktiver Sprach-
kompetenz: Jeder Sprecher einer Sprache beherrscht ein allgemeines Regelwerk,
das die Syntax und die Semantik (im Sinne einer gebrauchsorientierten Lexik)
umfasst. Im Sprechen und Schreiben tritt nun neben der jeder Verständigung zugrunde liegenden Regelanwendung eine Art „Shift" in der Sprachverwendung auf,
die einen individuellen Stil und – in der Rede – auch eine eigene Performanz
(Rhetorik) aufweist. Was jemand ausdrückt, folgt seinen Aussageabsichten und es
gehört zur Virtuosität kompetenter Sprachteilnehmer, dies nicht nur unbewusst
oder halbbewusst, sondern mit großer Könnerschaft zu pflegen. Man fühlt sich
hier an die Grundunterscheidung aus der Linguistik Ferdinand de Saussures erinnert, bei dem die *langue* das Regelinventar – als wissenschaftlicher Gegenstand
immer eine Abstraktion aus dem lebendigen Sprachfluss heraus – und die *parole*
den tatsächlich in ständigem Wandel befindlichen Sprachgebrauch bezeichnet. Für
Schleiermacher war Sprechen ein objektiv-subjektives Geschehen. Ein Verstehen,
das Anspruch auf Verständlichkeit und Angemessenheit erhebt, muss sich deshalb
mimetisch zum Sprechen verhalten, wenn es auf das darin zum Ausdruck Ge-
brachte, „die Idee des Werkes"[29] abzielt. Sprechen und Denken sind für ihn nicht
getrennt. Vorausweisend auf moderne soziale und kognitive Kommunikationstheo-
rien[30] unterliegt dem Sprachhandeln einer Sprechergemeinschaft immer schon
ein auch intuitiv vorgreifendes Verstehen, eine Form der Antizipation, die sich
durch soziale Interaktion herausgebildet hat. Sie ist eine Grundform dessen, was
Schleiermacher mit der Tätigkeit der „Divination" bzw. Ahnung meint,[31] die Teil
jedes Verstehensvorgangs ist und keineswegs einseitig nur der subjektiven Seite
zugehört. Ein bewusst *reflektiertes* Verstehen wird dann nötig, wenn Schwierigkeiten in der zumeist unbewussten Antizipation von Gemeintem auftreten, z. B. bei
fremden und alten Texten. *Dieses* Verstehen muss eigens gewollt werden und bedarf praktischer wie theoretischer Anstrengung. Es handelt sich um eine Kunstfer-
tigkeit im Sinne der antiken *techne*, die kurze Regelkreise durchläuft und stets der
Verbesserung offen steht:

> Die Kunst kann ihre Regeln nur aus einer positiven [d. h. aus der Erfahrung konkreter
> Verstehensakte gewonnene, FH] Formel entwickeln, und diese ist „das geschichtliche und
> profetische objective und subjective Nachconstruiren der gegebenen Rede."[32]

---

29 KGA II/4, 158 (= Schleiermacher, Vorlesungen zur Hermeneutik, hg. von Wolfgang Virmond);
Hermeneutik, 105 (= Schleiermacher, Hermeneutik, hg. von Heinz Kimmerle); HK, 170.
30 Siehe z. B. die in Anm. 15 genannten von Tomasello und Prinz.
31 Zur technischen bzw. psychologischen Interpretation bei Schleiermacher vgl. Dabe-Schackat,
Divinationstheorem; Birus, Begriff; vgl. auch unten Anm. 35.
32 KGA II/4, 128; vgl. Hermeneutik, 83; HK, 93. – Nach KGA II/4, 128, Textapp. zu Z. 21, steht im
Manuskript über „profetische" noch „divinatorische": Die Begriffe betonen verschiedene Aspekte

Wesentlich für das Gelingen des Verstehens als Anwendung von Verfahren ist hier die Übertragung des jedem Sprechenden Selbstverständlichen auf das Nichtselbstverständliche. Es sind stufenweise antizipierende Vermutungen oder Vorweganschauungen von Kontexten nötig – Markus Gabriel würde von Sinnfeldern sprechen –, damit ein bestimmter Sinn erkannt werden kann. Für Schleiermacher sind „der Sprachschatz und die Geschichte des Zeitalters" eines Verfassers der umfassendste Kontext. Er ist „wie das Ganze aus welchem seine Schriften als das Einzelne müssen verstanden werden, und jenes wieder aus ihnen."[33] Dessen materiale Kenntnis ist dem Auslegenden niemals vollständig verfügbar, sie ist aber anzielbar durch lange philologische Praxis und literarische Lektüre. Immer bleibt aber die Notwendigkeit, Lücken zu füllen. Lücken, für die eine gelenkte Einbildungskraft Hypothesen liefert, welche die stets nur näherungsweise (Re-)Konstruktion von Gemeintem ermöglichen. Dies gilt genauso auch für das Ganze im kleineren Kontext, wo es aber nur scheinbar sicherer zu bewältigen ist:

> Auch innerhalb einer einzelnen Schrift kann das Einzelne nur aus dem Ganzen verstanden werden, und es muß deshalb eine cursorische Lesung, um einen Ueberblick des Ganzen zu erhalten der genaueren Auslegung vorangehn.[34]

Man sieht an dieser an sich überschaubareren, aber deshalb nicht in jeder Hinsicht klareren Grundoperation die Interdependenz von philologischen Erschließungsverfahren auf der grammatischen Seite mit denjenigen der subjektiven Anwendung dieser Methoden,[35] die immer von spezifischen Kenntnissen und Fähigkeiten der Fachausleger geprägt sind. Sicher ist für Schleiermacher nur, dass deren Selbständigkeit gar nicht möglich ist, wenn man noch „während des Auslegens" mühsam mit Hilfe eines Lexikons oder von historischen Kompendien, ein lückenhaftes Bild des Ganzen erst erzeugen muss.[36] Zur Fachexegese gehört also

---

der Antizipation durch Einbildungskraft, werden von Schleiermacher aber auch synonym verwendet; vgl. dazu genauer Arndt, Hermeneutik, 123.

33 KGA II/4, 129; Hermeneutik, 84; HK, 95. Vgl. zum Verhältnis des Teils und des Ganzen als Element sowohl der grammatischen wie der divinatorischen Seite Arndt, Hermeneutik, 121.

34 KGA II/4, 131; Hermeneutik, 85; HK, 97.

35 Vgl. Lange, Hermeneutik, 307: „Eine exklusive Zuordnung [sc. objektiv: grammatisch – subjektiv: technisch] bestreitet er [sc. Schleiermacher] ausdrücklich. Auch die grammatische Interpretation sei durchaus auf Divination angewiesen, insbesondere wenn sie es mit einem ganz neuen sprachlichen Ausdruck oder einer ungebräuchlichen Metapher zu tun hat." Vgl. ebenso Scholtz, Ethik, 116: „Erläuterungsbedürftig ist nur immer aufs neue die Divination, da man hier den Irrationalismus eines Schleier-Macher vermutet. Sie ist aber nichts als eine Leistung der Einbildungskraft, auf die keiner verzichten kann. Jeder diviniert schon, wenn er in einem Brief ein undeutlich geschriebenes Wort entziffert."

36 KGA II/4, 129; Hermeneutik, 84; HK, 95.

ein informiertes, gebildetes Vorverständnis. Nur so kann das „Guessing", die vorgreifende Intuition, ihre Funktion für das gewollte Verstehen angemessen entfalten.

Für Eric Donald Hirsch, auf den ich oben bereits hingewiesen habe, ist das Moment der Ahnung vor allem ein Anfangs- und Ausgangspunkt, auf den das kritische und überprüfbare Verständnis folgen muss:

> Der Moment der Ahnung (*the divinatory moment*) ist unmethodisch, intuitiv, auf Sympathie gegründet (*sympathetic*: wohl besser „auf Anempfindung gegründet", FH) – er ist ein Raten mit Fantasie (*an imaginative guess*), ohne den es keinen Anfang gibt. Der zweite, kritische Moment der Interpretation mißt den ersten an hohen intellektuellen Maßstäben, indem er ihn an dem gesamten zur Verfügung stehenden relevanten Wissen überprüft. Die kritische Stufe besitzt somit, obwohl sie abhängig und sekundär ist, die unabdingbare Funktion, daß sie interpretatives Raten auf die Ebene des Wissens erhebt (*the indispensable function of raising interpretive guesses to the level of knowledge*).[37]

Für solches auf erste Akte der Annäherung eingegrenztes „Raten" gibt es nach Hirsch „keine Methode" (*„there are no methods for making imaginative guesses."*[38]). Erst das allmähliche Aufbauen einer zusammenhängenden Sinnstruktur führt aus dem divinatorischen Moment in überprüfbare Gefilde. Was der rationalistische Methodiker hier jedoch übersieht, ist die von Schleiermacher klar benannte Tatsache, dass es niemals „reine" Anfänge in Dingen des Verstehens gibt. Es gilt vielmehr, immer Vorverständnisse kritisch zu prüfen und zu erweitern, die in die Akte des Guessing einfließen und sie bestimmen. Das bringt Schleiermacher glänzend in seiner Akademierede *Über den Begriff der Hermeneutik* von 1829 auf den Punkt, die den schwierigen, aber so wichtigen Pol der Divination oder „psychologischen Auslegung" als eine auf komparative Verfahren gegründete Annäherung beschreibt, bei der „Behaupten weit mehr ist als Beweisen."[39] Er sieht auch klar, dass alle Akte der Interpretation, die philologischen wie die anempfindenden, durch Verfahren der Analogiebildung, also nur durch ein Vergleichen mit schon Bekanntem und Gewusstem, überhaupt nachvollziehbar werden:

> denn alle grammatischen Schwierigkeiten werden immer nur durch ein comparatives Verfahren überwunden, indem wir immer wieder ein schon verstandenes verwandtes dem noch nicht verstandenen nahe bringen und so das Nichtverstehen in immer engere Grenzen einschließen. Eben so aber auf der andern Seite was ist wol die schönste Frucht von aller

---

37 Hirsch, Prinzipien, 10, engl. Text in Klammern nach Hirsch, Validity, X.
38 Hirsch, Prinzipien, 11, engl. Validity, X.
39 KGA I/11, 611 (= Schleiermacher, Akademiereden, hg. von M. Rössler); Hermeneutik, 132; HK, 318. – Nach KGA I/11, 611, Textapp. zu Z. 29–31, wird hier mit ‚Behaupten ist mehr als Beweisen' auf Friedrich Schlegel angespielt.

ästhetischen Kritik über Kunstwerke der Rede, wenn nicht ein erhöhtes Verständniß von dem inneren Verfahren der Dichter und anderer Künstler der Rede von dem ganzen Hergang der Composition vom ersten Entwurf an bis zur lezten Ausführung.[40]

Manfred Frank hat die von Schleiermacher auch als eine „Hermeneutik des ‚Styls'" gekennzeichnete Divination zugleich auch in den Zusammenhang einer Theorie des Nicht-Bedeutenden gestellt. Es geht dann um den keineswegs kleinen Rest an Unerklärlichem im Sprachgebrauch, der zuletzt auf das Schweigen, das Nichtsagbare, verweist, das Individualität in ihrer Undurchdringlichkeit anzeigt und jedem Sprechen uneinholbar vorausliegt:[41]

> Grammatisch kann man keine Individuen in einem Begriff zusammenfassen, sondern sie wollen angeschaut sein. Technisch eben so. Von keinem Styl läßt sich ein Begriff geben.[42]

Im Licht dieser Grenze des Verstehens besitzt das divinatorische Verfahren gewissermaßen eine höhere Genauigkeit als das grammatische. Der Altphilologe und Schleiermacherschüler August Boeckh hat in seiner *Enzyklopädie und Methodenlehre der philologischen Wissenschaften* (1877 postum publiziert) die Schleiermachersche Hermeneutik noch weiter präzisiert und den praktischen Erfordernissen der Fachphilologie angepasst.[43] Seine Grundthese, die „eigentliche Aufgabe der Philologie" als einer Wissenschaft des Verstehens bestehe im *„Erkennen* des vom menschlichen Geist *Producirten*, d. h. des *Erkannten*"[44] ist, so einfach sie anmutet, eine ernstzunehmende Formel, auf die sich auch Hösles aktuelle Definition („das geistige Produkt [...] zu restituieren")[45] zurückbezieht. Boeckh präzisierte die allgemeine grammatische und historische und die „aus dem Standpunkt der Sub-

---

40 KGA I/11, 618; Hermeneutik, 138; HK, 324–325.

41 Vgl. Frank, Das individuelle Allgemeine, 315–333, bes. 318–320: „Das Einzelne des Stils offenbart sich inmitten der Universalität der Grammatik bzw. der kommunikativen oder literarischen Kompetenz als ein Umgriffensein der Bedeutungen vom und im Nichtbedeutenden" (318). Er verweist dazu auf Merleau-Ponty, Phänomenologie, 459: „So setzt die Sprache wohl ein Sprachbewußtsein, nämlich ein Schweigen des Bewußtseins voraus, das die sprechende Welt umfaßt und in dem die Worte erst Konfiguration und Sinn gewinnen." Vgl. dazu auch Angehrn, Sinn, 116: „Das artikulierte Sprechen kommt aus einer ‚stummen Rede', einem ‚sprechenden Schweigen'", also einem individuellen Vorgriff auf die Aussageabsicht, der sich selbst nicht durchsichtig ist und insofern produktiv wie rezeptiv eine letzte Undurchdringlichkeit des Individuellen anzeigt.

42 KGA II/4, 56 (Erster Entwurf 1805; Kursivierungen entsprechen dem Original); vgl. Hermeneutik, 115.

43 Zu Boeckhs Methodenlehre und Hermeneutik vgl. Rodi, Erkenntnis, sowie Strohschneider-Kohrs, Textauslegung; Ineichen, Hermeneutik, 130–137.

44 Boeckh, Enzyklopädie, 10 (Hervorhebung im Original).

45 Hösle, Kritik, 476 (vgl. oben Anm. 17).

jektivität individuelle Interpretation",[46] indem er letztere um eine „generische" Analyse ergänzte, bei der man Sprachmuster und Gattungen auf konkrete Textindividuen anwendet, um die unaufhebbar subjektive Seite eines Textes zu erfassen (ein Hilfsmittel zur Stilanalyse). Dabei galt:

> Wenn also die fremde Individualität nie vollständig verstanden werden kann, so kann die Aufgabe der Hermeneutik nur durch unendliche *Approximation* d. h. durch allmähliche, Punkt für Punkt vorschreitende, aber nie vollendete Annäherung gelöst werden. Für das *Gefühl* wird jedoch in gewissen Fällen ein vollständiges Verständnis erreicht [...]. Das Gefühl ist es, vermöge dessen mit einem Schlage wiedererkannt wird, was ein Anderer erkannt hat, und ohne dasselbe wäre in der That keine Mittheilungsfähigkeit vorhanden.[47]

Ein solcher Triumph (eine Art *anamnesis*) des „freilich keiner weiteren Rechenschaft fähigen Gefühls"[48] bleibt die große Ausnahme (für Schleiermacher wohl lediglich eine regulative Idee[49]), also etwas, das wissenschaftlich nur verwertbar wird, wenn man sie wieder komparativen Verfahren der Überprüfung unterzieht. Es bestätigt sich noch einmal von der anderen Seite, dass mit ,Educated Guessing' etwas beschrieben ist, was möglicherweise manchmal präziser die *Grenzen* exegetischer Bemühungen bezeichnet als die methodisch weitgehend transparente Anwendung eines Methodenkanons.

Schließlich sei noch auf Paul Ricœurs Texthermeneutik verwiesen. In der Fassung seiner *Interpretation Theory* (1976) steht das Problem des Guessing am Ende seiner Ausführungen. Dabei bezieht er sich sowohl auf Schleiermacher wie auf E. D. Hirsch. Er markiert demgegenüber aber auch eine wichtige Besonderheit seines Textmodells: Ricœur hatte aus dem Konflikt mit dem Strukturalismus die relative *Autonomie* eines Textes als Partitur (als Zeichenkette) übernommen. Erst und nur im Vollzug der Auslegung ersteht die „Welt des Textes" für Lesende neu, indem sie sich mit deren Welt überschneidet. Für Ricœur liegt die Notwendigkeit des Vermutens und klugen Ratens gerade in dieser relativen semantischen Auto-

---

46 Boeckh, Enzyklopädie, 82.
47 Boeckh, Enzyklopädie, 86.
48 Boeckh, Enzyklopädie, 86.
49 Arndt, Hermeneutik, 122, deutet eine einschlägige Stelle Schleiermachers (Hermeneutik 1819) zunächst mit Blick auf Gadamer so, dass dort „das Sich-Hineinversetzen in die fremde Individualität schlechthin *unmittelbar*" gedacht sei; es ist jedoch die *relativierende* Formulierung ernst zu nehmen: „die divinatorische [sc. Methode, FH] ist die welche indem man sich selbst *gleichsam* in den anderen verwandelt, das individuelle unmittelbar aufzufassen *sucht.*" (KGA II/157, Z. 30–31, Hervorhebung FH). Arndt (122) bemerkt zu Recht, dass dies der Sache nach eher „als eingeschliffene Erfahrung und damit als vermittelte Unmittelbarkeit" erklärt werden sollte (noch deutlicher Frank, HK, 52: „Die Utopie eines vollkommenen Verstehens des Anderen wird durch das bloß Analogische der Divination gerade zerstört.").

nomie des Textes, die einschließt, dass die Kategorie der Autorintention, auf die Hirsch so bestand, „beyond our reach"[50] ist. Ähnlich wie Schleiermacher entwickelt Ricœur dann einen Zirkel zwischen dem Ganzen und seinen Teilen im Vollzug einer Lektüre. Lesen und Verstehen kann nie ohne einen wie auch immer unbestimmten Vorbegriff, ein Raten, beginnen, weil strukturell erst eine Auffassung vom Ganzen die Teile als Ordnung, als Kombination, erscheinen lässt. Aber es zeigt sich – ein aus der Exegese bekanntes Phänomen –, dass etwa die Rekonstruktion einer thematischen Struktur mit ihrer Hervorhebung von Wichtigem und weniger Wichtigem in einem Text oft oszilliert und mehrdeutig bleibt: „The judgement of importance is itself a guess."[51] Neben der und durch die Konstruktion eines Ganzen z.B. durch Gattungsvergleich wird ein Text als Individuum wahrgenommen, es zeigt sich etwas Singuläres:

> The text as a whole and as a singular whole may be compared to an object, which may be viewed from several sides, but never from all sides at once. Therefore the reconstruction of the whole has a perspectival aspect similar to that of the perceived object. It is always possible to relate the same sentence in different ways to this or that other sentence considered as the cornerstone of the text. A specific kind of onesidedness is implied in the act of reading. This onesidedness grounds the guess character of interpretation.[52]

Das führt zu folgendem Schluss im Blick auf die Verfahren der Überprüfbarkeit von Interpretationen, die bei einer autonomen Sicht des Textes relativer ausfallen müssen als beim Festhalten an der näherungsweisen Erreichbarkeit der Autorintention:

> [I]f it is true that there is always more than one way of construing a text, it is not true that all interpretations are equal. The text presents a limited field of possible constructions. The logic of validation allows us to move between the two limits of dogmatism and scepticism. It is always possible to argue for or against an interpretation, to confront interpretations, to arbitrate between them and to seek agreement, even if this agreement remains beyond our immediate reach.[53]

Dabei grenzt die Wahrnehmung des Textes in seinen näheren Kontexten die Möglichkeiten der Deutungen auch wieder ein. Erst mit der aufsteigenden Komplexität einer weiter gefassten Kontextualisierung – für die biblischen Texte z.B. ihre Stellung in *Büchern*, in einem *Kanon* und in der *Wirkungsgeschichte*[54] – wachsen die möglichen Sinnhorizonte ins buchstäblich Uferlose. Der einzige Gegenhalt ist

---

50 Ricœur, Interpretation, 75.
51 Ricœur, Interpretation, 77.
52 Ricœur, Interpretation, 77–78.
53 Ricœur, Interpretation, 79.
54 Siehe dazu oben Anm. 7.

die philologische Erhebung des ‚Wortsinns', der freilich selbst oft genug *mehrdeutig* bleibt und teils schon so entworfen wurde. Der Wortsinn führt in der Begrenzung durch die Architektur des Textes immer noch zu einer aber eben nicht beliebigen Vielfalt von Deutungsmöglichkeiten. Ich schließe dazu mit Umberto Eco, der das gebildete Vermuten im Blick auf die Aussage(-absicht) eines Werks ebenfalls in genau diese Grenzen einzeichnete:

> Die Initiative des Lesers besteht im Aufstellen einer Vermutung über die *intentio operis* [in ihr ist als Textstrategie auch der ‚Modell-Autor' als Element einer empirischen Lektüre enthalten, FH]. Diese Vermutung muß vom Komplex des Textes als einem organischen Ganzen bestätigt werden. Das heißt nicht, daß man zu einem Text nur eine einzige Vermutung aufstellen kann. Im Prinzip gibt es unendlich viele. Zuletzt aber müssen diese Vermutungen sich an der Kongruenz des Textes bewähren, und die Textkongruenz wird zwangsläufig bestimmte voreilige Vermutungen als falsch verwerfen.[55]

3 Ausblick

Dass sich das objektiv-subjektive Zusammenspiel der Verfahren, das für die auslegenden Geisteswissenschaften im Ganzen Relevanz beanspruchen kann, in der alttestamentlichen Forschung im Detail wie im Zusammenhang bestätigen lässt, kann am Ende nur noch angedeutet werden. Sehr deutlich wird das notwendige ‚Educated Guessing' schon an der nicht anspruchslosen Aufgabe, den Bibeltext in einer wissenschaftlich begründeten *Übersetzung* zu präsentieren. Ihre Anfertigung und Korrektur in der fruchtbaren Spannung von Philologie und Hermeneutik kann durchaus als „Anfang und Ziel der Auslegung" beschrieben werden.[56] Die Arbeit am Text durchläuft dabei alle Stadien der Kontextualisierung und die jeweils getroffenen Entscheidungen lassen sich gut nachvollziehen, wenn man Kommentarübersetzungen synoptisch liest. Keine gleicht der anderen, jedenfalls nicht völlig. Es wird ein *Spielraum von legitimen Möglichkeiten eines methodisch kontrollierten Textverständnisses* sichtbar, bei dem man sich schließlich in einer gewichtenden und abwägenden Entscheidung (vorläufig) festlegt. Ähnliches wiederholt sich bei den oben bereits erwähnten, oft auch an identischen Textbeobachtungen ansetzenden *Hypothesen zur Entstehung biblischer Literaturwerke* und der damit verbundenen relativen Chronologie. Für Otto Kaiser war die notwendige Vielfalt an Hypothesen kein Grund zur Klage. Im Gegenteil, sie war ihm Anlass zur Ermunterung und Ermahnung. Man sollte

---

55 Eco, Grenzen, 49.
56 Vgl. Hartenstein, Übersetzung.

eher dankbar zur Kenntnis nehmen, daß es neben den Divergenzen stets Konvergenzen in den dominierenden Methoden und Ergebnissen gegeben hat und ihre Abfolge der inneren Logik nicht entbehrt. Vorwürfe darf man dem Exegeten nur machen, wenn seine Thesen nicht zureichend begründet sind oder er sich aus dem Diskurs der Zunft verabschiedet; denn die Aufgabe, der ganzen Fülle der biblischen Texte gerecht zu werden, übersteigt das Vermögen des Einzelnen. Daher ist der Exeget auf die Zusammenarbeit mit seinen Zunftgenossen angewiesen.[57]

Bibliographie

Angehrn, Emil. *Sinn und Nicht-Sinn: Das Verstehen des Menschen*, PhU 25. Tübingen: J. C. B. Mohr, 2010.

Arndt, Andreas. „Hermeneutik und Einbildungskraft." In *Friedrich Schleiermachers Hermeneutik*, hg. v. ders., and Jörg Dierken, 119–128. Berlin, Boston: Walter de Gruyter, 2016.

Arndt, Andreas, and Jörg Dierken, Hg. *Friedrich Schleiermachers Hermeneutik: Interpretationen und Perspektiven*. Berlin, Boston: Walter de Gruyter, 2016.

Birus, Hendrik. „Schleiermachers Begriff der ‚Technischen Interpretation'." In *Internationaler Schleiermacher-Kongreß Berlin 1984. Teilband 1*, SchlA I/1, hg. v. Kurt-Victor Selge, 591–599. Berlin, New York: Walter de Gruyter, 1985.

Boeckh, August. *Enzyklopädie und Methodenlehre der philologischen Wissenschaften*, hg. v. Ernst Bratuscheck, Darmstadt: Wissenschaftliche Buchgesellschaft, 1966.

Dabe-Schackat, Roland. „Schleiermachers Divinationstheorem und Peirce's Theorie der Abduktion." In *Internationaler Schleiermacher-Kongreß Berlin 1984. Teilband 1*, SchlA I/1, hg. v. Kurt-Victor Selge, 263–278. Berlin, New York: Walter de Gruyter, 1985.

Eco, Umberto. *Die Grenzen der Interpretation*. München: Deutscher Taschenbuchverlag, ³2004.

Flashar, Hellmut, and Gründer, Karlfried, and Horstmann, Axel, Hg. *Philologie und Hermeneutik im 19. Jahrhundert: Zur Geschichte und Methodologie der Geisteswissenschaften*. Vandenhoeck & Ruprecht: Göttingen, 1979.

Frank, Manfred. *Das individuelle Allgemeine: Textstrukturierung und Textinterpretation nach Schleiermacher*, stw 544. Frankfurt a. M.: Suhrkamp, 1985.

Gabriel, Markus. *Fiktionen*. Berlin: Suhrkamp, 2020.

Hartenstein, Friedhelm. „Die Übersetzung als Anfang und Ziel der Auslegung am Beispiel von Psalm 4." In *„Wer lässt uns Gutes sehen?" (Ps 4,7): Internationale Studien zu Klagen in den Psalmen*, HBS 85, hg. v. Johannes Schnocks, 273–295. Freiburg, Basel, Wien: Herder, 2016.

Hendel, Ronald, and Joosten, Jan. *How Old Is the Hebrew Bible? A Linguistic, Textual, and Historical Study*. New Haven, London: Yale University Press, 2018.

Hirsch, Eric Donald, Jr. *Prinzipien der Interpretation*, UTB 104. Wilhelm Fink: München, 1972 (engl. *Validity in Interpretation*. New Haven, London: Yale University Press, 1967).

Hösle, Vittorio. *Kritik der verstehenden Vernunft: Eine Grundlegung der Geisteswissenschaften*. München: C. H. Beck, 2018.

Ibbeken, Claudia. *Konkurrenzkampf der Perspektiven: Nietzsches Interpretation des Perspektivismus*, Nietzsche in der Diskussion. Königshausen & Neumann: Würzburg, 2008.

---

57 Kaiser, Interpretation, 242.

Ineichen, Hans. *Philosophische Hermeneutik*, Handbuch Philosophie. Freiburg, München: Karl Alber, 1991.

Kaiser, Otto. „Zwischen Interpretation und Überinterpretation: Vom Ethos des Auslegers." In ders. *Studien zur Literaturgeschichte des Alten Testaments*, fzb 90, 230–247. Würzburg: Echter, 2000.

Lange, Dietz, „Hermeneutik." In *Schleiermacher Handbuch*, hg. v. Martin Ohst, 300–308. Tübingen: J. C. B. Mohr 2017.

Merleau-Ponty, Maurice. *Phänomenologie der Wahrnehmung*, PPF 7. Walter de Gruyter: Berlin 1966 (frz. 1945).

Nietzsche, Friedrich. „Die fröhliche Wissenschaft." In ders. *Werke in drei Bänden, Bd. II*, hg. v. Karl Schlechta. Carl Hanser: München, 1966, 7–274.

Prinz, Wolfgang. *Selbst im Spiegel: Die soziale Konstruktion von Subjektivität*. Frankfurt a. M.: Suhrkamp, 2013.

Ricœur, Paul. *Interpretation Theory: Discourse and the Surplus of Meaning*. Fort Worth: Texas University Press, 1976.

Rieger, Reinhold. *Interpretation und Wissen: Zur philosophischen Begründung der Hermeneutik bei Friedrich Schleiermacher und ihrem geschichtlichen Hintergrund*, SchlA 6. Berlin, New York: Walter de Gruyter, 1988.

Rodi, Frithjof, „‚Erkenntnis des Erkannten': August Boeckhs Grundformel der hermeneutischen Wissenschaften." In ders. *Erkenntnis des Erkannten: Zur Hermeneutik des 19. und 20. Jahrhunderts*, stw 858, 70–88. Frankfurt a. M.: Suhrkamp, 1990 (= *Philologie und Hermeneutik im 19. Jahrhundert. Zur Geschichte und Methodologie der Geisteswissenschaften*, hg. von Hellmut Flashar et al., 68–83. Vandenhoeck & Ruprecht: Göttingen, 1979).

Schleiermacher, Friedrich Daniel Ernst. *Akademievorträge*, herausgegeben von Martin Rössler unter Mitwirkung von Lars Emersleben, Friedrich Schleiermacher Kritische Gesamtausgabe. Bd. I/11. Berlin, New York: Walter de Gruyter, 2002.

Schleiermacher, Friedrich Daniel Ernst. *Hermeneutik: Nach den Handschriften neu herausgegeben und eingeleitet von Heinz Kimmerle*, AHAW.PH 1959/2. Heidelberg: Carl Winter Universitätsverlag, [2]1974.

Schleiermacher, Friedrich Daniel Ernst. *Hermeneutik und Kritik: Mit einem Anhang sprachphilosophischer Texte Schleiermachers*, herausgegeben und eingeleitet von Manfred Frank, stw 211. Frankfurt a. M.: Suhrkamp, 1977.

Schleiermacher, Friedrich Daniel Ernst. *Vorlesungen zur Hermeneutik und Kritik*, herausgegeben von Wolfgang Virmond unter Mitwirkung von Hermann Patsch, Friedrich Schleiermacher Kritische Gesamtausgabe. Bd. II/4. Berlin, Boston: Walter de Gruyter, 2012.

Schnur, Harald. *Schleiermachers Hermeneutik und ihre Vorgeschichte im 18. Jahrhundert: Studien zur Bibelauslegung, zu Hamann, Herder und F. Schlegel*. Stuttgart, Weimar: J. B. Metzler, 1994.

Scholtz, Gunter. *Ethik und Hermeneutik: Schleiermachers Grundlegung der Geisteswissenschaften*, stw 1191. Frankfurt a. M.: Suhrkamp 1995.

Strohschneider-Kohrs, Ingrid. „Textauslegung und hermeneutischer Zirkel – zur Innovation des Interpretationsbegriffes bei Agust Boeckh." In *Philologie und Hermeneutik im 19. Jahrhundert: Zur Geschichte und Methodologie der Geisteswissenschaften*, hg. von Hellmut Flashar et al. Göttingen: Vandenhoeck & Ruprecht, 1979, 84–102.

Tomasello, Michael. *Die Ursprünge der menschlichen Kommunikation*. Frankfurt a. M.: Suhrkamp, 2009.

Annette Schellenberg

„Die Weisheit aber, wo ist sie zu finden?" (Hi 28,12). Hiob 28 und die Komplexität der exegetischen Aufgabe

Wer es wagt, sich für einen Vortrag Hi 28 zum Thema zu wählen, merkt schnell, dass die Idee nicht besonders originell ist. Zu diesem Kapitel mit den Reflexionen über die Weisheit wurde in den letzten Jahren so viel publiziert,[1] dass es unmöglich scheint, sich einen Gesamtüberblick über all die Beiträge und ihre Thesen und Interpretationen zu verschaffen.[2] Dennoch lohnt es sich, von Hi 28 nicht vorschnell wieder abzulassen: Dass das Kapitel so viel Aufmerksamkeit erlangt hat, hängt damit zusammen, dass es ausgesprochen interessant ist, sowohl als Text für sich als auch als Kapitel im Hiobbuch.

Im Rahmen eines Buchprojekts *Zur Kritik der exegetischen Vernunft* bietet sich Hi 28 sodann an, weil Hi 28 auch in methodologischer Hinsicht ein spannendes Kapitel ist.[3] Der Text hebt sich deutlich von seinem Kontext ab und wirft dabei zahlreiche Fragen auf, auf die es keine eindeutigen Antworten gibt – was die exegetische Aufgabe außerordentlich komplex macht. Um diese Komplexität zu verdeutlichen, werde ich im Folgenden zunächst einige der offenen Fragen benennen (1) und dann einen Überblick über unterschiedliche Interpretationsvorschläge geben (2–4). Einige knappe Überlegungen zum Umgang mit dieser Komplexität sollen den Beitrag beschließen (5).

---

1 Eigens zu erwähnen sind die beiden Monographien von Alison Lo (*Job 28 as Rhetoric*, 2003) und Scott C. Jones (*Rumors of Wisdom*, 2009) sowie der von Ellen van Wolde herausgegebene Sammelband (*Job 28*, 2003).

2 Einen guten Überblick über ältere Beiträge bietet Müller, *Hiobproblem*, 129–134. Für Überblicke über jüngere Beiträge vgl. Jones, *Rumors*, 5–17; Lo, *Job 28*, 2–15; Müllner, „Ort", 61–63; Newsom, „Re-considering", 161–164. Wie auch der in diesem Aufsatz gebotene Überblick bleiben sie alle selektiv.

3 Dieser Beitrag ist zu Ehren von Jürgen van Oorschot verfasst. Meine Themenwahl erklärt sich auch damit, dass er selbst sich prominent zu Hi 28 geäußert hat (s. u.) und dass das Hiobbuch und die Erkenntnisthematik wichtige Berührungspunkte zwischen seinem und meinem wissenschaftlichen Arbeiten bilden.

https://doi.org/10.1515/9783111317564-013

1 Komplexität durch offene Fragen, die miteinander verknüpft sind

Wer Hi 28 interpretieren will, ist mit einer Vielzahl von Fragen konfrontiert:

- Wer spricht die Worte von Hi 28? Ist es Hiob?[4] Eine Stimme außerhalb der Handlung?[5] Zophar?[6] Elihu?[7] Oder sonst jemand?[8]
- Wann und wie ist Hi 28 entstanden? Gerade in jüngerer Zeit finden sich vermehrt auch Exeget*innen, die sich dafür stark machen, dass das Kapitel doch zum Grundbestand des Hiobbuchs gehören könnte;[9] nach wie vor aber vermutet die große Mehrheit der Forschenden, dass es erst später ins Hiobbuch eingefügt wurde. Ihnen stellen sich dann weitere Fragen.
- Wurde Hi 28 von Anfang an als Ergänzung zum Hiobbuch verfasst oder handelt es sich um einen ursprünglich selbständigen Text, der zunächst unabhängig vom Hiobbuch existierte?[10]
- Steht die Einfügung mit anderen Erweiterungen im Hiobbuch im Zusammenhang?[11]
- Entscheidend ist sodann die Frage nach dem inhaltlichen Gesamtduktus des Kapitels: Was ist die Hauptbotschaft des Kapitels? Kontrovers ist insbesondere, ob das Kapitel dem Menschen die Weisheit ganz oder nur partiell ab-

---

4 S. u. 4. mit Anm. 65.
5 S. u. 2. mit Anm. 25.
6 S. u. 3. mit Anm. 64.
7 S. u. 3. mit Anm. 45.
8 Vereinzelt genannt werden noch Gott bzw. eine jenseitige Stimme (so Johnson, *Now my Eye Sees You*, 60; Tur-Sinai, *Book of Job*, 395) sowie unbestimmter eine „new voice" (so Newsom, *Book of Job*, 170; ähnlich Hankins, „Wisdom", 230–233). Für weitere Hinweise vgl. Hoffmann, *Blemished Perfection*, 278; Jones, *Rumors*, 242; Müller, *Hiobproblem*, 129.
9 Vgl. (mit unterschiedlicher Bestimmtheit und unterschiedlichem Interesse an literarhistorischen Fragen) Andersen, *Job*, 55, 241; Budde, *Buch Hiob*, 162–164; Ebach, *Hiob*, 56; Habel, *Book of Job*, 392; Hartley, *Book of Job*, 27; Houtsma, *Textkritische Studien*, 62; Janzen, *Job*, 22–23; Jones, *Rumors*, 242; Klinger, *Leiden*, 233–234 (mit weiteren Verweisen); Lo, *Job 28*, 5–11, 15 etc.; Newsom, *Book of Job*, 170; Seow, *Job 1–21*, 29–31; Westermann, *Aufbau*, 133; Whybray, *Job*, 12–16; de Wilde, *Buch Hiob*, 9–11, 268; Zimmermann, „Homo", 80–100, bes. 82, 95, 97; tentativ auch Geller, „Where is Wisdom", 174, 177; ähnlich Strauß, *Hiob*, 69, 135, 156 (der Hi 28 als ursprünglichen Teil des dritten Redegangs erachtet, der nach ihm aber insgesamt später hinzugekommen war).
10 Dass Hi 28 ursprünglich eine selbständige Komposition war oder dass zumindest teilweise geprägte Formulierungen vorliegen, vermuten Ebach, *Hiob*, 56; Gordis, *Book of Job*, 298; Greenstein, *Poem*, 271; Heckl, *Hiob*, 152–153 (s. u. Anm. 66); van Oorschot, „Hiob 28", 186; Tur-Sinai, *Book of Job*, 395, 409; Witte, *Vom Leiden*, 163–164; ders., *Buch Hiob*, 48, 411–412 (s. u. Anm. 12).
11 S. u. 4. die redaktionskritischen Thesen von Witte, van Oorschot und anderen.

spricht. Diese Frage wiederum hängt von anderen Fragen ab, insbesondere solchen zu V. 28.

- Gehört V. 28 zum Grundbestand von Kap. 28[12] oder wurde der Vers sekundär eingefügt, um das Vorangegangene zu korrigieren (oder zu konkretisieren)?[13] Die Frage ergibt sich, weil hier plötzlich doch von Weisheit für den Menschen die Rede ist, während es vorher (zumindest auch) um die Unzugänglichkeit der Weisheit für alle Lebewesen ging.

- Was wird in V. 28 überhaupt gesagt? Zielt der Vers darauf, dass die „Weisheit" des Menschen in der Gottesfurcht und dem Meiden des Bösen besteht? Oder geht es darum, dass Gottesfurcht und das Meiden des Bösen dem Menschen Zugang zur Weisheit ermöglichen?[14]

- Wie ist es zu bewerten, dass in V. 28 wie in V. 12 und V. 20 die beiden Nomina חָכְמָה („Weisheit") und בִּינָה („Erkenntnis") gebraucht sind, חָכְמָה dabei aber anders als in V. 12 und V. 20 ohne Artikel?[15]

- Ist es von Bedeutung, dass der Vers als Rede Gottes eingeführt wird?[16]

- Wie sind die ersten 27 Verse des Kapitels zu verstehen? Wie genau wird hier Gottes Verhältnis zur Weisheit gesehen?[17]

---

12 Vgl. Budde, *Buch Hiob*, 163, 170; Clines, *Job 21–37*, 924–925; Hoffmann, *Blemished Perfection*, 281 mit Anm. 30; Jones, *Rumors*, 234–235; Lo, *Job 28*, 11–15; Newsom, *Book of Job*, 170–171; Rowley, *Job*, 18; Saur, *Einführung*, 104; Seow, *Job 1–21*, 31; Snaith, *Book of Job*, 66–71; de Wilde, *Buch Hiob*, 278–279; ähnlich van Oorschot, „Hiob 28", 185–186 (der Anzeichen möglicher literarischer Uneinheitlichkeit in Hi 28 mit Verweis auf den Gebrauch von geprägtem Gut erklärt); Witte, *Vom Leiden*, 164 mit Anm. 164; ders., *Buch Hiob*, 430 (nach dem V. 28 spätestens auf die Hand zurückgeht, die das zumindest in manchen Teilen ursprünglich selbständige Lied von Hi 28 in den jetzigen Kontext eingefügt hat).

13 Vgl. Dhorme, *Commentary*, li, 414, sowie die meisten anderen älteren Beiträge (vgl. Müller, *Hiobproblem*, 134); in jüngerer Zeit Baldauf, „Menschliches Können", 65–66; Fiddes, „Where Shall Wisdom", 186–190; Geller, „Where is Wisdom", 174; McKane, „Theology", 715; Neher, *Weisheit*, 70; Strauß, *Hiob*, 137, 155–156; Wanke, *Praesentia*, 259–260; Zimmermann, „Homo", 85, 94; der Tendenz nach auch Greenstein, *Poem*, 275 Anm. 50.

14 S. u. 2. mit Anm. 31 und 32.

15 Vgl. die unterschiedlichen Einschätzungen bei Balentine, *Job*, 430–431; Gordis, *Book of Job*, 537, 539; Harris, *Wisdom*, 420; Hartley, *Book of Job*, 383–384; Hoffmann, *Blemished Perfection*, 281; Machinist, „Job", 224 Anm. 19; Schellenberg, *Erkenntnis*, 210 Anm. 43; Zimmermann, „Homo", 92–93.

16 Vgl. Budde, „Capitel 27", 227–229, 236–237; ders., *Buch Hiob*, 170–171 (s. u. 4.); Clines, „Fear of the Lord", 76, 78; ders., *Job 21–37*, 923 (s. u. 3.); Habel, *Book of Job*, 400–401; Jones, *Rumors*, 99, 103, 206–207 (s. u. Anm. 73); Lo, *Job 28*, 204, 213, 215–216; Oeming, „Hiob unter den Philosophen", 162–163 (s. u. Anm. 86). Vgl. weiter Ehrlich, *Randglossen*, 293, nach dem לְאָדָם im Sinn von „mit Bezug auf den Menschen" zu verstehen ist.

17 Vgl. Fiddes, „Where Shall Wisdom", 174–176; Hankins, „Wisdom", 210–235; Neher, *Weisheit*, 66–70; van Oorschot, „Grenzen von Weisheit", 81; ders., „Hiob 28", 188–189; Witte, *Buch Hiob*, 429–430; Zimmermann, „Homo", 93–94.

- Wie verhält sich das in V. 3–11 beschriebene Tun des Menschen zur Weisheit?[18] Oder beschreiben V. 3–11 etwa gar nicht das Tun des Menschen, sondern dasjenige Gottes?[19]
- Mit welchen anderen Texten aus dem AT (und seiner Umwelt) steht Hi 28 in einem besonderen Zusammenhang? Und wie? Häufig genannt werden v. a. andere Gedichte über die Weisheit (wie Prov 8),[20] weitere Texte aus dem Proverbienbuch[21] sowie das Koheletbuch,[22] doch die Verbindungslinien werden verschieden akzentuiert.
- Und wie steht es mit den Verbindungen zu anderen Kapiteln aus dem Hiobbuch? Offenkundig sind Bezüge zum Prolog, wo Hiob als einer eingeführt wird, der Gott fürchtet und das Böse meidet (1,1.8; 2,3);[23] thematische Ähnlichkeiten gibt es sodann mit den Gottesreden, in denen es wie in Hi 28 um die Wunder der Schöpfung, die Macht und Überlegenheit des Schöpfergottes und die Begrenztheit der menschlichen Erkenntnisfähigkeit geht.[24] Doch wie sind diese Verbindungslinien zu beurteilen? Und wie verhält sich Hi 28 zum Dialogteil, den Herausforderungsreden Hiobs und den Elihureden?
- Was besagt all dies für die Funktion von Hi 28? Was will derjenige, der den Text geschrieben bzw. in seinen Kontext gestellt hat, damit zum Ausdruck bringen?

---

18 Vgl. Baldauf, „Menschliches Können", 57–68; Fiddes, „Where Shall Wisdom", 178–179; Geller, „Where is Wisdom", 164; Leuenberger, „Personifizierte Weisheit", 369; Oeming, „Hiob unter den Philosophen", 163; Whybray, *Job*, 132–133; Zimmermann, „Homo", 92, 95.
19 S. u. 3. mit Anm. 53.
20 Vgl. Fiddes, „Where Shall Wisdom", 181–182; Gordis, *Book of Job*, 536–537; Leuenberger, „Personifizierte Weisheit", 366–386; McKane, „Theology", 716; Newsom, *Book of Job*, 171–174; van Oorschot, „Grenzen von Weisheit", 82–84; Wharton, *Book of Job*, 116; Whybray, *Job*, 134; Witte, *Vom Leiden*, 206–211; ders., *Buch Hiob*, 432–437.
21 Vgl. Jones, „Proverbial Rhetoric", 77–88; Witte, *Buch Hiob*, 422, 427.
22 Vgl. van Oorschot, „Entstehung", 178; ders., *Hiob 28*, 196; Witte, *Vom Leiden*, 214–215; ders., *Buch Hiob*, 431; Zuckerman, *Job*, 144.
23 Vgl. Balentine, *Job*, 428–429; Budde, *Buch Hiob*, 163 (s. u. 4.); Clines, „Fear of the Lord", 84 (s. u. 3.); Good, *Turns*, 292; Habel, *Book of Job*, 393; Hartley, *Book of Job*, 384 (s. u. 2.); Heckl, *Hiob*, 152–155; Janzen, *Job*, 188–189; Jones, *Rumors*, 103–104; Lo, *Job 28*, 222–223, 235 (s. u. 4.); Newsom, *Book of Job*, 174, 180–181; dies., „Dialogue", 304 (s. u. 3.); van Oorschot, „Entstehung", 177, 179; ders., „Hiob 28", 199–200; ders., „Grenzen von Weisheit", 85–86 (s. u. 4.); Perdue, *Wisdom*, 84, 247 (s. u. 2.); Rowley, *Job*, 185; Wharton, *Job*, 117; Whybray, *Job*, 16; G. H. Wilson, *Job*, 310–311; Witte, *Buch Hiob*, 430; Zuckerman, *Job*, 143.
24 Vgl. Dhorme, *Commentary*, xcvii; Geller, „Where is Wisdom", 174, 177; Gordis, *Book of Job*, 289, 536 (s. u. 2.); Klinger, *Leiden*, 245–246, 248; Lo, *Job 28*, 206–209, 212, 231–232 (s. u. 4.); McKane, „Theology", 711, 714; Newsom, *Book of Job*, 182 (s. u. 3.); van Oorschot, „Entstehung", 177; ders., „Hiob 28", 199; Rowley, *Job*, 14, 179; Whybray, *Job*, 14–16; Witte, *Buch Hiob*, 436–437 (s. u. 4.); Zimmermann, „Homo", 98; Zuckerman, *Job*, 142–144 (s. u. Anm. 37).

Die Liste von Fragen ließe sich ohne Problem erweitern. Es dürfte aber bereits klar geworden sein, wie schwierig die exegetische Aufgabe im Fall von Hi 28 ist. Auf all die genannten Fragen gibt es keine eindeutigen Antworten; und viele von ihnen sind miteinander verknüpft. In Folge unterschiedlicher Einschätzungen und Schwerpunktsetzungen kommen so verschiedene Exeget*innen zu ganz unterschiedlichen Interpretationen.

Ausgehend von unterschiedlichen Identifikationen des Sprechers soll im Folgenden die Bandbreite möglicher Interpretationen von Hi 28 aufgezeigt werden. Ich referiere dabei Interpretationen, die andere Exeget*innen konkret vorgeschlagen haben. Es geht dabei aber nicht um eine genaue Zusammenfassung ihrer Auslegungen; wohl aber soll demonstriert werden, wie einzelne Hypothesen oder Präferenzen im Fokus die Interpretation von Hi 28 in ganz unterschiedliche Richtungen lenken.

2 Hiob 28 als ein „Interludium", gesprochen von einer Stimme außerhalb der Handlung

Trotz der Stellung zwischen Hi 26–27 und 29–31 argumentieren die meisten Exeget*innen, Hi 28 sei weder von Hiob noch einem seiner Freunde gesprochen bzw. überhaupt von keinem der Protagonisten, sondern sozusagen von einer Stimme außerhalb der Handlung.[25] Viele verwenden dabei Begriffe wie „Interludium" und denken an einen Kommentar des Autors bzw. eines Chors o. ä. Im Grunde ist das eine Notlösung, vorgebracht von solchen, die alle anderen möglichen Identifikationen des Sprechers für (noch) unwahrscheinlich(er) halten. Zweifel an einer (durch den Kontext an sich ja implizierten) Zuschreibung der Rede an Hiob (oder einen seiner Freunde) ergeben sich dadurch, dass sich das Kapitel durch das Fehlen von dialogischen und emotionalen Elementen sowie die poetische Geschlossenheit von den Reden Hiobs (und seiner Freunde) unterscheidet. Zudem fällt auf, dass es im Dialog zwischen Hiob und seinen Freunden bis

---

25 Vgl. Andersen, *Job*, 240–242; Cheney, *Dust*, 42–45; Dell, *Book of Job*, 196 Anm. 105; Dhorme, *Commentary*, li; Fiddes, „Where Shall Wisdom", 186; Gordis, *Book of Job*, 289; Gray, *Book of Job*, 65, 340; Habel, *Book of Job*, 392; Hartley, *Book of Job*, 373; Hoffmann, *Blemished Perfection*, 278, 282; Klinger, *Leiden*, 231, 234–235 (der das Hiobbuch als Drama versteht und Hi 28 dem „Spielleiter" zuschreibt); Machinist, „Job", 227–228; Perdue, *Wisdom*, 83–84; de Wilde, *Buch Hiob*, 11, 268; Westermann, *Aufbau*, 131; Wharton, *Job*, 112–117; L. Wilson, *Job*, 133–134; Zimmermann, „Homo", 97–98; Zuckerman, *Job*, 88–89, 140.

dahin höchstens am Rand um die Weisheit bzw. das Erkennen ging, in erster Linie aber um Fragen von Schuld und Gerechtigkeit.[26]

Ein wichtiges Argument für die These eines „Interludiums" ist sodann der Inhalt von Hi 28 bzw. die Vermutung, dass in diesem Kapitel nicht nur eine weitere Meinung eines Protagonisten zum Ausdruck gebracht wird, dass derjenige, der den Text geschrieben bzw. in den jetzigen Kontext gestellt hat, hier vielmehr seine eigene Sicht der Dinge formuliert. Dafür kann man auch die Ähnlichkeit mit den Gottesreden ins Feld führen,[27] denn dort kann man aufgrund der Identifikation des Sprechers mit Gott (und der Schlussposition im Buch) vermuten, dass die Rede nicht nur aus dramaturgischen Gründen eingefügt ist, sondern eine Sicht präsentiert, die dem Verfasser selbst wichtig ist.[28]

Dass in Hi 28 die Meinung des Autors oder eines Redaktors des Hiobbuchs zum Ausdruck kommt, ist heutzutage die vorherrschende Einschätzung,[29] auch bei solchen, die Hiob als Sprecher verstehen oder die Frage des Sprechers offenlassen. Worin diese Meinung besteht bzw. worauf Hi 28 inhaltlich zielt, wird im Einzelnen aber ganz unterschiedlich bestimmt.[30] Nach manchen zielt der Text darauf, dass die (kosmische) Weisheit dem Menschen verborgen bleibt und sich die dem Menschen mögliche „Weisheit" auf die Gottesfurcht beschränkt (oder sonst kategoriell anderer Art ist).[31] Nach anderen geht es darum, dass allein Gott direkten Zugang zur Weisheit hat, der Mensch aber nur durch die Vermittlung Gottes (Offenbarung) oder durch gottesfürchtiges Verhalten.[32] Manche betonen dabei besonders die Dimension der Zeit (im Unterschied zum Ort), dass Weisheit

---

26 Vgl. Clines, „Fear of the Lord", 84 (s. u. 3.); Good, *Turns*, 290; Hoffmann, *Blemished Perfection*, 278; Newsom, *Book of Job*, 174–176 (s. u. 3.).
27 S. o. 1. mit Anm. 24.
28 Vgl. aber die Kritik an dieser Annahme bei Clines, „Fear of the Lord", 84.
29 Vgl. anders aber Budde, Clines, Greenstein, Habel, Lo, Newsom (s. u. 3. und 4.).
30 Im folgenden Überblick über verschiedene Verständnismöglichkeiten des Gesamtduktus von Hi 28 sind auch Beiträge von solchen genannt, die Hi 28 nicht als ein „Interludium" verstehen.
31 Vgl. Gordis, *Book of Job*, 298–299, 537, 539; Machinist, „Job", 224–225, 227–228; Marböck, *Weisheit*, 30; McKane, „Theology", 715–716; Snaith, *Book of Job*, 67, 70; van Oorschot, „Hiob 28", 186–187, 191, 200; ders., „Grenzen von Weisheit", 80–81 (s. u. 4.); Saur, *Einführung*, 105–106; de Wilde, *Buch Hiob*, 278; Witte, *Vom Leiden*, 164–165; ders., *Buch Hiob*, 429–430 (s. u. 4.); Whybray, *Job*, 16, 131–135. Vgl. weiter Gray, *Book of Job*, 349–350 (der zwar von „two orders of wisdom" spricht, diejenige des Menschen aber nicht auf die Gottesfurcht beschränkt); sowie Budde, *Buch Hiob*, 162 (s. u. 4.), und L. Wilson, *Job*, 138–139 (die zwar beide betonen, dass in Hi 28 nicht zwei Arten von Weisheit unterschieden werden, V. 28 dann aber höchst erkenntniskritisch lesen).
32 Vgl. Ebach, *Streiten*, 64; Fox, „Speaker", 36–37; Habel, *Book of Job*, 401; Harris, *Wisdom*, 420, 427; Hartley, *Book of Job*, 381–384; Jones, *Rumors*, 99, 103; ders., *Job 28*, 486–496 (s. u. Anm. 73); Lange, *Weisheit*, 35; Lo, *Job 28*, 13, 204–205, 213–215 etc.; Müllner, „Ort", 74–75; Neher, *Weisheit*, 64–65, 70; O'Dowd, *Wisdom*, 158; Oeming, „Hiob unter den Philosophen", 161, 163; Perdue, *Wis-*

mit dem schöpferischen Handeln Gottes verbunden ist, dass es beim Menschen um die Frage der richtigen Haltung geht bzw. darum, dass Weisheit nur in der Welt und in Beziehung (zu Gott) erfahrbar ist.[33] Die verschiedenen Interpretationen setzen die Akzente so unterschiedlich, dass es schwer fällt, sie in Gruppen einzuteilen. Diejenigen, die V. 28 als sekundär einstufen, unterscheiden sodann häufig zwischen einer ursprünglichen Aussage von Hi 28 und einer späteren Korrektur.

Wie auch immer man Hi 28 inhaltlich interpretiert, so oder so stellt sich die Frage nach der Bedeutung des Kapitels im Kontext des Hiobbuchs. Diejenigen, die das Kapitel als „Interludium" verstehen, beantworten diese Frage häufig in erster Linie entstehungsgeschichtlich, nämlich damit, dass das Kapitel ursprünglich nicht zum Hiobbuch gehörte, sondern erst sekundär an dieser Stelle eingefügt wurde. Diese literaturhistorische Beurteilung ist durch das Verständnis von Hi 28 als ein „Interludium" mitbestimmt, denn dass ein solches eine dialogische Dichtung unterbricht, ist höchst ungewöhnlich.[34] Zudem nimmt Hi 28 einige zentrale Aussagen aus den Gottesreden vorweg, was insbesondere bei einem Verständnis als „Interludium" unter dramaturgischem Gesichtspunkt erklärungsbedürftig ist. Apart ist die These von *Robert Gordis* und anderen, wonach Hi 28 vom Autor des Hiobbuchs verfasst wurde, aber als eigenständige Komposition, die mit dem Hiobbuch zusammen überliefert und später von einem Abschreiber ins Hiobbuch integriert wurde.[35] Sie hat den Vorteil, dass sie erklärt, wie es zu den beschriebenen „Unschönheiten" gekommen ist (so es sich um solche handelt). Alternativ wäre es möglich, dass der Autor selbst das Kapitel später noch ergänzte

---

dom, 245–247. Vgl. nochmals anders Hankins, „Wisdom", 210–235 (nach dem auch Gott keinen direkten Zugang zur Weisheit hat, es in Hi 28 vielmehr um die beiden Arten eines Zugangs zur Weisheit über die Schöpfung bzw. über die Gottesfurcht geht).

33 Vgl. Andersen, *Job*, 246–246; Fiddes, „Where Shall Wisdom", 176–181, 190; Geller, „Where is Wisdom", 165–167; Greenstein, *Poem*, 274–275 (s. u. 3.); Janzen, *Job*, 196–198; Jones, *Rumors*, 101–102, 236; ders., *Job 28*, 493–495; Lo, *Job 28*, 203–205; Newsom, *Book of Job*, 180; dies., „Dialogue", 303–304 (s. u. 3.); O'Dowd, *Wisdom*, 160; G. H. Wilson, *Job*, 311; Zimmermann, „Homo", 93–94, 98–99.

34 Nicht zu Unrecht vermerkt Clines („Putting Elihu", 248) nach einem Überblick über die verschiedenen Bezeichnungen für das „Interludium": „All these metaphors for the chapter deflect attention from the fact that it is a text within a context of nothing but speeches prefaced by very brief prose introductions to those speeches. We should candidly admit that a poem that is not a speech and is not attributed to one of the characters of the book is an abberration." Vgl. umgekehrt die Affinität zwischen den beiden Thesen, Hi 28 gehöre zum Grundbestand des Buchs und Hiob sei der Sprecher (s. u. 4. mit Anm. 72).

35 Vgl. Gordis, *Book of Job*, 298, 536, 539; Gray, *Book of Job*, 65, 340; Rowley, *Job*, 14, 179. Ähnlich auch Bakon, „Two Hymns", 226, der allerdings Elihu als Autor des Hiobbuchs annimmt.

(was aber wenig erklärt)[36] oder dass ein Redaktor einen vorliegenden Text unbekannter Herkunft einfügte oder Hi 28 selbst als Ergänzung formulierte.[37]

Ob mit oder ohne literaturhistorische Thesen bleibt die Frage, warum Hi 28 genau an dieser Stelle im Text zu stehen kam, was seine Funktion im größeren Kontext ist.[38] Bei einer Interpretation als „Interludium" liegt die Deutung nahe, dass damit ein Kommentar zum Dialogteil abgegeben wird – sei es im Sinn einer Kritik an menschlicher Selbstüberschätzung, Gott und die großen Zusammenhänge verstehen zu können,[39] sei es im Sinn einer Reflexion, dass die Menschen Gott und die großen Zusammenhänge nicht verstehen können (was eine moralische Entlastung Gottes miteinschließt).[40] Mehrere Exeget*innen weisen darüber hinaus auch auf den Fortgang mit den Gottesreden und verstehen Hi 28 als eine Zäsur bzw. einen Brückentext zwischen dem Dialogteil, in dem die menschliche Suche nach Antworten vergeblich blieb, und dem Fortgang, wo es zu einer direkten Gottesbegegnung kommen wird.[41] Andere beachten den Zusammenhang mit dem Prolog und die Ähnlichkeit von V. 28 mit der positiven Zeichnung Hiobs in 1,1 etc. Bei einem Verständnis von Hi 28 als „Interludium" könnte man diesen Zusammenhang dahingehend verstehen, dass das Kapitel primär das Gerede der Freunde kritisiert, Hiob aber bekräftigt.[42] Im Blick auch auf den weiteren Fortgang bestätigt Hi 28 etwa nach *John E. Hartley*, dass Hiobs Abwendung von den Freunden und Zuwendung zu Gott der richtige Weg ist, weil Menschen nur in einer andächtigen („devout") Beziehung zu Gott Weisheit finden können.[43] *Leo G. Perdue* spricht in diesem Zusammenhang von einer Rückkehr zur ersten Naivität („return to first naïvité").[44]

36 Vgl. Dhorme, *Commentary*, li. Ähnlich erwägt auch Dell, *Book of Job*, 198, ob der Autor das Kapitel später ergänzte, um orthodoxer zu klingen; sie stellt dann aber fest, dass so schwer erklärbar wäre, warum das Gedicht in eine Rede Hiobs integriert wurde.
37 Vgl. Zuckerman, *Job*, 88–89, 140. Vgl. ibid., 142, mit der Erklärung, Hi 28 sei Hi 38–41 vorangestellt, um die Rezipient*innen sanft auf die Gottesreden (mit ihrem konfrontativen Ton) vorzubereiten.
38 Vgl. zum Folgenden die z.T. sehr ähnlichen Interpretationen von solchen, die Hiob als Sprecher bestimmen (s.u. 4. mit Anm. 73).
39 Vgl. Dhorme, *Commentary*, ii; Gray, *Book of Job*, 65; Perdue, *Wisdom*, 84.
40 Vgl. Andersen, *Job*, 241; Zuckerman, *Job*, 142, 144–145.
41 Vgl. Cheney, *Dust*, 45; Fiddes, „Where Shall Wisdom", 190; Geller, „Where is Wisdom", 174; Klinger, *Leiden*, 231, 240–249; Machinist, „Job", 228; Sawyer, „Authorship", 255; de Wilde, *Buch Hiob*, 268; L. Wilson, *Job*, 139–140; Zimmermann, „Homo", 98–99.
42 Vgl. neben Hartley (Anm. 43) auch Westermann, *Aufbau*, 132–133; Zimmermann, „Homo", 98; Zuck, „Job's Discourse", 302.
43 Vgl. Hartley, *Book of Job*, 384; ähnlich Wharton, *Book of Job*, 117.
44 Vgl. Perdue, *Wisdom*, 242–247.

3 Hiob 28 als Rede von Elihu, Zophar oder einer weiteren Stimme

Zu deutlich anderen Interpretationen kommt man, wenn man *Elihu* als Sprecher von Hi 28 annimmt. Dafür haben sich in jüngerer Zeit unabhängig voneinander *Ed Greenstein* und *David Clines* stark gemacht.[45] Beide postulieren dabei (je verschieden) eine Textumstellung, nach der Hi 28 den Schlusspunkt der Elihureden bildet. Das ist natürlich eine gewagte These, für die es keine textkritische Evidenz gibt. Doch insbesondere der Vorschlag von Clines, wonach die Elihureden (Hi 32–37.28) ursprünglich zwischen dem letzten Redegang (Hi 21/22–27) und Hiobs abschließendem Monolog (Hi 29–31) standen,[46] erklärt mehrere Auffälligkeiten im Hiobbuch,[47] und sollte von daher zumindest ernsthaft geprüft werden.

Plausibilität gewinnt die These, Hi 28 sei das Ende der Elihureden, sodann v. a. dadurch, dass das Kapitel gut an Hi 32–37 anschließt. Anders als in den Reden Hiobs und der drei anderen Freunde geht es in den Reden Elihus nämlich sehr häufig um die Weisheit.[48] Elihu spricht den Freunden und Hiob die Weisheit ab (32,7–16; 34,35; 35,16), er beschreibt sich selbst als weise und von Gott inspiriert (32,8.18–20; 33,3; 36,3–4) und er verweist darauf, dass die Menschen Gott nicht begreifen können (26,26.29; 37,5; 37,14–19.23–24). An Hi 28 erinnern insbesondere auch 37,23–24 („Schaddai begreifen wir nicht, er ist erhaben an Kraft und reich an Gerechtigkeit. Und das Recht beugt er nicht. Darum sollen ihn die Menschen fürchten. Ob einer weise ist, kümmert ihn nicht")[49] – die letzten beiden Verse, die nach der These von Clines und Greenstein unmittelbar vor Hi 28 standen.

---

45 Vgl. Clines, „Fear of the Lord", 80–83; ders., „Putting Elihu", 247–251; ders., *Job* 21–37, 908–909; Greenstein, *Poem*, 263–275; ders., *Job*, 152, 160–161. Nach Jones, *Rumors*, 9–10 Anm. 52, wurde die These früher schon von Horace Meyer Kallen (1918) vertreten, und ähnlich auch von Gary Martin (1972). Hoffmann, *Blemished Perfection*, 278 Anm. 22, weist weiter auf Yehezkel Kaufmann (1960). Dass Hi 28 eine thematische Ähnlichkeit mit den Elihureden aufweist, haben daneben auch andere vermerkt; vgl. Machinist, „Job", 223; McKane, „Theology", 711, 713–714, 721; van Oorschot, „Hiob 28", 197–198; Perdue, *Wisdom*, 242–259; Whybray, *Job*, 14–15. Auf Unterschiede zwischen Hi 28 und den Elihureden macht hingegen Zuckerman, *Job*, 145–156, aufmerksam.

46 Anders rekonstruiert Greenstein die ursprüngliche Reihenfolge der Kapitel: Nach ihm folgten die um Hi 28 erweiterten Elihureden *nach* Hi 29–31.

47 Zusätzlich zum Problem, dass Hi 28 im jetzigen Kontext keinen Sprecher hat, verweist Clines („Putting Elihu", 243–251) auf 32,1 („nun hörten die drei Männer auf, Hiob zu antworten [...]" – nach der jetzigen Reihenfolge sprach vorher aber Hiob) und auf 38,1 („Und JHWH antwortete Hiob aus dem Sturm [...]" – nach dem jetzigen Zusammenhang stehen aber die Elihureden nach der letzten Rede Hiobs mit dem Aufruf an Gott, er möge antworten).

48 Greenstein, *Poem*, 271, weist weiter auf zahlreiche Stichwortverbindungen zwischen Hi 28 und Hi 37 hin.

49 Vgl. Clines, „Fear of the Lord", 82–83; Greenstein, *Poem*, 275.

Für *Greenstein* ist ein weiteres wichtiges Argument 28,3 und die Unklarheit, wen das dort genannte Personalpronomen הוּא bezeichnet.[50] Die meisten Exeget*innen nehmen an, dass das Subjekt der Mensch ist und übersetzen mit „man". Entsprechend verstehen sie V. 3–11 als Beschreibung der beeindruckenden Fähigkeiten des Menschen im Bereich des Bergbaus und V. 12–22 mit den Beschreibungen über die Unmöglichkeit, die Weisheit zu finden und zu kaufen, als einen Kontrast dazu. Doch das eigens genannte הוּא spricht eher gegen eine Übersetzung mit „man";[51] zudem geht es in Hi 28 in der Folge ja auch um einen Kontrast zwischen Gott und Mensch und da könnte man erwarten, dass das Subjekt Mensch am Anfang deutlich genannt wird.[52] Dazu kommt, dass man V. 3–11 gut auch als Beschreibungen des Handeln Gottes verstehen kann,[53] denn ähnliche Aussagen werden im AT sonst v. a. über Gott gemacht. Das Problem des הוּא löst sich, wenn man Hi 28 nach Hi 37 liest, denn dort war in den letzten Versen von Gott die Rede. Damit ist der Bezug klar(er), auch wenn es in 28,1–2 (implizit) um die Fähigkeiten des Menschen geht, kostbare Metalle zu finden und zu gewinnen. Im Anschluss an diese Beobachtungen schlägt Greenstein vor, Hi 28 als letzten Teil der Elihureden zu lesen. Seiner Interpretation nach zielt der Text darauf, dass die Weisheit an keinem spezifischen Ort zu finden ist, auch nicht in den tiefsten Tiefen, sondern mit der uranfänglichen Schöpfung in der Zeit situiert ist und in der Schöpfung erkannt werden kann.[54] Für den Menschen bedeute dies (nach V. 28), dass Weisheit nicht etwas ist, das man benutzen kann, dass weise vielmehr etwas ist, das man sein kann, nämlich durch Gottesfurcht und Meiden des Bösen. Greenstein wertet diese Rede von Elihu als fromm und wenig innovativ.[55]

Nochmals anders akzentuiert *Clines*: Er sieht, dass man Hi 28 auch im Sinn eines (wie auch immer bestimmten) Kontrastes zwischen zwei Arten von oder Zugängen zur Weisheit lesen kann.[56] Für wahrscheinlicher hält er es aber, dass

50 Vgl. Greenstein, *Poem*, 265–269(ff).
51 Vgl. Budde, *Buch Hiob*, 164; Ehrlich, *Randglossen*, 290; Greenstein, *Poem*, 266; weiter Jones, *Rumors*, 128, der ibid., 129, aber vorschlägt, es handle sich um einen Fall einer „delayed identification", erst V. 13 mit der Nennung des Menschen (אֱנוֹשׁ) löse auf, wer in V. 3 mit הוּא gemeint ist.
52 Vgl. allerdings auch Hoffmann, *Blemished Perfection*, 279–280, nach dem es sich um ein bewusst als solches formuliertes Rätsel („riddle") handelt.
53 Vgl. neben Greenstein, *Poem*, 267–269, auch Witte, *Buch Hiob*, 422 (s. u. 4.), sowie vor ihnen die LXX; mehrere rabbinische und mittelalterliche jüdische Exegeten; Houtsma, *Textkritische Studien*, 63; Tur-Sinai, *Book of Job*, 396–401.
54 Vgl. Greenstein, *Poem*, 272–274. Wichtig für Greenstein ist auch die Beobachtung, dass Weisheit und göttliche Geheimnisse im Alten Orient sowohl mit dem Himmel als auch mit Tiefen verbunden sind und sich diese beiden Aspekte in Hi 37 (Himmel) und Hi 28 (Tiefen) finden.
55 Vgl. Greenstein, *Poem*, 275–276.
56 S. o. 2. mit Anm. 31 und 32.

es in allen Abschnitten des Kapitels um einen Lobpreis der (menschlichen) Weisheit geht[57] und darum, worin sie besteht. V. 3–11 geben seiner Meinung nach Beispiele, wieviel Mühe und Kosten Menschen auf sich nehmen, um an wertvolle Dinge zu gelangen. Die Weisheit aber ist noch wertvoller. Der Mensch kann sie weder an einem Ort finden noch durch Reichtümer erwerben. Dennoch ist Weisheit für den Menschen möglich: Gott, der große Lehrer, nämlich hat bei der Erschaffung der Welt bestimmt, worin Weisheit für den Menschen besteht, und hat ihnen das auch gesagt: Gott zu fürchten und das Böse zu meiden.[58] Clines weist dann darauf hin, dass mit dieser Bestimmung von Weisheit der Fokus sowohl im religiösen als auch im ethischen Bereich auf das Individuum gelegt wird. *Per se* könnte man darüber diskutieren, ob darin nicht in der Tat eine gewisse Weisheit liegt. Im Kontext des Hiobbuchs aber lässt sich nach Clines nicht übersehen, dass damit Hiobs Frage nach Gerechtigkeit (mit ihrer sozialen und politischen Dimension) in eine Frage nach der Weisheit überführt wird (was eine intellektuelle und private Angelegenheit ist) – womit Hiob in gewisser Art nochmals Unrecht geschieht.[59] Weiter zeigt nach Clines auch der Zusammenhang mit 1,1, dass die Ausführungen von Hi 28 nicht die Meinung des Buchs wiedergeben können: „If fearing God and turning aside from evil is what has got Job into this unhappy condition [...], the value of this prescription for life is seriously undermined."[60]

Dass Greensteins und Clines Interpretationen nicht allein dadurch bestimmt sind, dass sie Elihu als Specher annehmen, zeigt sich daran, dass andere ohne diese Annahme (und die entsprechende Textumstellung) zu ähnlichen Interpretationen gekommen sind. Zu nennen ist hier insbesondere *Carol Newsom*, die schon vor Greenstein und Clines eine in manchem ähnliche Interpretation vorgeschlagen hat.[61] Nach ihr ist es eine neue Stimme, die sich in Hi 28 zu Wort meldet und deren Aussagen in manchem kritisch zu sehen sind. Inhaltlich zielt Hi 28 nach Newsom darauf, dass der Mensch die Weisheit nicht finden kann, wenn er sie wie ein Objekt (auch intellektueller Art) sucht, sondern nur dann, wenn er sich (ähnlich wie Gott in seinem Schöpferhandeln) in seiner Art des Seins auf sie einlässt, nämlich durch „a life of moral creation",[62] sprich durch Gottesfurcht und das Meiden des Bösen. In dieser Reflexion interpretiert die Stimme von Hi 28 den Prolog und den Dialogteil mithilfe der Weisheitskategorie, vollzieht damit eine

---

57 Dass es in Hi 28 ausschließlich um die menschliche Weisheit geht, betont neben Clines, „Fear of the Lord", 78, auch Zimmermann, „Homo", 94.
58 Vgl. Clines, „Fear of the Lord", 75–83; ders., *Job 21–37*, 919–920, 922–925.
59 Vgl. Clines, „Fear of the Lord", 83–85; ders., *Job 21–37*, 925–926.
60 Clines, „Fear of the Lord", 84.
61 Vgl. Newsom, *Book of Job*, 169–182; dies., „Dialogue", 299–305.
62 Newsom, „Dialogue", 304.

Art allegorischer Übersetzung, reduziert dabei die Komplexität des Prologs und übt interpretative Gewalt („interpretative violence"[63]) aus, zumal gegenüber Hiob. Die Zusammenfassung zeigt, dass Newsom die Stimme von Hi 28 kritisch sieht. Nach ihr wird sie in den Gottesreden dann auch nicht bestätigt.

Eigens zu erwähnen ist an dieser Stelle schließlich noch *Michael F. Fox*, der sich vor wenigen Jahren dafür stark gemacht hat, dass Hi 28 bzw. 27,13–28,28 von Zophar gesprochen sei.[64] Sein Hauptargument ist das Fehlen einer Rede von Zophar im dritten Redegang und der Inhalt von 27,13–23, der sehr traditionell ist. Für Hi 28 schließt er sich dem Urteil von Greenstein an, dass die Rede inhaltlich nichts Neues bringt und der Verweis auf die Gottesfurcht gut zur Theologie der Freunde passt.

4 Hiob 28 als Rede von Hiob

Aufgrund der Stellung zwischen Kapiteln, die explizit als Rede Hiobs ausgewiesen sind (26,1; 27,1; 29,1), machen sich vermehrt v. a. in jüngerer Zeit zahlreiche Exeget*innen dafür stark, Hi 28 als Rede Hiobs zu verstehen[65] – vom Kontext her ist das die naheliegendste Lösung. Auch bei diesem Grundverständnis findet sich wieder eine Bandbreite von unterschiedlichen Einschätzungen und Interpretationen. Im Folgenden sei das Augenmerk auf die Frage nach der Funktion der Aussagen von Hi 28 gelegt, wobei sich diese aber nicht von literarhistorischen Einschätzungen und der Bestimmung des Gesamtduktus des Kapitels trennen lässt.

Beachtenswert sind hier zunächst redaktionskritische Zugänge. *Markus Witte, Jürgen van Oorschot* und andere erklären sich Hi 28 als Teil einer Redaktion, die das Hiobbuch an verschiedenen Stellen erweitert und dabei eine spezifische Theologie eingetragen hat.[66] Nach Wittes Analyse ist es die von ihm so genannte

---

63 Newsom, *Book of Job*, 177.

64 Vgl. Fox, „Speaker", 21–38. Fox weist auf Heinrich Graetz (1872), Johann G. E. Hoffmann (1891) und Francis H. Wilkinson (1901) als weitere Exegeten, die Zophar als Sprecher von Hiob 28 bestimmten. Vgl. weiter Houtsma, *Textkritische Studien*, 59, 63 (der allgemein von den „Gegnern" Hiobs spricht).

65 Vgl. Budde, *Buch Hiob*, 162–171; Ebach, *Streiten*, 55; Good, *Turns*, 290–293; Heckl, *Hiob*, 151–152; Janzen, *Job*, 187; Jones, *Rumors*, passim; Lo, *Job 28*, 15–16, 233 etc.; Müllner, „Ort", 75–77; Oeming, „Hiob unter den Philosophen", 157–158; van Oorschot, „Grenzen von Weisheit", 85; Saur, *Einführung*, 103; Strauß, *Hiob*, 133 (der Hiob dabei aber als „Sprecher des ganzen Kreises der diskutierenden Weisen" versteht); Seow, *Job 1–21*, 30–31; Wanke, *Praesentia Dei*, 261, 263; Whybray, *Job*, 12, 131; G. H. Wilson, *Job*, 299–300; Witte, *Vom Leiden*, 162; ders., *Buch Hiob*, 412; Zuck, „Job's Discourse", 299.

66 Vgl. van Oorschot, „Entstehung", 176–179; ders., „Hiob 28", 183–189, 197–201; ders., „Grenzen von Weisheit", 80–86; Witte, *Vom Leiden*, 161–165; ders., *Buch Hiob*, 55–56, 412–413, 418, 422–437;

Majestätsredaktion, nach van Oorschots Analyse die von ihm so genannte Gottesfurcht-Redaktion. Bei Witte spielt 27,11–12 eine wichtige Rolle; diese beiden Verse
gehen nach ihm auf dieselbe Redaktion zurück und leiten Hi 28 als Lehre Hiobs
über Gottes Macht ein. Entsprechend optiert auch er dafür, 28,3–11 als Aussagen
über Gott zu verstehen,[67] denn damit geht es in Hi 28 (neben der Weisheit) stärker auch um Gott. Für van Oorschot spielt der Zusammenhang mit dem Prolog
eine wichtige Rolle; nach ihm geht die positive Zeichnung Hiobs im Prolog (wie
insgesamt die beiden Szenen mit Satan sowie die Verbindung von Prolog und
Dialogteil) auf die Gottesfurcht-Redaktion zurück.[68] Sowohl van Oorschot als auch
Witte interpretieren Hi 28 als stark erkenntniskritisch – inklusive V. 28, der ihrer
Meinung nach im Kontrast zur traditionellen Weisheit (Prov 1,7 etc.) so verstanden werden muss, dass Gottesfurcht nicht mehr der Anfang der Weisheit ist,
sondern im Gegenteil ihr Ende.[69] Beide interpretieren Hiobs Rede dabei positiv:
Sie enthält keine sarkastischen Untertöne; mit ihr erweist der Redaktor Hiob vielmehr als weisen Lehrer, der im Modus der *docta ignorantia* und in Demut die
Majestät und Weisheit Gottes lehrt und so möglicher Kritik an sich den Boden
entzieht.[70] Dass der Redaktor dieses wichtige Kapitel *vor* den Herausforderungsreden und Gottesreden eingefügt hat, erklärt sich Witte sowohl mit Gründen der
dramatischen Gestaltung als auch damit, dass Hiob nach Hi 27–28 „zwar über den
Ort des Frevlers, Gottes und der Weisheit grundsätzlich Bescheid weiß, nach seinem eigenen Platz in der Welt aber immer noch sucht [...]".[71]

Unter denen, die Hiob als Sprecher von Hi 28 identifizieren, gibt es daneben
auffällig viele, die Hi 28 als genuinen Teil eines ursprünglichen Hiobbuchs erach-

---

ähnlich auch Syring, *Hiob*, 137–139; Wanke, *Praesentia*, 256–408. Anders Heckl, *Hiob*, 151–155, der
Hi 28 zwar ebenfalls als sekundär versteht, dabei aber betont, dass der Text vorher schon als
selbständiges Lied bekannt gewesen ist, und von daher die Verbindung mit einer umfassenden
Redaktionsschicht in Frage stellt.

67 S. o. 3. mit Anm. 53.

68 Vgl. van Oorschot, „Entstehung", 177.

69 Vgl. van Oorschot, „Entstehung", 178; Witte, *Buch Hiob*, 430. So auch Budde, *Buch Hiob*, 170,
und L. Wilson, „Book of Job", 72; dies., *Job*, 139 (die V. 28 dabei aber beide kritisch interpretieren;
s. u. mit Anm. 81–83).

70 Vgl. van Oorschot, „Entstehung", 177–179; Witte, *Buch Hiob*, 430, 436. Nach van Oorschot geht
es dabei auch um die Fragen des Gottesverhältnisses und der Sprachfähigkeit: „Gott zu fürchten
und ihn damit als Gott anzuerkennen, schließt demnach die Einwilligung in die Grenzen eigenen
Erkennens mit ein. Die noetischen Aporien werden auf diese Weise in das Gottesverhältnis integriert" (van Oorschot, „Grenzen von Weisheit", 81); „Diese skeptische Gottesfurcht versucht ein
Minimum weisheitlicher Sprachfähigkeit zurückzugewinnen [...]" (van Oorschot, „Grenzen der
Erkenntnis", 1282).

71 Witte, *Buch Hiob*, 436.

ten[72] – die beiden Thesen haben eine gewisse Affinität. Wie viele derer, die Hi 28
als ein „Interludium" (des Autors oder eines Redaktors) interpretieren oder das
Kapitel Hiob von einem Redaktor in den Mund gelegt sehen, verstehen einige von
ihnen die Aussagen von Hi 28 positiv: sei es als Kritik Hiobs (und des Autors des
Texts) an den Freunden, als Reflexion darüber, warum Hiobs Leiden nicht erklärbar ist (was auch eine Entlastung Gottes bedeutet) und/oder als Scharnier zwischen dem Dialogteil und dem Folgenden.[73] Manche von ihnen erklären dabei
auch, dass Hiobs „Reifeprozess" nach Hi 28 noch weitergeht.[74]

Eigene Beachtung verdienen daneben Interpretationen, nach denen Hiobs
Rede von Hi 28 *nicht* der Meinung des Autors des Texts entspricht. In jüngerer
Zeit hat *Alison Lo* in diese Richtung argumentiert. Nach ihrer Interpretation von
Hi 28 mit dem Ansatz des Rhetorical Criticism[75] benutzt der Autor des Hiobbuchs
eine Strategie „from less to more adequate perspectives" und lenkt so das Verständnis der Rezipient*innen.[76] Hi 28 erweist dabei zunächst die Unangemessenheit der Theologie von Hiobs Freunden: Hiobs Leiden lässt sich nicht erklären,
denn allein Gott hat unmittelbaren Zugang zur Weisheit; die Menschen hingegen
können Weisheit nur durch Unterwerfung/Ehrerbietung („submission") Gott gegenüber erreichen.[77] Doch mit V. 28 deutet sich an, dass diese Lösung noch nicht
die endgültige ist, und der weitere Fortgang bestätigt das. Lo versteht V. 28 im
Sinn der traditionellen Weisheit und die Einleitung mit „Und Gott sagte" als eine
Zusage Gottes an den Menschen, über Gottesfurcht und Meiden des Bösen Weisheit zu erlangen. Die Verbindung mit dem Prolog macht aber darauf aufmerksam,
dass Hiob diese Zusage nichts nützt: Hiob ist trotz Gottesfurcht und Meiden des
Bösen ins Unglück gestürzt; und sein Verhalten hat ihm auch keine Weisheit gege-

---

72 Vgl. Budde, Ebach, Janzen, Jones, Lo, Oeming, Seow, Whybray; ähnlich Strauß (s. o. Anm. 9).
73 Vgl. Ebach, *Streiten*, 64; Müllner, „Ort", 76–77; Oeming, „Hiob unter den Philosophen", 162–
163 (s. u. Anm. 86); Strauß, *Hiob*, 157–156; Whybray, *Job*, 15–16, 131–135; G. H. Wilson, *Job*, 300–
311. Vgl. die z. T. sehr ähnlichen Interpretationen von solchen, die Hi 28 als „Interludium" verstehen (s. o. 2. mit Anm. 39–44). Eigens zu erwähnen ist an dieser Stelle Jones, *Rumors*, 206–207,
242–243, der mit Verweis auf 15,7–9 und 31,33 die Vermutung äußert, Hiob verweise in V. 28 mit
אָדָם auf den „first man" und zeichne sich selbst als diesen ersten Menschen, um so Autorität zu
beanspruchen. Vgl. ähnlich ders., *Job 28*, 486–496, mit der These, in Hi 28 werde das Konzept von
„wisdom through individual exploration" kritisiert und diesem das Konzept von „wisdom
through revelation" entgegengehalten. Nach Jones, *Rumors*, 243, trägt Hiob 28 dabei ironische
Untertöne, weil die inhaltliche Botschaft von V. 28 traditionell ist und Hiob so „out-traditioned
the traditionalists".
74 Vgl. Jones, *Rumors*, 243–244; Whybray, *Job*, 15–16, 19–20.
75 Vgl. Lo, *Job 28*. Zur Methodik vgl. ibid., 15–20. Für Zusammenfassungen ihres Verständnisses
vgl. ibid., 14–16, 20–21, 71–72, 77, 203–205, 209, 212–216, 221–223, 228, 230–236.
76 Vgl. Lo, *Job 28*, 20, 73, 77, 235 etc. (mit Verweis auf Newsom).
77 Vgl. Lo, *Job 28*, 71–72, 77, 235 etc.

ben, um sein Unglück einordnen zu können. Im Fortgang versucht Hiob dann auch nicht mehr, sein Schicksal mittels der traditionellen Weisheit zu verstehen, sondern er fordert Gott zu einer direkten Begegnung heraus.[78] Hi 28 ist nach Lo demnach lediglich ein Pseudo-Höhepunkt. Die endgültige Lösung erfolgt erst in den Gottesreden: Diese erweisen die Unangemessenheit von Hiobs bisheriger Sicht, ermöglichen ihm eine direkte Gottesbegegnung und bewirken so seine endgültige Unterwerfung/Ehrerbietung („submission").[79]

Lo weist in ihrem Buch auf *Norman C. Habel*,[80] der Hi 28 zwar als eine Art „Interludium" versteht, dabei aber zu einer sehr ähnlichen Interpretation kommt und ebenfalls betont, dass das Kapitel nicht die endgültige Lösung sein kann.[81] Unerwähnt lässt Lo hingegen *Carl Budde*, der Ende des 19. Jahrhunderts die von Habel und ihr (sowie ähnlich Clines und Newsom[82]) genannten kritischen Fragen noch stärker akzentuierte und Hi 28 im Sinn einer Kritik an Gott interpretierte.[83] Wie Witte und van Oorschot liest Budde das Kapitel stark erkenntniskritisch und V. 28 in Kontrast zu Prov 1,7 etc. Anders als Witte, van Oorschot und die große Mehrheit versteht er Hiobs Rede aber nicht positiv. V. 28 enthält für ihn vielmehr einen scharfen Stachel und transportiert unterschwellig Kritik. Budde macht das v. a. an der Einleitung לָאָדָם וַיֹּאמֶר fest. Nach ihm schließt sie im Sinn eines Kontrasts an den vorangegangenen Vers an („zum Menschen aber sprach er") und bringt zum Ausdruck, dass Gott die ihm zugängliche Weisheit dem Menschen nicht offenbarte, sondern den Menschen stattdessen auf die Gottesfurcht (als Substitut der Weisheit) verwies.[84] Könnte man diese Substituierung zunächst im Sinn einer Zusage lesen, dass der Mensch mit der Gottesfurcht ähnlich weit kommen kann wie mit der Weisheit, weil Gott für den Menschen sorgt, solange er gottesfürchtig ist, weiß Hiob aus eigener Erfahrung, dass das nicht stimmt. Entsprechend kommt nach Budde in V. 28 eine doppelte Enttäuschung zum Ausdruck:

---

78 Vgl. Lo, *Job 28*, 204, 213, 215–216, 221–223, 228.

79 Vgl. Lo, *Job 28*, 222–223, 230–232, 235–236.

80 Vgl. Lo, *Job 28*, 14–15, 215, mit Verweis auf Habel, *Book of Job*, 38–39, 392–393.

81 Vgl. Habel, *Book of Job*, 393: „Thus, v.28 provides a formal closure which on the hand is orthodox and traditional, but on the other stands in direct counterpoint to the poem which it preceedes and serves as a deliberate foil for the climactiv protestation of the hero which immediately follows (chs. 29–31). The poet thereby emphasizes once again the traditional orthodox answer, while it may need to be said as a formal statement, is not acceptable to Job. He is no longer seeking traditional wisdom through piety; he is demanding direct personal access to God so that his integrity can be vindicated. He is no longer seeking access to wisdom as a means of understanding, but access to justice by confronting God in court." Sehr ähnlich auch L. Wilson, „Book of Job", 69–73; dies., *Job*, 139–140.

82 S. o. 3.

83 Vgl. Budde, „Capitel 27", 193–274; ders., *Buch Hiob*, 162–171.

84 Vgl. Budde, „Capitel 27", 229–240.

dass Gott dem Menschen die Weisheit nicht offenbarte und dass Gott sein Versprechen bei der Gottesfurcht nicht gehalten hat.[85] Entsprechend begnügt sich Hiob im Folgenden auch nicht, sondern fordert Gott in seiner nächsten Rede (Hi 29–31) heraus.[86]

5 Zum Schluss

Es ließe sich noch lang über verschiedene Interpretationen von Hi 28 reden; der obige Überblick ist bei weitem nicht vollständig. Dennoch hat er hoffentlich sein Ziel erreicht: die große Bandbreite möglicher Interpretationen von Hi 28 aufzuzeigen und dabei die Komplexität der exegetischen Aufgabe vor Augen zu führen. Bei Hi 28 ist die Schwierigkeit der Interpretation vielleicht ein Stück weit auch durch die Gattung des Texts mitbestimmt: Verschiedene Exeget*innen haben vermutet, dass es sich bei diesem Text um ein „Rätsel" handelt, dass manche Uneindeutigkeiten bewusst so formuliert sind, um die Rezipient*innen zum Nachdenken zu bringen.[87] So oder so ergibt sich die Komplexität der exegetischen Aufgabe bei Hi 28 daher, weil so viele Fragen offen bleiben, von denen viele miteinander verknüpft sind. Wenn unterschiedliche Exeget*innen Fragen wie diejenige, ob V. 28 zum Grundbestand des Kapitels gehört oder erst sekundär hinzugefügt wurde, verschieden beantworten,[88] zeigt das, dass sich solche Fragen offenbar nicht eindeutig beantworten lassen. Und Hypothesen wie diejenige, dass spätestens derjenige, der das zumindest in Teilen ursprünglich selbständige Lied auf die Weisheit in das Hiobbuch eingefügt hat, V. 28 ergänzt hat,[89] zeigen, dass auch mit komplexeren Szenarien zu rechnen ist. Diese aber lassen sich nur im Modus der Hypothese rekonstruieren. Bei manchen Fragen, wie derjenigen nach der Funkti-

---

85 Vgl. Budde, *Buch Hiob*, 162–163, 170.

86 Trotz mancher Gemeinsamkeiten mit Budde (und mit Verweis auf ihn) kommt Oeming, „Hiob unter den Philosophen", 162–163, zu einer ganz anderen Interpretation: Nach ihm läuft V. 28 darauf hinaus, dass Gott dem Menschen „aus der Fülle seines Wissens ‚lediglich' ein *particulum veritatis* weitergesagt hat" (ibid., 163). Er deutet das aber nicht negativ: Die Rede Gottes an den Menschen ist keine „Abspeisung", V. 28 bringt vielmehr eine dialektische Sicht des Menschen zum Ausdruck: Der Mensch ist „[i]m Theoretischen limitiert und zugleich im Praktischen durch Gott in absolute Verantwortung gerufen" (ibid., 163). Nach Oeming akzeptiert Hiob (und wohl auch der Autor des Buchs) diese Dialektik; Hiobs Rede ist s. E. im Sinn einer Kritik an den Freunden zu verstehen.

87 Vgl. Hoffmann, *Blemished Perfection*, 280; Jones, *Rumors*, 241–242; Fiddes, „Where Shall Wisdom", 172 etc.; Westermann, *Aufbau*, 130–131; vgl. weiter Newsom, *Reconsidering*, 163–164.

88 S. o. Anm. 12 und 13.

89 So Witte (s. o. Anm. 12).

on des Texts, muss man sodann stark zwischen den Zeilen lesen – und läuft dabei Gefahr, Sinndimensionen herauszuarbeiten, die ursprünglich gar nicht so gemeint waren. Bei all dem haben die Antworten auf einzelne Fragen Einfluss auf die Beantwortung anderer Fragen. Je nachdem, worauf unterschiedliche Exeget*innen ihr Augenmerk legen und wie sie einzelne Fragen beantworten, kommen sie entsprechend zu ganz unterschiedlichen Interpretationen.

Hi 28 ist sicherlich ein besonders komplexes Kapitel – es gibt im AT daneben auch einfachere. Doch Hi 28 ist kein Sonderfall. Mit ähnlichen Problemen ist man auch bei der Interpretation anderer Texte aus dem AT (und natürlich auch sonstigen Texten) konfrontiert. Die Weisheit, so könnte man im Anschluss an Hi 28 formulieren, ist auch für Exeget*innen nicht so einfach zu finden; selbst die größten Spezialist*innen kommen über Hypothesen häufig nicht hinaus. Wie sollen wir damit umgehen? Meines Erachtens sind drei Punkte wesentlich:

1) Definitiv die falsche Lösung wäre es, die Suche nach der Weisheit aufzugeben, sich nicht weiter um historische Fragen und philologische Details zu kümmern, sondern mit einer *anything goes*-Mentalität alle Interpretationen als gleichberechtigt anzusehen. Wir kommen über Hypothesen zwar häufig nicht hinaus, doch diese Hypothesen können besser oder schlechter begründet sein. Mit Friedhelm Hartenstein gesprochen geht es um *educated guessing* und nicht einfach um *guessing*.[90]

2) Im Sinn der Transparenz und zur Vermeidung von Missverständnissen unter weniger Spezialisierten wäre es m. E. aber hilfreich, wenn wir offener kommunizierten, dass unsere Interpretationen bei aller Gelehrsamkeit nichts mehr sind als Möglichkeiten, wie die Texte ursprünglich gemeint sein könnten (so dies das Ziel unserer Bemühungen ist). All diejenigen, die sich ernsthaft um Weisheit bemühen, sind sich ihrer eigenen Begrenztheit in der Regel ja durchaus bewusst, denn umso vertiefter man sich mit einem Text beschäftigt, desto deutlicher realisiert man all die Unsicherheiten. Kommuniziert werden diese Unsicherheiten aber eher verhalten; die eigenen Thesen werden gerne als sichere Erkenntnisse präsentiert und anderslautende Einschätzungen entsprechend als falsch.

3) Demgegenüber wäre es m. E. passender (und auch angenehmer), unsere exegetischen Bemühungen stärker unter dem Aspekt des Spiels zu verstehen – durchaus ernsthaft gespielt, aber nicht todernst, sondern lustvoll, mit Mut zum Erkunden neuer und z. T. auch gewagter Möglichkeiten und in Toleranz

---

90 Vgl. den Beitrag von Hartenstein in diesem Band. Bei Hi 28 könnte man in dem Zusammenhang an V. 3–11 erinnern, wo in großer Bewunderung darüber gesprochen wird, dass – falls nicht Gott das Subjekt sein sollte – der Mensch der Finsternis ein Ende setzt und in die Tiefen bohrt.

gegenüber anderen, die mit neuen Zugängen und Hypothesen andere „Spiel-
züge" ausprobieren. Dass solch ein spielerischer Zugang der Wissenschaft
nur gut täte, hat Jürgen van Oorschot in seinem Aufsatz „Grenzen der Erkenntnis als Quellen der Erkenntnis" dargelegt,[91] und mit Hinweis auf seine
Überlegungen möchte ich meine eigenen schließen.

Bibliographie

Andersen, Francis I. *Job: An Introduction and Commentary.* TOTC. Leicester: Inter-Varsity, 1976.
Bakon, Shimon. „Two Hymns to Wisdom: Proverbs 8 and Job 28". *JBQ* 36 (2008): 222–230.
Baldauf, Christfried. „Menschliches Können und göttliche Weisheit in Hiob 28". In *Theologische Versuche 13*, hg. v. Joachim Rogge und Gottfried Schille, 57–68. Berlin: Evangelische Verlagsanstalt, 1983.
Balentine, Samuel E. *Job.* Smyth & Helwys Bible Commentary 10. Macon: Smyth & Helwys Publishing Incorporated, 2006.
Budde, Karl. *Das Buch Hiob: Übersetzt und erklärt.* Zweite neu bearbeitete Auflage. HKAT, 2. 1. Abt. Göttingen: Vandenhoeck & Ruprecht, 1913.
Budde, Karl. „Die Capitel 27 und 28 des Buches Hiob". *ZAW* 2 (1988): 193–274.
Cheney, M. *Dust, Wind and Agony: Character, Speech and Genre in Job.* CB.OT 36. Stockholm: Almqvist & Wiksell International, 1994.
Clines, David J. A. „‚The Fear of the Lord is Wisdom' (Job 28:28): A Semantic and Contextual Study". In *Job 28: Cognition in Context*, hg. v. Ellen van Wolde, 57–92. BiInS 64. Leiden/Boston: Brill, 2003.
Clines, David J. A. *Job 21–37.* WBC 18A. Nashville/Dallas/Mexico/Rio de Janeiro: Thomas Nelson, 2006.
Clines, David J. A. „Putting Elihu in his Place: A Proposal for the Relation of Job 32–37". *JSOT* 29 (2004): 243–253.
Dell, Katharine J. *The Book of Job as Sceptical Literature.* BZAW 197. Berlin/Boston: de Gruyter, 1991.
Dhorme, Édouard. *A Commentary on the Book of Job*, übers. v. Harold Knight. London: Nelson, 1967.
Ebach, Jürgen. *Streiten mit Gott: Hiob. Teil 2: Hiob 21–42.* Neukirchen-Vluyn: Neukirchener Verlag, 1996.
Ehrlich, Arnold B. *Randglossen zur Hebräischen Bibel: Textkritisches, Sprachliches und Sachliches, Bd. 6: Psalmen, Sprüche und Hiob.* Leipzig: J. C. Hinrichs'sche Buchhandlung, 1918.
Fiddes, Paul S. „‚Where Shall Wisdom Be Found?': Job 28 as a Riddle for Ancient and Modern Readers". In *After the Exile: Essays in Honour of Rex Mason*, hg. v. John Barton, 171–190. Macon, GA: Mercer University Press, 1996.
Fox, Michael V. „The Speaker in Job 28". In *When the Morning Stars Sang: Essays in Honor of Choon Leong Seow on the Occasion of his Sixty-Fifth Birthday*, hg. v. Scott C. Jones und Christine Roy Yoder, 21–38. BZAW 500. Berlin/Boston: de Gruyter, 2018.
Geller, Stephen A. „‚Where is Wisdom?': A Literary Study of Job 28 in its Settings". In *Judaic Perspectives on Ancient Israel*, hg. v. Jacob Neusner, Baruch A. Levine und Ernest S. Frerichs, 155–188. Philadelphia: Fortress Press, 1987.

---

91 Vgl. van Oorschot, „Grenzen der Erkenntnis", 1290–1292.

Good, Edwin M. *In Turns of Tempest: A Reading of Job; with a Translation*. Stanford: Stanford University Press, 1990.

Gordis, Robert. *The Book of Job: Commentary New Translation and Special Studies*. MorS 2. New York: The Jewish Theological Seminary of America, 1978.

Gray, John. *The Book of Job*, hg. v. David J. A. Clines. Sheffield: Sheffield Phoenix Press, 2010.

Greenstein, Edward L. *Job: A New Translation*. Yale: New Haven/London, 2019.

Greenstein, Edward L. „The Poem on Wisdom in Job 28 in its Conceptual and Literary Contexts". In *Job 28: Cognition in Context*, hg. v. Ellen van Wolde, 253–280. BiInS 64. Leiden/Boston: Brill, 2003.

Habel, Norman C. *The Book of Job*. OTL. Louisville, KY: Westminster John Knox Press, 1985.

Hankins, Davis. „Wisdom as an Immanent Event in Job 28: Not a Transcendent Ideal". *VT* 63 (2013): 210–235.

Harris, Scott L. „Wisdom or Creation?: A New Interpretation of Job XXVIII 27". *VT* 33 (1983): 419–427.

Hartenstein, Friedhelm. „Educated Guessing – zur fruchtbaren Spannung zwischen Philologie und Hermeneutik". In *Zur Kritik der exegetischen Vernunft: Beiträge zu Theorie und Pragmatik der alttestamentlichen Wissenschaft*, hg. v. Lars Allolio-Näcke und Andrea Beyer, 207–224. BZAW 555. Boston/Berlin: de Gruyter, 2023.

Hartley, John E. *The Book of Job*. NICOT. Grand Rapids: Eerdmans, 1988, Repr. 1991.

Heckl, Raik. *Hiob – vom Gottesfürchtigen zum Repräsentanten Israels: Studien zur Buchwerdung des Hiobbuches und zu seinen Quellen*. FAT 70. Tübingen: Mohr Siebeck, 2010.

Hoffmann, Yair. *A Blemished Perfection: The Book of Job in Context*. JSOTS 213. Sheffield: Sheffield Academic Press, 1996.

Houtsma, Martijn Theodor. *Textkritische Studien zum Alten Testament: 1. Das Buch Hiob*. Leiden: Brill, 1925.

Janzen, J. Gerald. *Job*. IBC. Atlanta: John Knox Press, 1985.

Johnson, Timothy Jay. *Now My Eye Sees You: Unveiling an Apocalyptic Job*. HBM 24. Sheffield: Sheffield Phoenix Press, 2009.

Jones, Scott C. „Job 28 and Modern Theories of Knowledge". *ThTo* 69 (2013): 486–496.

Jones, Scott C. „The Proverbial Rhetoric of Job 28". In *Reading Proverbs Intertextually*, hg. v. Katharine Dell und Will Kynes, 77–88. LHB 629. London/New York/Oxford/New Delhi/Sydney: T&T Clark, 2019.

Jones, Scott C. *Rumors of Wisdom: Job 28 as Poetry*. BZAW 398. Berlin/Boston: de Gryuter, 2009.

Klinger, Bernhard. *Im und durch das Leiden lernen: Das Buch Ijob als Drama*. BBB 155. Hamburg: Philo, 2007.

Lange, Armin. *Weisheit und Prädestination: Weisheitliche Urordnung und Prädestination in den Textfunden von Qumran*. StTDJ 18. Leiden/New York/Köln: Brill, 1995.

Leuenberger, Martin. „Die personifizierte Weisheit vorweltlichen Ursprungs von Hi 28 bis Joh 1: Ein traditionsgeschichtlicher Strang zwischen den Testamenten". *ZAW* 120 (2008): 366–386.

Lo, Alison. *Job 28 as Rhetoric: An Analysis of Job 28 in the Context of Job 22–31*. VT.S 97. Leiden/Boston: Brill, 2003.

Machinist, Peter: „Job: The Third Round and the Wisdom Poem – Once More". In *Menschsein in Weisheit und Freiheit: Festschrift für Thomas Krüger*, hg. v. Veronika Bachmann, Annette Schellenberg und Frank Ueberschaer, 215–219. OBO 296. Leuven: Peeters, 2022.

Marböck, Johannes. *Weisheit im Wandel: Untersuchungen zur Weisheitstheologie bei Ben Sira; mit Nachwort und Bibliographie zur Neuauflage*. BZAW 272. Berlin/Boston: de Gruyter, 1999.

McKane, William. „The Theology of the Book of Job and Chapter 28 in Particular". In *Gott und Mensch im Dialog: Festschrift für Otto Kaiser zum 80. Geburtstag*, hg. v. Markus Witte, 711–722. BZAW 345/II. Berlin/New York: de Gruyter, 2004.

Müller, Hans-Peter. *Das Hiobproblem: Seine Entstehung und Stellung im Alten Orient und im Alten Testament*. EdF 84. Darmstadt: Wissenschaftliche Buchgesellschaft, 1978.

Müllner, Ilse. „Der Ort des Verstehens: Ijob 28 als Teil der Erkenntnisdiskussion des Ijobbuchs". In *Das Buch Ijob: Gesamtdeutungen – Einzeltexte – Zentrale Themen*, hg. v. Theodor Seidl und Stephanie Ernst, 57–83. ÖBS 31. Frankfurt a. M./Berlin/Bern/Bruxelles/New York/Oxford/Wien: Peter Lang, 2007.

Neher, Martin. *Wesen und Wirken der Weisheit in der Sapientia Salomonis*. BZAW 333. Berlin/Boston: de Gruyter, 2004.

Newsom, Carol A. *The Book of Job: A Contest of Moral Imaginations*. Oxford/New York: Oxford University Press, 2009.

Newsom, Carol A. „Dialogue and Allegorical Hermeneutics in Job 28:28". In *Job 28: Cognition in Context*, hg. v. Ellen van Wolde, 299–305. BiInS 64. Leiden/Boston: Brill, 2003.

Newsom, Carol A. „Re-considering Job". *CBR* 5 (2007): 155–182.

O'Dowd, Ryan. *The Wisdom of Torah: Epistemology and the Wisdom Literature*. FRLANT 225. Göttingen: Vandenhoeck & Ruprecht, 2009.

Oeming, Manfred. „Hiob unter den Philosophen: Erwägungen zum ‚locus intelligentiae' in Hiob 28". In *Gedachter Glaube: Festschrift für Heimo Hofmeister zum 65. Geburtstag*, hg. v. Michael Wladika, 149–168. Würzburg: Königshausen & Neumann, 2005.

Oorschot, Jürgen van. „Die Entstehung des Hiobbuches". In *Das Buch Hiob und seine Interpretationen: Beiträge zum Hiob-Symposium auf dem Monte Verità vom 14.–19. August 2005*, hg. v. Thomas Krüger, Manfred Oeming, Konrad Schmid und Christoph Uehlinger, 165–184. AThANT 88. Zürich: Theologischer Verlag Zürich, 2007.

Oorschot, Jürgen van. „Grenzen der Erkenntnis als Quellen der Erkenntnis: Ein alttestamentlicher Beitrag zu Weisheit und Wissenschaft". *ThLZ* 132 (2007): 1277–1292.

Oorschot, Jürgen van. „Grenzen von Weisheit und Wissen: Alttestamentliche Weisheit in Reaktion auf theologische und anthropologische Aporetik". In *Die theologische Bedeutung der alttestamentlichen Weisheitsliteratur: Mit Beiträgen von Martin Leuenberger, Jürgen van Oorschot, Hartmut Rosenau, Andreas Scherer und Markus Witte*, hg. v. Markus Saur, 67–90. BThSt 125. Neukirchen-Vluyn: Neukirchener Theologie, 2012.

Oorschot, Jürgen van. „Hiob 28: Die verborgene Weisheit und die Furcht Gottes als Überwindung einer generalisierten חכמה". In *The Book of Job*, hg. v. Willem A. M. Beuken, 183–201. BEThL 114. Leuven: Leuven University Press, 1994.

Perdue, Leo G. *Wisdom in Revolt: Metaphorical Theology in the Book of Job*. JSOTS 112. Sheffield: Almond Press, 1991.

Rowley, Harold Henry. *Job*. NCBC. Grand Rapids: Eerdmans; London: Marshall, Morgan & Scott, 1978.

Saur, Markus. *Einführung in die alttestamentliche Weisheitsliteratur*. Darmstadt: Wissenschaftliche Buchgesellschaft, 2012.

Sawyer, John F. A. „The Authorship and Structure of the Book of Job". In *Studia Biblica 1978: I. Papers on Old Testament and Related Themes*, hg. v. Elizabeth A. Livingstone, 253–257. JSOTS 11. Sheffield: JSOT Press, 1979.

Schellenberg, Annette. *Erkenntnis als Problem: Qohelet und die alttestamentliche Diskussion um das menschliche Erkennen*. OBO 188. Freiburg: Universitäts-Verlag; Göttingen: Vandenhoeck & Ruprecht, 2003.

Seow, Choon Leong. *Job 1–21: Interpretation and Commentary*. Illuminations. Grand Rapids/Cambridge: Eerdmans, 2013.

Snaith, Norman H. *The Book of Job: Its Origine and Purpose*. SBT 11 (2. Ser.). London: SCM-Press, 1968.

Strauß, Hans. *Hiob: 2. Teilband 19,1–42,17.* BKAT 16. Neukirchen-Vluyn: Neukirchner Verlag, 2000.

Syring, Wolf-Dieter. *Hiob und sein Anwalt: Die Prosatexte des Hiobbuches und ihre Rolle in seiner Redaktions- und Rezeptionsgeschichte.* BZAW 336. Berlin/New York: de Gruyter, 2004.

Tur-Sinai, Naftali Hirts. *The Book of Job: A New Commentary.* Jerusalem: Sepher, 1957.

Wanke, Roger Marcel. *Praesentia Dei: Die Vorstellungen von der Gegenwart Gottes im Hiobbuch.* BZAW 421. Berlin/Boston: de Gruyter, 2013.

Westermann, Claus. *Der Aufbau des Buches Hiob.* BHTh 23. Tübingen: Mohr, 1956.

Wharton, James A. *Job.* WeBC. Louisville, KY: Westminster John Knox Press, 1999.

Whybray, Norman. *Job.* Readings: A New Biblical Commentary. Sheffield: Sheffield Phoenix Press, 2008.

Wilde, A. de. *Das Buch Hiob: Eingeleitet, übersetzt und erläutert.* OTS 22. Leiden: Brill, 1981.

Wilson, Lindsay. *Job.* The Two Horizons Old Testament Commentary. Grand Rapids: Eerdmans, 2015.

Wilson, Lindsay. *Job.* „The Book of Job and the Fear of God". *TynB* 46 (1995): 59–79.

Wilson, Gerald H. *Job: Based on the New International Version.* NICOT 10. Peabody: Hendrickson; Carlisle: Paternoster Press, 2007.

Witte, Markus. *Das Buch Hiob: Übersetzt und erklärt.* ATD 13. Göttingen: Vandenhoeck & Ruprecht, 2021.

Witte, Markus. *Vom Leiden zur Lehre: Der dritte Redegang (Hiob 21–27) und die Redaktionsgeschichte des Hiobbuches.* BZAW 230. Berlin/New York: de Gruyter, 1994.

Wolde, Ellen van, Hg. *Job 28: Cognition in Context.* BiInS 64. Leiden/Boston: Brill, 2003.

Zimmermann, Ruben. „Homo Sapiens Ignorans: Hiob 28 als Bestandteil der ursprünglichen Hiobdichtung". *BN* 74 (1994): 80–100.

Zuck, Roy B. „Job's Discourse on God's Wisdom: An Exposition of Job 28". In *Sitting with Job: Selected Studies on the Book of Job*, hg. v. Roy B. Zuck, 122–126. Grand Rapids: Baker Book House, 1992.

Zuckerman, Bruce. *Job: The Silent; A Study in Historical Counterpoint.* New York/Oxford: Oxford University Press, 1991.

Verzeichnis der Autorinnen und Autoren

Becker, Uwe, Inhaber des Lehrstuhls für Altes Testament an der Friedrich-Schiller-Universität Jena.

Beyer, Andrea, Wissenschaftliche Mitarbeiterin am Institut für Altes Testament an der Friedrich-Alexander-Universität Erlangen-Nürnberg.

Fischer, Irmtraud, Professorin (i. R.) für Alttestamentliche Bibelwissenschaft an der Katholisch-Theologischen Fakultät der Universität Graz.

Gertz, Jan Christian, Ordinarius für Alttestamentliche Theologie an der Universität Heidelberg.

Hartenstein, Friedhelm, Professor für Altes Testament (Theologie und Religionsgeschichte) an der Ludwig-Maximilians-Universität München.

Iff, Markus, Professor für Systematische Theologie und Ökumenik an der Theologischen Hochschule Ewersbach.

Moxter, Michael, Professor (i. R.) für Systematische Theologie (Dogmatik) an der Universität Hamburg.

Oorschot, Jürgen van, Inhaber des Lehrstuhls für Altes Testament (Theologie) an der Friedrich-Alexander-Universität Erlangen-Nürnberg.

Saur, Markus, Professor für Exegese und Theologie des Alten Testaments an der Rheinischen Friedrich-Wilhelms-Universität Bonn.

Schellenberg, Annette, Professorin für Altes Testament an der Evangelisch-Theologischen Fakultät der Universität Wien.

Wagner, Andreas, Professor für Altes Testament an der Universität Bern.

Waschke, Ernst-Joachim, Professor (i. R.) für Altes Testament an der Martin-Luther-Universität Halle-Wittenberg.

Witte, Markus, Inhaber des Lehrstuhls für Literaturgeschichte und Theologie des Alten Testaments an der Humboldt-Universität zu Berlin.

Register

https://doi.org/10.1515/9783111317564-014